HISTOIRE

DU

COMMUNISME.

ERRATA.

Page 82, ligne 13, au lieu de : *et furent inconnues*, lisez : *et qui furent inconnues.*

Page 146, ligne 4, au lieu de : *vent*, lisez : *souvent.*

Page 176, ligne 7, au lieu de : *eut*, lisez : *elle eut.*

Page 224, ligne 15, au lieu de : *les îles flottantes de la Basiliade*, lisez : *les îles flottantes ou la Basiliade.*

Page 230, ligne 21, au lieu de : *Morelley*, lisez : *Morelly.*

SAINT-DENIS. ═ TYPOGRAPHIE DE PREVOT ET DROÜARD.

HISTOIRE

DU

COMMUNISME

OU

RÉFUTATION HISTORIQUE

DES

UTOPIES SOCIALISTES

PAR

M. ALFRED SUDRE.

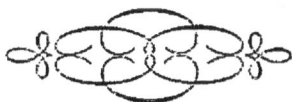

PARIS

VICTOR LECOU, ÉDITEUR

rue du Boulois n° 10

—

1848.

AVANT-PROPOS.

Ce livre a été écrit au milieu des agitations de la vie publique à laquelle, dans ces temps de révolution, aucun citoyen ne peut rester étranger. Plus d'une fois, tandis que son auteur recherchait dans le passé l'origine et les traces des passions et des erreurs qui, naguère, menaçaient la civilisation d'un effroyable cataclysme, l'appel du tambour est venu le convier à soutenir par les armes les vérités sociales à la défense desquelles il consacrait les efforts de son intelligence. Qu'on ne s'étonne donc pas si cet écrit reflète parfois la tristesse, les craintes et les émotions que devaient faire naître dans tous les cœurs dévoués au pays et aux principes tutélaires de la société, les doctrines préconisées, les actes accomplis, les luttes sanglantes soutenues pendant ces derniers mois.

Ce serait cependant se tromper, que de voir dans ces paroles le prélude d'une exposition infidèle ou d'appréciations passionnées. Les impressions de l'homme n'ont pas altéré l'impartialité de l'écrivain. Mais, l'impartialité ne consiste pas à tenir d'une main impassible la balance égale entre la vérité et l'erreur, entre la vertu et le crime; à n'avoir ni croyances morales, ni convictions politiques; à se montrer sans indignation contre les coupables, sans pitié pour les victimes. Que d'autres continuent, s'ils le veulent, à considérer l'humanité comme livrée à une fatalité aveugle et inexorable; qu'ils présentent les révolutions et tous leurs excès comme le résultat d'une force mystérieuse et irrésistible, qui broie les générations présentes pour frayer la route aux générations à venir; qu'ils ne tiennent compte ni du sang ni des larmes; qu'ils ne voient dans les doctrines les plus subversives que des opinions plus ou moins plausibles, dont le seul tort est d'avoir contre elles une majorité susceptible de changer. Pour nous, nous croyons que l'écrivain doit avoir un point de vue déterminé, des principes fixes et certains, et ne pas hésiter à juger les faits, les hommes et les doctrines d'après ses convictions et sa conscience. Exactitude scrupuleuse, étude approfondie des sources, voilà son devoir; liberté entière et fermeté d'appréciation, voilà son droit.

Aussitôt après la grande surprise de février, il fut évident à nos yeux, comme cela dut l'être pour quiconque avait observé le mouvement que les partis extrêmes s'étaient efforcés d'imprimer aux masses, pendant les dix dernières années, que la question qui allait se poser pour la société était celle d'Hamlet: être ou n'être pas. Tandis que des préoccupations purement politiques dominaient exclusivement la plupart des esprits, le véritable danger de la situation nous parut résider dans l'invasion des doctrines communistes et socialistes, dont la funeste influence était soit ignorée, soit dédaignée par la généralité des classes éclairées. Dès le 6 mars, nous n'hésitâmes pas à signaler ce péril, dans une circulaire qui devint le manifeste de plusieurs réunions politiques.

Mais ce n'était point assez. Au moment où des théories subversives attaquaient la société jusque dans ses fondements, empoisonnaient les sources de sa vie et l'exposaient à périr violemment ou à s'éteindre dans le marasme, il nous sembla utile de remonter à l'origine de ces vieilles

erreurs, de montrer le rôle qu'elles ont joué dans l'histoire
de l'humanité, les folies et les atrocités par lesquelles se
sont signalés les sectaires qui en ont tenté la réalisation.
Bien que les générations, comme les individus, ne profitent
guère que de l'expérience acquise à leurs dépens, peut-être
le spectacle des aberrations du passé contribuera-t-il à
neutraliser la déplorable influence de doctrines, qui n'ont
chance de faire des prosélytes que lorsque leurs antécédents
sont incomplétement connus.

Déjà quelques parties de ce sujet ont été traitées avec talent par un écrivain contemporain. Dans ses *Études sur les
réformateurs modernes*, M. Louis Reybaud a tracé une rapide esquisse des opinions qui ont devancé celles des socialistes actuels. Malgré la valeur de ces travaux, il nous a
semblé que ce champ était loin d'être épuisé, et qu'il y
avait place pour un livre qui, au lieu de se borner à l'exposition de quelques théories, embrasserait le tableau des
applications, retracerait les grandes expériences tentées à
diverses époques, pour organiser la société sur une base
différente de la propriété individuelle et héréditaire.

Une autre tâche restait encore à remplir. Les communistes et les socialistes ont demandé à l'histoire des arguments à l'appui de leurs systèmes. Ils ont cherché partout
des autorités à invoquer, et se sont notamment efforcés de se
rattacher aux traditions du christianisme primitif et aux
plus célèbres hérésies du moyen âge. Il y avait lieu de contrôler ces prétentions, de mettre un terme à la confusion
déplorable à l'aide de laquelle on s'efforce d'établir une solidarité menteuse entre la religion et les plus monstrueuses
rêveries. Enfin, il y avait à laver de la honte d'assimila-
tions compromettantes d'anciennes sectes religieuses, pour
lesquelles on peut avouer de l'estime et des sympathies sans
partager leurs opinions.

C'est dans l'antiquité que se trouve la source première
des théories communistes et socialistes. En y remontant,
nous n'avons pas hésité à dire toute notre pensée et à frap-

per de vieilles idoles, qui sont l'objet d'une admiration banale et traditionnelle, et dont le culte a été l'une des principales causes des erreurs et des crimes de 93. Bien que les souvenirs classiques n'exercent plus une influence directe sur la génération présente, ils agissent plus puissamment qu'on ne le croit généralement sur les événements et les idées de notre temps, par l'intermédiaire des écrivains du XVIIIe siècle et des révolutionnaires de notre première période républicaine. L'heure est venue d'en faire justice.

Dans l'exposition des faits et des doctrines, nous avons dû négliger les détails secondaires, et réserver les développements pour les œuvres capitales des chefs d'école et les épisodes les plus frappants de l'histoire. Reproduire et discuter les opinions de tous les écrivains auxquels des tendances communistes ont été, à tort ou à raison, attribuées, décrire toutes les sectes religieuses qui ont pratiqué la vie commune dans des établissements analogues à ceux des ordres monastiques, eût été un travail aussi long que fastidieux. Nous avons donc surtout cherché à mettre en lumière les événements et les théories qui présentent le plus d'intérêt, par leur portée politique et leur caractère révolutionnaire.

De nos jours, c'est un devoir pour tous, pour le champion le plus ignoré comme pour l'athlète illustré par de nombreux triomphes, de combattre de toutes les forces de son intelligence et de son âme, les doctrines dont l'existence est une menace permanente contre l'ordre social. Quel que soit donc le sort de ce livre, sa publication aura pour nous le prix d'un devoir accompli.

Paris, le 1er novembre 1848.

HISTOIRE

DU

COMMUNISME.

CHAPITRE Iᵉʳ.

LA RÉVOLUTION DE FÉVRIER ET LE COMMUNISME.

La révolution de 1848 semble avoir définitivement consacré en France l'avénement de la démocratie. Elle a effacé le dernier privilége politique, celui du cens ; le dernier privilége social, celui de la noblesse. Désormais, tout citoyen exerce, par le droit de suffrage, sa part d'influence, et ne voit sa liberté limitée que par le principe du respect des majorités, cette loi suprême des États libres, dont la violation serait la rupture même du pacte social, le signal de l'oppression ou de l'anarchie.

Jamais révolution ne fut plus complète et ne rencontra moins de résistance. Cependant, aux yeux de certains hommes, elle n'est point assez radicale encore. Depuis quelques années, il s'est élevé plusieurs sectes qui, d'accord lorsqu'il s'agit de se livrer à d'amères critiques de la société, proposent chacune une panacée différente pour guérir d'un seul coup tous les maux qui l'affligent. Les partisans de ces doctrines proclament à l'envi que la révolution de 1848 n'est pas seulement politique, mais qu'elle est, avant tout, sociale. Cette expression élastique et vague signifie, dans leur bouche, que la nation doit se livrer à eux et se soumettre à l'expérimentation de leurs rêveries.

A côté de ces sectaires, il existe un parti qui, sans avoir aucun plan arrêté de rénovation, n'en crie pas moins hautement que la société doit être remaniée de fond en comble, et déclare incomplète et avortée une révolution qui, à son gré, n'a pas fait assez de ruines.

En présence de ces utopies nébuleuses, de ces déclamations ardentes, la société s'est émue; elle a cherché, au milieu de toutes les factions qui la harcèlent, son véritable ennemi; elle l'a reconnu, et de toute part s'est élevé ce cri : périsse le COMMUNISME !

En vain les communistes avoués ont-ils protesté contre la réprobation générale qui éclata contre leur doctrine dans une journée fameuse ; en vain ont-ils annoncé des intentions pacifiques, et invoqué le principe de la libre discussion ; ils n'ont pu tromper cet instinct de conservation que Dieu a donné aux nations comme aux êtres animés, et qui leur révèle un ennemi mortel, quel que soit le masque sous lequel il se déguise.

Le communisme est en effet le danger le plus sérieux contre lequel la société ait à lutter. S'il n'a qu'un nombre relativement assez faible de sectateurs déclarés, il en compte beaucoup plus qui se dissimulent à eux-mêmes leurs véritables tendances, les conséquences rigoureuses et forcées de leurs principes : de tous les communistes, les plus dangereux sont les communistes sans le savoir.

Grâce aux prédications des novateurs socialistes, à l'influence pernicieuse d'une littérature déréglée, on s'est habitué à rendre la société responsable des malheurs et des souffrances des individus, de leurs fautes et même de leurs crimes. Ces accusations, au lieu de s'adresser aux imperfections, aux abus spéciaux que présente tout établissement humain, embrassent, dans leur vague généralité, l'ensemble de l'organisation sociale. Une fois engagé dans cette voie, on est amené, par une logique inflexible, à attaquer les bases même de cette organisation, qui sont dans l'ordre moral la famille, dans l'ordre matériel la propriété individuelle et héréditaire.

Mais, en dehors de la famille et de la propriété, il n'existe qu'une seule formule logique, le communisme, la promiscuité. Vainement chercherait-on une combinaison intermédiaire.

C'est donc au communisme qu'aboutissent fatalement ces esprits soi-disant avancés, qui se font les imprudents échos des critiques envenimées que certains écrivains dirigent contre l'ensemble de nos institutions sociales; c'est au triomphe du communisme que travaillent ces prétendus réformateurs qui

proclament la nécessité de procéder à une réorganisation complète de la société. Parmi ces derniers, il
en est qui reculent devant les conséquences de leurs
principes, et cherchent un milieu impossible entre
la propriété et la communauté; il en est aussi qui
protestent contre le communisme, tout en défendant
ses doctrines dissimulées sous des expressions trompeuses. Les uns manquent de logique, les autres de
courage. Mais les masses auxquelles ils s'adressent
n'en manquent point.

On le sait, les idées les plus simples, les plus radicales, sont les seules qui soient facilement comprises de la généralité des hommes, les seules qui
aient la puissance d'émouvoir les passions. Là est le
secret de la force des partis extrêmes, et de la faiblesse des partis intermédiaires, en temps de révolution. Or, vous attaquez l'ordre social dans ses bases
essentielles ; vous déclamez contre l'inégalité des
fortunes, l'attribution d'une part des bénéfices industriels et des profits agricoles au capital, à la propriété;
vous déclarez qu'une révolution sociale est nécessaire,
et vous vous abstenez de conclure. Les masses, peu
éclairées, concluront pour vous : puisque la propriété est la source de tous nos maux, diront-elles,
abolissons la propriété ; puisque le capital est une
puissance oppressive, dépouillons le capitaliste : met-
tons en commun terres et capitaux, et vivons sous le
niveau de l'égalité absolue. Voilà une conséquence
rigoureuse, une idée claire, précise, intelligible.

Le bon sens public ne s'est donc pas trompé, lorsqu'il a résumé dans un cri de réprobation contre le communisme l'horreur que lui inspirent les partis extrêmes qui, par des excitations forcenées, poussent au bouleversement de l'ordre social.

De douloureux événements sont venus justifier cette intuition de la raison générale. Une insurrection redoutable a ouvert au sein de la France une blessure par où s'est écoulé le plus pur de son sang ; et c'est le communisme qui, du haut des barricades de juin, nous a donné le commentaire de la ténébreuse formule de cette République démocratique et sociale, au nom de laquelle elles avaient été élevées.

Puisque le communisme se trouve au fond de toutes les prédications subversives, puisqu'il est le résumé, la conclusion, l'expression la plus complète des utopies socialistes, c'est à le combattre que doivent s'attacher les hommes dévoués aux principes d'ordre et de liberté. Pour cela, il n'est point de meilleur moyen que de retracer l'histoire de cette doctrine, et de mettre en lumière les conséquences de son application.

Le communisme en effet n'est nouveau ni en théorie ni en pratique. Des philosophes de l'antiquité, des écrivains des temps modernes, en ont développé les formules, soit comme l'expression d'une conviction réelle, soit comme un cadre allégorique dans lequel ils ont enchâssé la critique des abus de leur temps. Des législateurs, des religieux, des chefs de parti et des sectaires fanatiques en ont tour à tour essayé la réalisation. C'est le tableau de ces doctrines et de ces tentatives que nous nous proposons de dérouler.

Après avoir jugé le communisme d'après ses œuvres, nous prouverons, par des analyses développées, que les plans de rénovation sociale proposés de nos jours viennent se perdre dans le sein de cette antique utopie, et ne sont, pour la plupart, que la reproduction servile de combinaisons que l'expérience a depuis longtemps condamnées. Ainsi résultera de la critique détaillée des systèmes socialistes la confirmation de cette vérité, reconnue *à priori* par la logique, devinée par l'instinct général : Que la propriété et le communisme forment les deux termes d'une alternative inévitable.

CHAPITRE II.

LE COMMUNISME DE LACÉDÉMONE ET DE LA CRÈTE.

Organisation des cités antiques. — Aristocratie et esclavage. — Institutions de Lycurgue. — Décadence de Lacédémone. — La communauté vaincue par la propriété. — Causes de l'admiration qu'ont inspirée les lois de Lycurgue. — La Crète. — Les lois de Minos. — Leur infamie. — L'insurrection consacrée.

Les plus anciens exemples de l'application des idées communistes que l'histoire présente à nos regards, sont les lois de l'île de Crète, attribuées à Minos, et celles de Lacédémone. Les écrivains de l'antiquité ne nous ont transmis que peu de détails sur les institutions crétoises; mais nous savons qu'elles servirent de modèle à celles de Sparte, qui nous sont beaucoup mieux connues. Ce sont donc ces dernières qui appelleront d'abord notre attention.

Bien que les lois de Lycurgue n'aient pas complétement réalisé le système de la communauté, néanmoins elles lui ont fait une si large part, qu'on doit les considérer comme la source première de la plupart des utopies communistes. L'influence déplorable qu'ont exercée pendant tant de siècles les institutions d'une bourgade du Péloponèse, influence qui se continue encore de nos jours, nous détermine à consacrer quelques pages à leur appréciation.

Une considération que l'on ne doit jamais perdre

de vue quand on apprécie les lois civiles et politiques des anciens, c'est que la constitution de toutes les cités antiques était dominée par un grand fait social, l'esclavage. La classe la plus nombreuse, celle qui par son travail et son insdustrie créait les produits indispensables à l'entretien de la vie, était exclue de l'humanité et rangée au nombre des choses. Au-dessus d'elle, et du fruit de ses sueurs, vivait un petit nombre d'hommes libres, seuls investis des droits civils et politiques. Ces citoyens constituaient une aristocratie fainéante et tyrannique, professant le plus profond mépris pour le travail industriel et commercial. Les exercices du gymnase, les discussions politiques, par-dessus tout la guerre et la rapine : telles étaient les seules occupations dignes des nobles membres de la cité. Parmi les travaux utiles, l'agriculture seule trouva quelquefois grâce à leurs yeux. Quant aux lettres, aux arts et aux sciences, elles ne se développèrent qu'assez tard, et seulement chez quelques peuples heureusement doués par la nature.

Dans les temps les plus anciens, la plupart de ces petites réunions d'hommes libres, qui constituaient les cités, furent soumises à des rois investis d'un pouvoir patriarcal. Ce fut l'âge héroïque. A la royauté succéda, dans presque toutes les cités de la Grèce, le gouvernement républicain, soit aristocratique, soit démocratique, suivant que les plus riches ou les plus pauvres entre les citoyens vinrent à prédominer. Mais il n'existe aucune analogie entre la démocratie de l'antiquité et la démocratie moderne.

La première, monopole exclusif des hommes libres, laissait toujours en dehors de tout droit divin et humain l'immense majorité de la population vouée à la servitude, tandis que la seconde embrasse dans une commune égalité l'universalité des habitants d'un grand pays.

Or, vers le IX⁰ siècle avant J.-C., il régnait de grandes dissensions parmi les gentilshommes[1] d'une petite bourgade à demi sauvage de la Laconie, soumis jusque-là au pouvoir patriarcal de deux rois, prétendus descendants d'Hercule. L'autorité des rois méprisée, des lois sans force (si toutefois il existait des lois), la haine réciproque des riches et des pauvres : tel est le tableau que présentaient les hommes libres de Lacédémone. Quant aux esclaves, connus sous le nom d'Ilotes, leur condition y était plus déplorable que dans le reste de la Grèce. C'est à cette aristocratie grossière et farouche que Lycurgue entreprit de donner des lois, après s'être inspiré de l'exemple des institutions de l'île de Crète.

Il commença par gagner quelques-uns des chefs les plus influents, puis il descendit en armes avec ses partisans sur la place publique, et imposa par la terreur ses plans de rénovation, exemple qui n'a trouvé depuis que trop d'imitateurs[2].

Lycurgue se proposa un triple but : couper la racine des dissensions entre les riches et les pauvres ;

[1] Cette expression que le bon Amyot applique souvent aux Spartiates est parfaitement juste.
[2] Plutarque, *Vie de Lycurgue*, § VIII.

assurer l'indépendance de la cité ; donner de la force et de la stabilité au pouvoir politique.

Pour mettre un terme aux dissensions nées de l'envie des pauvres et de l'orgueil des riches, il résolut d'effacer toute inégalité de fortune. Il employa les moyens suivants : partage égal des terres, abolition des monnaies d'or et d'argent, repas en commun. Quant aux objets mobiliers, ils furent soumis à une sorte de communauté. En effet, il était permis à chacun d'user des esclaves, des chars, des chevaux et de tout ce qui appartenait à un autre Spartiate. Les Ilotes, qui constituaient une classe analogue aux serfs actuels de la Russie, étaient considérés comme propriété publique. Ils affermaient les terres des citoyens, et se livraient aux occupations industrielles et mercantiles, tandis que les esclaves étaient spécialement attachés au service domestique et personnel.

Le système économique de Lycurgue fut donc une combinaison de la loi agraire avec le communisme. Au fond, le maintien de la propriété individuelle pour les terres ne dérogea point au principe de la communauté, puisque, dans l'esprit du législateur, les portions des citoyens devaient demeurer toujours égales, et que la majeure partie des produits agricoles était mise en commun pour les repas publics. Nous ne connaissons pas les moyens que Lycurgue employa pour assurer le maintien de l'égalité des héritages, et faire suivre à la répartition du sol les fluctuations de la population. Il paraît que ce fut là la partie faible du système, ou celle qui tomba le plus promptement en désuétude.

Afin d'assurer l'indépendance de cette aristocratie communiste, Lycurgue s'attacha surtout à faire de ses Spartiates de robustes et intrépides guerriers. On sait par quels moyens. Tous les enfants dont la complexion ne paraissait pas assez vigoureuse furent condamnés à périr dès leur naissance; les survivants, arrachés à leur famille dès l'âge le plus tendre, furent soumis à une éducation commune. Des exercices gymnastiques et militaires; des luttes où les adolescents se déchiraient avec les ongles et les dents; le larcin érigé en art; le fouet jusqu'à la mort, comme châtiment ou comme exercice de constance : voilà les procédés à l'aide desquels on dressait la bête féroce appelée Spartiate.

Le même système fut appliqué au sexe féminin. Il fallait donner aux durs soldats de Sparte des femmes ou plutôt des femelles au large flanc, dont l'impudicité patriotique se prêtât aux combinaisons de ce haras humain, où toutes les lois de la décence furent sacrifiées au chimérique espoir d'obtenir une race plus vigoureuse. Des jeunes filles sans amour ni modestie, des épouses sans tendresse ni chasteté, des mères sans entrailles : tel fut l'idéal féminin du sage Lycurgue.

Une fois parvenu à l'âge d'homme, le Spartiate dut passer sa vie dans une noble oisiveté, qui n'excluait pas une rigoureuse discipline. Son temps se partageait entre le maniement des armes, les évolutions guerrières, les délibérations de la place publique, les conversations et les promenades. Le principal plaisir de la jeunesse était la chasse, et surtout la chasse aux hommes. Quand le grand nombre des Ilotes inspirait des craintes, de jeunes Spartiates armés de poignards étaient lâchés dans les campagnes, et immolaient des milliers de ces infortunés.

Le meurtre des nouveaux-nés et l'égorgement des Ilotes étaient des moyens expéditifs de prévenir l'excès de population, et constituaient une solution éminemment simple de ce terrible problème posé depuis par Malthus, et devenu la pierre d'achoppement de l'économie politique moderne.

Cette organisation sociale fut couronnée par une constitution politique qui, au fond, n'était qu'un affreux despotisme. Deux rois, généraux des armées et chefs de la religion, réunis à un sénat de vingt-huit membres, administraient les affaires ordinaires. L'assemblée générale des citoyens statuait sur les points importants. Mais au-dessus des rois, du sénat et des membres de la cité, planait le terrible tribunal des Ephores, composé de cinq membres élus par l'assemblée générale, et investis du droit de juger et condamner à mort les citoyens et les rois. Ce tribunal devint, comme le Conseil des Dix de Venise, le premier, le seul pouvoir de l'État, et exerça sur la vie publique et privée des particuliers, des magistrats et des rois, l'autorité la plus tyrannique.

Telle fut cette constitution de Lacédémone, pour laquelle une éducation classique dépourvue de critique et d'intelligence inspire, depuis des siècles, à nos jeunes générations, une admiration si peu motivée. L'aristocratie belliqueuse et ignorante de Sparte ne put, comme toutes celles du même genre, se soutenir qu'en dévorant la substance d'une autre société infiniment plus nombreuse, celle des Ilotes, voués à la servitude et au travail agricole et industriel. Son législateur s'étudia à développer en elle au plus haut degré tous les caractères qui distinguent les aristocraties guerrières des peuples sauvages et barbares : Mépris des travaux utiles, oisiveté, ignorance, superstition, débauche et férocité de mœurs. Mais, en même temps, il la soumit à une forte discipline, et s'efforça d'inspirer aux individus l'abnégation la plus complète et le dévouement absolu à la cité. C'est pour atteindre ce dernier but que Lycurgue imposa à la noblesse spartiate le régime de la loi agraire et de la communauté.

Quels furent, cependant, les résultats de ce régime? Tant que la civilisation ne se fut point développée dans le reste de la Grèce, il paraît que les institutions de Lacédémone se maintinrent sans notables altérations. Mais, après la guerre du Péloponèse, la frugalité spartiate ne put résister au contact des richesses acquises au prix de la dévastation de la Grèce. L'or, l'argent et toutes les valeurs mobilières se concentrèrent entre les mains de quelques citoyens qui, n'osant braver ouvertement l'antique discipline, dissimulèrent leurs richesses, et joignirent l'hypocrisie à la cupidité. Bientôt, le système des successions établi par Lycurgue, dans le but de maintenir l'égalité des héritages ruraux, fut aboli; on rétablit le droit d'aliéner et de disposer par donation et testament; les terres, comme les richesses mobilières, devinrent la propriété de quelques familles. Des lois antiques, il ne resta qu'une incurable paresse, une ignorance honteuse et une profonde immoralité dans les rapports des sexes. Devenue le siége d'une épouvantable corruption, Sparte fut, par son orgueil et son avarice, la principale cause des dissensions et de la ruine de la Grèce. Sa belliqueuse aristocratie dépérit, moins par les ravages de la guerre que par l'effet de ses vices et de son barbare système d'éducation. Les armées lacédémoniennes durent se recruter dans la classe des Ilotes qui, malgré l'oppression et les massacres, se maintenait nombreuse et conservait sa vigueur. Ce fut même parmi des affranchis sortis de cette classe que se rencontrèrent quelques-uns des plus grands hommes de Sparte. Tels furent, au dire d'Élien, Callicratidas, Gylippe et Lysandre. La décadence de l'aristocratie lacédémonienne fut telle, que, vers les derniers temps, il n'y eut rien de plus rare à Sparte qu'un Spartiate d'origine.

Ce fut en vain que les rois Agis et Cléomène essayèrent de rétablir l'antique discipline et de renouveler la loi agraire. Cette tentative de restauration n'aboutit qu'à la perte de ses auteurs, et bientôt Sparte dut, comme ses anciennes rivales, subir la honte de la conquête romaine.

La facilité avec laquelle s'écroulèrent les institutions communistes de Lycurgue au contact de la ci-

vilisation du reste de la Grèce, fondée sur le principe
de la propriété, l'inutilité des efforts tentés pour
relever ces institutions, nous offrent un utile enseignement. Elles nous prouvent que le système de la
communauté, quelque forte que soit son organisation, quelque redoutable que soit le pouvoir établi
pour le défendre, est impuissant à se maintenir
contre le désir de la propriété individuelle, profondément enraciné au cœur de l'homme. Ni l'éducation commune des Spartiates, ni le fanatisme
d'abnégation qui leur était inspiré dès leur plus
tendre enfance, ni le terrible pouvoir des Éphores,
ne purent retenir le peuple de Lycurgue dans les
liens de l'égalité absolue et du communisme, qu'il
avait subis, alors que, misérable et barbare, il voyait
autour de lui-même pauvreté, même barbarie. A
peine les Lacédémoniens furent-ils en contact avec
les richesses, fruit d'une civilisation plus avancée,
que le sentiment de la propriété, violemment étouffé
en eux, se réveilla et renversa tous les obstacles.
Mais, comme leurs détestables institutions leur
avaient, plus qu'à tout autre peuple de l'antiquité,
inspiré le mépris du travail agricole, industriel et
commercial, l'aversion pour les plus nobles occupations de l'intelligence, chez eux le sentiment de la
propriété et le désir d'acquérir devinrent rapacité et
soif de déprédation : une vénalité effrénée déshonora
les éphores et les magistrats.

Ces faits établissent avec une autorité irrécusable
cette vérité : que, de tous les mobiles de l'activité de

l'homme, le plus énergique, le plus puissant, le plu
naturel, c'est le sentiment de la propriété individuelle
Toute organisation sociale qui viole ce sentiment
est fatalement ramenée; le progrès consiste à l'éclai
rer, à le moraliser, et non à s'épuiser en inutiles ten
tatives pour l'éteindre.

La constitution de Sparte a été un objet d'admi
ration pour la plupart des écrivains de l'antiquité
qui furent surtout frappés de sa durée. Étrangers à l
doctrine du progrès, les anciens attachaient une im
portance exagérée au maintien des mêmes institution
pendant une longue suite de siècles, et voyaient dan
cette permanence un signe de perfection. De là leu
enthousiasme pour Sparte, pour l'Égypte soumise ar
régime des castes et au despotisme des prêtres et de
rois. Éclairés par une religion et une philosophie su
périeures, par le spectacle de périodes historique
plus étendues que celles qui se déroulaient aux yeu
de leurs devanciers, les modernes ont appris à estime
à sa juste valeur une stabilité qui ne s'obtient, le plu
souvent, qu'au prix du sacrifice des plus nobles facultés
de l'homme et du développement de ses plus mauvai
instincts. Pour nous, l'immobilité de la Chine et de
l'Inde, qui eût excité au plus haut degré l'enthousiasme
des anciens, n'est que l'indice d'institutions radicale
ment vicieuses et d'une profonde dégradation des
peuples qui les subissent. C'est de ce point de vue
que nous apprécions et que nous expliquons la durée
des lois de Lacédémone.

L'établissement de Lycurgue subsista parce qu'il

s'appuyait sur des sentiments énergiques, mais qui n'en sont pas moins détestables ; je veux dire l'orgueil, la paresse et la fureur guerrière. L'amour d'une domination altière sur des esclaves et des sujets, l'horreur du travail intellectuel et physique, le goût des combats et de la rapine, sont malheureusement innés au cœur de l'homme, et se retrouvent chez tous les peuples sauvages ou barbares, et chez ceux qui n'ont encore atteint qu'un degré peu élevé de civilisation. Ce furent ces passions grossières que Lycurgue s'efforça de développer au profit d'une seule vertu, le dévouement à la cité, et cette vertu, il la dénatura en l'exagérant.

Une autre raison de l'admiration que les lois de Lycurgue inspirèrent aux anciens, c'est que l'antiquité tout entière fut dominée par les sentiments qu'elles tendaient à développer. Dans ce monde fondé sur l'esclavage et la guerre, dans ces cités où la défaite faisait tout perdre au vaincu : biens, famille, liberté, le courage militaire (*arêté*, *virtus*) fut la vertu par excellence, le suprême mérite.

« Je crois indigne d'éloges et je ne compte pour « rien celui qui ne se signale point à la guerre, pos- « sédât-il tous les autres avantages. »

Ainsi chantait Tyrtée, exprimant l'opinion unanime de son temps. Le même sentiment a régné chez l'aristocratie belliqueuse des siècles féodaux et des temps modernes. Ces remarques expliquent l'estime qui s'est attachée pendant tant de siècles à des institutions qui tendaient à porter au plus haut degré l'énergie guerrière.

Aujourd'hui qu'une civilisation plus avancée a substitué à l'esclavage la liberté pour tous, à l'oisiveté le respect du travail, à la fureur de la guerre l'amour de la paix, l'engouement irréfléchi pour les lois que Lycurgue donna à une peuplade à demi sauvage doit avoir un terme. Désormais, nous n'éprouverons plus qu'une juste horreur pour ce communisme aristocratique de Sparte, qui fut établi par la violence, se maintint par la tyrannie, et s'éteignit dans une affreuse corruption.

Les lois de Minos, si fameuses dans l'antiquité, ne méritent pas une appréciation moins sévère que celles auxquelles elles servirent de modèle. Là, tout le système de la communauté reposait encore sur l'existence d'une classe agricole vouée à la servitude. Les Périœces de l'île de Crète étaient des serfs condamnés à la culture de la terre comme les Ilotes de Lacédémone. De même que les Spartiates, les Crétois avaient des repas publics. Cette institution présentait même chez eux un caractère de communisme plus prononcé. A Sparte, chacun était tenu de fournir une quantité déterminée de subsistances, sous peine de perdre ses droits de citoyen. En Crète, les Périœces payaient directement au trésor public leurs redevances en grains, bestiaux et argent. Une partie de ces redevances était consacrée au culte des dieux et aux charges communes ; l'autre était employée aux dépenses des repas publics; hommes, femmes et enfants étaient nourris dans l'oisiveté aux frais de l'État. C'est l'idéal du communisme. Du reste, une parcimonie rigoureuse et sans doute nécessaire régnait dans ces repas communs. Pour prévenir la pullulation de cette aristocratie paresseuse, la loi autorisait de fréquents divorces et encourageait des amours infâmes. Le législateur avait justifié ces institutions par de belles maximes.

Des magistrats appelés cosmes étaient revêtus d'une autorité analogue à celle des éphores de Lacédémone. Comme les Crétois n'avaient pas de lois écrites, ces cosmes exerçaient un pouvoir arbitraire, condition nécessaire de l'existence de la communauté.

« Le mode adopté par les Crétois pour contreba-
« lancer les mauvais effets de pareilles lois, dit Aris-
« tote, à qui nous empruntons ces détails, est ab-
« surde, impolitique et tyrannique. Veut-on destituer
« un cosme? ses propres collègues ou de simples ci-
« toyens organisent une insurrection contre lui. Il
« peut conjurer l'orage en donnant sa démission.
« Cet ordre de choses tient, dit-on, aux formes répu-
« blicaines. Non, ce n'est pas là une république,
« mais une factieuse tyrannie; car le peuple se divise,
« les amis prennent parti, on se range sous un chef,
« il y a tumulte, on s'égorge. Légitimer ces terribles
« crises, n'est-ce pas suspendre pour un temps la
« garantie sociale et briser tous les liens de l'ordre
« politique? Alors quel danger pour l'État, si des
« ambitieux ont la volonté ou le pouvoir de s'en em-
« parer [1]. »

Les institutions communistes de la Crète déchu-

---

[1] *Politique,* liv. II. chap. 8.

rent rapidement. Comme à Lacédémone, la forme seule persista quand le fond n'existait plus. La propriété était depuis longtemps reconstituée, tandis que les repas publics, inutile symbole de l'égalité absolue, continuaient de réunir les citoyens à la table commune. De leurs anciennes institutions, les Crétois ne conservèrent que les vices les plus hideux réunis à la fraude, à la dissimulation et au mensonge; résultat inévitable des obstacles qu'une législation tyrannique oppose au sentiment naturel de la propriété.

Ce tableau n'est point de nature à justifier la célébrité de ces lois de Minos citées si souvent comme un monument d'immortelle sagesse. On sait que le rapporteur de la constitution de 93, Hérault Séchelles, séduit par leur brillante réputation, voulait y chercher le modèle des institutions à donner à la France, et qu'il en réclamait le texte. Mais l'érudition des bibliothécaires ne put, sur ce point, satisfaire ses désirs. Malgré ce contre-temps, qui dut sans doute profondément affliger ce grand révolutionnaire, il semble que l'une des maximes des Crétois soit passée dans le symbole du jacobinisme. Je veux parler de celle qui consacre l'insurrection comme le plus saint des devoirs. Félicitons-nous de ce que les constituants de 93 n'aient pas fait de plus amples emprunts aux impurs communistes de Cnosse et de Gortyne [1].

---

[1] C'étaient les deux villes principales de la Crète.

CHAPITRE III.

LE COMMUNISME DE PLATON.

LE TRAITÉ DE LA RÉPUBLIQUE. — L'esclavage consacré. — Les classes productives vouées au mépris. — Aristocratie communiste de guerriers et de philosophes. — Promiscuité des sexes. — Infanticides. — Avortements. — Caractère de la communauté platonicienne.

LE LIVRE DES LOIS. — Transaction entre l'égalité absolue et la propriété. — Véritable portée des ouvrages politiques de Platon.

Toutes les fois que le principe d'une doctrine se trouve déposé dans les institutions d'un peuple ou les écrits d'un philosophe, il se rencontre tôt ou tard un logicien rigoureux, qui le dégage de tout mélange, et le développe jusqu'à ses dernières conséquences. Il en fut ainsi des éléments du communisme, qui n'avaient reçu, dans les lois de Lacédémone, qu'une incomplète application. Platon les recueillit et traça, dans sa célèbre *République*, le plan d'une société idéale, fondée sur la pure théorie de la communauté.

Quelque audacieuse qu'ait été l'utopie du philosophe, il ne s'est pourtant pas élevé dans l'idée qu'il se forme d'un État au-dessus des opinions générales de son temps. Pour lui, comme pour les autres Grecs, l'État, c'est toujours la cité, c'est-à-dire une réunion d'hommes renfermée dans les étroites limites d'une ville et du territoire nécessaire à sa subsistance. Platon ne s'éleva pas jusqu'à la conception de ces grands corps politiques qui, formés de la réunion d'immenses territoires et de villes nombreuses, soumis aux mêmes lois, à un même gouvernement, jouissent néanmoins des bienfaits de la liberté. Bien loin de chercher à étendre le cercle de l'association entre les hommes, le philosophe le restreint autant que possible. Il éloigne sa cité des bords de la mer, ferme ses portes aux étrangers, et l'isole du reste de l'humanité. C'est dans cette espèce de prison que doit se développer le type de la perfection sociale.

Avant tout, Platon s'empresse de proclamer la nécessité de l'esclavage et de le consacrer comme la condition nécessaire de l'existence d'un peuple libre, dont tout le temps doit être employé à la chose publique. Parmi les hommes libres, il condamne à l'avilissement ceux qui exercent des professions laborieuses. « La nature, dit-il, n'a fait ni cordonniers « ni forgerons; de pareilles occupations dégradent « les gens qui les exercent, vils mercenaires, misé- « rables sans nom, qui sont exclus, par leur état « même, des droits politiques. »

Platon divise donc les citoyens en trois classes : celle des mercenaires ou de la multitude, qui comprend les laboureurs, les artisans et les marchands;

celle des guerriers, défenseurs de l'Etat, et celle des magistrats et des sages. Ces deux dernières seules appellent son attention. Quant à la première, il la néglige et déclare qu'elle est faite pour suivre aveuglément l'impulsion des autres.

Ainsi, la cité de Platon ne consiste qu'en une aristocratie de guerriers et de philosophes, servie par une armée d'esclaves, et dominant la multitude des hommes libres voués aux occupations utiles. C'est vers le perfectionnement physique et moral de cette poignée de dominateurs que Platon va tout faire converger.

Le corps des guerriers, fixé au nombre de mille, aura toujours les armes à la main. Il ne se mêlera pas avec les autres citoyens ; il demeurera dans un camp, prêt à réprimer les factions intérieures et à repousser les agressions étrangères.

Pour éviter que l'ambition et l'amour des richesses ne portent ces hommes redoutables à opprimer l'Etat, ils n'auront rien en propre, et seront nourris en commun, aux dépens de la république, dans une austère frugalité. Jamais l'or et l'argent ne souilleront leurs mains.

Platon ne s'explique pas sur la question de savoir à qui les biens seront attribués. Appartiendront-ils à la république et seront-ils administrés par ses magistrats ? La propriété sera-t-elle maintenue pour la classe inférieure des hommes libres ? La dernière interprétation semble résulter d'un passage qui impose à cette classe l'obligation de fournir aux guerriers leur nourriture, comme la juste récompense de leurs services [1]. S'il en était ainsi, Platon aurait restreint l'incapacité de posséder à l'ordre des guerriers et des sages, et relégué dans la classe inférieure le principe de la propriété individuelle.

L'objet qui préoccupe par-dessus tout ce philosophe, c'est de perfectionner la race des guerriers et des sages, et d'exclure de ces corps d'élite tous ceux qui, par l'insuffisance de leur beauté physique et de leurs qualités morales ne seront pas dignes d'y entrer.

Dans les moyens qu'il propose pour assurer ce résultat, il laisse Lycurgue bien loin derrière lui. Le mariage est remplacé par des unions annuelles qui permettront d'obtenir, à l'aide du croisement des races, des produits de qualité supérieure. Le sort réglera, en apparence, ces unions; mais les magistrats, usant d'une fraude patriotique, assortiront les couples de manière à obtenir les meilleures conditions de reproduction. Du reste, la fidélité conjugale sera de rigueur dans ces mariages passagers.

Les enfants ne connaîtront pas leurs parents; déposés dès leur naissance dans un asile commun, ils seront allaités par les mères transformées en nourrices publiques; une éducation commune leur sera donnée par l'État. Il n'y aura ainsi qu'une seule famille dans le corps des guerriers, dont tous les mem-

---

[1] *Répub.*, lib. III à la fin. — Aristote, qui a réfuté la *République* et les *Lois* de Platon avec une grande supériorité, soulève le même doute. (*Politique*, liv. II, chap. 3.)

bres seront réunis par les liens d'une parenté hypothétique ; en même temps disparaîtront les priviléges
de naissance, l'ambition de famille, les illusions de
l'amour paternel.

L'éducation des femmes sera semblable à celle
des hommes. Comme eux, elles se livreront aux exercices du gymnase dans une chaste nudité ; comme
eux, elles apprendront le métier de la guerre, et en
affronteront les périls.

Les enfants des deux sexes seront formés au mépris
de la mort et des souffrances. Mais leur âme, adoucie
par la musique et la culture des sciences, ne connaîtra pas la férocité. Afin que cette éducation transcendante ne soit donnée qu'à des sujets dignes de la
recevoir, les enfants mal constitués, incorrigibles ou
nés hors des conditions de l'accouplement légal,
sont condamnés à la mort. Enfin, l'avortement est
prescrit aux femmes qui auraient conçu après leur
quarantième année, leur âge ne promettant pas à
leur fruit une complexion assez vigoureuse.

Voilà quelles abominations le disciple de Socrate
ne craint pas de préconiser comme le type de la perfection sociale. Dans les rêves délirants d'une imagination exaltée, il méconnaît les lois fondamentales
de l'humanité, et la ravale au-dessous de la brute,
quand il croit l'élever au niveau des dieux. Pour
assurer à une petite aristocratie de guerriers et de
philosophes de nobles loisirs, il condamne à la
nullité politique et au mépris tous les citoyens livrés
aux travaux utiles, et consacre l'odieuse institution

de l'esclavage. Cette aristocratie, il la perpétue par
la promiscuité, et l'épure par l'infanticide. Amour
conjugal, tendresse maternelle, pudeur, division naturelle des fonctions entre les deux sexes, tout est
foulé aux pieds, tout est sacrifié à des combinaisons
dont l'absurdité n'est égalée que par l'infamie. Ajou-
tez à cela la loi du sacrilège et le despotisme des magistrats philosophes, et vous aurez un tableau complet de la meilleure des républiques.

Bien que Platon ne se soit pas nettement expliqué
sur l'organisation de la communauté, qu'il n'ait
point tracé de règles relatives à la répartition et à
l'administration des terres et des valeurs mobilières,
en un mot, qu'il ait négligé le côté économique de la
question, ce philosophe n'en doit pas moins être
considéré comme le premier fauteur du communisme. En effet il déclare la propriété incompatible
avec la perfection idéale à laquelle il prétend élever
la société modèle de sages et de guerriers; il la présente comme la source de tous les maux qui affligent les États, de l'avarice, de l'ambition, de l'é-
goïsme et de l'avilissement des âmes. S'il laisse pla-
ner quelques doutes sur son abolition absolue, du
moins est-il certain qu'il la relègue dans la société
inférieure des mercenaires, destitués de tout droit
politique.

Platon a donc condamné formellement la propriété, et développé la plupart des arguments qui
ont défrayé depuis les déclamations dirigées contre
elle. Quant au principe de la famille, il est impossi-

ble de l'anéantir plus complétement que le philosophe qui réglemente la promiscuité des sexes, et arrache les nouveaux nés à leur mère.

Ainsi, Platon est un communiste complet et logique. Il ne recule pas devant la rupture violente des liens du sang, qui a arrêté quelques rêveurs moins conséquents que lui, et qui est la suite nécessaire du principe de la communauté.

Le communisme, en effet, se propose pour but d'anéantir complétement la personnalité humaine, d'effacer toute inégalité, toute différence même, entre les hommes, et de réduire chacun d'eux à n'être dans la société qu'un chiffre du même ordre et de la même valeur. Or, la famille, par les souvenirs qu'elle perpétue, les espérances et les prévisions qu'elle fait naître, fortifie dans l'homme le sentiment de son individualité, provoque et stimule celui de la propriété héréditaire. Donc, détruire la propriété et l'hérédité en maintenant la famille, c'est se montrer inconséquent et illogique ; c'est attaquer l'effet, tout en respectant la cause. Cette inconséquence, Platon ne la commit point.

Les doctrines communistes du livre de la *République* n'exercèrent aucune influence sur la politique de l'antiquité. Invité à donner des constitutions à plusieurs villes de la Grèce et de la Sicile, Platon vit ses plans de communauté unanimement repoussés. Dans plusieurs circonstances, il n'osa pas même en proposer l'application. Aristote réfuta avec une remarquable vigueur de logique la doctrine de la communauté [1], et montra toutes les incohérences, les lacunes, les impossibilités d'exécution que présente le système platonicien. Son jugement fut ratifié par l'antiquité tout entière, qui ne vit dans ce plan de rénovation sociale que le rêve d'une imagination enthousiaste égarée à la poursuite d'une perfection chimérique, et réserva son admiration pour les idées philosophiques et morales qui brillent dans le livre de la *République*, au milieu des plus déplorables erreurs. Ce fut seulement après un intervalle de six siècles, que Plotin, l'un des coryphées de l'école néo-platonicienne d'Alexandrie, imagina de fonder une cité de philosophes gouvernée par les lois de Platon, et sollicita dans ce but de l'empereur Gallien le don d'une ville ruinée de la Campanie : aberration digne de l'un de ces sophistes qui, exagérant et faussant la pensée du maître, en tirèrent comme dernière conséquence le mysticisme et la théurgie, ces fruits honteux de l'esprit humain. Mais l'empereur ne jugea pas convenable d'autoriser l'expérience.

L'idéal politique de Platon fut donc considéré par l'antiquité comme impraticable, et relégué au nombre des œuvres de pure imagination. Cependant, parmi toutes les combinaisons communistes, le système de ce philosophe serait encore celui dont l'application présenterait le plus de chances de succès, parce qu'il a pour base l'esclavage et l'avilissement des classes agricoles et industrielles.

[1] *Politique*, liv. II.

La république de Platon réalisée eût été quelque chose d'analogue à la constitution de l'Égypte musulmane des trois derniers siècles, où un corps de Mamelucks, recruté d'enfants sans famille, et un collége d'Ulemas, gouvernaient une population d'esclaves et de paysans avilis et méprisés. Si le communisme était possible, ce ne pourrait être que dans les camps ou les casernes d'une milice aristocratique, étrangère aux travaux utiles, et vivant du produit des sueurs d'une population opprimée. Mais appliquer le régime de la communauté à l'universalité des membres d'une société libre et productive, c'est une aberration que l'antiquité n'avait jamais conçue, et dont la mémoire de Platon doit être déchargée. Elle appartient à ses modernes imitateurs, qui se sont inspirés de son livre sans le comprendre [1].

Platon aurait dû être éclairé sur la valeur de son système de communauté et d'unité absolue dans l'État, par les objections et les invincibles répugnances qu'il souleva chez ses contemporains. Par là se manifestait l'incompatibilité radicale de ce système avec la nature humaine, l'invincible tendance de l'homme à la propriété individuelle. Mais, comme

[1] Jefferson, ancien président des États-Unis, où il fut le représentant le plus illustre de la démocratie avancée, s'est exprimé sur les œuvres de Platon en général, et notamment sur le livre de la *République*, en termes qui contrastent avec les éloges traditionnels que l'on prodigue aux écrits de ce philosophe. Voir à la fin du volume, note A, un extrait de cette curieuse appréciation.

tous les utopistes, Platon aima mieux attribuer cette
opposition aux préjugés de l'éducation, à l'influence
invétérée de l'habitude. Cependant il crut devoir
tenir compte des résistances, et proposer aux hommes un but moins disproportionné à leur faiblesse.
Il écrivit le *Livre des Lois*.

Dans ce nouveau traité politique, il se contenta de
tracer les moyens les plus convenables, selon lui,
pour concilier la propriété individuelle avec le maintien de l'égalité entre les citoyens. La recherche de
cet insoluble problème fut l'éternel tourment des
législateurs de la Grèce, et l'inévitable écueil de
leurs combinaisons.

Platon fixe à cinq mille quarante le nombre des
membres de sa nouvelle cité, c'est-à-dire des hommes investis du droit exclusif de participer aux affaires publiques et de porter les armes. Il propose
de diviser le territoire en autant de portions dont
chacune sera attribuée à un citoyen par la voie du
sort. Ces portions sont indivisibles, inaliénables, et
constituent le minimun assuré par la cité à tous ses
membres. A la mort du possesseur, elles passent à
celui de ses enfants mâles qu'il a désigné. Un système de lois sur les adoptions et les mariages a pour
objet d'assurer la permanence du nombre des citoyens, et de prévenir la concentration de plusieurs
parts dans une seule main. Cependant, il est permis
à chacun d'acquérir des richesses mobilières en sus
de la portion civique; mais ces acquisitions ne peuvent dépasser le quadruple de la valeur de cette por-

tion [1]. Il est assez difficile de concevoir comment les citoyens pourront s'enrichir sous le régime des lois platoniciennes. En effet, l'exercice de toute profession industrielle ou commerciale, la possession de l'or et de l'argent, le prêt à intérêt leur sont interdits. Les métiers mécaniques sont exercés par des esclaves que dirige une classe d'artisans libres, mais privés de tout droit politique. Le négoce est abandonné aux étrangers.

Pour maintenir la fixité du nombre des citoyens, on interdira la génération quand elle sera trop abondante, on l'encouragera dans le cas opposé. Si, malgré tout, les unions étaient trop fécondes, on enverra l'excédant des citoyens former au loin une colonie.

Ainsi, une espèce de tenure féodale des biens fonds, la limitation des richesses mobilières, l'interdiction des monnaies d'or et d'argent, du commerce et de l'industrie, le despotisme de la loi réglant les mystères de l'amour : tels sont les moyens que Platon propose pour maintenir l'égalité parmi les membres de l'aristocratie politique et guerrière de sa seconde république. A ces institutions il joint des repas communs défrayés, comme chez les Crétois, aux dépens du trésor public. Les femmes ne sont point communes; mais elles doivent, comme dans la première utopie, affronter les périls de la guerre.

Le *Livre des Lois* est le résumé le plus brillant et le plus complet des tentatives faites par les philosophes

---

[1] *Les Lois*, liv. v.

et les législateurs grecs, pour maintenir l'égalité des fortunes. Lycurgue, Phaléas de Chalcédoine, Protagoras, Philolaüs de Thèbes, s'étaient épuisés en inutiles combinaisons pour atteindre ce résultat. La plupart des États grecs poursuivirent le même but au prix de fréquentes révolutions. L'égalité, un moment rétablie, ne tardait pas à-être rompue par l'effet inévitable des différences naturelles d'aptitudes et de caractères. C'était l'œuvre de Pénélope, le rocher de Sisyphe.

Platon comprit, et c'est là son mérite, que la propriété individuelle, si restreinte qu'elle soit, est incompatible avec l'égalité absolue ; il vit que le seul moyen de faire régner cette égalité, c'était la suppression complète de la propriété, l'attribution à l'État de la souveraine disposition des biens et des personnes. Et, comme son esprit pénétrant atteignait d'un regard l'extrémité des choses, il reconnut que l'abolition de la famille était la condition nécessaire, la suite inévitable de la comunauté des biens. Il proclama ces résultats avec l'impassibilité de la logique, mais il ne fut pas compris, et, ceux-là mêmes qui étaient le plus attachés au dogme de l'égalité absolue, en repoussèrent obstinément les conséquences.

Ce fut alors que Platon revint dans le *Livre des Lois* au vieux système de conciliation, de transaction entre l'égalité et la propriété. Mais il ne le fit qu'à regret, et sans abandonner sa doctrine de la communauté. Loin de désavouer le livre de la *République* dans son second traité politique, il le confirme au

contraire : « L'Etat, le gouvernement et les lois qu'il
« faut mettre au premier rang, dit-il, sont ceux où
« l'on pratique le plus à la lettre, dans toutes les
« parties de l'Etat, l'ancien proverbe qui dit que
« tout est véritablement commun entre amis. Quel-
« que part donc que cela se réalise ou doive se
« réaliser un jour, que les femmes soient commu-
« nes, les enfants communs, les biens de toute
« espèce communs, et qu'on apporte tous les soins
« imaginables pour retrancher du commerce de la
« vie jusqu'au nom même de propriété; de sorte que
« les choses mêmes que la nature a données en pro-
« pre à chaque homme deviennent en quelque sorte
« communes à tous autant qu'il se pourra... En un
« mot, partout où les lois viseront de tout leur pou-
« voir à rendre l'Etat parfaitement un, on peut
« assurer que c'est là le comble de la vertu poli-
« tique. [1] »

Platon déclare ensuite que, sous le rapport de
la perfection, l'Etat organisé d'après les bases du
Livre des Lois, n'occupe que le second rang. A son
point de vue, et à celui des politiques grecs, il a
parfaitement raison. La communauté est en effet la
conclusion nécessaire du principe de l'égalité absolue des fortunes. Ce principe admis, il n'y a en
dehors de la communauté que des transactions impuissantes et illogiques, d'inutiles efforts pour concilier des éléments contradictoires.

---

[1] *Les Lois*, liv. v.

En posant nettement la doctrine de la communauté, Platon n'avait donc fait que pousser à ses dernières conséquences et réduire à l'absurde le socialisme égalitaire dont toute la Grèce était infatuée. Mais ni Platon, ni ses adversaires ne soupçonnèrent que telle fût la véritable portée du livre de la *République*. Le principe de l'égalité absolue *(tou isou)* était trop enraciné pour succomber à cette épreuve. Nul ne voulut y renoncer. En acceptant ses dernières conséquences, Platon sacrifia la raison à la logique; ses adversaires, en les repoussant, aimèrent mieux être illogiques pour rester raisonnables. Tels sont les hommes : lorsque les déductions d'une idée fausse, mais chère à leurs passions, les amènent en face d'un résultat qui heurte le bon sens, il se rencontre quelques esprits hardis qui n'hésitent pas à l'admettre; mais le vulgaire se borne à nier la conclusion, et ne peut se décider à condamner les prémisses. Parmi nos modernes égalitaires, beaucoup en sont au même point que les contemporains de Platon. Ils repoussent le communisme, tout en défendant le principe d'où il découle.

CHAPITRE IV.

DE LA PROPRIÉTÉ A ROME.

Luttes politiques dans la république romaine sur des questions de propriété. — Absence d'idées communistes. — Caractère des lois agraires. — La propriété sous la république et sous les empereurs.

La Grèce nous offre, dans les constitutions de la Crète et de Lacédémone, une application partielle du principe de la communauté, et dans Platon, un éloquent défenseur de ce mode d'organisation sociale. On chercherait vainement quelque chose d'analogue dans l'histoire du peuple romain : l'idée de la communauté paraît avoir été complétement étrangère à son génie.

Parmi toutes les sociétés anciennes et modernes, il n'en est aucune chez laquelle le droit de propriété ait été aussi fortement constitué, ait revêtu un caractère aussi énergique et aussi national que chez ce peuple conquérant et dominateur. Non-seulement ce droit s'appliquait aux objets matériels et aux esclaves ; mais il s'étendait encore jusque sur les hommes libres, et pénétrait dans les relations de la famille. L'épouse, l'enfant étaient la propriété du chef. Le père pouvait vendre son fils, et ce n'était qu'après trois ventes successives que se trouvait épuisée la terrible puissance de la paternité. La lance était le symbole de cette propriété romaine, qui ne se transmettait que par des actes solennels. Ce fut seulement vers la fin de la république et sous les empereurs que la rigueur du droit s'adoucit, par les fictions et les tempéraments de la jurisprudence des préteurs. On comprend que, dans une société ainsi organisée, il n'y ait point eu de place pour l'idée de la communauté.

Le droit de propriété en lui-même ne fut donc jamais attaqué, dans les agitations du forum. Les prolétaires de Rome luttaient non pour abolir ce droit, mais pour y participer. Ils protestaient contre l'usurpation des terres domaniales par les nobles et les chevaliers, et réclamaient leur part de ces dépouilles conquises sur l'ennemi au prix du sang plébéien. Tel était l'objet des lois agraires proposées par les Gracques. Elles tendaient à réintégrer la république dans ses domaines injustement détenus, et à les distribuer aux hommes libres ruinés par les guerres et par les extorsions d'une aristocratie usurière. Le premier des Gracques poussait très-loin les ménagements envers les puissants détenteurs des terres usurpées. Cinq cents arpents étaient abandonnés définitivement à chacun d'eux; le surplus ne devait retourner à l'État que moyennant une indemnité acquittée en numéraire.

C'est donc par suite d'une fausse interprétation que le mot de loi agraire est devenu synonyme de la spoliation des propriétaires fonciers, et du partage égal de tous les héritages.

La chute tragique des Gracques consacra le triomphe définitif des nobles et des riches, et fit perdre aux prolétaires la dernière espérance de s'élever à la propriété. La race des vieux plébéiens, décimée par les guerres et la pauvreté, s'éteignait rapidement. Des Italiens, des affranchis, créatures dévouées à leurs puissants patrons, les remplacèrent dans le forum. Aux luttes de la plèbe et de l'aristocratie, succédèrent celles des diverses classes de l'aristocratie entre elles, des patriciens contre les chevaliers, des nobles contre les riches. Les grands de Rome se disputèrent avec acharnement les meilleures parts dans les dépouilles du monde. La plèbe, devenue la plus vile des populaces, vécut des distributions gratuites et de la vente de ses suffrages. Elle ne demanda plus à ses dominateurs que du pain et les jeux du Cirque.

Au milieu des dissensions qui signalèrent la fin de la république, le principe de la propriété et de l'hérédité ne fut point mis en question ; mais si l'on ne fit pas la guerre à la propriété elle-même, on la fit aux propriétaires. L'histoire de cette période n'est en effet qu'une longue suite de spoliations. La cupidité, plus encore que la vengeance, dicta les proscriptions des Marius, des Sylla et des triumvirs. On dépouilla les nobles au profit des chevaliers, les chevaliers au profit des nobles, les Italiens en faveur des vétérans, les provinces au profit de chaque parti victorieux. Au commencement de l'empire, il n'y avait guère de propriété, en Italie, dont l'origine ne fût souillée de sang ou entachée de violence.

Un seul genre de propriété fut sérieusement attaqué

dans la société romaine, ce fut la possession .de l'homme par l'homme, l'esclavage. Les grands propriétaires, envahisseurs de l'Italie, avaient partout substitué aux anciens agriculteurs libres des esclaves qui, plus d'une fois, revendiquèrent leur liberté les armes à la main. Les historiens latins eux-mêmes ont immortalisé l'héroïque courage de Spartacus. Mais ces tentatives désespérées échouèrent contre la puissance et la fortune de Rome.

Le principe de la communauté ne fut donc jamais invoqué dans les luttes politiques qui agitèrent le monde romain. Cependant, quelques-uns des dogmes qui se sont presque toujours combinés avec le communisme, paraissent avoir pénétré dans la cité éternelle à une époque assez ancienne : je veux parler de la promiscuité des sexes et de la sanctification de la débauche : telles furent ces fameuses bacchanales qui, 186 ans avant Jésus-Christ, avaient provoqué les rigueurs du sénat et des consuls. Les initiés à ces infâmes mystères se réunissaient secrètement, pour célébrer le culte effréné de la vie et de la mort. La prostitution et le meurtre en formaient les rites essentiels. Nous verrons les mêmes horreurs s'associer aux doctrines du communisme chez les premiers gnostiques et chez les anabaptistes du XVIe siècle. Les historiens ne nous apprennent point si quelques principes sociaux et politiques se rattachaient à ce culte abominable. La sévérité que le sénat déploya contre ses adeptes, permet de soupçonner qu'il poursuivait en eux autre chose que la violation des lois de la morale, déjà fort relâchées à cette époque. On constata, par une enquête, que, dans Rome seulement, 7,000 personnes s'étaient affiliées à la mystérieuse société. Elle avait des ramifications dans l'Etrurie et la Campanie. Des gardes furent établies la nuit dans tous les quartiers de la ville ; on fit des perquisitions, on livra les coupables au dernier supplice, et beaucoup de femmes furent remises à leurs parents pour être exécutées dans leurs maisons. De Rome la répression s'étendit dans l'Italie ; les consuls poursuivirent leurs informations de ville en ville, et extirpèrent la nouvelle secte par des moyens énergiques.

Sous les empereurs, la propriété romaine perdit le caractère sauvage et violent qu'elle avait eu pendant la république, et le droit national finit par se confondre avec ce droit plus humain, plus simple et plus général, que les préteurs reconnaissaient sous le nom de droit des gens, comme présidant aux rapports des hommes, abstraction faite de leur nationalité. On proclama, dans la définition légale de l'esclavage, que cette institution était contraire à la nature [1] : progrès immense, qui place les jurisconsultes de Rome bien au-dessus des philosophes de la Grèce. Désormais l'esclavage était condamné par la loi même qui le consacrait : il devait disparaître.

Ainsi adouci et généralisé, le principe de la pro-

---

[1] Servitus est constitutio juris gentium, qua quis dominio alieno CONTRA NATURAM subjicitur. Florentinus, leg. 4, § 1, ff. *de statu hominum.*

priété continua à dominer la société romaine, sans être sérieusement contesté. Il fut même plus religieusement respecté que pendant la république, car sous les empereurs, on ne vit plus ces confiscations en masse, ces spoliations systématiques, qui avaient signalé les luttes des partis.

En même temps que l'unité impériale s'établissait dans le monde romain, la Judée voyait naître cette nouvelle religion qui devait changer la face de la société. Les sectes communistes actuelles s'efforcent de se rattacher à l'origine du christianisme. Il importe donc d'examiner quel rôle le principe de la communauté joua dans cette grande révolution morale et religieuse, et d'apprécier à leur juste valeur les faits invoqués par les modernes apôtres qui prétendent s'inspirer de la parole du Christ, et renouer la chaîne des traditions de la primitive Eglise. Tel sera l'objet du chapitre suivant.

CHAPITRE V.

LE CHRISTIANISME.

Doctrine de l'Évangile sur la propriété et la famille. — Ces institutions sont consacrées et fortifiées. — Communauté de biens des premiers disciples. — Son caractère. — Sa courte durée. — L'aumône, l'offrande volontaire lui sont substituées. — Communisme des premiers gnostiques.

Si l'on veut justement apprécier les doctrines relatives à la propriété et à la famille, qui ressortent des premiers monuments du christianisme, il importe d'examiner quel était l'état social du peuple au milieu duquel se produisit la révélation de l'Evangile.

Au moment où le Christ parut, la loi de Moïse régnait encore souverainement sur les relations civiles du peuple hébreu, qui, soumis politiquement aux Romains, avait néanmoins conservé son organisation intérieure. Or, cette loi qui, depuis une longue suite de siècles, s'était identifiée avec les mœurs, consacrait la famille, la propriété individuelle, et l'hérédité des biens. La sainteté du mariage, le respect des parents, l'inviolabilité du bien d'autrui, étaient gravés en termes impérieux sur les tables que Moïse avait apportées à son peuple du haut du Sinaï [1]. Des peines rigou-

---

[1] Décalogue, Exod. cap. xx, ꝝ. 12, 15 et 17.

reuses sanctionnaient ces préceptes religieux [1]. Quoique la pluralité des femmes et le concubinage ne fussent point proscrits par les institutions mosaïques, l'esprit de famille n'en fut pas moins le caractère distinctif du peuple juif, et la base de ses institutions. La division de la nation en tribus issues d'un même père, le sacerdoce attribué à la race de Lévi, le pouvoir politique héréditaire dans la descendance de David, l'espérance de ce Messie qui devait naître un jour du sang du roi prophète : tout cela reposait sur le sentiment profond de la permanence des familles, sur la puissance des liens du sang. La nation juive tout entière ne formait-elle pas une grande famille, dont chaque membre pouvait, par une longue généalogie, remonter jusqu'à la commune origine ? Ne fut-elle pas dominée par le désir de conserver la pureté de sa race, et par l'horreur de toute alliance avec un sang étranger ? L'espoir de revivre dans une nombreuse postérité, si cher au cœur des patriarches, faisait battre encore celui de leurs descendants vaincus et dispersés sur la face de la terre. Cette disposition n'échappa point au génie de Tacite, qui signalait dans les Juifs le désir de perpétuer leur race et le mépris de la mort [2]. Il est donc vrai de dire que,

[1] L'adultère et son complice, l'enfant qui se portait à des violences ou à des imprécations contre ses parents, étaient punis de mort. (Lévit., c. xx, ⍩. 9, 10.) Le larcin était passible de la restitution et d'une amende. (Lévit, c. xx, ⍩. 4, 5, 6.)

[2] ... *Generandi amor, moriendi contemptus.* — Tacit. *Historiarum*, lib. v, § v.

chez aucune autre nation, le principe de la famille ne pénétra plus profondément dans les lois et dans les mœurs.

La propriété n'était pas moins fortement organisée. On voit se manifester dans sa constitution toute la puissance de cet esprit de famille qui régnait chez les descendants d'Abraham. Les fonds de terre et les habitations rurales ne pouvaient être aliénés à perpétuité; la vente n'avait d'effet que pour une période qui n'excédait pas cinquante ans. A l'expiration de chaque demi-siècle, on célébrait une fête solennelle, fameuse sous le nom de jubilé, qui était le signal de la restitution générale. Les immeubles aliénés retournaient aux vendeurs ou à leurs héritiers. Par ce moyen, la loi voulait prévenir l'appauvrissement et la ruine des familles. Celles-ci étaient les véritables propriétaires: les individus n'étaient investis que d'un droit d'usufruit, et ne pouvaient aliéner qu'à titre d'emphytéose.

Le même esprit présidait aux règles relatives aux successions. Les héritages passaient par préférence aux descendants mâles; les filles ne recevaient qu'une très-faible part. Lorsqu'à défaut de fils, les filles succédaient à leur père, il leur était interdit de porter par mariage leurs biens dans une autre tribu. Le droit de retrait lignager complétait ce système de mesures destinées à assurer la permanence des biens dans les familles.

On voit donc que les principes communistes étaient aussi étrangers aux institutions de la Judée qu'à celles de Rome. Chez ces deux peuples, dont l'un était destiné à conquérir le monde par le glaive, l'autre à le dominer par la puissance des idées religieuses, la famille et la propriété présentaient, quoique avec des caractères divers, la même force d'organisation, la même stabilité.

Ce fut au sein d'une société ainsi constituée que Jésus-Christ vint proclamer la nouvelle doctrine qui devait régénérer la terre. Certes, si l'anéantissement de la propriété individuelle, si la destruction des liens de la famille, avaient dû être la conséquence dernière des principes annoncés par le Sauveur des hommes ; si le système de la communauté devait être un jour l'expression la plus haute et la plus complète du christianisme, il est à croire que cette communauté eût été préconisée, ou du moins annoncée dans l'Évangile, et que la loi mosaïque, qui consacrait une organisation sociale si différente, y aurait été formellement condamnée. Il n'en est rien cependant. On chercherait vainement dans les discours du Christ, tels qu'ils nous sont parvenus, la moindre parole favorable à la communauté, ou la critique des lois civiles du peuple auquel s'adressait sa prédication. Au contraire, Jésus déclare qu'il n'est point venu changer la loi, mais la compléter : *Non ego veni mutare legem et prophetas, sed adimplere* [1]. A ceux qui lui demandent quel bien ils doivent faire pour mériter la vie éternelle, il répond qu'il convient de gar-

[1] S. Matthieu, chap. v, ɣ. 17.

der les commandements, et il reprend l'énumération des devoirs tracés par le décalogue: « Tu ne tueras point. Tu ne commettras point d'adultère; tu ne déroberas point; tu ne diras point de faux témoignage; honore ton père et ta mère [1]... » C'était consacrer l'inviolabilité de la propriété, la sainteté du mariage, le respect de l'autorité paternelle. Il alla plus loin encore: il fortifia le principe de la famille en proscrivant le divorce et la polygamie. Quand on lui opposait sur ce point l'autorité de Moïse, il répondait : « C'est à cause de la dureté de votre cœur que Moïse vous a permis de répudier vos femmes; mais au commencement il n'en était pas ainsi. Et moi je vous dis que quiconque répudiera sa femme, si ce n'est pour cause d'adultère, et se mariera à une autre, commet un adultère, et que celui qui se sera marié à celle qui est répudiée, commet un adultère [2]. »

Partout éclate dans l'Evangile l'anathème contre les actes qui portent atteinte à ces grandes institutions de la propriété et du mariage, glorieux et éternel apanage de l'humanité. « Ce qui souille l'homme, dit le fils de Marie, c'est ce qui sort de l'homme; car c'est de l'intérieur, c'est du cœur des hommes que sortent les mauvaises pensées, les adultères, les fornications, les meurtres, les *larcins*, *la fraude*, *les mauvaises pratiques pour avoir le bien d'autrui* [3]. » Que signifierait ce langage dans la

[1] S. Matthieu, chap. xix, ⊻. 17, 18, 19.
[2] S. Matthieu, id., ⊻. 3, 9.
[3] S. Marc, chap. vii, ⊻. 20, 21, 22.

3.

bouche d'un révélateur du communisme, pour lequel il ne saurait y avoir de larcin, de spoliation ni
de bien d'autrui?

Non, le principe que Jésus-Christ est venu révéler
à la terre, ce n'est point celui de la communauté, ce
n'est point la destruction des règles qui, depuis l'origine des sociétés, avaient présidé aux relations de
l'homme avec la nature extérieure, ni la rupture des
liens qui avaient uni l'époux à sa compagne, le père
à ses descendants. Le christianisme ne recélait point
en lui les germes de ces déplorables doctrines, ra-
meau parasite que des intelligences égarées ont
prétendu enter sur ce tronc sain et vigoureux. Ce
que le Christ a enseigné aux hommes, c'est la charité, la tendresse mutuelle, c'est le mépris des voluptés, c'est le renoncement aux choses de la terre.
Ce qu'il a combattu, c'est cet appétit de jouissances
matérielles, cette ardeur de passions égoïstes, ce sentiment de haine, d'envie et de convoitise qui, sous le
beau titre d'amour de l'égalité et de la fraternité, inspirent les déclamations des sectes antisociales, et ar-
ment des bras criminels. La vertu qu'il a célébrée,
celle dont il a donné l'exemple, c'est l'humilité, la
résignation dans la pauvreté et la souffrance. Le but
qu'il a proposé aux efforts de ses disciples, c'est la
pureté morale, la sainteté de la vie, de préférence aux
avantages matériels. « Ne soyez point en souci, leur
« disait-il, et ne vous demandez point : Que mange-
« rons-nous? Que boirons-nous? ou de quoi serons-
« nous vêtus? Car votre Père céleste sait que vous avez

« besoin de toutes ces choses ; mais cherchez pre-
« mièrement le royaume de Dieu et sa justice, et
« toutes ces choses vous seront données par-des-
« sus. » (S. Luc, ch. xix, v. 22 et suiv.) Paroles con-
solantes et profondes qui, tout en consacrant la supériorité des vertus morales sur les satisfactions physiques, nous enseignent que l'exercice de ces vertus
est aussi le plus sûr moyen de parvenir au bien-être.
Quel homme, en effet, pourrait méconnaître que
les plaies sociales et les misères privées ne soient,
le plus souvent, les tristes conséquences de l'immoralité, de la violation des lois de l'Evangile ?

Donc, Jésus-Christ, loin d'ébranler la propriété et
la famille, les a au contraire confirmées ; il les a
sanctifiées par la révélation d'une morale plus élevée
et plus pure. La propriété devient, dans sa bouche,
l'instrument de la bienfaisance et de l'aumône ; la
famille, la condition de la pureté et de la chasteté.
Il préconisa, il est vrai, le célibat, le renoncement
aux biens de la terre ; il déclara qu'il est difficile
aux riches d'entrer dans le royaume des cieux ; il
exhorta ceux qui aspiraient à la perfection à se dépouiller de leurs possessions au profit des pauvres,
et à tout quitter pour le suivre. Mais ce serait étrangement méconnaître la pensée de l'Evangile, que de
voir dans ces paroles une condamnation de la propriété. Ce que Jésus recommande, c'est l'abandon
volontaire, c'est l'aumône. Or, la disposition des
biens à titre gratuit, le dépouillement spontané,
l'aumône, ne peuvent exister que sous le régime de

la propriété, ils en sont un des modes d'exercice.

Il faut d'ailleurs distinguer, dans les préceptes de l'Evangile, ceux qui s'appliquaient spécialement à l'époque de sa prédication, et aux hommes investis de la haute mission de le répandre, de ceux qui constituent des lois générales, éternelles. Au moment où la révélation chrétienne fut apportée aux nations, elles étaient en proie à une profonde corruption de mœurs: les riches et les puissants de la terre s'abandonnaient au goût effréné des voluptés, et cherchaient, dans la rapine et l'oppression, les moyens de satisfaire des passions désordonnées. Comme l'industrie était peu développée, le travail voué au mépris, la violence et la ruse étaient le plus souvent l'origine de l'opulence. Il fallait rompre avec les habitudes d'une pareille société; à la débauche générale, opposer la sainteté du célibat; aux appétits matériels, à l'esprit de fraude et de spoliation, l'ascétisme, le renoncement, l'éloge de la pauvreté. Que si l'on songe d'un autre côté à la grandeur de la mission des premiers propagateurs de l'Evangile, à l'immensité des obstacles qu'ils avaient à vaincre, aux fatigues et aux périls qui les attendaient, à la persécution et au supplice qui devaient couronner leur glorieuse carrière, on comprend que le soin des biens terrestres, les soucis de la famille, fussent inconciliables avec un tel apostolat. Mais ces préceptes spéciaux ne sauraient évidemment s'appliquer à tous les hommes, ni infirmer cette approbation explicite que Jésus a donnée aux grands principes sur lesquels repose l'organisation de la société temporelle.

Enfin, le profond silence qu'il a toujours gardé sur la doctrine de la communauté, est une objection invincible contre ceux qui prétendent invoquer en faveur de cette doctrine l'autorité de l'Évangile.

Ce silence est d'autant plus significatif que, dans la Judée même, sous les yeux de Jésus et de ses disciples, la communauté était préconisée et pratiquée. Longtemps avant l'apparition du Christ, il s'était formé au milieu de la société juive une secte, qui considérait la vie commune et la suppression de la propriété individuelle comme la suprême perfection, et qui pratiquait ces dogmes dans des établissements analogues à ceux que fondèrent plus tard les ordres monastiques. Tels étaient les esséniens, sur lesquels on trouvera dans le chapitre suivant de plus amples détails. Si l'Évangile n'avait eu pour but que de perfectionner, de vulgariser la doctrine essénienne, comment concevoir qu'il ne fasse aucune mention de cette doctrine, qu'il ne se rattache à elle par aucun lien? Laisser à l'avenir le soin de déduire du christianisme le principe de la communauté, quand la communauté était déjà connue et pratiquée au sein même de la nation juive, n'était-ce pas, suivant une expression fameuse, bâtir Chalcédoine, ayant le rivage de Byzance sous les yeux?

Un seul fait a pu offrir un prétexte plausible aux partisans de la communauté qui, à diverses époques, ont invoqué, à l'appui de leur opinion, l'exemple

des premiers chrétiens. Je veux parler du régime qui
exista quelque temps entre les apôtres et les disciples, lorsque le Christ eut été ravi à la terre.
En butte aux persécutions des Juifs, ces premiers
fidèles devaient resserrer leur union, afin de
conserver intact le précieux dépôt de la parole divine, et de résister à la haine de leurs ennemis. Pour
se livrer tout entier aux devoirs de la prédication,
à l'ardeur du prosélytisme, il fallait qu'ils fussent
dégagés de tous les soucis de la vie matérielle, et
assurés du pain de chaque jour. De là, la nécessité de
former au profit de l'Eglise naissante un fonds commun, destiné à subvenir aux besoins de ses membres. La charité mutuelle y pourvut. On consacra ses
biens à l'accomplissement de la mission à laquelle on
dévouait ses efforts et sa vie.

Après avoir rapporté la première persécution que
les fidèles eurent à souffrir dans Jérusalem, les Actes
des Apôtres s'expriment ainsi : « Or la multitude de
« ceux qui croyaient n'était qu'un cœur et qu'une
« âme; et nul ne disait d'aucune des choses qu'il
« possédait qu'elle fût à lui; mais toutes choses étaient
« communes entre eux. — Aussi, les apôtres ren-
« daient témoignage avec une grande force à la résur-
« rection du Seigneur Jésus; et une grande grâce
« était sur eux tous. — Car il n'y avait entre eux au-
« cune personne nécessiteuse, parce que tous ceux
« qui possédaient des champs ou des maisons les
« vendaient, et ils apportaient le prix des choses ven-
« dues. — Et les mettaient aux pieds des apôtres; et

« il était distribué à chacun selon qu'il en avait be-
« soin [1], »

Puis vient le récit de la mort surnaturelle d'Ananias
et de Saphira son épouse, punis pour avoir faussement
déclaré au prince des apôtres qu'ils lui remettaient la
totalité du prix d'une propriété par eux vendue, tandis
qu'ils en retenaient une partie. Ce qui attire sur les
deux époux la vengeance céleste, ce n'est point la ré-
tention d'une partie de la somme, mais leur mensonge.
Saint Pierre reprochant à Ananias son crime, lui déclare qu'il était libre de garder son bien, ou d'en conserver le prix ; qu'il est coupable pour avoir menti
non-seulement aux hommes, mais à Dieu.

Il résulte de cet épisode que, parmi les compagnons
des apôtres, l'abandon des biens était spontané, et
n'avait rien d'obligatoire ; qu'il était un acte méritoire,
mais non un devoir.

Enfin, il est évident qu'un régime fondé sur la distribution du prix des possessions des fidèles, sur la
consommation de capitaux qui ne se reproduisaient
point, qu'un tel régime était essentiellement temporaire et transitoire. Aussi, verrons-nous qu'il ne fut
établi dans aucune des églises que les apôtres ne tar-
dèrent pas à fonder [2].

---

[1] *Acte des Apôtres*, chap. iv, ÿ. 32, 33, 34, 35.
[2] Gibbon, chap. 15, constate le peu de durée des premières
communautés chrétiennes. — M. Salvador, *Jésus-Christ et sa doctrine*, t. II, p. 221, reconnaît le même fait, quoiqu'il attribue à
tort à l'Église des tendances communistes qu'il oppose au
système de la propriété mosaïque. Morus lui-même reconnaît
dans son Utopie que la communauté des premiers disciples du

Quelque peu durable que ce régime ait été parmi les chrétiens de Jérusalem, quelque ardent qu'ait pu être l'esprit de charité qui les animait, un fait digne de remarque, c'est que la communauté ne subsista entre eux, qu'à la condition d'accorder à quelques hommes la souveraine disposition des biens sociaux. Les apôtres furent chargés de distribuer à chacun suivant ses besoins. Dans l'accomplissement de cette difficile mission, ils étaient sans doute éclairés par l'inspiration divine, et secondés par l'abnégation et l'humilité des fidèles. Mais que l'on se figure les résultats d'un pareil pouvoir confié à des hommes destitués de secours surnaturels, dans une communauté qui aurait pour principe non le renoncement et la mortification de la chair, mais la poursuite des jouissances matérielles ! Ce serait ou le plus odieux despotisme, ou la plus effroyable anarchie. Cependant, par une loi qui se vérifiera plus d'une fois dans le cours de cette histoire, la communauté ne peut subsister qu'à ce prix.

La religion chrétienne ne tarda pas à se dépouiller des langes du judaïsme, qui l'avaient enveloppée à son berceau. A la voix des apôtres, la Syrie, l'Asie-Mineure, la Grèce, la Macédoine, l'Italie, voient s'établir de nombreuses réunions de fidèles. Saint Paul, l'apôtre des gentils, fait retentir la divine parole hors de l'enceinte des synagogues, et convie tous les hom-

Christ fut éphémère, ce qu'il attribue aux ménagements des apôtres pour les préjugés régnants.

mes à entrer dans cette nouvelle cité, « où il n'y a ni
Grec, ni Juif, ni barbare, ni Scythe, ni homme libre
ni esclave, mais où Christ est tout et en tous [1]. »

Nous possédons le récit des actes de ces propagateurs de l'Evangile, les lettres qu'ils adressaient à
plusieurs des Eglises naissantes. Vainement y chercherait-on la moindre recommandation en faveur
de la vie commune. Ce que préconisent ces premiers
pasteurs chrétiens, c'est l'amour de Dieu et des hommes, le détachement des voluptés charnelles, le spiritualisme des aspirations; ce sont les vertus modestes qui s'asseoient au foyer de la famille [2]; c'est
par-dessus tout la charité, qui se manifeste dans
l'ordre moral par la patience, la bonté, la paix, la
joie, la fidélité, la douceur et la tempérance [3]; et dans
l'ordre matériel par l'aumône, ce sacrifice volontaire
qui ne saurait se concevoir sans la propriété individuelle.

Dans ses épîtres, saint Paul invite souvent les fidèles à contribuer aux collectes qui se faisaient en faveur des saints et des églises de la Judée, notamment
de l'église métropolitaine de Jérusalem. Ces offrandes
étaient purement volontaires [4]. Faut-il le dire? la
libéralité des premiers croyants avait quelquefois
besoin d'être stimulée, et l'Apôtre dut faire appel aux
sentiments d'émulation et à la crainte de la honte,

---

[1] Ép. de S. Paul aux Colossiens, ch. III, ÿ. 11.

[2] S. Paul aux Colossiens, chap. III, ÿ. 18 et suiv.

[3] S. Paul aux Galates, chap. V, ÿ 22.—1re aux Corinthiens, chap.
XIII.

[4] S. Paul. 2e aux Corinthiens, chap. VIII, ÿ. 3.

pour activer la générosité des chrétiens de Corinthe[1].

Comprendrait-on ces quêtes, ces offrandes volontaires, dans une société où la propriété individuelle aurait cessé de régner?

L'étude approfondie des premiers monuments du christianisme conduit donc aux résultats suivants :

1° La communauté n'a jamais été préconisée par le Christ, bien qu'elle fût pratiquée sous ses yeux mêmes par la secte essénienne. Ce silence absolu équivaut à une condamnation implicite.

2° La famille, la propriété, si fortement constituées par les lois de Moïse, sont formellement sanctionnées par l'Evangile.

3° Si les biens furent mis en commun chez les premiers fidèles de Jérusalem, après que le Christ eut quitté la terre, ce fut un fait exceptionnel et passager, qui ne se reproduisit dans aucune des autres églises fondées par les apôtres.

4° Les vertus prêchées par les premiers propagateurs de l'Evangile sont inconciliables avec un état social fondé sur la communauté.

En présence de ces faits incontestables, que devient cette allégation des fauteurs du communisme : que la communauté, c'est le christianisme [2] ?

Cette prétention est encore infirmée par l'histoire des trois premiers siècles de l'Eglise, période pen-

---

[1] S. Paul, 1re aux Corinthiens, chap. XVI.— 2e aux Corinthiens, chap. VIII et IX.

[2] M. Cabet, *Voyage en Icarie*, page. 567.— M. Louis Blanc, *Histoire de la Révolution*, t. I.—M. Villegardelle, *Hist. des idées sociales*.

dant laquelle, de l'aveu même des sectes réformées, elle conserva sa primitive pureté.

Bien loin d'avoir été adoptée par l'Eglise, la doctrine de la communauté fut au contraire professée alors par ses plus dangereux adversaires. Elle était chère aux philosophes néo-platoniciens, qui furent les plus ardents ennemis du christianisme, et les derniers défenseurs du polythéisme expirant. Elle caractérisa les premières hérésies qui, par leurs erreurs et leurs excès, compromirent le développement de la religion nouvelle.

L'établissement d'une république communiste, sur le modèle tracé par Platon, fut l'un des rêves favoris des Porphyre, des Plotin et des Jamblique. Plotin avait ardemment sollicité de l'empereur Gallien l'autorisation d'établir une cité platonicienne dans une ville ruinée de la Campanie. La communauté de Platon était sans doute le type de perfection que les sophistes voulaient opposer au principe chrétien de la charité.

Vers le commencement du IIe siècle, Carpocras et son fils Epiphane, fondateurs de l'une des nombreuses sectes qui se confondirent dans l'hérésie des gnostiques, proclamèrent la mise en commun des biens, et sanctifièrent l'impudicité. Imbu des opinions de Platon, Epiphane composa un livre intitulé : *De la Justice*, où il définissait la justice de Dieu une communauté avec égalité [1]. Il prétendait prouver que la

[1] Fleury, *Histoire de l'Eglise*, tom. I, pag. 385.— Clem. Alex., *Strom.*, pag. 248.

communauté en toutes choses, sans exception, venait de la loi naturelle et divine ; que la propriété des
biens et la distinction des mariages n'avaient été introduites que par la loi humaine. « Il combattait ouvertement la loi de Moïse, dit Fleury ; mais il ne combattait pas moins l'Evangile qu'il prétendait suivre,
puisque Jésus-Christ approuve la loi. » Les sectateurs de ces hérésiarques priaient nus, comme une
marque de liberté ; ils avaient le jeûne en horreur ;
hommes et femmes se livraient au culte de leurs
corps ; ils festinaient, se baignaient, se parfumaient.
Les propriétés et les femmes appartenaient à tous ;
quand ils recevaient des hôtes, le mari offrait sa compagne à l'étranger : cette infamie se couvrait du beau
nom de charité. Après leurs repas communs, qu'ils
appelaient du nom d'agapes, comme les chrétiens or-
thodoxes, ils éteignaient les lumières et se plon-
geaient dans les plus odieuses débauches [1].

Ainsi, par une coïncidence qui se reproduit à toutes les époques, la promiscuité des sexes s'unissait,
chez les carpocratiens, à la communauté des biens.
La dignité et la pureté de la personne sont presque
toujours sacrifiées sur le même autel que la propriété
individuelle. Déjà, dans le cours de cette histoire,
nous avons signalé la relation logique qui unit ces
deux négations du principe de la personnalité humaine. Elle a frappé l'esprit de la plupart des écri-

---

[1] Epiphane, *Episcop. contra hæreses*, p. 71, Lutetiæ, 1612. —
Fleury, t. I, p. 385. — Châteaubriand, *Études historiques*.

vains qu'une étude approfondie de l'histoire avait habitués à saisir les rapports par lesquels s'enchaînent les diverses institutions sociales [1].

Les doctrines désordonnées et les excès des carpocratiens furent l'une des principales causes des odieuses imputations adressées aux chrétiens par les défenseurs du paganisme. « Comme tous ces héréti- « ques prenaient le nom de chrétiens, dit l'historien « de l'Eglise déjà cité, les extravagances qu'ils en- « seignaient rendaient le christianisme méprisable, « et les abominations qu'ils commettaient le ren- « daient odieux ; car les païens n'examinaient pas « assez pour distinguer les vrais chrétiens d'avec les « faux. De là vinrent ces calomnies qui étaient alors « si universellement reçues [2] ».

Le propre du communisme a été, dans tous les temps, de souiller et de compromettre les plus nobles causes auxquelles il a tenté de se rattacher.

Les doctrines des carpocratiens furent repoussées avec horreur par la généralité des chrétiens. Après avoir subsisté quelque temps en Egypte et dans l'île de Samos, cette secte, dont le triomphe eût fait rétrograder l'humanité au delà même du paganisme, s'éteignit dans la honte et le mépris.

Il est donc certain que, pendant les premiers siècles de son existence, l'Eglise ne professa pas le dogme de la communauté des biens.

[1] Gibbon, t. III, p. 98, édit. Guizot ; note.
[2] Fleury, t. 1. p. 378.

Pour ébranler l'autorité de ce fait incontestable, les partisans de la communauté ont cherché avec soin, dans les ouvrages des Pères de l'Eglise, les citations favorables à ce système. La plupart des passages qu'ils en ont extraits ne contiennent que des exhortations à l'aumône, à la libéralité envers les pauvres, au désintéressement et à la modération des désirs. C'est seulement dans quelques phrases attribuées à saint Clément, et dans un discours de saint Jean Chrysostôme, que l'idée de la communauté des biens se trouve nettement formulée. Le premier de ces passages semble n'être qu'une réminiscence de l'âge d'or des poëtes; l'hypothèse d'une communauté primitive n'y est invoquée que comme une excitation à la charité, au dévouement mutuel. Dans le second, saint Jean Chrysostôme s'inspire du tableau de la vie commune des premiers disciples du Christ; il exhorte les fidèles à suivre cet exemple, et fait ressortir les avantages que l'on peut y trouver au point de vue de l'économie dans les dépenses.

Mais ce ne furent là que des opinions individuelles, qui n'eurent jamais le caractère d'un dogme généralement admis. Elles ne sauraient prévaloir contre les préceptes positifs de l'Eglise, qui prescrivent le respect du bien d'autrui, ni contre l'usage qui, du temps même des apôtres, consacra le règne de la propriété individuelle, épurée par la charité et l'abnégation, et ennoblie par la bienfaisance.

Enfin, l'on doit remarquer que, dès les premiers siècles du christianisme, les églises elles-mêmes devinrent propriétaires. L'origine des dîmes et des biens du clergé remonte en effet au temps où la société chrétienne commença à prendre une forme régulière. Chaque église constitua un être moral, ayant ses propriétés distinctes de celles des autres réunions de fidèles. Ce régime consacrait évidemment l'institution de la propriété individuelle, et même le genre de propriété qui devint par la suite le plus onéreux et le plus abusif [1]. Il s'est perpétué pendant une longue suite de siècles, et règne encore de nos jours chez plusieurs nations.

Ainsi, les textes de l'Evangile qui confirment formellement la loi mosaïque, et les traditions continuées pendant dix-huit siècles dans le monde chrétien, démentent les prétentions des écrivains communistes, prétentions qui ne s'appuient que sur un fait temporaire et accidentel.

Parmi les institutions qui se développèrent sous l'influence du christianisme, la seule dans laquelle le principe de la vie commune ait reçu une application permanente et générale, est celle des ordres monastiques. Mais on verra dans le chapitre suivant que cette institution n'eut aucun rapport avec les doctrines communistes, et qu'elle ne fut point spéciale à la religion chrétienne.

---

[1] Voir au chapitre VII les protestations que soulevèrent, de la part des hérésies du moyen âge, les richesses du clergé.

CHAPITRE VI.

DES COMMUNAUTÉS ASCÉTIQUES.

Les Pythagoriciens. — Les Esséniens. — Les Thérapeutes. — Les Ordres monastiques. — Les frères moraves. — Les missions du Paraguay.

Chez un grand nombre de peuples, il s'est rencontré des hommes qui, aspirant à un degré supérieur de sagesse et de vertu, se sont isolés de la société et détachés des choses de la terre, afin de poursuivre plus librement une perfection idéale. Quelquefois ils ont vécu dans la solitude; mais le plus souvent ils se sont rapprochés pour former, sous la direction de chefs éminents par leur sagesse et leur piété, des réunions soumises à la vie commune et à des règles uniformes. Tels furent, dans l'antiquité, les sages de l'Inde, les philosophes pythagoriciens de l'Italie, les esséniens de la Judée; tels ont été depuis les moines chrétiens.

La renonciation aux jouissances matérielles, l'indifférence aux biens qui séduisent le reste des hommes, la poursuite de la science ou de la perfection morale, ont caractérisé toutes ces communautés. Elles se sont conservées par une discipline austère, et en n'admettant dans leur sein que des sujets d'élite, éprouvés par un long et pénible noviciat.

Pythagore avait conçu le projet de former une congrégation qui, toujours dépositaire des sciences et des mœurs, instruirait les hommes de la vérité et les formerait à la vertu. Il rassembla ses disciples dans un vaste édifice où ils vivaient en commun, adonnés à la contemplation des plus hautes vérités morales et à l'étude des sciences, au premier rang desquelles brillaient l'astronomie et la géométrie. Pour être admis au nombre des novices, il fallait subir un examen préparatoire que suivaient de longues et difficiles épreuves. Pendant trois ans, le néophyte ne jouissait dans la société d'aucune considération : il était comme voué au mépris. Cinq années de silence éprouvaient sa patience, et l'habituaient à concentrer la puissance de sa pensée sur les plus hautes spéculations. Ceux qui ne pouvaient soutenir ce régime étaient renvoyés. Les biens des admis étaient réunis aux propriétés de l'association, et administrés par les économes désignés pour remplir cette mission.

Les membres de la société étaient vêtus d'habits blancs et uniformes, et soumis à des observances rigoureuses. La journée commençait et finissait par des prières, des examens de conscience et des cantiques religieux. Des conversations morales, des promenades et des travaux scientifiques en remplissaient le cours. Les repas étaient pris en commun. La chair des animaux en était proscrite, et la plus grande sobriété y régnait. La pureté des mœurs, le respect et l'amour de la Divinité, distinguaient ces philosophes, qu'unissait une inaltérable amitié. Tous professaient un profond respect et une soumission aveugle pour l'illustre fondateur de l'association. Celui-ci exerçait sur eux l'autorité d'un monarque, tempérée par la tendresse d'un père.

Les communautés pythagoriciennes n'eurent pas une longue durée. Il paraît que, semblables aux membres d'une société célèbre, les pythagoriciens aspiraient à la domination des cités de la grande Grèce et de la Sicile. Ils cherchaient dans le pouvoir et la supériorité intellectuelle sur le reste des hommes, le dédommagement des privations et de l'austère discipline qu'ils observaient dans l'intérieur de leurs colléges. Ils voulaient, s'il faut en croire la critique moderne, soumettre les peuples au sein desquels ils vivaient à une autorité théocratique analogue à celle des castes sacerdotales de l'Égypte et de l'Inde. Mais le fier génie des Grecs ne pouvait subir un pareil joug. Les pythagoriciens devinrent l'objet de la haine générale; leurs communautés furent dissoutes; un grand nombre d'entre eux périrent violemment. Ceux qui échappèrent au massacre, pauvres et fugitifs, allèrent répandre dans la Grèce, l'Égypte et l'Asie, leurs découvertes scientifiques et les semences de la philosophie.

Des coutumes analogues à celles des disciples de Pythagore se retrouvent chez la secte juive des esséniens. On ignore l'époque de sa fondation; on sait seulement qu'elle existait longtemps avant la naissance de Jésus-Christ. Les esséniens habitaient la contrée solitaire qui forme la côte occidentale de la mer Morte. Ils ne s'étendirent pas au dehors, et leur nombre ne dépassa point quatre mille. Ils fuyaient les grandes villes, et formaient dans la campagne de petites bourgades. Ils s'adonnaient à l'agriculture et à la fabrication des objets de première nécessité, dédaignant le commerce et la navigation. Ils n'avaient point d'esclaves, et considéraient l'esclavage comme impie et contraire à la nature, qui a fait tous les hommes égaux et frères. Ils méprisaient les richesses, n'amassaient ni or ni argent, s'étudiaient à vivre de peu, et portaient des vêtements blancs et uniformes. Leurs biens étaient communs et administrés par des économes électifs. Les membres de cette société vivaient souvent réunis sous le même toit; ceux qui avaient des habitations séparées les ouvraient toujours à leurs frères, car l'hospitalité était grande parmi eux.

Les esséniens professaient un profond respect pour les vieillards, et entouraient les malades de soins affectueux. La morale était leur principale étude; la modération, l'horreur du mensonge, la pureté des mœurs étaient leurs vertus distinctives. Ils ne prononçaient point de serment, excepté celui par lequel ils s'engageaient dans la société. Ils étaient divisés en quatre classes subordonnées les unes aux autres par une hiérarchie respectée; l'obéissance des inférieurs envers les membres des classes supérieures était absolue.

La vie était simple et uniforme. Chaque matin on se livrait à la prière ; puis les supérieurs envoyaient leurs subordonnés au travail jusqu'à midi. Après s'être baignés, ils prenaient dans une même salle, assis en silence, un repas frugal et sanctifié par la prière. Puis ils retournaient au travail jusqu'au soir.

La plupart des esséniens vivaient dans le célibat. Ils élevaient les enfants qu'on leur confiait pour les former à leurs mœurs, et recevaient les néophytes qui se présentaient à eux. On les éprouvait par un noviciat de trois années. En entrant dans la société, ils lui donnaient tous leurs biens.

Les esséniens n'admettaient point parmi eux les hommes coupables de crimes. Ils chassaient ceux qui étaient convaincus de fautes graves.

Les trois points fondamentaux de leur doctrine étaient d'aimer Dieu, la vertu et les hommes. La vertu consistait pour eux dans l'abstinence et la mortification des passions. Ils la plaçaient au-dessus du culte extérieur; néanmoins, ils observaient le sabbat et les pratiques de la loi avec plus de rigueur que tous les autres Juifs, qu'ils surpassaient en fanatisme.

Mais à ces coutumes et ces maximes, dont plusieurs se rapprochent des préceptes du christianisme, les esséniens mêlaient des erreurs et un orgueil qui les distinguent profondément des disciples de Jésus. Aucune secte juive ne professait une antipathie plus prononcée contre les incirconcis. Même entre eux, ils étaient loin d'appliquer dans toute leur étendue ces dogmes d'égalité et de fraternité qui les avaient portés à proscrire l'esclavage. Les membres des classes supérieures s'abstenaient de tout contact avec ceux d'un rang inférieur, et s'en purifiaient comme d'une souillure, quand ils n'avaient pu l'éviter. Ainsi que les pythagoriciens, ils cachaient avec un soin jaloux leurs doctrines au reste des hommes, et faisaient jurer aux néophytes de ne les point révéler. Ces doctrines consistaient dans des spéculations abstraites sur la théosophie, et une interprétation allégorique de la Bible. Enfin, leur dieu était un dieu redoutable et inflexible; ils enseignaient une espèce de prédestination et de fatalité, dogme qui se retrouve chez la plupart des sectes qui ont professé la communauté.

Tels étaient ces esséniens, dont Pline le naturaliste contempla avec surprise les établissements. « Cette peuplade solitaire, dit-il, et la plus singu-« lière qui soit sous les cieux, se perpétue sans « femmes, vit sans argent, compagne des palmiers. « Ainsi, chose incroyable, depuis plusieurs siècles, « elle se renouvelle sans qu'il y naisse personne. Le « repentir et le dégoût du monde sont la source fé-« conde qui l'alimente [1]. »

Les thérapeutes, secte juive de l'Egypte, menaient une vie analogue à celle des esséniens: mais leurs habitations étaient isolées les unes des autres. Ils ne se réunissaient que pour célébrer leurs priè-

---

[1] Pline, *Hist. nat.* chap. v, p. 15.

res. Ils furent les devanciers des anachorètes chrétiens, de même que les esséniens furent ceux des cénobites [1].

L'origine de la vie monastique chez les chrétiens ne remonte qu'au IVe siècle après Jésus-Christ. Pendant les trois premiers siècles, les chrétiens restèrent mêlés à la société civile, soumis à ses usages et à ses lois. Ce fut seulement après que le christianisme eut triomphé sous Constantin, que les monastères prirent naissance. On n'avait point vu de moines pendant les âges qui produisirent les confesseurs et les martyrs.

L'Egypte donna la première l'exemple de la vie monastique. Vers l'an 305, saint Antoine, né dans la basse Thébaïde, s'enfonça dans le désert qui borde la mer Rouge, pour y vivre dans la solitude. De nombreux disciples l'y suivirent et bâtirent des cabanes autour de l'asile qu'il s'était choisi sur le mont Colzim. Tel fut le premier monastère. Cet exemple trouva un nombre prodigieux d'imitateurs. Des colonies de moines se multiplièrent rapidement dans les sables de la Libye, sur les rochers de la Thébaïde et sur les rives du Nil. Quarante ans après, saint Athanase introduisit à Rome la connaissance et la pratique de la vie monastique, qui se répandit rapidement en Europe. Les imitateurs de saint Antoine s'étaient déjà étendus dans l'Asie et l'Afrique.

---

[1] Voir à la fin du volume la note B, sur les thérapeutes.

Nous ne prétendons point tracer ici une histoire des ordres religieux, ni les juger au point de vue politique. Il suffit de constater leur but, leurs tendances, et les conditions auxquelles la vie commune put s'y maintenir.

De même que les disciples de Pythagore et les esséniens, les premiers moines chrétiens ne cherchèrent point dans la vie commune les jouissances matérielles. Au contraire, elle fut pour eux un moyen de s'imposer à eux-mêmes les privations les plus cruelles et les épreuves les plus rigoureuses. L'ascétisme était le principe et la fin de la vie monastique.

Le Christ s'adressant aux premiers disciples avait dit : Quittez tout pour me suivre. Il les avait exhortés à mépriser les choses de la terre, à rompre les liens de la famille, pour recueillir sa parole. Au milieu de la corruption païenne, il avait fait l'éloge du célibat. À trois cents ans de distance, et sous l'empire de la croix triomphante, les moines crurent devoir observer à la rigueur ces préceptes, donnés dans un temps si différent, et à des hommes investis de la haute mission de propagateurs de l'Evangile. Ils firent donc vœu de pauvreté et de chasteté, mirent leurs biens en commun, s'adonnèrent à la contemplation et à la prière, et s'isolèrent complétement du reste du monde.

On sait à quel degré, on peut dire à quel excès les moines primitifs portèrent l'ascétisme. Plaisir et crime furent synonymes dans la langue monastique.

Des jeûnes prolongés, des insomnies, des flagellations, des privations et des souffrances de toute sorte furent, à leurs yeux, les plus sûrs moyens de gagner la félicité éternelle. La continence absolue, la séquestration des sexes fut la première de leurs lois. Oublier qu'on était père, fils, époux ou frère, s'isoler complétement de sa famille, de son pays, de l'humanité, devint la condition de la perfection.

Ce régime, qui détruisait tout ce qui constitue la personnalité de l'homme, ne pouvait se maintenir qu'en complétant cet anéantissement de l'âme par le sacrifice de la liberté, de la volonté. L'obéissance passive fut imposée aux membres de la communauté, et chacun dut exécuter, sans discussion, les ordres absolus du supérieur, quelque absurdes qu'ils fussent. On vit des moines arroser, pendant trois ans, par l'ordre de leur chef, un bâton planté sous le soleil brûlant et dans les sables arides de l'Egypte. Une telle existence ne pouvait convenir qu'à des natures exceptionnelles; aussi les aspirants n'étaient admis dans les monastères qu'après de longues et pénibles épreuves.

Dans les premiers temps, les moines n'étaient pas enchaînés par des vœux éternels; leur dévotion était libre et volontaire, et ils pouvaient, hommes et femmes, rentrer dans la vie mondaine, sans encourir la vengeance des lois civiles. Mais, dans la suite, des lois rigoureuses vinrent fermer à tout jamais les portes du cloître, sur le moine pour lequel elles s'étaient une fois ouvertes après un suffisant noviciat. Les fu-

gitifs furent poursuivis comme criminels, arrêtés et
reconduits dans leur prison religieuse. Le moine devint un esclave perpétuel, soumis à des règles inflexibles. Chaque ordre eut son code tracé par son
fondateur, et distingué par quelque genre particulier
d'austérité. Nous possédons des collections de ces ré-
gles, qui toutes imposent la sobriété, l'abstinence,
les mortifications et l'obéissance. Les moindres fautes étaient rigoureusement punies. La règle de saint
Colomban, très-suivie dans l'Occident, inflige cent
coups de discipline pour les infractions les plus légères [1]. Avant le règne de Charlemagne, les abbés se
permettaient de mutiler leurs moines et de leur arracher les yeux. Cette punition affreuse était encore
moins barbare que le terrible *vade in pace* (prison
souterraine ou sépulcre), qu'ils inventèrent depuis [2].

Les premiers habitants des monastères se livrèrent
à des travaux manuels ; quelques-uns des ordres fondés dans le moyen âge s'adonnèrent à la culture et
aux défrichements. Le mobile religieux et le principe de l'obéissance purent suppléer, dans une certaine mesure, à l'intérêt personnel, qui est le stimulant le plus énergique et le plus durable de l'activité
humaine. Mais la plupart des ordres monastiques ne
connurent pas ces habitudes laborieuses ou y recon-

---

[1] *Codex regularum*, publié par Lucas Hostenius, part. II, p. 174.
[2] Gibbon, t. VI, p. 482.— Note. D'après Mabillon, *OEuvres pos-
thumes*, t. II, p. 321, 336.

cèrent. Quelques-uns vécurent d'aumônes dans une sainte oisiveté ; le plus grand nombre trouva, dans l'apport des biens des novices et les libéralités des laïques, la source d'abondants revenus. Pendant le moyen âge, les richesses des couvents devinrent immenses : leurs abbés furent rangés au nombre des seigneurs féodaux, et plusieurs d'entre eux marchèrent de pair avec les princes souverains.

Malgré la puissance du mobile religieux, la rigueur des règles et l'autorité absolue des supérieurs, le bon ordre et la discipline reçurent souvent de graves atteintes dans les monastères. Quelque comprimées qu'elles soient, la personnalité et les passions de l'homme n'abdiquent point. L'Eglise censura fréquemment les désordres des moines ; des réformes furent souvent nécessaires ; quelquefois même il fallut avoir recours à l'autorité séculière pour réprimer les scandales et les révoltes de religieux infidèles à leurs vœux.

L'exemple des pythagoriciens et des esséniens, le développement et la longue existence des communautés chrétiennes, ne prouvent absolument rien en faveur de l'application des théories du communisme moderne. En effet, il existe de profondes différences entre le principe de ces théories et celui qui inspira les associations philosophiques et religieuses dont nous venons de tracer le rapide tableau.

Le communisme place en première ligne la satisfaction des besoins physiques ; il la veut aussi large que possible, bien qu'égale pour tous. C'est au nom des exigences des sens, des appétits matériels, qu'il convie l'humanité à l'abolition de la propriété et au partage égal des produits.

Les communautés religieuses, au contraire, avaient pour principe l'ascétisme, c'est-à-dire le renoncement aux jouissances du corps; elles condamnaient les plaisirs, réduisaient les besoins, éteignaient les passions, sanctifiaient les privations et les souffrances. Le but qu'elles poursuivaient, c'était la perfection morale, la piété transcendante, la sainteté de l'âme. La vie commune n'était pour leurs membres qu'un moyen de se détacher plus complétement des choses de la terre, et de concentrer leurs facultés sur celles du ciel.

Ainsi, d'un côté se montrent des tendances matérialistes, de l'autre l'exaltation du spiritualisme.

L'opposition n'est pas moins complète au point de vue économique. En effet, les communautés religieuses ne résolurent point le problème de l'abolition absolue de la propriété, ni celui de la production en commun des objets nécessaires à la vie. Elles se trouvaient placées au milieu de la grande société, fondée sur le principe de la propriété, et ne se soutenaient que grâce à son appui. Elles furent elles-mêmes propriétaires, et subsistèrent en général des fruits d'un travail étranger, perçus soit à titre de fermages, de dîmes et de redevances, soit à titre d'aumône.

Rien de tel dans le communisme. Il aspire à absorber tous les éléments de la société, à embrasser dans une vaste unité des nations entières, de sorte que la communauté, ne trouvant plus rien en dehors d'elle, devra se suffire à elle-même. De là l'immense difficulté d'organiser le travail collectif, et de substituer un nouveau mobile d'activité à l'intérêt individuel et à l'esprit de famille.

Au point de vue de la direction, les communautés ascétiques devaient être plus faciles à maintenir et à gouverner que ne le serait une société basée sur les principes du communisme, et dépourvue du mobile religieux. En effet, les premières n'accueillaient que des sujets d'élite éprouvés par un long noviciat et liés par des vœux redoutables. Souvent elles s'épuraient en rejetant dans le monde ceux qui n'avaient pas une vocation suffisante. Le communisme, au contraire, prétend faire vivre sous la loi de l'égalité absolue l'universalité des hommes, avec toutes leurs variétés de caractère, leurs passions et leur égoïsme.

Cependant, la vie commune ne put subsister parmi les membres des associations religieuses, qu'à la condition de l'attribution d'un pouvoir absolu aux supérieurs, de l'anéantissement de toute liberté individuelle et de toute spontanéité d'action. Suivant une expression fameuse, le subordonné dut être devant la volonté inflexible du chef comme un cadavre *(perinde ac cadaver)*. De quelle terrible puissance ne devrait donc pas être armée l'autorité chargée de régir une communauté qui embrasserait une nation tout entière?

Enfin, on doit remarquer que les communautés

ont, en général, imposé aux individus admis dans leur sein l'obligation du célibat, la renonciation aux liens du sang. Leurs fondateurs ont parfaitement senti l'incompatibilité de l'existence de la famille avec l'abolition de la propriété, incompatibilité que les communistes logiques et sincères ont également reconnue. Les premiers ont détruit la famille par la séquestration des sexes, les seconds veulent arriver au même but par leur promiscuité.

Ainsi, même avec des éléments choisis, et réduit à une application partielle, le principe de la communauté a encore révélé les trois conditions nécessaires de sa réalisation :

Anéantissement de la liberté, de la spontanéité humaine.

Despotisme du gouvernement.

Destruction de la famille.

Cependant, l'esprit de l'homme, libre et flexible, se soustrait quelquefois aux conséquences les plus naturelles d'un principe. Si la suppression de la famille a caractérisé l'immense majorité des communautés ascétiques, on cite quelques exemples de sociétés religieuses qui, par exception, sont parvenues à en concilier en partie le maintien avec la vie commune. Il en est jusqu'à deux : ce sont les frères moraves et les missions du Paraguay. Quelques détails sur ces établissements remarquables par leur singularité ne seront point sans intérêt.

Les frères moraves ou herrnhuters, dont nous voulons parler ici, ne doivent point être confondus avec les communautés anabaptistes de la Moravie, qui furent établies vers 1530, et dont nous retracerons l'histoire dans la suite de ce livre [1]. Leur origine est différente.

Après la guerre des hussites, un certain nombre de sectateurs de Jean Hus, fuyant les persécutions, s'étaient retirés dans les montagnes qui s'étendent sur les confins de la Bohême et de la Moravie. Ces fugitifs sentirent le besoin de se grouper pour se prêter une mutuelle assistance. Ils formèrent donc de petits centres de population, dont les membres furent unis par les liens d'une ardente charité. Cependant, il ne paraît pas qu'il y eût entre eux une véritable communauté; il est plus probable que chaque famille avait sa demeure séparée, et ne se rattachait aux autres que par une réciprocité de secours et de services. A côté de ces restes des hussites, vivaient, dans des conditions analogues, quelques petites sociétés professant les opinions des vaudois, qui avaient été apportées en Bohême, vers la fin du xive siècle, par des émigrés des vallées du Piémont [2]. Ces diverses associations religieuses étaient connues sous le nom de frères moraves, parce que leur siége principal était situé à Fulneck, en Moravie. Elles subirent diverses persécutions, et au commencement du xviiie siècle, il n'en restait que des débris.

Ce fut alors que le comte de Zinzindorf leur offrit

---

[1] Voir chapitre 9, l'*Histoire des anabaptistes*, 2e période.
[2] Voir chapitre 7, les doctrines des vaudois et des hussites.

pour asile une terre qu'il possédait dans la Haute-Lusace, où fut fondé, en 1722, le village d'Herrnhut, premier établissement des frères moraves actuels. Sous la direction de Zinzindorf, les membres de la nouvelle colonie joignirent aux dogmes de la confession d'Augsbourg l'exaltation mystique de la secte piétiste, récemment fondée par Spéner. Ils adoptèrent le régime de la vie commune, et parvinrent à le concilier, jusqu'à un certain point, avec le maintien de la famille. Mais la famille, dans les établissements des moraves, n'existe pour ainsi dire que de nom. Les membres de la communauté se divisent, d'après leur âge et leur condition civile, en groupes particuliers. Ainsi, on compte parmi eux des *chœurs* séparés d'hommes et de femmes engagés dans les liens du mariage, de jeunes hommes et de jeunes filles, de veufs et de veuves. Par suite de cette division, les divers membres de la famille appartiennent à des communautés partielles; ils ne se réunissent qu'à des moments déterminés par la règle. Dès lors, la vie de famille n'est plus cette union intime, cette confusion complète des existences, qui donnent essor aux plus doux sentiments du cœur. Toute individualité se trouve absorbée dans le sein de vastes réunions composées de personnes du même âge, du même sexe; l'originalité s'éteint, les caractères s'effacent, les facultés s'engourdissent. L'éducation égale et commune, donnée aux enfants, imprime sur leurs sentiments et leurs pensées le cachet d'une déplorable uniformité. Aussi, les communautés moraves, mal-

gré les soins donnés à cette éducation, n'ont-elles jamais produit que des hommes médiocres : la vie commune est mortelle au génie.

Un fait qu'on ne saurait trop mettre en lumière,
c'est que les moraves n'ont pas, comme on le croit
généralement, aboli la propriété. Chez eux, chaque
frère conserve ses biens particuliers, et recueille les
fruits de son travail ; seulement, il ne peut aliéner
sans l'autorisation de son supérieur, et il doit verser
à la caisse de la société une partie de ses bénéfices.
Ainsi, dans les établissements moraves la vie est
commune, mais les biens ne le sont pas.

Du reste, les congrégations moraves n'ont pu se
maintenir que par l'action toute puissante du mobile
religieux, par l'exaltation du mysticisme. Leurs membres le poussent jusqu'aux plus étranges aberrations.
Bien que les reproches de promiscuité et d'impureté
qui leur ont été adressés paraissent peu fondés, on
ne saurait méconnaître que leurs théories sur le mariage ne présentent un caractère au moins étrange.
Elles rappellent le culte du dieu qu'on adorait à
Lampsaque. On peut prédire que l'affaiblissement
du principe religieux et mystique, qui seul anime et
soutient les établissements des moraves, serait le signal de leur chute [1].

Les célèbres missions ou réductions du Paraguay
reposaient, comme les communautés fondées par Zinzindorf, sur la prédominance du sentiment religieux.

---

[1] Voir Grégoire, *Histoire des sectes religieuses*, 2ᵉ édit., t. V.

Divers écrivains catholiques nous ont tracé de séduisants tableaux du bonheur des Indiens soumis au gouvernement des pères jésuites. S'il fallait en croire Muratori [1], les bords fortunés de l'Uruguay et du Parana auraient renouvelé les merveilles de l'âge d'or. Mais, quand on s'en réfère aux relations des voyageurs impartiaux, les communautés du Paraguay nous apparaissent sous un jour bien différent. Bougainville [2], qui se trouvait à Buenos-Ayres au moment de l'expulsion des jésuites, nous présente les Indiens des réductions comme soumis à une domination abrutissante, réduits à une servitude qui, par l'abus de l'autorité spirituelle, atteignait le principe même de la pensée et de la volonté. Les hommes cultivaient, chassaient, pêchaient, cueillaient des herbes rares, pour le compte des pères. Les femmes recevaient des pères la tâche qu'elles devaient filer chaque jour. C'étaient les pères qui distribuaient à chaque famille ses aliments journaliers, en échange de l'accomplissement des travaux qui lui étaient imposés. Le matin, les habitants des missions venaient fléchir le genou et baiser la main du curé et de son vicaire. Une éducation uniforme façonnait l'enfance à cette existence monotone. Du reste, la vie entière des Indiens n'était qu'une longue enfance : l'âge mûr était soumis à la même discipline et aux mêmes châtiments que les premières années.

[1] Cristianismo felice.
[2] *Voyage autour du monde*, chap. VII.

Les jésuites assuraient que les facultés intellectuelles et le caractère des Indiens ne comportaient pas un autre mode de gouvernement. Cependant, à les entendre, ces mêmes Indiens acquéraient des connaissances étendues, et cultivaient les arts avec succès. Mais leurs directeurs spirituels et temporels ne leur permettaient d'apprendre aucune langue européenne, et ne leur faisaient connaître de nos sciences que ce qu'ils voulaient bien ne pas leur laisser ignorer. Bougainville, qui vit plusieurs de ces Indiens, ne put juger de leur état intellectuel, parce qu'il n'entendait point leur langue. Mais il assure que ceux-là mêmes qu'on lui déclarait être les plus instruits, paraissaient plongés dans l'hébétement et la torpeur. L'un d'entre eux, qui passait pour un habile virtuose, joua devant lui d'un instrument, mais sans intelligence, sans expression, sans âme : on eût dit un automate.

Sous l'influence d'un régime qui les réduisait à une existence purement mécanique, sans plaisirs comme sans douleurs, sans luttes comme sans triomphes, ces Indiens étaient tombés dans une profonde apathie. Ils voyaient la mort approcher avec cette morne impassibilité qui caractérise les populations avilies par l'esclavage, et ne cherchaient ni à prolonger ni à transmettre une vie qui, pour eux, était devenue un pesant fardeau. Malgré tous les soins des révérends pères pour assurer la propagation de l'espèce, la population des missions se maintenait à peine au même niveau.

La nouvelle de l'expulsion des jésuites fut accueillie par leurs administrés avec des cris de joie ; mais la civilisation fausse et incomplète à laquelle ils avaient été initiés ne put se soutenir par elle-même. Les réductions tombèrent dans une rapide décadence. Le despotisme était devenu nécessaire pour ces âmes, auxquelles l'habitude de la liberté et le sentiment de la dignité individuelle étaient étrangers. Ce fut le docteur Francia qui recueillit plus tard l'héritage des jésuites, et réunit les enfants de leurs néophytes sous son ombrageuse tyrannie.

Ainsi, les établissements du Paraguay, loin d'être un exemple à invoquer en faveur du communisme, en ont au contraire manifesté les deux vices capitaux : le despotisme et l'anéantissement de toute énergie individuelle. La famille n'y fut maintenue que grâce à l'influence du mobile religieux, à la domination absolue d'un ordre imbu des maximes du catholicisme. Si la religion, en se mêlant au gouvernement politique, donnait des armes plus redoutables au despotisme, du moins prévenait-elle le développement des conséquences immorales que recèle le principe de la communauté. Mais le communisme moderne, essentiellement athée ou panthéiste, sanctifiant la chair et les satisfactions sensuelles, ne saurait opposer aucune digue au débordement des plus impures passions.

CHAPITRE VII.

DES HÉRÉSIES QUI PASSENT POUR AVOIR PROFESSÉ LE COMMUNISME.

Erreurs propagées sur la plupart de ces hérésies. — Le pélagianisme. — Les vaudois et les albigeois. — Les lollards. — Wiclef. — Jean Hus.

C'est un caractère commun à la plupart des sectes sociales, politiques et religieuses, que le désir de se rattacher à une tradition ancienne, et de trouver dans le passé des devanciers et des martyrs. Leurs adeptes s'efforcent de prévenir ainsi l'objection habituelle de ceux qui déclarent impraticables les choses non encore expérimentées, et qui voient dans la nouveauté même d'une idée un préjugé contre sa vérité. Enfin, en se présentant comme les continuateurs de partis vaincus et persécutés, ils espèrent se concilier l'intérêt qui s'attache d'ordinaire aux faibles et aux opprimés. Cette tendance est en général servie par l'histoire, car c'est surtout dans l'ordre moral qu'est vrai le mot de Salomon, qu'il n'y a rien de nouveau sous le soleil. Mais il arrive aussi, presque toujours, que les novateurs, semblables à nos anciens gentilshommes de noblesse douteuse, grossissent étrangement le nombre de leurs aïeux, et, sur la foi d'indices plus que légers et d'analogies fort contestables,

établissent des rapports imaginaires de filiation avec
d'anciennes doctrines, qui ne méritent point

Ou cet excès d'honneur ou cette indignité.

Le communisme moderne n'a échappé ni à cette
tendance, ni à cet excès. Il s'est soigneusement cherché des antécédents dans les siècles écoulés; mais, à
ceux qui lui appartiennent bien légitimement, il en
a ajouté d'autres auxquels il a moins de droits: c'est
ainsi que nous l'avons vu se présenter comme le continuateur du christianisme primitif. Pour combler l'immense lacune qui sépare la communauté
éphémère et exceptionnelle des premiers disciples de
Jésus de la tentative des anabaptistes du XVIᵉ siècle,
il a évoqué les souvenirs des diverses hérésies qui
ont mêlé quelques idées politiques et sociales à des
dogmes purement théologiques. Telles sont celles de
Pélage, des vaudois, des albigeois, des lollards, de
Wiclef et de Jean Hus. A entendre les communistes
actuels, ces diverses hérésies formeraient les anneaux
de la chaîne qui les unit au berceau de la religion
chrétienne. Cette prétention est au moins douteuse,
en ce qui concerne la première de ces sectes; à l'é-
gard des autres, elle est complétement erronée.

Ce fut au commencement du Vᵉ siècle que Pélage,
moine de la Grande-Bretagne, donna naissance à
l'une des plus célèbres hérésies qui aient désolé
l'Eglise. La fameuse question du libre arbitre et de
la nécessité de la grâce fut le principal objet de la
querelle. Pélage soutenait que l'homme pouvait,

par ses seuls efforts, et sans aucun secours surna-
turel, s'élever à la plus haute perfection morale et se
soustraire à l'empire du péché. L'Eglise, moins con-
fiante dans les forces humaines, admet que l'homme,
quoique libre, ne peut faire le bien, sans être soutenu par une faveur spéciale de Dieu, qui constitue
la grâce. Cette doctrine, fondée sur une profonde
étude des phénomènes de la volonté, frappe dans son
principe cet orgueil qui nous porte à trop présumer
de nous-mêmes, et à nous glorifier de nos impar-
faites vertus. Elle donne naissance à cette humilité,
à cette simplicité de cœur qui distinguent le sage
chrétien, et furent inconnues à la philosophie superbe de l'antiquité.

La question capitale du pélagianisme avait donc
essentiellement trait au dogme. Mais les disciples de
Pélage portèrent dans l'interprétation de la loi morale, le même esprit rigoureux et absolu que leur
maître avait manifesté dans sa théorie du libre arbitre. Prenant certains passages de l'Evangile au pied
de la lettre, ils proscrivirent l'usage du serment, et
soutinrent que le renoncement aux richesses était
une obligation rigoureuse. Suivant eux, un riche ne
peut entrer au royaume de Dieu, s'il ne vend tous ses
biens; il est indigne d'être rangé au nombre des
justes tant qu'il les conserve, alors même qu'il se
conformerait d'ailleurs à tous les préceptes de la religion [1].

_____

[1] Fleury, *Histoire de l'Église*, t. V. p. 410 et 411. — Ces opi-

On a attribué à Pélage lui-même un livre sur les richesses, dans lequel certains écrivains communistes [1] ont prétendu reconnaître des opinions analogues à celles qu'ils professent. Rien de moins prouvé que l'origine de cet écrit, et, dans tous les cas, il est loin de présenter le caractère qu'on lui prête. Ce livre n'est qu'une exhortation déclamatoire au renoncement, au mépris des richesses et à la bienfaisance, une invective violente contre les fraudes, les rapines, les mensonges et les excès de tous genres qui naissent trop souvent d'une cupidité désordonnée. Si l'auteur de cet ouvrage fait l'éloge de la médiocrité des conditions; si dans certaines phrases il paraît attribuer à l'extrême opulence de quelques-uns la cause de la misère des pauvres, ces éloges et ces allégations ont surtout le caractère d'un argument hyperbolique destiné à combattre la soif effrénée de richesses, qui, dans tous les temps et sous tous les régimes sociaux, a été flétrie par la religion et la morale. De là à la négation de la propriété, à la

nions étaient soutenues non par Pélage lui-même, mais par quelques-uns de ses adeptes résidant en Sicile.

[1] M. Villegardelle, *Histoire des idées sociales*, p. 76.—Nous avons fait de vaines recherches afin de découvrir les autorités sur lesquelles s'appuie cet écrivain pour attribuer à Pélage le livre *De divitiis*. Il n'en est fait mention ni dans les historiens généraux de l'Église, ni dans les histoires particulières du pélagianisme. (Voir Patouillet, *Histoire du pélagianisme*, t. I, p. 9, 29, 34, 59 et 116. Cet auteur indique les divers ouvrages de Pélage, perdus pour la plupart.)

proclamation du communisme, il y a certes une grande distance.

Les opinions des pélagiens sur l'incompatibilité des richesses avec une vie chrétienne furent réfutées par saint Augustin. Ce vigoureux champion de l'orthodoxie prouva, par des exemples tirés de l'Ecriture, la légitimité de la possession des richesses ; distingua dans l'Evangile les prescriptions obligatoires et les simples conseils, et expliqua le véritable sens de la loi du renoncement, essentiellement relative au for intérieur, mais dont l'application ne peut aller, pour le vulgaire des hommes, jusqu'à supprimer les conditions nécessaires de la vie des individus et du maintien de la société [1].

Rien ne nous semble donc justifier une assimilation entre les doctrines communistes modernes et les opinions de quelques disciples de Pélage sur le renoncement aux richesses. Ces opinions n'étaient qu'une exagération sans portée, analogue à celle de quelques autres sectaires, qui proscrivaient d'une manière absolue le mariage et toute union des sexes [2], sans s'inquiéter de l'extinction de la race humaine, conséquence de leur étrange doctrine. Elles diffèrent d'ailleurs profondément, dans leur point de départ et leurs tendances, des principes préconisés par les

[1] S. Aug. Epist. ad Hilarium, 156, 157.

[2] Tels furent entre autres les docites dont parle saint Clément d'Alexandrie, strom. III. — Plusieurs sectes manichéennes professaient la même opinion, la création matérielle provenant, selon elles, du principe du mal.

modernes adversaires de la propriété. Tandis que
ceux-ci font appel au désir du bien-être, aux appétits matériels, les pélagiens préconisaient l'austérité,
l'abstinence ; les premiers poussent les pauvres à la
spoliation des riches, et présentent à leurs adeptes la
perspective d'une félicité sensuelle sans bornes ; les
seconds conviaient les riches à se dépouiller volontairement, et poursuivaient l'idéal de l'égalité dans
la pauvreté. Les uns procèdent d'un épicurisme
grossier ; les autres aboutissaient à l'ascétisme.

Après les pélagiens, les vaudois et les albigeois
sont les plus anciennes sectes auxquelles les partisans
de la communauté prétendent se rattacher [1]. Ces
sectes ont joué dans l'histoire un rôle assez important
pour qu'il ne soit pas sans intérêt de rechercher quelles ont été leurs véritables doctrines, et jusqu'à quel
point sont fondées les allégations de leurs prétendus
continuateurs.

On ne saurait se faire une juste idée des tendances
des novateurs qui parurent du xe au xve siècle, sans
se reporter à la situation de l'Église catholique à cette
époque. Elle était alors bien éloignée de la pureté et
de la simplicité qui avaient distingué les pasteurs des
premiers âges. Dès que la religion chrétienne eut
assuré sa prédominance sur le polythéisme expirant,
ses ministres commencèrent à perdre ces fortes et
austères vertus qu'ils avaient déployées tant qu'ils

---

[1] M. Cabet, *Voyage en Icarie,* page 479.— M. Villegardelle, *Histoire des idées sociales*, p. 84. — M. Louis Blanc, *Histoire de la
Révolution*, t. I, p. 16.

avaient été tenus en haleine par la lutte contre une
doctrine ennemie. Le goût de la domination, l'amour
des richesses et du luxe s'introduisirent dans des
cœurs qui n'auraient dû brûler que du feu de la charité. Déjà, vers la fin du IVᵉ siècle, les évêques métro-
politains s'entouraient d'un luxe royal [1]. « Faites-
« moi évêque de Rome, disait le préfet païen Prétextus
« au pape Damase, et je me fais chrétien. » A la même
époque, saint Jérôme se plaignait amèrement de la
cupidité du clergé, qui avait hérité des débauchés de
Rome l'art de capter les successions, et savait éluder,
au moyen de frauduleux fidéicommis, les lois par lesquelles les empereurs chrétiens eux-mêmes avaient
cru devoir s'opposer à son envahissante avarice. Le
même saint flétrissait ces prêtres et ces diacres à l'élé-
gante parure, qui ne voyaient dans leur caractère
sacré qu'un moyen d'obtenir auprès des femmes un
plus facile accès, et devançaient ainsi nos abbés du
XVIIIᵉ siècle de galante mémoire [2]. Ces abus s'accrurent
encore dans les âges suivants. L'invasion des barbares ne fit guère que substituer des vices plus grossiers
à la corruption raffinée des Romains. Les abbés et les
évêques, enrichis par les libéralités des conquérants,
devinrent seigneurs féodaux, et joignirent la puissance politique à l'autorité spirituelle. Possesseurs
d'une grande partie du sol, ils prélevaient encore sur

[1] Ammien Marcellin, liv. XXVII, chap. 4.
[2] Hieronym., t. II, p. 165. — Voir Gibbon, et les *Études historiques* de Châteaubriand, 3ᵉ étude, 2ᵒ partie (in fine). Ce dernier
auteur ne peut être suspecté de partialité.

le reste l'onéreux impôt de la dîme, tandis que la cour de Rome absorbait, à titre d'annates, d'indulgences et d'aumônes, une forte part du produit du travail des populations. Cet esprit cupide et oppressif se combinait avec une profonde corruption des mœurs, qui atteignit son apogée aux Xe, XIe et XIIe siècles, dont le premier est appelé, par l'un des historiens les plus dévoués à la papauté, le siècle de fer de l'Église [1]. On vit alors des papes entourés de prostituées, des évêques meurtriers, des prêtres simoniaques et vivant avec des femmes perdues ; des moines fainéants passant leur temps à chasser, à boire et à jouer, introduisant des concubines dans les cloîtres, et s'entrebattant pour les querelles de leurs bâtards. Cette rapacité et ces vices excitaient dans certaines contrées de sourdes colères, qui se manifestaient par des chansons et des satires populaires, dont quelques-unes sont parvenues jusqu'à nous.

Ce fut surtout dans le midi de la France, où les populations avaient conservé plus de lumières et de liberté, que les abus du clergé soulevèrent la plus vive opposition. Elle s'y manifesta par l'apparition de sectes qui se séparèrent ouvertement de l'Église romaine.

Le nombre de ces sectes, leur origine, leurs dogmes, leur morale et leur manière de vivre sont un des points les plus controversés et les plus obscurs de l'histoire. Les écrivains catholiques distinguent

---

[1] Baronius.

une foule d'hérésies qui auraient éclaté aux XIe et
XIIe siècles, et les accusent d'avoir renouvelé les
erreurs des manichéens et des gnostiques, et les
infamies des carpocratiens. C'est ainsi qu'ils
comptent des pétrobrusiens, des henriciens, des ar-
noldistes, des esperoniens, désignations qui dérivent des noms de Pierre Brueys, Henri, Arnaud de
Brescia et Esperon, condamnés au feu comme hérésiarques. Les hérétiques de cet époque sont encore
appelés picards, lombards, transmontains, d'après
les contrées qu'ils habitaient; apostoliques, cathares
(c'est-à-dire puritains), pauvres de Lyon, bons
hommes, turlupins, [1] d'après leur genre de vie.
Mais toutes ces sectes, en admettant qu'elles aient
réellement existé, s'effacent devant celles des albigeois et des vaudois, [2] célèbres par le nombre de

[1] S'il faut en croire les étymologistes, le mot turlupin viendrait
de *lupus*, loup. On l'aurait donné à certains sectaires à cause de la
vie errante qu'ils menaient dans les bois.

[2] L'origine de la désignation de vaudois a été l'objet de savantes
discussions. Les uns la font dériver du mot vaux, vallées, parce
que les vallées des Alpes furent le berceau et le principal séjour
de la secte dont il s'agit; les autres soutiennent que les vaudois
auraient été ainsi appelés du nom de Valdo, qui professa leurs
doctrines à Lyon, vers 1173. Enfin, quelques écrivains prétendent
que, si cette qualification dérive du nom de Valdo, l'étymologie
se rapporte à un autre Valdo qui serait antérieur à celui de Lyon
de plus d'un siècle. (Voir sur ce point l'*Histoire des Vaudois et
Albigeois,* par Paul Perrin, Lyonnais. Genève, 1618, chap. 1 et 2.
— Jean Léger, *Histoire générale des Eglises vaudoises*, in-folio,
Leyde, 1669, p. 13, 14, 15 et 150. — Bossuet, *Histoire des variations,* liv. XI.)

leurs adhérents, leur longue durée, et les terribles persécutions qu'elles ont subies.

Les auteurs protestants se sont attachés à prouver l'identité des vaudois et des albigeois, ainsi que de la plupart des sectes que nous venons d'indiquer; à laver ces hérétiques des imputations de manichéisme et de prosmiscuité des sexes que leur adressaient les catholiques, enfin à établir qu'ils professaient les dogmes soutenus plus tard par les réformateurs du xvie siècle. Malgré la véhémente argumentation de Bossuet, on ne saurait méconnaître que, sur ces divers points, l'avantage ne soit demeuré aux défenseurs de la réformation [1].

Un fait certain ressort de l'étude des nombreux monuments de cette grande controverse, c'est que les sectes dont il s'agit, soit qu'elles aient été différentes, soit qu'on doive les considérer comme identiques, avaient pour caractère essentiel de protester avec énergie contre la corruption, le luxe et la domination oppressive des ecclésiastiques. Toutes s'accordaient à voir dans l'Église romaine la Babylone impure, la grande prostituée de l'Apocalypse, et aspiraient à ramener les formes du culte à la simplicité primitive. Elles vou-

[1] Voir les écrivains cités dans la note précédente, et de plus l'*Histoire des Albigeois et Vaudois*, par le R. P. Benoist, prédicateur de l'ordre de Saint-Dominique, 2 vol. in-12. Paris, 1691, t. I, p. 12, 19 et 267. — Basnage, *Histoire de la religion des Eglises réformées*, in-folio. La Haye, 1699, p. 1407 et suiv.— Ce savant auteur a réfuté avec autant de force que de modération le livre xi de l'*Histoire des variations*, de Bossuet.

laient, à des prélats opulents, à des abbés souverains,
à des moines paresseux et débauchés, substituer
des ministres voués à la pauvreté, et vivant, comme
les apôtres, du travail de leurs mains. A la doctrine
de la permanence indélébile du caractère sacerdotal, et de la validité des sacrements, quelque impures que fussent les mains du prêtre qui les admi-
nistrait, les vaudois et les albigeois répondaient que
le caractère sacerdotal se perd par l'indignité résultant du péché et du crime, et que les sacrements
n'ont de valeur qu'autant qu'ils sont offerts par des
pasteurs que recommandent leurs vertus. Ils niaient
l'inégalité spirituelle du clerc et du laïque, et soutenaient que tout fidèle est apte à exercer le ministère
sacré, pourvu qu'il se distingue par sa moralité et
sa piété [1]. Ils condamnaient le culte de la Vierge,
des saints et des reliques, les faux miracles et les
fraudes pieuses, les indulgences, la confession auriculaire et l'absolution des péchés [2]. Ils prétendaient
que la multiplication des sacrements et des cérémonies n'était qu'un moyen imaginé par le clergé
pour soutirer de l'argent aux fidèles. Ils proscrivaient
les vœux monastiques, le serment et la barbarie des
supplices [3]. Ils traduisaient et étudiaient l'Ancien
et le Nouveau Testament, soutenaient que le culte
doit se célébrer en langue vulgaire, et qu'il suffit de

[1] Reynerius, in bibliothecâ Patrum, t. IV, 2ª pars., p. 751. —
Phylicdorfius, ibid.. p. 817.
[2] Reynerius, ibid., p. 750.
[3] Pierre de Vaulx-Cernay, *Histoire des Albigeois*, chap. 2.

réciter les prières que nous a enseignées Jésus-Christ. Enfin ils niaient la transsubstantiation dans l'eucharistie, et avaient horreur de la messe, qui était, selon eux, une invention du diable [1].

La piété des vaudois et des albigeois, la pureté de leurs mœurs sont attestées même par leurs adversaires. Saint Bernard, qui prêcha en 1147 contre les sectateurs de Henri et de Pierre de Brueys, qui ne sont autres que les albigeois, s'exprime ainsi sur leur compte [2].

« Leurs mœurs sont irréprochables; ils n'oppri-
« ment personne, ils ne font de tort à personne;
« leurs visages sont mortifiés et abattus par le jeûne;
« ils ne mangent point leur pain comme des pares-
« seux, et ils travaillent pour gagner leur vie [3]. »
Reynier, qui, après avoir passé quatorze ans parmi les cathares, embrassa le catholicisme, et dirigea, en qualité d'inquisiteur, des persécutions acharnées contre les vaudois, est également forcé de rendre justice à la sainteté de leur vie.

Tels étaient les albigeois et les vaudois. Dans le

Reynerius, ubi suprà.

[2] Saint Bernard, serm. 45, sur les cantiques.

[3] Bossuet, qui a cité ce passage, *Histoire des variations*, liv. II, § 143, ajoute : « Qu'y a-t-il de plus spécieux que ces hérétiques de « saint Bernard ? Mais après tout c'étaient des manichéens, et « leur piété n'était qu'apparente. Regardez le fond, c'est l'orgueil, « c'est la haine contre le clergé, c'est l'aigreur contre l'Eglise. C'est « par là qu'ils ont avalé tout le venin d'une abominable hérésie. » Dans cette remarque, empreinte d'une si évidente injustice, Bossuet reconnaît que le caractère essentiel de ces sectes, c'était de protester contre les abus de l'Église.

tableau que nous en tracent leurs ennemis, nous ne reconnaissons aucun des traits qui caractérisent le communisme et le socialisme. Nous avons recherché avec soin dans les auteurs contemporains, pour la plupart inquisiteurs, moines ou prêtres catholiques, des traces du prétendu communisme de ces religionnaires, et nous n'avons trouvé aucune autorité de nature à justifier cette imputation. Ni Pierre de Vaulx-Cernay, ni Guillaume de Puylaurens, qui écrivirent l'histoire de la guerre des albigeois, ni les auteurs anonymes des fragments relatifs au même sujet [1], n'ont adressé aux hérétiques du midi de la France l'accusation de communisme. Et pourtant, Pierre de Vaulx-Cernay était moine, vassal de Simon de Montfort, et parent d'un abbé qui fut l'un des plus fougueux instigateurs de la croisade; Guillaume de Puylaurens était un prêtre catholique, animé des sentiments les plus hostiles contre l'hérésie. Enfin, nous possédons d'anciens registres de l'inquisition, contenant des procédures dirigées contre les albigeois. La doctrine de la communauté des femmes et des biens ne figure pas au nombre des chefs d'accusation [2].

---

[1] Voir les *Mémoires relatifs à l'histoire de France*, collection Guizot. — Martène, *Thesaurus anecdotorum*, t. V, p. 1778. Tractatus de hæresi pauperum de Lugduno, auctore anonymo.

[2] D. Vaissette, *Histoire du Languedoc*, preuves à l'appui, t. III, p. 371, donne l'extrait d'un ancien registre de l'inquisition de Carcassonne qui contient l'énoncé des erreurs des hérétiques. « Isti sunt articuli, in quibus errant hæretici. » —Voir à la fin du volume la note C.

A cette preuve si forte qui résulte du silence que gardent les ennemis les plus acharnés des vaudois et des albigeois, viennent se joindre les arguments tirés de l'ensemble des faits historiques. Les hérétiques formaient, dans le midi de la France, la majorité de la population. Leur doctrine était professée par une foule de gentilshommes et de riches bourgeois des villes ; ils étaient favorisés par les comtes de Toulouse, les vicomtes de Béziers, de Narbonne et de Carcassonne, par le roi Pierre d'Aragon, qui soutinrent, à leur occasion, la plus effroyable guerre, et périrent pour la plupart en les défendant. Comment admettre que ces rois, ces princes souverains, ces nobles chevaliers aient non-seulement toléré, mais protégé, au prix de leur puissance et de leur vie, une secte qui aurait professé l'abolition de toute disctinction sociale et la spoliation générale ?

Cette sympathie des classes supérieures de l'ordre laïque pour les sectes dissidentes se comprend parfaitement, si l'on reconnaît, comme le prouvent les documents émanés des catholiques eux-mêmes, que ces sectes se bornaient à censurer la propriété cléricale, la propriété de main-morte, celle qui, apanage des hautes fonctions sacerdotales et de certains corps impérissables, tendait à envahir le sol tout entier ; mais qu'elles respectaient la propriété laïque et féodale. Cette doctrine était évidemment favorable aux seigneurs et aux bourgeois, appelés à recueillir les dépouilles du clergé et des monastères ; et il paraît que les premiers ne manquaient point de l'appliquer à l'occasion. L'un des principaux griefs du clergé contre les nobles du Languedoc, c'étaient, en effet, les usurpations, les spoliations commises sur les biens des églises [1] et des moines. Dès lors se dessinait cette alliance naturelle qui s'est établie si souvent depuis entre le pouvoir temporel, l'aristocratie nobiliaire et les adversaires spirituels de l'Eglise, alliance que nous verrons se reproduire en Angleterre, sous Wiclef, en Bohême, à l'époque de la guerre des hussites, et qui fut la principale cause du succès de la réformation du xvie siècle dans une grande partie de l'Europe. Plus tard, lorsque la protestation contre les abus du clergé prit un caractère purement philosophique, ne vit-on point cette alliance se renouer encore, et Voltaire faire entrer les monarques et les gentilshommes dans sa grande conspiration contre l'Eglise?

Mais qu'est-il besoin d'inductions et d'analogies pour laver les albigeois et les vaudois du reproche de communisme? N'avons-nous pas des preuves directes, des documents émanés d'eux et remontant à une époque de beaucoup antérieure à la croisade? Là sont consignés leurs principes; là se trouve nettement établie la distinction entre le droit de propriété et les richesses abusives du clergé; là on peut voir, à côté de la condamnation de celles-ci, la consécration de l'inviolabilité du premier.

---

[1] Voir Pierre de Vaulx-Cernay, passim.

Les églises vaudoises, qui se sont maintenues sans interruption dans les vallées des Alpes depuis le XII° siècle jusqu'au XVI°, époque à laquelle elles s'unirent à la communion calviniste, ont conservé d'anciens traités de religion et de morale, dont quelques-uns datent du commencement du XII° siècle. Les manuscrits originaux furent remis, en 1658, par les pasteurs vaudois, à Morland, commissaire extraordinaire de Cromwell, qui les déposa dans la bibliothèque de l'université de Cambridge [1]. Parmi ces documents, le plus remarquable est un poëme intitulé *Nobla leiczon*, qui contient l'ensemble de la doctrine des vaudois et des albigeois. Cet ouvrage est daté de l'an 1100. Le dialecte dans lequel il est écrit n'est autre que la langue romane [2], parlée à cette époque dans le

---

[1] Léger, *Histoire générale des Eglises vaudoises*, p. 21.

[2] Bossuet contestant l'authenticité des livres produits par Perrin et Léger, notamment du *Traité de l'Antechrist* daté de 1120, oppose que le langage en est très-moderne, et qu'il diffère peu du provençal que nous connaissons. « Non-seulement, dit-il, le lan- « gage de Villehardouin, qui a écrit cent ans après Pierre de « Brueys, mais encore celui des auteurs qui ont suivi Villehar- « douin, est plus ancien et plus obscur que celui qu'on veut dater « de l'an 1120, si bien qu'on ne peut se moquer du monde d'une « manière plus grossière qu'en nous donnant ces discours comme « fort anciens. » (Bossuet, *Histoire des variations*, livre XI, § 126). Un tel argument a lieu de surprendre dans la bouche du savant évêque de Meaux. Bossuet ignorait-il donc la distinction qui existait au moyen âge entre le dialecte du nord et celui du midi de la France, entre la langue d'Oïl et la langue d'Oc? C'est en français du nord, autrement dit wallon ou picard, que Geoffroy de Ville-hardouin, *li mareschaux de Champaigne*, comme il s'appelle lui-

midi de la France, et remise en lumière de nos
jours par les savants travaux de M. Raynouard. Ce
poëme renferme, outre un abrégé de l'histoire et de
la doctrine de l'Ancien et du Nouveau Testament,
un parallèle de la loi mosaïque et de l'Evangile, et
l'énonciation des griefs des dissidents contre l'Eglise
de Rome, griefs qui sont conformes à ceux que nous
avons indiqués d'après les écrivains catholiques du
XIIe et du XIIIe siècle. L'absence complète de toute
idée communiste qui se fait remarquer dans ce livre, les termes explicites par lesquels il confirme
les préceptes du décalogue et de l'Evangile qui établissent le respect de la propriété d'autrui, la sainteté du mariage et des devoirs de famille, ne sauraient laisser aucun doute sur le véritable caractère
des hérésies du XIIIe siècle [1]. Nous pourrions citer
encore un *Traité de l'Antechrist* daté de l'an

---

même, écrivit l'*Histoire de la conquête de Constantinople*. Dès
lors quelle comparaison établir entre son langage et celui des documents émanés des albigeois? Le français wallon n'était encore
qu'un patois informe, tandis que le roman du midi, langue complétement formée et pleine d'harmonie, avait une littérature remarquable, et se parlait dans la majeure partie de l'Europe. Cette
belle langue a péri avec la civilisation de la France méridionale,
dans l'épouvantable guerre des albigeois, qui fut pour ces contrées
riches, libres et éclairées, une véritable invasion de barbares.

[1] *La nobla leiczon, le novel sermon*, etc., et autres poésies religieuses des vaudois ont été insérées, par M. Raynouard, dans son
Recueil des poésies originales des troubadours, t. II, p. 73 et suivantes. Ce savant, juge si compétent en pareille matière, n'élève
aucun doute sur l'authenticité de ces documents.

1120, écrit en dialecte vaudois, l'apologie présentée par les vaudois au roi de Hongrie Ladislas, en 1508, et plusieurs autres documents relatés dans les ouvrages de Perrin et de Jean Léger. Enfin, on doit remarquer que la petite société vaudoise qui s'est perpétuée depuis le XIIIe siècle, dans les vallées du Dauphiné et du Piémont, à travers des guerres et des persécutions souvent atroces, a toujours reposé sur le principe de la propriété individuelle. Jamais ses membres n'ont pratiqué la vie commune, qui leur eût sans doute paru être une coupable imitation des règles monastiques qu'ils avaient en horreur [1].

Comment donc l'opinion qui attribue aux vaudois et aux albigeois des tendances communistes a-t-elle pu s'accréditer, malgré des faits et des autorités qui la contredisent si manifestement? On ne saurait trouver les causes de cette singularité ailleurs que dans les interprétations calomnieuses que certains écrivains catholiques, postérieurs de plusieurs siècles à l'époque de la croisade, ont données aux dogmes du parti vaincu. Les vaudois n'admettaient point le mariage comme sacrement; Albert de Capitaneis, légat et inquisiteur du XVe siècle, en prit occasion pour les accuser de se livrer aux plus infâmes prostitutions. Ils censuraient les richesses du clergé et croyaient que les ministres de la religion ne doivent rien posséder, du moins en cette qualité; cela suffit

---

[1] Voir Perrin, *Histoire des Albigeois et des Vaudois*, p. 18.

à Claude Rubis, qui écrivit l'histoire de Lyon vers
1604, pour les présenter comme partisans de la
communauté des biens [1]; Bossuet lui-même, rap-
portant le même fait, ne craignit pas d'ajouter :
« Cela vise à l'obligation de tout mettre en commun,
« et à établir comme nécessaire cette prétendue pau-
« vreté apostolique dont ces hérétiques se glori-
« fiaient [2]. »

Voilà comment les opinions des religionnaires du
Languedoc ont été défigurées, à l'aide d'inductions
que les instigateurs de la croisade et les inquisiteurs
contemporains eux-mêmes leur avaient épargnées.
Triste, mais trop fréquent exemple des altérations
que subit à la longue la vérité historique, au milieu
des luttes des partis!

Les barbaries des soldats de Monfort, l'anéantissement de la civilisation d'une moitié de la France, les
rigueurs de l'inquisition inventée contre les malheureux sectaires du Languedoc et de la Provence,
ne devaient point suffire pour étouffer leurs doctrines. Vaincus et fugitifs, ils répandirent à travers
l'Europe la semence de la révolte contre l'Église [3].

---

[1] Le même Claude Rubis accuse les vaudois de sorcellerie,
crime qui, dit-il, se réunit souvent à celui d'hérésie. On peut juger
par là de la valeur que présente, dans sa bouche, l'imputation de
communisme.

[2] Bossuet, *Histoire des variations*, liv. xi, § 94.

[3] Après la croisade contre les albigeois, il s'établit des églises
vaudoises en Bohême et dans les montagnes de la Calabre, outre
celles qui continuèrent de subsister au fond des gorges les plus inaccessibles du Dauphiné et du Piémont.

De ces germes naquirent les lollards, Wiclef et Jean Hus.

Les lollards tirent leur nom de Walther Lollard, fondateur de leur secte, qui naquit en Angleterre vers la fin du XIIIe siècle, et dogmatisa en Allemagne en 1315. Selon les vaudois, Lollard aurait puisé chez eux ses doctrines, et aurait été l'un de leurs barbes ou ministres. Quoi qu'il en soit, il est certain que ses opinions avaient avec les leurs une grande analogie. Il rejetait les cérémonies de l'Église, l'intervention des saints, l'utilité de plusieurs sacrements, et censurait amèrement les prêtres et les évêques. Ceux-ci l'ont accusé d'avoir professé pour les diables des sympathies bizarres. Suivant eux, il aurait soutenu que les anges rebelles avaient été injustement chassés du ciel, et que leurs adversaires seraient damnés éternellement. On a également prétendu qu'il condamnait le mariage comme n'étant qu'une prostitution jurée, et qu'il préconisait la licence des mœurs [1]. Ces accusations, émanées des inquisiteurs qui envoyèrent Lollard au bûcher, ne méritent guère de créance, et ne suffisent point pour justifier l'imputation de communisme. Il paraît beaucoup plus probable que cet hérésiarque se borna à répandre les doctrines vaudoises, hostiles à la suprématie du pape et à la domination du clergé.

Lollard eut pendant sa vie une foule de disciples

---

[1] Dupin, XIVe siècle. — D'Argentré, *Collect. judicior*, t. I. — Pluquet, *Dictionnaire des hérésies*.

répandus dans diverses contrées de l'Allemagne ; on en évalue le nombre à 80,000. Arrêté à Cologne en 1322, et condamné par l'inquisition, il subit l'affreux supplice du feu, sans montrer ni crainte ni repentir. Quant à ses partisans, on en fit, dit un auteur catholique, un grand incendie. Ces horreurs n'eurent pour effet que d'en augmenter le nombre. Les uns s'enfuirent en Angleterre, où ils formèrent un parti célèbre, qui perpétua le nom du fondateur de la secte ; les autres se cachèrent dans les montagnes de la Bohême, où leurs idées trouvèrent par la suite de puissants interprètes.

Deux ans après le supplice de Walther Lollard, naissait en Angleterre John Wiclef, qui devait soutenir les mêmes doctrines, et dont la mémoire devait être exposée aux mêmes calomnies. Quelques détails sur sa vie sont nécessaires pour faire comprendre la véritable portée de ses principes politiques, qui ont été singulièrement défigurés. Simple étudiant au collége de Merton à l'université d'Oxford, Wiclef commençait déjà à censurer le clergé et les moines, notamment les ordres mendïants, qui étaient à ses yeux un inutile fardeau pour la société. Cela ne l'empêcha point de recevoir la prêtrise. Quoique revêtu du caractère sacerdotal, il n'en continua pas moins à combattre la cour de Rome et les abus du régime ecclésiastique.

En 1366, le pape Urbain V réclama d'Édouard III l'hommage pour les royaumes d'Angleterre et d'Irlande, et les arrérages du tribut auquel Jean sans Terre s'était engagé envers le saint-siége, tribut qui n'avait pas été payé pendant trente-deux ans. Édouard se montra peu disposé à satisfaire à cette réclamation. Wiclef soutint énergiquement les droits du roi contre un moine qui défendait ceux du pape. Ce zèle lui mérita la protection d'Édouard, du duc de Lancastre son fils, et de la veuve du prince Noir, mère du jeune prince de Galles, depuis roi sous le nom de Richard II. Le pape, de son côté, manifesta son mécontentement, en refusant à Wiclef le rectorat d'un collége nouvellement fondé à Oxford et l'évêché de Vigoore. La cour dédommagea celui-ci en lui confiant des missions diplomatiques importantes, et lui conférant de riches bénéfices, notamment la cure de Lutterworth. Les opinions théoriques de Wiclef sur la papauté s'étaient, par suite de ces circonstances, envenimées de tous les ressentiments d'une querelle personnelle et d'une injustice soufferte.

Bientôt il éclata contre la cour de Rome. Il attaqua ouvertement le pouvoir temporel des papes et leur suprématie spirituelle, nia la supériorité de l'Église de Rome sur les autres Églises, la prééminence des archevêques et des évêques sur les simples prêtres. Comme les vaudois et les albigeois, il soutint que les prêtres et les moines ne devaient point posséder de propriétés en cette qualité; qu'ils perdaient leur caractère sacré par l'irrégularité de leur vie, et que, dans ce cas, l'autorité séculière était en droit de les dépouiller de leurs dotations. Les justices ecclésiastiques étaient, disait-il, une usurpation, le droit de juger appartenant exclusivement aux princes et aux magistrats civils. Le roi ni le royaume ne devaient être soumis à l'autorité d'aucun siége épiscopal; nul ecclésiastique ne pouvait remplir d'emploi civil; il fallait consacrer les biens de l'Église aux dépenses publiques, et alléger d'autant les impôts qui chargeaient le pauvre peuple. Enfin, l'Église d'Angleterre devait proclamer son indépendance du siége de Rome.

Plus tard, Wiclef attaqua également plusieurs dogmes du catholicisme. Il nia la transsubstantiation dans l'eucharistie, condamna la confession auriculaire, et soutint que le ministère du prêtre n'est point nécessaire pour le mariage, qui est valide par le seul consentement des parties. Enfin, il déclara le serment illicite et contraire à la simplicité évangélique. Toutes ces opinions présentent une frappante analogie avec celles des albigeois et des vaudois [1]. Elles ne se rapprochent pas moins de celles des lollards, qui formaient alors une secte nombreuse en Angleterre.

Nous n'avons pas à nous préoccuper des théories théologiques de Wiclef sur la grâce, la prédestination et la nécessité des actions humaines; il nous suffit d'avoir constaté que le caractère dominant de sa

---

[1] Lenfant, *Histoire du concile de Constance*, t. I, p. 208. —Rapin Thoiras, *Histoire d'Angleterre*, t. III, p. 295. — Hume, *Histoire d'Angleterre*, t. III, p. 140.

doctrine sociale et politique, c'était l'hostilité au pouvoir des papes, la tendance à soumettre l'Église à l'État. Quant à la négation de la propriété, au communisme, il n'en est pas question. Wiclef était avant tout le champion des seigneurs et du roi contre le clergé et le pape; comme Luther, il plaçait la réforme religieuse sous l'égide de l'autorité temporelle. Peut-être ne lui manqua-t-il, pour accomplir la grande révolution réservée à celui-ci, que des esprits mieux préparés et la redoutable puissance de l'imprimerie.

Cette alliance de Wiclef avec les hautes puissances séculières éclata dans tout son jour, lorsque le pape Grégoire XI, effrayé des progrès de sa doctrine, le fit citer devant l'archevêque de Cantorbéry et l'évêque de Londres. Wiclef comparut assisté du duc de Lancastre, de lord Percy, grand maréchal d'Angleterre, et avec la protection avouée de la princesse de Galles. Il refusa d'ôter son chaperon et de répondre en accusé. Il donna seulement quelques explications , comme s'il ne s'agissait que d'une simple conférence. Les prélats n'osèrent le condamner. Le duc de Lancastre se laissa entraîner contre ces derniers à de tels emportements, que le peuple catholique indigné se souleva, et voulut brûler son palais.

Ces faits jettent une vive lumière sur la conduite et les doctrines de Wiclef. Ils prouvent combien est grave l'erreur de ceux qui l'ont présenté comme un fanatique révolutionnaire , poussant les popu-

lations au bouleversement de l'ordre social et politique [1].

Il est vrai que l'Angleterre fut, du vivant de
Wiclef, le théâtre d'un vaste soulèvement des classes
inférieures, dont Walsingham, Knygton et Froissart
nous ont laissé des récits détaillés ; mais Wiclef resta
complétement étranger à ce mouvement, qui n'eut
d'ailleurs aucun caractère communiste. La grande
sédition de Wat Tyler et John Ball, Jack Straw, etc.,
fut une terrible protestation des populations acca-
blées d'impôts vexatoires, et écrasées par l'insolente
domination de l'aristocratie féodale, du clergé et des
gens de loi. Elle offre la plus grande analogie avec
l'insurrection des paysans allemands du XVIᵉ siècle,
sur laquelle on trouvera quelques détails dans le
chapitre suivant.

Voici quelles étaient les demandes de la majorité
des révoltés : Abolition de l'esclavage ; liberté entière de vendre et d'acheter dans les villes, les
bourgs et marchés ; suppression du villenage et des
droits féodaux ; substitution d'une rente affectée sur
le produit des terres, à la place des corvées et des
servitudes personnelles ; réduction à quatre pences
par acre de la rente des terres tenues en roture ;
amnistie pour les crimes et délits commis pendant
l'insurrection. Malheureusement ce dernier article

---

[1] M. Louis Reybaud s'exprime ainsi : « L'hérésiarque Wiclef
« s'appuyant sur cent mille lollards révoltés, fit trembler l'Angle-
« terre et la plaça sous le coup d'un bouleversement total. » (*Études
sur les réformateurs modernes*, t. II, chap. 2, p. 91.)

n'était que trop nécessaire aux insurgés, qui s'étaient livrés aux plus coupables excès.

A côté de ceux qui se bornaient à ces demandes, il semble avoir existé un parti plus radical, qui voulait l'abolition de la noblesse, et une plus équitable répartition des terres, concentrées aux mains de l'aristocratie conquérante. John Ball, prêtre de Maidstone, que l'on a présenté, à tort ou à raison, comme disciple de Wiclef, et Wat Tyler (Walter le Tuilier) paraissent avoir été les chefs spéciaux de ce parti. John Ball haranguait la foule, et lui prêchait l'égalité, l'abolition de la hiérarchie ecclésiastique et nobiliaire. Les radicaux applaudissaient, et s'en allaient chantant :

> « When Adam delved and Eva span,
> « Who was then the gentleman?....

« Quand Adam bêchait et qu'Ève filait, où était « alors le gentilhomme?... » Ce qui ne les empêchait pas de promettre à l'apôtre de l'égalité l'archevêché de Cantorbéry et la dignité de chancelier d'Angleterre, après la victoire.

Dans les réclamations des insurgés anglais du XIVᵉ siècle, ne reconnaît-on pas des vœux analogues à ceux qu'exprimèrent les cahiers de nos États-Généraux de 1789? L'immortelle nuit du 4 août a réalisé les rêves des plus exaltés partisans de Wat Tyler et de John Ball. De quel droit donc les communistes actuels prétendraient-ils se rattacher à ces derniers, eux aux yeux desquels le triomphe de 89 ne fut que l'inauguration d'un nouveau genre de tyrannie?

On sait par quels moyens fut étouffée l'émeute anglaise de 1381. Ils ne sont pas moins condamnables que ceux à l'aide desquels elle avait obtenu son éphémère succès. Des concessions accordées, puis rétractées après la dispersion volontaire du gros des insurgés; Wat Tyler assassiné dans une entrevue; l'amnistie violée; le juge Tressilian, digne prédécesseur des Scroggs et des Jefferies promenant à travers l'Angleterre des potences à carcans de fer, pour ravir aux suppliciés les honneurs d'une sépulture clandestine : tel est le hideux tableau que présente le triomphe de l'aristocratie normande. Sans doute les insurgés s'étaient souillés par la dévastation et le massacre; mais du moins ils avaient toujours respecté l'autorité royale, et n'avaient exigé que de justes concessions. Le maintien des chartes d'affranchissement que Richard II leur avait accordées, eût régénéré l'Angleterre, et lui eût assuré, dès le xive siècle, les bienfaits d'une organisation sociale dont la France n'a joui qu'au xixe [1].

Pendant le cours de l'insurrection, Wiclef était demeuré dans sa cure de Lutterworth. Après sa défaite il ne fut point recherché par les tribunaux institués contre ceux qui y avaient participé. Bien qu'un concile assemblé à Londres en 1382 eût condamné plusieurs de ses propositions, il mourut paisiblement en 1385. Tout prouve donc que Wiclef fut étranger

[1] La France eut aussi au xive siècle son insurrection de paysans connue sous le nom de *jacquerie*. Elle présente des caractères analogues à ceux de l'émeute anglaise.

au mouvement. Rapin Thoiras, qui s'est attaché à le justifier de cette imputation, fait remarquer que l'insurrection n'eut aucun des caractères qui signalent les luttes religieuses. Elle ne dura que trente jours. Une triste expérience nous apprend que les guerres de religion sont plus longues et plus acharnées.

Les ouvrages de Wiclef furent apportés en Bohême par un gentilhomme de ce pays, et inspirèrent les prédications de Jean Hus. Les doctrines de celui-ci présentent la même physionomie que celles de son devancier; elles sont une véhémente protestation contre l'autorité des papes, les désordres de l'Église, les richesses du clergé et les abus des ordres monastiques [1]. On n'y remarque aucune tendance au communisme. Le réformateur bohémien ne fut point hostile aux nobles et aux riches : loin de là, il trouva, comme son devancier anglais, comme les hérétiques du Languedoc, un appui dans l'aristocratie séculière. Jean Hus n'était pas en effet, ainsi que les écrivains socialistes se sont plu à le représenter, un pauvre curé prêchant aux serfs assemblés le nivellement des fortunes. Recteur de l'université de Prague, confesseur de Sophie de Bavière, reine de Bohême, il connut les grandeurs et fut lié avec les principaux seigneurs de la cour. Plusieurs d'entre eux l'accompagnèrent à Constance et l'assistèrent devant le concile; la noblesse de Bohême tout entière s'intéressa à son sort, et se leva pour le venger.

Lorsque les hussites coururent aux armes, après le

---

[1] Lenfant, *Hist. du concile de Constance*, in-4°. t. I, p. 413-416.

supplice de Jean Hus et de Jérôme de Prague, ce ne fut point l'égalité des conditions et la communauté des biens qu'ils inscrivirent sur leurs drapeaux [1]. Un calice de bois, emblème de la communion sous les deux espèces, et de l'égalité du laïque et du prêtre, fut porté devant leurs bataillons [2]. Les riches prélats, les opulents monastères furent les seuls objets de leur haine; ils respectèrent les donjons des seigneurs. Leurs chefs, d'ailleurs, n'étaient-ils point des hommes distingués par la naissance et les richesses? Le fameux Ziska était un noble, un chambellan du roi Wenceslas. Nicolas de Hussinetz, qui partagea le commandement avec ce grand général, Procope et Rokizane, qui lui succédèrent, appartenaient également à la classe supérieure, et ne renonçaient ni à leur rang ni à leur fortune [3].

Quelques auteurs ont, il est vrai, prétendu qu'il se forma en Bohême, du temps des hussites, une secte appelée picarde ou adamite, qui professait l'abolition de la famille et de la propriété. A les en croire, les insensés qui la composaient auraient vécu tout nus dans les bois, où ils auraient réalisé ce fameux état de nature, rêvé par l'imagination délirante de Rousseau. Mais, suivant les mêmes écrivains leur nombre ne se

---

[1] Voir à la fin du volume, note D, la profession de foi des taborites, les plus exaltés d'entre les hussites.

[2] Ce ne fut pas Jean Hus, mais Jacobel et Pierre de Dresden qui rétablirent la communion sous les deux espèces, en Bohême, en 1414. Jean Hus, alors captif à Constance, approuva seulement ce changement par une de ses lettres.

[3] Lenfant, *Hist. du concile de Bâle et de la guerre des hussites.*

serait pas élevé au-dessus de quelques centaines, et ils auraient été exterminés par Ziska, indigné de leurs abominations. Hâtons-nous d'ajouter, pour l'honneur de l'humanité, que les infamies des prétendus adamites sont révoquées en doute par les auteurs les plus savants et les plus judicieux [1].

Ainsi, ni les vaudois, ni les albigeois, ni les disciples de Wiclef et de Jean Hus, n'ont défendu la communauté des biens et l'égalité absolue. Des faits et des autorités incontestables renversent, sur ce point, les assertions tranchantes des partisans de ces erreurs, et les théories captieuses de cet écrivain qui, sous le titre d'organisation du travail, dissimule le communisme le plus radical. C'est en vain que ce dernier a consacré son talent à établir la permanence à travers les siècles de je ne sais quelle école de la fraternité, dont il est l'inventeur. L'histoire répugne à ces rapprochements ; elle ne se prête point aux combinaisons de ces généalogistes infidèles qui s'efforcent de métamorphoser les devanciers infortunés et quelquefois coupables des glorieux réformateurs de 89, en précurseurs de Babeuf et de ses modernes imitateurs. C'est chez les anabaptistes du XVIᵉ siècle, et non ailleurs, que le communisme et le socialisme trouvent leurs véritables antécédents pratiques. Le moment est arrivé de dérouler le tableau de la tragique histoire de ces fanatiques.

[1] Voir la dissertation de Beausobre sur les picards ou adamites, à la suite de l'*Histoire du concile de Bâle,* de Lenfant. Il en résulte que les picards n'auraient été que des vaudois originaires de France, qui ne se distinguaient des hussites que par la négation de la présence réelle dans l'eucharistie.

CHAPITRE VIII.

LES ANABAPTISTES. — Ire Période [1].

Le communisme au XVIe siècle. — Stork. — Münzer. — La guerre
des paysans. — Les douze articles. — Insurrection communiste.
— Bataille de Frankenhausen. — Mort de Münzer.

Le XVIe siècle est l'ère de laquelle date ce grand
mouvement de la pensée humaine qui, à travers une
longue suite de guerres, de révolutions et de catastrophes, a entraîné le monde moderne vers un nouvel état politique et social. Constantinople succombant sous les coups de Mahomet II ; les lettres grec-
ques répandues en Europe par les fugitifs du Bas-
Empire ; un monde nouveau découvert et conquis :

[1] Pour éviter des citations trop multipliées, je me borne à indiquer les sources où j'ai puisé les éléments de l'histoire des anabaptistes, retracée dans ce chapitre et les deux suivants. Ce sont :
pour la guerre des paysans, Gnodalius, *Rusticanorum tumultuum
vera historia*.— A. Weil, *La Guerre des paysans*.—Pour les anabaptistes proprement dits : Meshovius, *Historiæ anabaptisticæ
libri septem*, in-4°, Coloniæ, 1617. — Henr. Otticii, *Annales ana-
baptistici*, in-4°, Bâle, 1692. — Conradi Heeresbachii, *Historia
anabaptistarum monasteriensium*, 1650, Amsterdam. — Le P. Catrou, *Histoire des anabaptistes*, in-4°, Paris, 1706. — *Histoire des
anabaptistes*, ouvrage anonyme, publié à Amsterdam, 1700, in-12.

tous ces grands événements avaient imprimé à l'esprit humain une commotion violente, qui le tira du long sommeil du moyen âge, tandis que l'imprimerie, récemment inventée, ouvrait les voies par lesquelles le torrent des idées allait s'épancher sur l'Europe.

Alors parut Luther. Déjà ébranlée par la guerre des hussites et les scandales des Borgia, la papauté achevait de se ruiner dans l'opinion des peuples, par le trafic effréné des indulgences destinées à subvenir aux splendeurs du règne de Léon X. Armé du libre examen et d'une redoutable érudition, le moine de Wittemberg attaque, en 1517, la suprématie papale, et proclame l'émancipation religieuse de l'homme. La moitié de l'Allemagne répond à son appel, et le réformateur, soutenu par la faveur populaire, protégé par la noblesse germanique, brave impunément les foudres du Vatican et les décrets de l'empire.

Cependant, ce fougueux adversaire de l'autorité en matière religieuse s'en fit le champion dans l'ordre politique. Il prêcha l'obéissance passive au pouvoir temporel, et sanctifia le despotisme des princes par la doctrine du droit divin.

Vaine distinction! On ne fait pas ainsi la part à un principe. Le droit de résistance et de libre examen une fois proclamé, il devait se rencontrer des esprits hardis et logiques pour le faire passer de la religion dans la politique. Tels furent Nicolas Stork et Thomas Münzer, les fondateurs de l'anabaptisme.

Ce fut en 1521, pendant que Luther se dérobait, dans l'asile mystérieux de la Wartbourg, aux poursuites de l'empereur, que Nicolas Stork, l'un de ses disciples, commença à prêcher dans Wittemberg l'inutilité du baptême des enfants, et la nécessité d'un nouveau baptême pour les adultes, d'où le nom d'anabaptistes ou rebaptiseurs donné à la secte qu'il fonda. Carlostadt, l'ami et le maître de Luther, Georges More, Gabriel Didyme et Mélanchton lui-même, tous imbus de la doctrine luthérienne, partagèrent cette opinion, qui n'eut d'abord qu'un caractère purement théologique. Bientôt les disciples de Stork dépassèrent et entraînèrent leur maître ; ils proclamèrent que le texte de l'Evangile doit être la seule base de la religion, de la morale et du droit, et l'inspiration individuelle, la règle suprême de son interprétation. Ils prêchèrent à la jeunesse studieuse l'abandon des occupations intellectuelles pour les travaux manuels. On vit Carlostadt, ce docteur vénérable par son âge et son érudition, parcourir les rues de Wittemberg, revêtu d'un habit grossier, et interrogeant les artisans et les femmes sur le sens des passages obscurs de l'Ecriture ; car, disait-il, Dieu, par un décret de son éternelle sagesse, cache aux savants les profonds mystères de sa doctrine, mais il les révèle aux petits, et c'est à eux qu'il faut avoir recours dans les choses douteuses. On voit que notre époque n'est pas la seule qui ait entendu d'étranges panégyriques de l'ignorance. Bientôt Carlostadt, devançant Zwingle, nia la présence réelle de Jésus-Christ dans l'eucharistie, condamna les images, et renouvela dans Wittemberg les dévastations des iconoclastes.

Effrayé de ce mouvement impétueux, Luther se hâta de quitter sa retraite et de revenir à Wittemberg, pour arrêter, par l'autorité de sa parole, des emportements qui dépassaient les limites dans lesquelles il voulait contenir la réformation. Il réussit promptement à ramener à lui la masse des habitants; Mélanchton, répudiant des doctrines dont l'audace allait mal à la douceur de son âme, se réconcilia avec son premier maître; mais Stork et ses principaux adhérents persévérèrent. Bientôt Luther sollicita et obtint contre eux, de l'électeur de Saxe, un édit qui les bannit de Wittemberg.

Parmi les disciples de Stork, un homme s'était rencontré, qui avait tiré des principes de l'anabaptisme des conséquences extrêmes, et transformé une opinion religieuse en une doctrine sociale et politique. Ce fut Thomas Münzer. De l'égalité des fidèles devant Dieu, du principe de la fraternité chrétienne, il déduisait l'égalité politique absolue, l'abolition de toute autorité temporelle, la spoliation générale et la communauté des biens. Ardent, enthousiaste, doué d'une éloquence populaire et d'une physionomie expressive, il parcourait, en apôtre de la religion nouvelle, les campagnes et les petites villes de la Saxe, et agitait les populations par ses prédications communistes.

« Nous sommes tous frères, disait-il à la multitude assemblée, et nous n'avons qu'un commun père dans Adam. D'où vient donc cette différence de rangs et de biens que la tyrannie a introduite

« entre nous et les grands du monde? Pourquoi gé-
« mirions-nous dans la pauvreté, et serions-nous
« accablés de travaux, tandis qu'ils nagent dans les dé-
« lices? N'avons-nous pas droit à l'égalité des biens,
« qui de leur nature sont faits pour être partagés,
« sans distinction, entre tous les hommes? La terre
« est un héritage commun, où nous avons une part
« qu'on nous ravit. Quand avons-nous donc cédé notre
« portion de l'hérédité paternelle? Qu'on nous montre
« le contrat que nous en avons passé! Rendez-nous,
« riches du siècle, avares usurpateurs, les biens que
« vous nous retenez dans l'injustice! Ce n'est pas
« seulement comme hommes que nous avons droit à
« une égale distribution des avantages de la fortune,
« c'est aussi comme chrétiens. A la naissance de la
« religion, n'a-t-on pas vu les apôtres n'avoir égard
« qu'aux besoins de chaque fidèle, dans la réparti-
« tion de l'argent qu'on apportait à leurs pieds? Ne
« verrons-nous jamais renaître ces temps heureux!
« Et toi, infortuné troupeau de Jésus-Christ, gé-
« miras-tu toujours dans l'oppression, sous les puis-
« sances ecclésiastiques et l'autorité séculière! »

On se figure aisément l'influence de pareils discours sur des populations grossières et ignorantes,
qu'accablait le poids des dîmes et de la servitude féodale. Sans doute, il était juste et légitime
de protester, au nom de l'égalité et de la fraternité,
contre la tyrannie et l'avarice des prélats et des
nobles. Sans doute, la réforme religieuse appelait
une révolution sociale et politique; mais Münzer, en

se jetant dans les divagations du communisme, dépassait les limites légitimes de cette révolution. Il tendait à substituer à l'injustice des privilèges nobiliaires et cléricaux, l'injustice plus révoltante de l'égalité absolue; il faisait rétrograder l'humanité vers le despotisme théocratique. Cette déplorable exagération fut l'une des causes qui firent avorter le grand soulèvement dont l'Allemagne fut alors le théâtre, et qui est célèbre sous le titre de guerre des paysans.

En effet, dans cette insurrection on remarque deux mouvements très-distincts, quoique trop souvent confondus, dont l'un tendait seulement au renversement de l'oppression ecclésiastique et féodale, tandis que l'autre poursuivait la réalisation du communisme et de l'anarchie. Le premier, beaucoup plus étendu que l'autre, constitue la guerre des paysans proprement dite; le second, dirigé par Münzer, forme le premier épisode des troubles sanglants suscités par la secte des anabaptistes.

Ces deux mouvements furent simultanés, et eurent d'intimes relations, parce que, malgré la profonde différence de leur but final, ils avaient tous les deux pour objet immédiat la destruction de l'ordre établi. Aussi, est-il difficile de tracer de chacun d'eux un tableau séparé. Quelques mots d'abord sur la guerre des paysans.

Depuis longtemps, les paysans de la Souabe, de la Thuringe et de la Franconie supportaient impatiemment le joug des princes et des prélats. Des sociétés secrètes avaient été organisées dans les défilés de la forêt Noire, et des révoltes partielles n'avaient été étouffées que dans le sang de leurs auteurs. L'ébranment imprimé par Luther à toute l'Allemagne, les prédications de Stork et de ses disciples, ranimèrent un feu mal éteint. En 1523, les vassaux du comte de Lupphen et de l'abbé de Kempten protestèrent, les armes à la main, contre les pénibles corvées dont on les accablait, et se vengèrent de l'oppression par le pillage et la dévastation. Ce n'était là que le prélude d'un plus vaste incendie.

Pendant l'année 1524, la fermentation croît dans l'Allemagne occidentale. Les paysans se concertent, les villages se confédèrent, des rassemblements tumultueux se réunissent sur les chemins ou aux carrefours des forêts. Stork, qui promenait à travers l'Allemagne ses prédications religieuses, se mêle au mouvement; de fréquents conciliabules se tiennent sur les confins de la Franconie, dans l'auberge de Georges Metzler, homme redoutable par ses vices et sa sauvage énergie, qui ne tarde pas à devenir le chef du mouvement. L'insurrection lance son manifeste, imprimé à plusieurs milliers d'exemplaires. Ce sont les célèbres douze articles, à la rédaction desquels on croit que Stork ne fut pas étranger. Les paysans y demandaient :

1° Le droit de choisir leurs pasteurs parmi les prédicateurs du pur Évangile.

2° Que les dîmes fussent réduites, et consacrées à l'entretien des ministres de la parole, au paiement des subsides communs et au soulagement des pauvres.

3° L'abolition du servage, le sang de Jésus-Christ ayant racheté tous les hommes.

4° Le droit de chasse et de pêche, conséquence de l'empire que Dieu a donné à l'homme sur tous les animaux.

5° Le droit d'affouage dans les forêts.

6° La modération des corvées.

7° Le droit de posséder la terre et de prendre à bail, à des conditions équitables, les terres d'autrui.

8° La réduction des impôts, trop souvent supérieurs aux produits.

9° L'équité dans les jugements, substituée à la faveur.

10° La restitution des prés et pâturages communs usurpés par la noblesse.

11° L'abolition des tributs payés au seigneur par la veuve et l'orphelin, à la mort du père de famille.

12° Que leurs prétentions fussent jugées d'après le texte de la parole de Dieu; ils offraient de renoncer à celles qu'on leur démontrerait y être contraires.

On signifia aux nobles et aux prélats cet ultimatum qui, de nos jours encore, serait la charte d'affranchissement des serfs de l'Autriche et de la Pologne. Il était juste, modéré, et pur de toute trace de communisme, soit que Stork n'eût pas encore accepté les conséquences que Münzer avait tirées de l'anabaptisme, soit que le bon sens des paysans les eût repoussées. On a comparé avec raison les douze

articles aux cahiers de l'assemblée constituante
de 1789; mais le temps n'était pas encore venu où
les priviléges de la féodalité devaient être anéantis par
la renonciation de leurs possesseurs mêmes. Les
douze articles furent repoussés par la noblesse, et la
guerre commença.

Elle fut atroce; sous la conduite de Metzler, les
paysans promenèrent partout la mort et la dévastation. Ils allaient ravageant les abbayes, renversant les
donjons des burgraves, et livrant les villes au pillage.
On vit ces hommes grossiers s'abandonner à tous
les excès de la brutalité et de l'ivrognerie. Le vin
était le principal objet de leur convoitise, et le tribut
le plus propre à détourner leur fureur. Spire ne put
éviter un siége que moyennant une rançon de vingt
cinq chariots chargés des produits des meilleurs crûs
du Rhin.

Cependant, les insurgés touchèrent au triomphe;
un certain nombre de nobles se joignit à leurs bandes; d'autres traitèrent avec eux et acceptèrent les
douze articles. Pour assurer la victoire, il eût fallu aux
paysans un chef religieux capable de les moraliser,
de mettre un frein à leurs excès, et un chef militaire
qui les soumît à la discipline et imprimât à la guerre
une habile direction. Münzer aurait pu remplir le
premier rôle; mais il suivait une autre voie. Metzler,
véritable chef de bandits, était incapable du second.
Les paysans le sentirent, et imposèrent le commandement suprême à un noble, au fameux Gœtz de Ber-
lichingen, surnommé Gœtz à la main de fer. Mais

ce général ne prit que des mesures désastreuses.

Pendant que la masse des paysans s'insurgeait pour le triomphe des douze articles, Thomas Münzer suscitait en faveur du communisme le mouvement parallèle que nous avons signalé.

Il avait d'abord tenté d'amener Luther à partager ses doctrines. En 1522, il se rendit à Wittemberg et eut avec lui de fréquentes conférences. Les deux novateurs tentèrent réciproquement de se convaincre, car chacun d'eux rendait justice au talent de son rival, et attachait un grand prix à une telle conquête. Mais la conciliation fut impossible, et ces deux hommes altiers se séparèrent en se lançant de mutuels anathèmes. Münzer fut enveloppé dans l'édit de bannissement que Luther obtint de l'électeur de Saxe contre Stork et ses adhérents. L'intolérance et la persécution étaient dans l'esprit de ce temps, et les réformateurs exerçaient contre les sectes dissidentes les mêmes rigueurs qu'ils se plaignaient d'éprouver de la part des catholiques.

Münzer essaya, mais sans succès, de répandre sa doctrine à Nuremberg et à Prague. Il se rendit alors à Zwickau, où il rejoignit Stork, son premier maître, avec lequel il travailla activement à répandre les principes de l'anabaptisme. Là, une jeune fille, déjà convertie par les prédications de Stork, toucha son cœur et s'unit à lui par le double lien de l'amour et du fanatisme.

Après avoir prêché le nouveau baptême dans les environs de Zwickau, Münzer sa rendit à Alstedt, en

Thuringe. Ses premières prédications furent pleines de modération et de douceur. Mais bientôt, cédant aux instigations de Stork, il excita ouvertement le peuple à refuser l'impôt, à secouer le joug des autorités temporelles, et à mettre les biens en commun. A sa voix, des sectaires fanatiques coururent aux armes et préludèrent, par la dévastation des églises, à des troubles plus graves. Ces événements se passaient en 1523, l'année même où la guerre des paysans prit naissance. Stork servit de lien entre les deux insurrections; tandis que d'un côté il concourait à la rédaction des douze articles, de l'autre il s'associait au mouvement communiste dont Münzer était le chef, et poussait celui-ci dans les voies de la révolte armée.

Bientôt Münzer alla chercher un plus vaste théâtre à Mulhausen, ville impériale, capitale de la Thuringe, gouvernée par un sénat électif. Malgré les efforts de Luther pour lui en faire fermer les portes, il y pénétra. Ce fut d'abord sur l'imagination des femmes qu'il agit. Son éloquence, son air inspiré, ses mystiques extases, l'art avec lequel il expliquait les songes, lui assurèrent bientôt un empire illimité sur des âmes faibles, qu'il jeta dans tous les excès du mysticisme. Par ce moyen il s'introduisit dans les familles, gagna l'esprit des hommes et acquit dans la ville, malgré la résistance du sénat, une influence prépondérante. De nouvelles élections donnèrent le pouvoir à ses partisans, qui s'empressèrent d'exiler les anciens magistrats.

Alors il fut donné à l'apôtre du communisme de

réaliser ses doctrines. Tous les biens furent mis en commun, et Münzer en devint le suprême dispensateur. Installé dans le magnifique palais de la Commanderie de Saint-Jean de Jérusalem, il faisait apporter à ses pieds les richesses mobiliaires enlevées de gré ou de force à leurs possesseurs, et punissait quiconque recélait une partie de son avoir. Le bas peuple se trouvait fort bien de ce régime. Les ouvriers cessèrent leurs travaux, et ne songèrent plus qu'à vivre dans l'oisiveté, aux dépens du fonds commun, qui leur semblait inépuisable.

Cependant, du haut de son palais, Münzer faisait entendre ses oracles, distribuait les dépouilles, et rendait une justice arbitraire. La multitude grossière et fanatique applaudissait à ses décisions dictées, disait-on, par l'inspiration d'en haut. Le nouveau souverain écrivit aux princes voisins des lettres pleines de défis et de menaces ; il fit fondre de l'artillerie, et songea à commencer une guerre de propagande. (Année 1524.)

Au moment d'entrer en campagne, Münzer hésita, soit qu'il ne se sentît pas assez fort pour affronter les troupes des princes hors des murailles de la ville, soit qu'il voulût attendre le secours des paysans soulevés en Souabe et en Franconie, à la voix de Stork et de Metzler. Mais il eut le sort commun des révolutionnaires qui tentent de modérer le mouvement qu'ils ont excité : il fut dépassé. Un fanatique, nommé Phiffer, poussa, par ses déclamations furibondes, la multitude à une prise d'armes immédiate.

Münzer dut suivre un entraînement qu'il ne pouvait plus diriger.

Il adressa aux ouvriers mineurs de Mansfeld une proclamation empreinte d'une sauvage éloquence, par laquelle il les conviait à se soulever et à se joindre à lui. Les mineurs et les paysans des environs de Mulhausen répondirent à son appel, et la guerre commença. La dévastation et l'incendie des abbayes et des châteaux en furent les premiers actes.

C'était en 1525. L'insurection des paysans soulevés au nom des douze articles était alors dans toute sa force; Metzler, qui la dirigeait, marchait à la tête de quarante mille hommes pour opérer sa jonction avec Münzer. De son côté celui-ci, conduisant huit mille insurgés, s'avançait au devant d'eux. Stork se détacha de la grande armée des paysans et vint le joindre dans son camp.

Cependant, le landgrave de Hesse, le duc de Brunswick, les électeurs de Mayence et de Brandebourg avaient réuni leurs forces. Ils résolurent de prévenir la jonction et se dirigèrent sur le corps commandé par Münzer.

Celui-ci, craignant une bataille, s'était posté sur une hauteur escarpée près de la ville de Frankenhausen, qui lui était dévouée. Ses gens s'étaient fait de leurs chariots un rempart impénétrable à la cavalerie. Soudain l'armée des princes paraît. A cette vue les insurgés se troublent. Un parlementaire vient les sommer de se rendre, et leur promet l'amnistie, à la condition qu'ils livreront leurs principaux chefs. La multitude hésite et paraît disposée à accepter la capitulation ; mais Münzer fait entendre sa voix éloquente. Il ranime, par un discours enthousiaste, le courage et le fanatisme de ses partisans, et leur promet le secours miraculeux du Tout-Puissant. « En vain, dit-il, l'artillerie de l'ennemi imitera contre nous la foudre du Seigneur ; je recevrai tous les boulets dans la manche de ma robe, qui suffira pour vous servir de rempart. » Comme il finissait de parler, un arc-en-ciel, dont les anabaptistes avaient choisi l'image pour emblème, se dessine dans les airs. Les insurgés y voient le présage de la victoire, et attendent le combat.

Le canon des princes commence l'attaque ; les fanatiques négligent d'y répondre, et entonnent des cantiques, pour invoquer le miracle dans lequel ils ont mis leur espérance. Les ravages du boulet leur prouvent bientôt la vanité des promesses de Münzer. L'infanterie ennemie force les retranchements, et égorge par milliers ces malheureux, dont un grand nombre continue à lever les mains au ciel sans songer à se défendre. La cavalerie achève la déroute. Münzer se réfugie dans les murs de Frankenhausen. L'ennemi y pénètre à la suite des fuyards, et Münzer, découvert dans sa retraite, est fait prisonnier. Stork, plus heureux, parvient à s'enfuir en Silésie.

La bataille de Frankenhausen fut bientôt suivie de la capitulation de Mulhausen, dont les fortifications furent rasées et les habitants désarmés. Phiffer, qui avait inutilement essayé de défendre la ville, fut arrêté dans sa fuite, et partagea le sort de Münzer.

Les détails de leur captivité et de leur supplice peignent bien les mœurs de cette singulière époque. Conduit devant le landgrave de Hesse et le prince Georges de Saxe, Münzer eut à soutenir une controverse contre ce dernier, qui était très-exercé aux luttes de ce genre. Ce n'était pas assez pour les princes d'avoir triomphé de lui par les armes, ils aspiraient encore à le convaincre; leurs efforts furent infructueux. Livré à Ernest de Mansfeld, le prisonnier fut soumis à la torture, et quelque temps après envoyé au supplice. Les princes voulurent être présents à son exécution. Arrivé au lieu fatal, Münzer se troubla. On vit, spectacle étrange, le duc de Brunswick assister sur l'échafaud celui dont il avait ordonné la mort, et l'aider à prononcer les suprêmes prières. Mais au dernier moment, le génie de Münzer, affaissé sous le poids de si grands désastres, jeta un dernier éclat. Recueillant ses forces, il retrouva son ancienne éloquence, et adressa aux princes une exhortation pathétique, dans laquelle il les rappela aux sentiments de la charité chrétienne, et les adjura d'alléger les charges qui pesaient sur les peuples. Ces accents solennels en présence de la mort, cette doctrine épurée par les souffrances, firent sur les auditeurs une impression profonde. Münzer eut à peine achevé qu'il tendit sa tête au bourreau et reçut le coup fatal.

Tel fut le premier épisode du communisme anabaptiste. Le triomphe de Münzer à Mulhausen fut éphémère, mais sa courte durée suffit pour révéler tout ce que le système de la communauté renferme de désastreux. L'interruption de la production, l'oisiveté et la paresse, la consommation rapide des capitaux : telles furent dans Mulhausen les conséquences de son application. Elle ne put avoir lieu qu'à la condition d'attribuer à un homme un pouvoir illimité sur les biens, les personnes et les opinions, et de faire ainsi rétrograder la société jusqu'au despotisme théocratique.

Münzer, le principal instigateur du communisme au XVIᵉ siècle, a été diversement jugé par les historiens. Les uns n'ont vu en lui qu'un factieux poussé par l'ambition et le fanatisme à bouleverser la société ; ils l'ont accusé de n'avoir eu d'autre but que de satisfaire sa soif de pouvoir et de renommée, en abusant, par l'artifice de ses discours et de ses prestiges, des populations ignorantes et crédules : telle a été l'opinion des auteurs catholiques et protestants qui ont retracé la guerre des anabaptistes.

Mais d'autres écrivains, appartenant à une école plus récente, se sont efforcés de réhabiliter la mémoire de Münzer, et d'élever un piédestal à celui qui jusqu'ici avait été attaché au pilori de l'histoire. Suivant eux, Münzer fut le représentant du principe de la fraternité humaine, le vengeur des opprimés, l'effroi des tyrans. Armé de la seule autorité de la parole, disent-ils, il défendit le droit contre la force, et tenta de ramener le christianisme à sa pureté primitive ; son influence, il ne la dut qu'à la vérité de ses doctrines, à l'austérité de sa morale, à l'éloquence de ses discours. Apôtre et martyr de la cause de l'humanité, il a subi le malheur commun des champions de la vérité succombant sous la ligue des intérêts égoïstes : il a été calomnié ; mais il est temps de rendre justice à sa mémoire, et d'honorer en lui l'un des plus nobles défenseurs de la cause des faibles et des malheureux.

Ces deux jugements sont également empreints d'exagération. Sans doute, on ne saurait méconnaître que Münzer ne fût animé d'une profonde conviction et d'un ardent dévouement à l'humanité. Mais en se faisant l'apôtre du communisme, il dépassa le but d'une réforme légitime, et ne tendit qu'à substituer à l'oppression de l'aristocratie cléricale et nobiliaire une autre espèce d'injustice et de spoliation. Pour faire triompher ces exagérations déplorables, il eut recours à la violence, et poussa des masses ignorantes à un soulèvement sans espoir. En prêchant la fraternité, il ne fit entendre que des paroles de haine et de vengeance, oubliant que la persuasion peut seule assurer le succès d'une doctrine, et qu'il vaut mieux subir la persécution que provoquer l'anarchie. Il se trompa ainsi de but et de moyens. La responsabilité du sang qu'il fit verser pèse donc justement sur sa mémoire, car ce sang devait être stérile pour le progrès de l'humanité.

La défaite de Frankenhausen ne mit fin ni à la guerre des paysans, ni aux agitations communistes. Les paysans continuèrent, pendant deux années, à porter la dévastation dans la Souabe, la Thuringe, la Franconie, l'Alsace et une partie des bords du Rhin. Ils déshonorèrent la belle cause des douze articles par d'épouvantables cruautés, dont les principaux auteurs furent le cabaretier Jacques Rohrbach et le chevalier Florian Geyer, chefs de deux hordes redoutables. Ces barbaries les perdirent ; la portion la plus modérée des insurgés se sépara des terroristes ; les habitants des villes, qui s'étaient montrés favorables à l'insurrection, l'abandonnèrent par horreur des excès dont elle s'était souillée. Le général Georges Truccès fit subir aux paysans de la Souabe, de la Thuringe et de la Franconie, de sanglantes défaites. Le duc de Guise écrasa de son côté les bandes de l'Alsace et de la Lorraine. Malheureusement, les excès des paysans amenèrent, de la part de la noblesse victorieuse, de terribles représailles, et l'on vit les supplices succéder aux combats. On évalue à plus de cent mille le nombre des victimes qui périrent dans cette effroyable guerre.

Quant au communisme anabaptiste, dont Münzer avait été le chef, vaincu comme doctrine politique et révolutionnaire, il continua de subsister comme doctrine morale et religieuse. Ses apôtres se répandirent en Suisse, en Allemagne et en Pologne. Mais, se sentant trop faibles pour conquérir la domination, ils se bornèrent à recruter des disciples par la persuasion, et à former dans le sein de la grande société de petites communautés isolées. Quelques années plus tard, l'anabaptisme aspira de nouveau à la suprématie politique, et parvint à établir, pour un temps, dans Munster, le siége de son empire. Nous allons le suivre rapidement dans ces deux nouvelles périodes de son existence.

CHAPITRE IX.

LES ANABAPTISTES. — 2e Période.

Les anabaptistes de la Suisse et de la Haute-Allemagne. — Profession de foi communiste de Zolicone. — Persécutions. — Complots. — Les huttérites. — Communautés de la Moravie. — Leur rapide décadence.

Pendant que Luther agitait le nord de l'Allemagne, Zwingle secouait en Suisse le joug de la suprématie papale, niait la présence réelle dans l'eucharistie, et devenait à Zurich le fondateur de la secte protestante connue sous le nom de sacramentaire. Cette opinion sur l'eucharistie avait déjà été émise en 1521 par le docteur Carlostadt, que nous avons vu au nombre des fondateurs de l'anabaptisme.

Dès 1523, les doctrines de Stork s'étaient introduites à Zurich. Leurs partisans espérèrent d'abord trouver un important prosélyte dans Zwingle, qui se rapprochait d'eux par sa doctrine sur la présence réelle. Mais cette espérance fut trompée, et la plus vive hostilité ne tarda pas à éclater entre Zwingle et les anabaptistes de Zurich. Des discussions publiques furent soutenues par les sacramentaires et les sectateurs du nouveau baptème, en présence du sénat de la ville. Suivant l'usage, les deux partis s'attribuèrent la victoire, et n'en devinrent que plus acharnés. Bientôt le sénat de Zurich, effrayé des principes antisociaux des anabaptistes, eut recours contre eux à des mesures rigoureuses. Les anabaptistes les supportèrent avec une fermeté digne d'une meilleure cause, et se réfugièrent hors de l'enceinte de la ville dans le bourg de Zolicone, où ils espéraient pouvoir fonder en paix leur église. Ce fut là qu'ils songèrent à donner une forme précise à leurs dogmes, qui jusqu'alors n'avaient rien eu de bien déterminé. Ils dressèrent donc le symbole de leurs doctrines, connu sous le titre de profession de foi de Zolicone, et devenu la règle de la secte anabaptiste.

Dans ce symbole, rédigé en 1525, on pose en principe que toute secte où la communauté des biens n'est pas établie entre les fidèles, est une assemblée d'imparfaits, qui se sont écartés de cette loi de charité qui faisait l'âme du christianisme à sa naissance; — que les magistrats sont inutiles dans une société de véritables fidèles, et qu'il n'est pas permis à un chrétien de devenir magistrat; — que les seuls châtiments qu'on doive employer dans le christianisme, sont ceux de l'excommunication; — qu'il n'est point permis aux chrétiens de soutenir des procès, de prêter serment en justice, ni de participer au service militaire; — que le baptême des adultes est seul valide; — que ceux qui sont régénérés par le nouveau baptême, sont impeccables suivant l'esprit; —

que la nouvelle Église peut être tout à fait semblable au royaume de Dieu, dans le séjour des saints.

Tels sont, parmi les dogmes de Zolicone, ceux qui se font remarquer par leur portée sociale et politique. Ils constituaient une effrayante négation des principes sur lesquels repose la société, et l'on y retrouve, nettement formulées, la plupart des idées subversives préconisées comme des nouveautés par nos modernes réformateurs socialistes. La communauté des biens et l'égalité radicale; la confusion de l'autorité spirituelle avec le pouvoir politique, prêchée par Saint-Simon; la négation des peines et des récompenses, l'irresponsabilité humaine soutenue par Owen; la prétention de fonder sur la terre une société parfaite, un nouvel Eden, affichée par Fourier et les novateurs des diverses écoles; toutes ces aberrations, les anabaptistes les ont professées. Ils y joignirent les extravagances du fanatisme religieux, et les excès de la débauche. Du principe de la communauté des biens, ils tirèrent bientôt celui de la communauté des femmes, et ne manquèrent point de citer des textes de l'Ancien et du Nouveau Testament pour la justifier. C'était, disaient-ils, en changeant fréquemment d'épouse, que l'on parvient au point de la perfection que recommande l'Apôtre, lorsqu'il ordonne d'avoir des femmes comme si l'on n'en avait point. Les filles ne rougissaient plus du déshonneur, ni les femmes de l'adultère, désormais sanctifiés par la religion. Suivant ces insensés, les déréglements n'intéressaient que la chair, et n'altéraient point la pureté, de l'âme, qui, lavée par le nouveau baptême, était désormais impeccable. Cette étrange distinction n'était point, du reste, nouvelle dans l'histoire des erreurs de l'esprit humain. Dès les premiers siècles de l'Église, les carpocratiens et d'autres hérétiques l'avaient établie et pratiquée; elle se retrouve chez presque toutes les sectes mystiques. Récemment encore, ne l'avons-nous pas entendu proclamer, sous le titre pompeux de *Réhabilitation de la Chair*, par Saint-Simon et ses disciples?

A tous ces excès, se joignaient les extases et la fureur des prophéties. On voyait des femmes et des jeunes filles se poser en pythonisses, et proclamer, au milieu d'effroyables contorsions, les inspirations d'en haut. Un jour, trois cents fanatiques montèrent tout nus sur une haute montagne, d'où ils devaient s'élancer vers les cieux. Le principe de l'impeccabilité, joint à celui de l'obéissance aux révélations de l'esprit intérieur, produisit d'effroyables conséquences. On considéra comme méritoire d'obéir à ces hallucinations folles ou atroces qui traversent un cerveau exalté, et de commettre sous leur influence les crimes les plus odieux.

Deux frères anabaptistes vivaient sous le même toit dans une douce union. L'aîné s'imagine que Dieu lui ordonne d'imiter le sacrifice d'Abraham en immolant son frère. Celui-ci reconnaît dans cette inspiration la volonté du Père céleste, et se décide à jouer le rôle d'Isaac. Les deux frères rassemblent leur famille et leurs amis, se font de tendres adieux, et le sacrifice est consommé en présence de nombreux témoins, que la surprise et l'horreur empêchent d'y mettre obstacle.

Un anabaptiste rencontre un voyageur dans une hôtellerie; l'idée de l'immoler traverse l'esprit du fanatique. Aussitôt il égorge le malheureux, et va se promener tranquillement dans une prairie, les yeux levés vers le ciel, auquel il offre le sang de la victime.

Telles furent les abominations que produisit en Suisse le fanatisme communiste et religieux. Bien qu'elles soient attestées par des auteurs dignes de foi, par des témoins oculaires, nous aurions peine à y croire, si des exemples récents ne nous prouvaient jusqu'où peut aller l'homme, une fois qu'il s'affranchit de toute règle et s'abandonne aux délires de l'imagination. Le XVIIIe siècle a eu les convulsionnaires de saint Médard; et, de nos jours, l'Amérique du nord nous offre le bizarre tableau de sectaires analogues aux anabaptistes, qui commettent les plus incroyables extravagances. On les voit se livrer à des danses frénétiques, errer dans les bois avec d'affreux hurlements, ou bien se répandre sur les montagnes, couverts de blancs linceuls, et y attendre le jour du dernier jugement. Ces folies du XIXe siècle rendent croyables celles du XVIe.

Sans doute, toutes les aberrations des anabaptistes de la Suisse ne doivent pas être considérées comme une conséquence nécessaire des principes communistes qu'ils professaient. Il en était quelques-unes

qui se rattachaient à des dogmes purement religieux. Mais ces monstrueuses divagations sont de
nature à nous faire sainement apprécier toute l'infirmité des intelligences qui les associèrent à la grande
erreur du communisme. Toutes les absurdités se
tiennent. A défaut d'autres arguments, il suffirait,
pour condamner les idées communistes, de considérer
quels en ont été les disciples, et avec quelles doctrines
morales et religieuses elles ont presque toujours été
combinées.

Cependant les anabaptistes se répandaient dans les
campagnes de la Suisse, rebaptisant les néophytes au
bord des fleuves et des torrents. Partout ils portaient
l'esprit de résistance à toute autorité, les habitudes
d'oisiveté contemplative, le désordre des mœurs, les
divagations du fanatisme. L'indépendance de tout
pouvoir souriait aux esprits turbulents; les fainéants
et les pauvres étaient surtout séduits par la maxime
de la communauté des biens. « On voyait les artisans
« occupés auparavant à des travaux utiles mener
« une vie oisive, se promener tout le jour une bible
« à la main, et attendre le nécessaire du superflu de
« leurs frères; à peine trouvait-on assez de labou-
« reurs pour suffire à la culture des terres. C'est
« ainsi, dit un ancien historien, que chez les ana-
« baptistes, les frêlons vivaient aux dépens des
« abeilles. » Erasme, qui observa de près tous ces
désordres, les déplore dans un de ses ouvrages [1], et

---

[1] Erasme. *De amabili concordiâ Ecclesiæ.*

les attribue justement au dogme de la communauté
des biens admis par les nouveaux sectaires. « La communauté, dit-il, fut tolérable au commencement de
l'Église naissante ; cependant les apôtres, de leur
temps même, ne l'étendirent pas à tous les chrétiens. Quand l'Evangile fut plus répandu, on vit cesser la communauté de biens, qui fût certainement
devenue une source de malheurs et de séditions. »

Ainsi, le communisme portait en tous lieux les
mêmes fruits, et, dès le XVIe siècle, les hautes intelligences le jugeaient par ses œuvres et le condamnaient.

Malgré les mesures prises par le sénat de Zurich,
l'anabaptisme ne cessait point sa propagande obstinée. Aux extases, aux prophéties et aux prétendus
miracles, il joignait, pour recruter des prosélytes,
toutes les séductions des sens. De belles jeunes filles
élégamment vêtues, et accompagnant leur voix du
son des intruments, conviaient de sensibles disciples
à entrer dans la nouvelle Eglise. La secte s'introduisit à Bâle, où OEcolampade employa vainement les
ressources de sa douce éloquence pour la combattre.
Les anabaptistes tramèrent même dans cette ville
une conspiration, dans le but de s'emparer violemment du pouvoir. Le sénat, averti à temps, se borna
à la prévenir, et traita les coupables avec une indulgence dont ils ne furent point reconnaissants. Enfin,
après de nouveaux et inutiles colloques, les magistrats des cités républicaines de la Suisse résolurent
d'arrêter les progrès de cette effrayante maladie mo-

rale qui menaçait la société d'une complète destruction. Le sénat de Zurich chassa les anabaptistes de
Zolicone, et de toutes parts on lança contre eux des
édits de proscription, malheureusement empreints
de la barbarie de l'époque. Ceux qui refusèrent d'ab-
jurer l'anabaptisme furent condamnés à être noyés.
Cette terrible sentence reçut son exécution ; les eaux
du Rhin et des torrents de la Suisse engloutirent des
bandes de ces malheureux (1528—1529).

En présence de ces mesures atroces, l'histoire ne
peut retenir un cri d'horreur et de pitié. Cependant,
ce sentiment de commisération qui s'attache d'ordinaire aux victimes, ne doit pas altérer la juste sévérité de ses appréciations. Les anabaptistes tendaient à
la destruction complète de la société et de la civilisation, à la perversion de l'intelligence, à l'anéantissement de la moralité. Ils étaient en état de révolte
permanente contre le pouvoir politique, quelle que
fût la forme du gouvernement, monarchie, aristocratie ou république. La société, qu'ils tenaient en
échec, se trouvait placée dans cette fatale alternative,
de les écraser ou de périr. Tout en gémissant sur la
barbarie des moyens que les magistrats de la Suisse
employèrent contre eux, sur le fanatisme des sacramentaires, qui ne fut pas étranger à ces cruautés, on
ne saurait méconnaître qu'une répression énergique
ne dût être employée contre cette secte subversive.
Cette vérité deviendra encore plus évidente, lorsque
nous aurons retracé le tableau des épouvantables résultats que produisit, quelques années plus tard, le

triomphe du communisme anabaptiste dans la ville de Munster.

Proscrits de la Suisse, chassés de Strasbourg, où ils avaient essayé de s'établir, persécutés en Allemagne, où Charles-Quint fit renouveler, en 1529, par la diète de Spire, la peine de mort portée contre eux à l'époque de la bataille de Frankenhausen, les anabaptistes ne furent point abattus. Ils se répandirent dans les Pays-Bas, sur les bords du Rhin, dans la Silésie, la Bohême et la Pologne. Ils n'osaient plus se produire au grand jour ; mais ils se réunissaient dans de secrets conventicules, et faisaient une sourde propagande, en attendant des jours meilleurs. Ils se divisèrent en un grand nombre de sectes, parmi lesquelles il s'en rencontra quelques-unes qui, épurant les dogmes primitifs, se distinguèrent par un esprit pacifique, des mœurs honnêtes, et une piété exaltée. Elles donnèrent naissance aux établissements anabaptistes de la Moravie, où fut tentée une nouvelle application du système de la communauté monastique à des réunions composées de personnes de tout sexe et de tout âge. Cette tentative présente des enseignements curieux et décisifs qui méritent d'être mis en lumière.

Après la bataille de Frankenhausen, Stork, le fondateur de l'anabaptisme, s'était réfugié en Silésie, où il s'efforça de répandre ses doctrines. Chassé de la ville de Freystadt, où il avait acquis une grande influence, il passa en Pologne, y rebaptisa un assez grand nombre de prosélytes, et de là vint à Munich, où il termina dans la misère une vie consacrée à la propagation de ses doctrines (1527). C'était, dit un des historiens de l'anabaptisme, un de ces hommes que la nature prend quelquefois plaisir à former avec un mélange de qualités contraires. Il réunissait la modestie à l'orgueil, la douceur à l'emportement, la hardiesse à la timidité. Doux et insinuant quand il voulait gagner les cœurs, il était superbe et impérieux quand il s'en était rendu maître. Il était extrême dans les conseils qu'il donnait aux autres, et précautionné lorsqu'il fallait exécuter par lui-même. Aussi, tandis que la plupart des apôtres de sa doctrine périrent violemment, il mourut dans son lit. De tels caractères ne sont que trop communs dans l'histoire, qui nous montre tant de chef de partis habiles à lancer dans les périls des lieutenants hardis et dévoués, tandis qu'ils se ménagent eux-mêmes pour se soustraire à la défaite ou profiter de la victoire.

Deux disciples s'attachèrent à Stork, pendant la dernière période de sa carrière, et recueillirent l'héritage de ses doctrines. Ce furent Hutter et Gabriel Scherding, qui devinrent les fondateurs des communautés de la Moravie. Ils conçurent le projet de réunir, dans un pays où la population ne fût pas encore agglomérée, les membres épars et persécutés de la secte anabaptiste, et de tirer ainsi, suivant leurs expressions, le nouveau peuple de Dieu de la servitude des Egyptiens, pour le conduire dans la terre promise. Gabriel Scherding, doué d'une éloquence insinuante et d'un esprit flexible, fut chargé de prêcher l'émigration et de réunir les fidèles; Hutter s'occupa de fonder les nouvelles colonies et de leur donner des lois.

Il choisit pour lieu de réunion la fertile province de la Moravie, qui manquait alors d'habitants, et se trouvait placée au centre des diverses contrées où l'anabaptisme s'était répandu. Dès 1527, il acheta des terres dans ce pays, au moyen de l'argent que lui avaient confié ses adeptes. Il prit à bail les domaines de la noblesse, et de toutes parts de nombreuses troupes de fidèles, recrutées par Scherding, se mirent en marche vers la nouvelle terre promise. Les routes de l'Allemagne se couvrirent d'émigrants qui, après avoir vendu leur patrimoine, quittaient le sol natal pour aller peupler les colonies naissantes.

Hutter partageait l'antipathie de sa secte contre toute autorité temporelle; mais il eut d'abord la prudence de ne point afficher la prétention de s'affranchir du joug des lois politiques. Doué d'un caractère ferme et austère, il comprit que la communauté des biens ne pouvait subsister que sous une règle sévère et inflexible, appliquée par une autorité qui, pour être purement religieuse et librement acceptée, n'en serait pas moins despotique. C'est dans cet esprit qu'il organisa les nouveaux établissements. Il avait acquis une influence illimitée sur ses coreligionnaires, par son talent oratoire, sa fermeté et l'art avec lequel il

savait présenter ses résolutions comme inspirées par
la Divinité. Il eut soin de n'admettre d'abord que des
sujets d'élite, distingués par la pureté de leurs mœurs
et la ferveur de leur foi ; enfin, il eut la sage inconséquence de rompre avec cette partie nombreuse de
sa secte qui poussait le principe de la communauté
jusqu'à la promiscuité des sexes.

Grâce à la fertilité d'un pays où les bras manquaient à la culture, au choix excellent des éléments
de la nouvelle société et aux grandes qualités du chef,
l'entreprise obtint d'abord un brillant succès. Les
habitations des frères de Moravie étaient toujours
situées à la campagne, et offraient la réunion des travaux de l'agriculture avec ceux de l'industrie. Chaque
colonie formait une communauté soumise à l'autorité
d'un archimandrite et administrée par un économe,
relevant tous deux du chef suprême de la secte. Grâce
à leur assiduité, à la sagesse de leur administration,
les colons pouvaient rendre aux seigneurs dont ils
cultivaient les campagnes, le double de ce qu'en eût
donné un fermier ordinaire ; aussi, les nobles s'em-
pressaient-ils de leur donner à bail leurs propriétés.

« Dès qu'un domaine leur avait été confié, dit le
« père Catrou, d'après les historiens contemporains,
« les bonnes gens venaient y demeurer tous ensem-
« ble, dans un emplacement séparé, qu'on avait soin
« d'entourer de palissades. Chaque ménage parti-
« culier y avait sa hutte bâtie sans ornement ; mais
« au dedans elle était d'une propreté charmante. Au
« milieu de la colonie on avait érigé des apparte-

« ments publics destinés aux fonctions de la commu-
« nauté ; on y voyait un réfectoire, où tous s'assem-
« blaient au temps des repas. On y avait construit
« des salles pour travailler à ces sortes de métiers
« que l'on ne peut exercer qu'à l'ombre et sous un
« toit. On y avait érigé un lieu où l'on nourrissait
« les petits enfants de la colonie. Il serait difficile
« d'exprimer avec quel soin et avec quelle propreté
« les veuves s'acquittaient de cette fonction chari-
« table. Chaque enfant avait son petit lit et son linge
« marqué, qu'on leur fournissait sans épargne. Tout
« était propre, tout était luisant dans la salle des en-
« fants.

« Dans un autre lieu séparé, on avait dressé une
« école publique, où la jeunesse était instruite
« des principes de la secte et des autres sciences qui
« conviennent à cet âge. Ainsi, les parents n'étaient
« chargés ni de la nourriture ni de l'éducation de
« leurs enfants.

« Comme les biens étaient en commun, un éco-
« nome, qu'on changeait tous les ans, percevait seul
« les revenus de la colonie et les fruits du travail.
« Aussi c'était à lui de fournir aux nécessités de
« la communauté. Le prédicant et l'archimandrite
« avaient une espèce d'intendance sur la distribution
« des biens et sur le bon ordre de la discipline.

« La première règle était de ne point souffrir de
« gens oisifs parmi les frères. Dès le matin, après
« une prière que chacun faisait en secret, les uns se
« répandaient à la campagne pour la cultiver, d'au-

« tres exerçaient dans des ateliers publics les divers
« métiers qu'on leur avait appris. Personne n'était
« exempt du travail. Ainsi, lorsqu'un homme de
« condition s'était rangé parmi eux, on le réduisait,
« selon l'arrêt du Seigneur, à manger son pain à la
« sueur de son front.

« Tous les travaux se faisaient en silence. C'était
« un crime de le rompre au réfectoire pendant le
« repas, qui était précédé et suivi d'une fervente
« prière.... Les femmes mêmes avaient gagné sur
« elles d'observer un silence exact....Tous les frères
« et toutes les sœurs avaient des habits de la même
« étoffe et taillés sur le même modèle.

« Le vivre était frugal parmi les frères de Moravie;
« d'une autre part, le travail y était grand et assi-
« du. Comme ils n'observaient point de fêtes, tous
« les jours étaient mis à profit. De là les richesses
« que les économes de chaque colonie accumulaient
« en secret. On n'en rendait compte qu'au chef su-
« prême de toute la secte.

« Les mariages n'étaient point l'ouvrage de la
« passion ou de l'intérêt. Le supérieur tenait un
« registre des jeunes personnes des deux sexes qui
« étaient à marier. En général, le plus âgé des gar-
« çons était donné à tour de rôle pour mari à la plus
« âgée des filles. Quand il y avait incompatibilité
« d'humeur ou d'inclination entre les deux person-
« nes que le sort devait unir, celle qui refusait de
« s'allier à l'autre était mise au dernier rang de
« ceux qui étaient en âge d'être pourvus.

« Tous les vices étaient bannis de la société. On
« ne vit point parmi les huttérites ces déréglements
« grossiers des anabaptistes licencieux de la Suisse.
« Les femmes étaient d'une modestie et d'une fidé-
« lité au-dessus de tout soupçon. Cependant on
« n'employait guère que les armes spirituelles pour
« punir ou prévenir les désordres. La pénitence pu-
« blique et le retranchement de la cène étaient des
« peines redoutées. Les plus coupables étaient ex-
« pulsés des communautés et rendus au monde.... »

Tel est le tableau que présentèrent de 1527 à
1530 les communautés de la Moravie. Il est remarquable et digne d'admiration à plusieurs égards ;
mais ce résultat ne put être obtenu, comme dans les
monastères, qu'au prix du sacrifice de la liberté des
membres de la communauté, de l'anéantissement
complet de la personnalité humaine, du despotisme le plus absolu. Il fallait toute la ferveur des
adeptes d'une religion nouvelle pour supporter cette
règle monacale, comparable par sa rigueur à celles
des ordres catholiques les plus sévères. L'assiduité au
travail, interrompue seulement par la prière ; le silence
dans les ateliers et les réfectoires ; l'uniformité des
vêtements, des habitations et de la nourriture ; l'o-
béissance passive aux ordres des supérieurs, dispen-
sateurs suprêmes des nécessités de la vie : tous ces
traits caractérisent le régime d'un couvent ou d'une
prison, et constituent des violations manifestes des
sentiments les plus naturels de l'homme. Là aucune
place n'était laissée au développement des plus nobles

facultés : plus de sciences, plus de philosophie, plus de littérature ni de poésie, plus de beaux arts. Les doux épanchements de l'amitié, les charmes de la conversation étaient bannis de la vie ; l'amour même fut proscrit, et les mariages ne furent plus que l'accouplement des sexes par ordre d'âge, sans tendresse ni préférence personnelle.

Dans ce monde glacé, où l'homme était réduit à l'état d'un chiffre, d'un automate laborieux et muet, l'intelligence devait s'éteindre et s'abrutir, le cœur se dessécher. Un tel régime, s'il avait pu se généraliser et se maintenir, eût arrêté le progrès de la civilisation, et fait descendre les populations européennes au-dessous des races immobiles de l'Orient, soumises à une dégradante théocratie.

Les huttérites, malgré la protection des nobles de Moravie et du sénéchal de la province, devinrent suspects à Ferdinand d'Autriche, roi des Romains, qu'effrayait le souvenir des malheurs qui avaient signalé la naissance de l'anabaptisme. Ce prince leur ordonna de sortir de la Moravie ; ils se soumirent sans murmurer. Leur exil ne dura qu'une année. Sur les sollicitations des propriétaires de la province, Ferdinand autorisa les bannis à rentrer dans leurs colonies, après avoir promis de ne rien faire qui fût contraire aux bonnes mœurs, à la religion chrétienne et à la tranquillité publique.

Ce n'était point sous la persécution, mais sous le poids des vices propres au système de la communauté que les établissements des anabaptistes de la Moravie devaient succomber. Ils n'avaient pu se maintenir quelques années que grâce à la ferveur religieuse des nouveaux prosélytes, à l'absolutisme incontesté de leur chef suprême, et en rejetant de leur sein tous ceux qui n'avaient pas une vocation suffisante. Mais bientôt le pouvoir directeur s'affaiblit par des divisions; le sentiment de la personnalité, violemment comprimé, reprit ses droits imprescriptibles, et se manifesta par des dissidences d'opinions parmi les frères, et un retour à cette propriété individuelle si rigoureusement proscrite dans le principe.

Dès 1531, la discorde éclata entre Hutter et Gabriel; le premier, oubliant son ancienne prudence, s'était remis à soutenir dans toute leur rigueur les dogmes de l'égalité absolue et de la non obéissance aux magistrats. Gabriel, plus modéré, pensait qu'il fallait se soumettre aux lois civiles des pays que l'on habitait. Deux partis se formèrent, et se chargèrent réciproquement d'anathèmes. Hutter se retira devant son rival, et alla prêcher ses rigides doctrines en Autriche, où il périt dans les supplices, par ordre de Ferdinand. Gabriel fonda de nombreuses colonies en Silésie, et réunit tous les rebaptisés de la Moravie sous son autorité. Leur nombre s'éleva jusqu'à soixante-dix mille, vivant tous en communauté.

Mais ce brillant résultat ne fut pas durable. Aussitôt que les richesses des communautés augmentèrent, on vit leurs membres se départir de leur première simplicité. Le goût de la parure, naturel aux femmes, les porta à rejeter peu à peu la primitive uniformité des

vêtements. Chacune voulut se distinguer par la richesse et la variété des étoffes. Pour satisfaire à ce
penchant de leurs femmes, les maris détournaient
vent de la masse commune quelques portions du
produit de leurs travaux, ou faisaient, sur les subsistances qui leur étaient fournies, des épargnes
qu'ils échangeaient contre d'autres objets. Ils s'efforcèrent eux-mêmes de se procurer des ameublements
plus commodes et plus somptueux, et de se créer un
pécule dont ils pussent librement disposer. Ainsi, le
système de la communauté succombait devant l'explosion des sentiments naturels de l'homme inutilement
comprimés, et la propriété individuelle se reconsti-
tuait avec une force invincible.

Cependant, les vices que Hutter et Gabriel s'étaient
flattés de bannir de leur société les envahissaient de
toutes parts. L'ivrognerie devint fréquente parmi les
anabaptistes moraves, et la licence des mœurs s'introduisit entre les deux sexes, grâce aux tentations et aux
facilités de la vie commune. L'unité de doctrine ne put
pas davantage se maintenir, et la liberté de l'intelligence se manifesta par de nombreux schismes. Gabriel s'efforça en vain de rétablir la règle primitive.
Ses anciens disciples se réunirent contre lui, et le
firent bannir de la Moravie. Il se réfugia en Pologne,
où il mourut dans la misère et l'abandon.

Parmi ceux qui étaient venus peupler les colonies
de la Moravie, un grand nombre se dégoûtèrent de ce
genre d'existence et regagnèrent leur pays natal. On
vit un spectacle inverse de celui qu'avait offert la

grande émigration vers la terre promise. Les provinces de l'Allemagne se remplirent de ces pèlerins qui, tristes et découragés, retournaient dans leur patrie en mendiant le pain de l'aumône. Comme ils avaient vendu leurs biens avant leur départ pour la Moravie, ils se trouvaient à leur retour dans une misère profonde. Le sénat de Zurich crut devoir rendre un édit pour interdire de nouvelles émigrations. « Nous avons « éprouvé, est-il dit dans cet acte législatif, que les « émigrants reviennent ensuite dans nos États, et « qu'ils y sont à charge à leurs parents. »

Ainsi, parmi ceux qui s'étaient laissé prendre aux séduisantes promesses de la vie commune, beaucoup n'y trouvèrent que la ruine et une amère déception. Grande leçon, que devraient méditer certains sectaires modernes qui rêvent une nouvelle Moravie !

Michel Feldhaller succéda à Gabriel Scherding dans la direction des communautés moraves, qu'il parvint à soutenir pendant quelque temps. Après lui, elles tombèrent dans une rapide décadence, et moins d'un siècle après leur fondation, à peine en restait-il quelques débris [1].

---

[1] Nous croyons devoir rappeler ici la distinction que nous avons établie p. 73, 74 entre les communautés des anabaptistes de la Moravie, appelés huttérites, du nom de Hutter, l'un de leurs premiers chefs, et les établissements des frères moraves proprement dits, ou herrnhutters, qui subsistent encore. Ces deux classes d'établissements pourraient être aisément confondues, parce que les uns et les autres ont eu leur principal siége en Moravie, et qu'on a donné également à leurs membres, par cette raison, le titre de frères moraves.

CHAPITRE X.

LES ANABAPTISTES. — 3ᵉ Période.

Les anabaptistes de Munster. — Mathias. — Rothman. — Jean de
Leyde. — La guerre des rues à Amsterdam. — Chute de Munster.

Nous voici arrivés au dernier et au plus terrible
épisode de l'histoire du communisme au XVIᵉ siècle,
la domination des anabaptistes dans la ville de Munster. Bien que cette période de l'anabaptisme soit la
plus connue, il n'est pas sans intérêt d'en retracer
les détails, aujourd'hui que l'Europe se trouve agitée
par les mêmes doctrines.

Les anabaptistes, chassés de la Suisse, s'étaient
répandus dans le nord-ouest de l'Allemagne et dans
les Pays-Bas, où ils professaient leur doctrine, tantôt
dans le secret, tantôt au grand jour, selon la rigueur
ou la tolérance des gouvernements. Ce fut dans le
comté de Frise qu'ils trouvèrent le plus de faveur.
Melchior Hoffmann, l'un des apôtres les plus fanatiques de la secte, chassé de Strasbourg, où il avait
prêché le nouveau baptême, se réfugia dans cette
province, y prit le titre de prophète Elie, et fit de
nombreux prosélytes.

C'était le temps où les communautés de la Moravie jetaient le plus vif éclat. Ce succès enflamma d'une nouvelle ardeur les anabaptistes de l'Allemagne et de la Hollande; cependant, à leurs yeux, il était incomplet. Les frères de Moravie étaient restés soumis extérieurement au pouvoir politique; ils vivaient paisiblement au sein de l'ancienne société. L'ambition des vrais, des purs anabaptistes, tendait à constituer une république complétement indépendante des puissances du siècle, c'est-à-dire à s'emparer de la souveraineté politique qui, selon eux, devait se confondre avec la discipline religieuse. Ils conçurent l'espoir de réaliser ce grand projet, et de reprendre l'œuvre de Thomas Münzer.

Strasbourg fut d'abord choisi pour devenir le siége du nouvel empire. Melchior Hoffmann y retourna pour se mettre à la tête de ses anciens disciples, en augmenter le nombre, et s'emparer du gouvernement. Des discussions publiques eurent lieu entre lui et les ministres luthériens de cette ville. Le sénat, alarmé par les prédications subversives de Hoffmann, le fit emprisonner, et coupa court ainsi à ses tentatives. Cet échec ne découragea point les anabaptistes, auxquels les prédictions de leurs prophètes promettaient le prochain établissement du règne du Christ.

Parmi les disciples que Melchior Hoffmann avait laissés en Hollande, un homme se faisait remarquer par sa hardiesse et sa faconde oratoire. Il s'appelait Jean Mathias, était né à Harlem, et y avait longtemps exercé la profession de boulanger. Un amour déréglé le jeta dans l'anabaptisme. Mari d'une femme vieille et laide, il conçut une violente passion pour la fille d'un brasseur, brillante de jeunesse et de beauté. Suivant les anabaptistes, le nouveau baptême dissolvait le mariage antérieur. Cette doctrine sourit à Mathias. Il se fit rebaptiser, s'empressa de répudier sa femme, et contracta une nouvelle union avec la jeune fille, à laquelle il fit partager son amour et sa religion. A la même époque, le roi d'Angleterre Henri VIII se séparait de l'Église catholique, afin de pouvoir, en sécurité de conscience, substituer dans le lit nuptial la jeune et belle Anne de Boleyn à la trop respectable Catherine d'Aragon. C'est ainsi qu'aux deux extrémités de l'échelle sociale, les mêmes passions produisirent les mêmes effets. De grands événements devaient être la conséquence de ces amours d'un artisan et d'un monarque (1531-1532).

Bien que dépourvu de hautes connaissances littéraires, Mathias avait les qualités d'un hérésiarque populaire. Il avait lu l'Ecriture en langue vulgaire et savait la citer à propos. Son audace, l'abondance naturelle de sa diction, l'adresse de sa conduite l'appelaient à jouer parmi ses coreligionnaires un rôle élevé.

Il se rendit à Amsterdam, où il ne tarda pas à acquérir une grande autorité et à prendre le titre d'Enoch, qui ne lui laissait de supérieur dans la secte que Hoffmann, investi de la dignité d'Elie, et alors prisonnier à Strasbourg. Pour activer la propagation de la doctrine anabaptiste, il choisit douze apôtres, qui allèrent partout réchauffer le zèle des rebaptisés, et recruter de nouveaux disciples. Enfin, il prit la plus grande part à la publication d'un livre fameux, qui devint le manifeste social, politique et religieux de la secte.

Dans ce livre, intitulé *le Rétablissement*, on reproduisait la vieille opinion des millénaires ou chiliastes, des premiers temps de l'Église, suivant laquelle Jésus-Christ doit, avant la fin du monde, régner temporellement sur les justes et les saints. Avant cette époque de régénération, les puissants de la terre et les méchants seront exterminés par le fer et la flamme. C'est aux anabaptistes, disait-on, qu'il appartient de préparer le règne du Christ; c'est à leurs prophètes seuls qu'il convient de confier l'autorité arrachée aux mains de magistrats impies. Avant tout, la communauté des biens doit être établie dans la nouvelle cité, dont les membres régénérés seront élevés à un degré supérieur de sainteté et de perfection. Là régneront l'égalité parfaite et le bonheur commun; là, plus de princes ni de magistrats, plus d'impôts, de dîmes ni de corvées, plus de juges ni de force armée, plus de crimes ni de procès. Enfin, on n'hésitait pas à déclarer que la pluralité des femmes n'était contraire ni à la loi divine, ni à la loi de nature.

Il ne restait plus qu'à choisir la ville destinée à devenir le centre du nouvel empire. Hoffmann avait échoué à Strasbourg. Mathias jeta les yeux sur Munster.

Capitale de la Westphalie , Munster se trouve située à peu de distance des provinces de Frise et de Hollande, et au milieu des contrées de l'Allemagne où l'anabaptisme avait fait le plus de progrès. Elle était vaste, populeuse et célèbre par son commerce et ses colléges, où l'enseignement littéraire était distribué à une nombreuse jeunesse. Depuis des siècles, elle était soumise à un évêque souverain, élu par un chapitre composé de chanoines nobles. Un sénat municipal, formé des principaux bourgeois de la ville, tempérait le pouvoir de cet évêque. .

A cette époque, l'antique constitution de Munster était profondément ébranlée. Le luthéranisme avait pénétré dans ses murs, et des troubles graves avaient signalé la lutte des catholiques et des réformés. Le siége épiscopal étant devenu vacant, le chapitre avait élu pour évêque François de Waldeck, connu par sa fermeté et son dévouement au catholicisme. Les luthériens, qui dominaient dans la ville, s'en vengèrent en jetant les chanoines en prison.

Les principaux fauteurs du luthéranisme dans Munster étaient Bernard Rothman et Knipper-Dolling, qui jouèrent tous deux un rôle important lorsque cette ville fut envahie par l'anabaptisme.

Rothman, né dans la pauvreté, devait à la bienveillance des chanoines de Munster, l'éducation littéraire et théologique. La nature lui avait donné cette éloquence brillante qui remue la foule; mais la versatilité de son esprit rendit ses talents fu-

nestes à sa patrie et à lui-même. Il erra d'opinions
en opinions, servit successivement de héraut à toutes
les doctrines, et finit par devenir l'instrument su-
balterne d'hommes méprisables, qu'il aurait dû dominer de toute la hauteur de la science et du talent. Après avoir entraîné son pays dans un abîme
de maux, il périt misérablement, prouvant par son
exemple que les facultés oratoires ne sont rien,
sans la constance des convictions et la fermeté du
caractère.

A peine revêtu de la prêtrise catholique, qu'il avait
vivement ambitionnée, Rothman avait incliné vers
le luthéranisme, et s'était rendu à Wittemberg pour
y puiser les principes de la réformation à leur source.
De retour à Munster, il les répandit par la prédication, avec un grand succès, triompha de tous les obstacles qui lui furent suscités, et devint, par la seule
puissance de la parole, l'arbitre des affaires religieuses
et politiques. Bientôt il abandonna les doctrines de
Luther pour celles de Zwingle, en même temps qu'il
prêtait l'oreille aux propositions des anabaptistes qui
s'efforçaient de l'attirer dans leur parti.

Knipper-Dolling appartenait à la haute bourgeoisie
de Munster. C'était un homme d'une vanité turbulente, audacieux, aimant le bruit et le mouvement,
toujours prêt à provoquer à la sédition le bas peuple,
sur lequel il avait acquis de l'influence par l'exagération de ses discours. Du reste, esprit médiocre,
cédant aux suggestions de quiconque savait flatter son
orgueil, et se croyant l'âme et le chef de toutes les

9.

entreprises, alors qu'il n'était qu'un instrument aux mains d'hommes plus prudents et plus habiles.

Sous l'influence des prédications de Rothman, le sénat de Munster avait successivement adopté les doctrines de Luther et celles des sacramentaires. Il trouvait d'ailleurs, dans la nouvelle religion, l'avantage de se soustraire au pouvoir de l'évêque, et de substituer la forme républicaine au pouvoir monarchique. Il se forma un parti considérable, disposé à soutenir la république à tout prix.

Cependant, des persécutions furent dirigées contre les catholiques. Des couvents furent pillés, des églises dévastées, des religieux dispersés. Knipper-Dolling était à la tête de ces expéditions. L'évêque de Waldeck, qui campait auprès de la ville avec quelques troupes, n'avait pas assez de forces pour s'y opposer.

Il y avait donc alors à Munster deux partis : celui des sacramentaires républicains et des luthériens, qui, ayant à leur tête le sénat et Rothman élevé au rang de prédicateur en chef, dominaient dans la ville, et celui des catholiques, qui, bien qu'humiliés et opprimés, n'étaient point complétement abattus, et conservaient l'espérance de voir l'évêque recouvrer son autorité. Cet état de division offrait aux anabaptistes une belle occasion pour se glisser entre les deux partis et s'emparer du pouvoir. Ils en profitèrent habilement.

Deux apôtres choisis pas Mathias vinrent alors à Munster (1534). C'étaient Gérard Boeckbinder, et ce Jean Bocold, devenu depuis si fameux. Leur tentative

n'eut point d'abord de succès, et Bocold, suspect aux
sacramentaires munstériens, s'empressa de se retirer
à Osnabruck. Les anabaptistes eurent alors recours à
la ruse et à l'hypocrisie. Ils introduisirent dans
Munster un des leurs, nommé Herman Stapréda, qui
dissimulait ses véritables opinions sous le masque
d'un luthéranisme exalté. Stapréda, admis par le sénat
comme prédicateur luthérien, s'insinua par son
adresse et ses flatteries dans l'esprit de Rothman, qui
ne tarda pas à embrasser les principes de l'anabaptisme avec la même ardeur qu'il avait montrée pour
la défense des doctrines de Luther et de Zwingle.
Ainsi, Rothman, parti du catholicisme, avait parcouru
la série entière des opinions religieuses de son temps.

Il se mit aussitôt, avec son collègue, à prêcher au
peuple le nouveau baptême, la communauté des biens
et l'inutilité du pouvoir politique. Le sénat, effrayé de
ces maximes, tenta en vain de les faire réfuter dans
une discussion publique par des docteurs protestants
et catholiques. Il rendit un décret de bannissement
contre les anabaptistes; mais en présence de la populace ameutée, il fut impuissant pour le faire exécuter;
l'émeute s'établit en permanence dans la ville. Knipper-Dolling, devenu furieux anabaptiste, en était
l'organisateur. De concessions en concessions, le
sénat finit par proclamer la liberté absolue des opinions; mais la tolérance ne suffisait pas aux anabaptistes : ils voulaient la domination. Ils appelèrent dans
la ville tout ce que les campagnes renfermaient de rebaptisés vicieux et fainéants, et les entretinrent dans

l'oisiveté, pour servir d'instruments à leurs projets.
Bientôt on vit des bandes de factieux parcourir les
rues en poussant des cris de mort contre les adversaires du nouveau baptême.

Le moment était venu de frapper les coups décisifs.
Les grands prophètes de la secte accoururent à Munster. C'étaient Mathias et Jean Bocold. Arrêtons-nous
un moment sur ce dernier, qui allait jouer un rôle si
extraordinaire.

Jean Bocold avait subi les tristes conséquences du
désordre auquel il devait la naissance. Sa mère, jeune
paysanne des environs de Munster, avait été séduite
par le bourgmestre d'une ville de Hollande, où la
pauvreté l'avait forcée d'aller chercher une condition.
Son séducteur l'épousa dans la suite, puis l'abandonna. Réduite à la dernière misère, elle mourut au
pied d'un arbre en regagnant son village.

Le jeune homme avait reçu, pendant la vie de sa
mère, cette éducation littéraire, luxe de l'intelligence
qui, pour ceux à qui manquent les dons de la fortune,
n'est souvent qu'une misère de plus. Bocold, abandonné de son père, se vit réduit, pour vivre, à apprendre le métier de tailleur. Pendant les premières
années de sa jeunesse, il voyagea suivant l'habitude
des compagnons de sa profession. Comme il n'osait
porter le nom de son père, à cause de l'illégitimité de
sa naissance, il prit celui de la ville où il avait été
élevé. On l'appela Jean de Leyde.

Au retour de ses voyages, il épousa la veuve d'un
pilote, et devint hôtelier dans la ville de Leyde.

Doué d'une imagination vive que la culture avait développée, il s'adonna à la poésie, et composa en langue flamande des vers qui firent sensation. Bientôt sa maison devint le rendez-vous de la jeunesse de Leyde, empressée de prendre ses leçons. On l'accuse d'avoir écrit des compositions licencieuses, et d'avoir fait de sa maison une école de débauches.

Jean de Leyde était alors dans tout l'éclat de la jeunesse; il n'avait que vingt-trois ans. Aux dons de l'intelligence, il réunissait un extérieur remarquable. Sa taille était élevée, son visage noble, sa chevelure blonde et abondante. Il possédait ainsi tous les avantages qui concilient à un chef de parti la bienveillance de la foule. Mais il était dévoré d'une soif ardente de jouissances, et manquait de cette moralité, de ce bons sens et de cette modération, sans lesquels les plus brillantes qualités sont funestes à la société et à celui qui les possède.

Tel fut Jean de Leyde. Il présente le type, devenu malheureusement trop commun, de ces hommes doués de quelques talents, chez lesquels une instruction mal dirigée a développé des goûts supérieurs à leur état, et qui n'ont ni assez d'énergie pour s'élever dans l'ordre social par des efforts persévérants, ni l'âme assez haute pour se résigner à la médiocrité de leur situation. Dévorés d'une ambition maladive, ces hommes sont toujours prêts à chercher dans les doctrines exagérées et les bouleversements politiques, les satisfactions qu'une société régulière refuse à leurs passions et à leur orgueil.

Les principes de l'anabaptisme devaient plaire à Jean de Leyde; aussi devint-il un des plus fervents disciples de Mathias. Il abandonna sa femme pour aller dogmatiser à Rotterdam. Nous l'avons vu se rendre une première fois à Munster, d'où il dut s'éloigner. Lorsqu'il y revint en compagnie de Mathias, il avait reçu le titre d'Elie, qui lui conférait le premier rang parmi les prophètes de sa secte.

A leur arrivée, les deux prophètes stimulèrent par tous les moyens le fanatisme de leurs adhérents. Ils frappèrent l'imagination de la partie la plus grossière de la population, et surtout des femmes, par des prédictions terribles, des extases et des cérémonies mystérieuses. Enfin, ils organisèrent une émeute qui s'empara du palais de l'Évêque et de l'arsenal.

A cette nouvelle, la ville fut saisie de stupeur. Tout le monde courut aux armes, et chaque parti se fortifia dans son quartier. De part et d'autre, les canons furent braqués sur les débouchés des rues, et l'on se tint prêt au combat. Les catholiques ayant reçu des secours de la campagne, les anabaptistes craignirent de n'être pas les plus forts. Ils proposèrent un accommodement, d'après lequel chacun demeurait libre d'exercer son culte dans sa maison. Cet arrangement fut accepté. Mais ce n'était là, de la part des rebaptisés, qu'un moyen de gagner du temps et de désorganiser leurs adversaires. Ils continuèrent leur propagande et ne négligèrent aucun moyen de se concilier la faveur d'une grossière populace. Les cérémonies du culte catholique devinrent l'objet de grotesques parodies. Les dépouilles des églises, les emblèmes épiscopaux furent profanés dans des processions scandaleuses, modèles de ces déplorables mascarades par lesquelles se signala, aux plus mauvais jours de 1793, le parti des Chaumette et des Hébert. A la vue de ces excès, le peu de noblesse qui restait encore à Munster et une grande partie de la bourgeoisie quittèrent la ville. Le bas peuple accourut en foule au nouveau baptême.

Quelle avait été cependant la conduite du sénat? Nous l'avons vu adopter d'abord le luthéranisme, puis devenir sacramentaire et républicain. Au commencement des troubles suscités par l'anabaptisme, la crainte de l'anarchie le ramena vers l'évêque, auquel il demanda des secours que celui-ci ne put donner, parce qu'il n'avait point encore réuni des forces suffisantes. Lorsque son armée fut rassemblée, le mal avait fait dans Munster d'effrayants progrès. Le prélat envoya au sénat un député pour lui offrir de faire entrer ses troupes. C'était le seul moyen de prévenir le triomphe imminent de l'anabaptisme. Mais, dans cet intervalle, le parti sacramentaire et républicain avait repris des forces. Il voulait à tout prix conserver la forme républicaine. Il fit donc repousser l'offre de l'évêque.

Dès lors, les anabaptistes purent tout oser. Ils s'emparèrent de tous les postes, et parcoururent les rues l'épée à la main. en criant: *Le nouveau baptême ou la mort!* La seule grâce qu'ils firent à ceux qui refusèrent de se joindre à eux, fut de les laisser sortir

de la ville sans rien emporter. On vit, spectacle digne
de pitié, des troupes d'hommes, de femmes et d'enfants, appartenant à la bourgeoisie, chassés l'épée
dans les reins et errant à travers la campagne dans le
plus affreux dénuement. Le sénat fut dissous par la
force, et ses membres obligés de s'enfuir au milieu
des menaces et des insultes.

Ainsi, cette assemblée, pour avoir voulu sauver à
tout prix la forme républicaine, perdit l'ordre social
lui-même, et périt écrasée sous ses ruines.

Les anabaptistes nommèrent un nouveau sénat de
vingt-deux membres, et choisirent deux consuls. Le
fougueux Knipper-Dolling était l'un d'eux. Des discussions tumultueuses eurent lieu entre les nouveaux magistrats. Chacun voulait faire prévaloir son
opinion, qu'il prétendait dictée par l'Esprit divin.
On ne s'accorda que sur un point, le pillage immédiat des églises et des couvents qui avaient échappé
aux premières dévastations. La résolution fut aussitôt exécutée. Les statues et les tableaux, chefs-d'œuvre des arts, furent brûlés sur la place publique ; on
brisa les vitraux couverts de magnifiques peintures.
On fondit des canons avec les cloches, et des balles
avec le plomb des toitures. Les églises ravagées furent
transformées en magasins où en écuries. C'est ainsi
qu'à toutes les époques, le fanatisme révolutionnaire
se signale par le même vandalisme.

La science et la littérature ne furent pas plus épargnées que les beaux arts. Mathias, renouvelant le fameux raisonnement attribué au calife Omar, fit livrer

aux flammes tous les livres qui se trouvèrent dans la ville, à l'exception de la Bible en langue vulgaire. Ainsi périt la bibliothèque du savant Rudolphe Langius, composée des manuscrits les plus rares [1]. Un auteur contemporain évalue à plus de 20,000 écus d'or la valeur des livres détruits en quelques heures. Les communistes subséquents ont hérité de la haine de Mathias contre les monuments de l'intelligence et du génie.

Cependant, la division et l'anarchie continuaient de régner dans les conseils des anabaptistes. Au dehors, l'évêque de Waldeck rassemblait des forces et menaçait la ville d'un siége. Mathias résolut de concentrer en lui seul toute l'autorité. Il déclara aux magistrats récemment élus que leur pouvoir était contraire aux principes de la nouvelle religion, qui condamnaient toute autorité temporelle ; que les fidèles rebaptisés devaient vivre sous le régime de la plus parfaite égalité, et n'avoir d'autres conducteurs que les prophètes inspirés par l'Esprit divin. Ces raisons parurent concluantes : le sénat et les consuls se démirent de leurs fonctions, et le pouvoir échut de fait à Mathias, auquel son audace et son talent prophétique assuraient la plus grande influence.

Aussitôt, le prophète enrégimenta les sectaires, les exerça au maniement des armes, et fit élever autour de la ville, avec une incroyable rapidité, de formidables retranchements. Tous ceux qui, cachés dans

---

[1] Meshovius, *Hist. anabapt.*, lib. VII, p. 167.

leurs maisons, s'étaient soustraits au nouveau baptême, furent contraints, le poignard sur la gorge, à le
recevoir. La communauté des biens fut établie [1], et
un système d'espionnage organisé contre ceux qui
auraient voulu retenir quelques objets. Les provisions de bouche furent rassemblées de toutes parts,
et de vastes cuisines, érigées dans les divers quartiers,
distribuèrent à chaque famille les aliments nécessaires à sa subsistance. Des diacres furent nommés pour
surveiller les distributions, des ministres institués
pour l'exercice du culte. Rothman occupa l'un des
premiers rangs parmi ces derniers. Tout en prêchant
à une aveugle multitude la liberté et l'égalité chrétienne, Mathias exerçait un pouvoir d'autant plus
despotique, qu'il était le suprême dispensateur des
objets nécessaires à la vie. Son autorité ne souffrait
point de contradiction. Un malheureux artisan ayant
proféré quelques paroles contre lui, le prophète l'a-
battit d'un coup d'arquebuse. Telle était la liberté
des communistes.

Cependant, le dominateur de Munster se préparait
à étendre par les armes l'empire de la nouvelle Sion.
Il adressa aux anabaptistes des Pays-Bas une proclamation enthousiaste, pour les exhorter à vendre
leurs biens, à quitter leur pays et à se rendre dans
la cité sainte, d'où ils iraient soumettre l'univers à
leurs lois. A sa voix, une expédition considérable
partit des ports de la Frise et de la Hollande, ame-

---

[1] Heresbachius, c. 4.

nant une grande quantité d'armes, de vivres et de munitions de guerre ; mais elle fut interceptée par le gouvernement des Pays-Bas, qui punit du dernier supplice les chefs d'une entreprise contraire au droit des gens. Privé de ce secours, Mathias ne perdit pas courage ; il fit contre les troupes de l'évêque quelques sorties heureuses ; mais un jour qu'il s'était imprudemment avancé dans la campagne avec une faible escorte, il fut surpris par un bataillon d'épiscopaux et tomba percé de coups. Pendant la nuit, sa tête et ses membres mutilés furent jetés par les vainqueurs aux portes de la ville.

Ce fut alors que Jean de Leyde prit en main l'autorité devenue vacante. Jusque-là, bien qu'il portât le titre suprême d'Elie, il était resté au second plan. Renfermé dans sa demeure, il paraissait se livrer tout entier à la contemplation de la Divinité, et ne se montrait au peuple que dans un lointain imposant. C'était de sa part une habile politique. Il avait senti que sa jeunesse pourrait être un obstacle à ses projets ambitieux, s'il établissait avec son compagnon plus âgé une lutte d'influence. Il travaillait donc, au sein de la retraite et de la méditation, à se perfectionner dans l'art de la parole et des prophéties, et attendait l'occasion de saisir le pouvoir. La mort de Mathias le lui donna. Rothman et Knipper-Dolling n'osèrent pas le lui disputer.

Après avoir fait l'oraison funèbre de Mathias, et ranimé le courage des munstériens par de brillantes prophéties, Jean de Leyde imprima une nouvelle ac-

tivité aux préparatifs militaires. Une tentative faite
par les troupes de l'évèque pour s'emparer de la ville
par un coup de main fut vaillamment repoussée.
L'armée épiscopale forma un siége régulier, et fit
aux remparts une brèche praticable. Plusieurs as-
sauts furent donnés. De part et d'autre on se battit
avec la rage des guerres de religion ; les anabaptistes
ne purent être forcés, et l'évèque, après avoir perdu
un grand nombre de soldats, dut convertir le siége
en un simple blocus.

Malgré ces succès, Bocold craignit pour son autorité. Knipper-Dolling lui étant devenu suspect, il l'a-
vilit aux yeux de la foule, en lui conférant la charge
d'exécuteur des hautes œuvres, que l'énergumène
reçut comme une marque d'honneur.

Le prophète sentait qu'un pouvoir fondé sur la
seule influence pouvait être facilement renversé. Il
méditait donc le projet de transformer cette influence
en une souveraineté positive et incontestable ; en un
mot, il voulait se faire proclamer roi de la nouvelle
Sion. L'entreprise était difficile. Comment concilier,
en effet, le rétablissement d'une souveraineté temporelle avec les principes de l'anabaptisme, qui niaient
la légitimité de toute magistrature ? N'était-ce pas
au nom de l'égalité chrétienne que Mathias avait provoqué la dissolution du premier sénat anabaptiste ?
Le retour au pouvoir civil, la manifestation d'une
ambition personnelle, ne pouvaient-ils point soulever une tempête que toutes les jongleries prophétiques seraient impuissantes à conjurer ? Jean de

Leyde sut habilement éluder toutes ces difficultés.

Rétablir le pouvoir politique et s'en emparer, c'était trop tenter à la fois. Jean de Leyde divisa la question. Il rétablit d'abord l'autorité civile au profit d'un conseil de douze membres ; puis il se substitua lui-même à ces éphémères magistrats. Voici comment les choses se passèrent.

Après avoir pendant trois jours feint d'être privé de la parole, le prophète rompit tout à coup le silence devant le peuple assemblé, et déclara que, par l'inspiration du Père céleste, il avait fait choix de douze juges, semblables à ceux d'Israël, qui administreraient la république de la nouvelle Sion. Il mit entre les mains de chacun des juges un glaive, emblème du pouvoir souverain, et les exhorta à en user suivant la parole du Seigneur. Rothman, par une contradiction nouvelle, justifia, dans un discours éloquent, l'établissement de ces magistrats. Des prières et des cantiques terminèrent la cérémonie.

Jean de Leyde conserva, comme prophète suprême, tout son ascendant. Les juges ne furent entre ses mains qu'un docile instrument, et les éditeurs responsables de son infaillible pensée.

Avant de se faire investir de la royauté, Bocold mit un autre projet à exécution. Dévoré d'une passion frénétique pour les femmes, il méditait depuis longtemps d'établir la polygamie, qui seule pouvait légitimer la satisfaction de ses désirs. Il fit part aux juges de son dessein, en l'appuyant de l'exemple des pa-

triarches et des moñarques juifs. Il méconnaissait
ainsi l'un des principes fondamentaux de l'anabaptisme, qui repoussait l'autorité de l'Ancien Testament pour suivre la seule loi de l'Evangile. Néanmoins, la proposition fut admise après une faible opposition, et un décret des douze juges autorisa la
pluralité des femmes.

Mais le nouveau dogme ne fut pas aussi facilement
accepté par les prédicateurs et les rebaptisés qui avaient
appartenu aux classes élevées de la société. Les pré-
dicants soulevèrent contre la polygamie les plus formidables objections. Bocold ne put les lever que par
un coup d'autorité. Il déclara aux ministres assemblés qu'aucun d'eux ne sortirait vivant de la salle, s'il
ne souscrivait au décret. Ils cédèrent lâchement à
ces menaces.

Jean de Leyde s'empressa de donner l'exemple de
la pluralité des mariages. Il épousa les deux filles de
Knipper-Dolling, remarquables par leur beauté, auxquelles il joignit bientôt la veuve de Mathias, plus
belle encore. Celle-ci devint la sultane favorite, et
domina sur les autres épouses du prophète, dont le
nombre fut successivement porté à dix-sept. Cet
exemple ne manqua pas d'imitateurs. De toutes parts
les jeunes filles furent arrachées aux bras de leurs
mères, pour devenir la proie des plus furieux anabaptistes. La faculté du divorce se combinant avec la
polygamie, Munster devint le théâtre d'une effroyable promiscuité. Toutefois, ces prostitutions ne s'ac-
complirent pas sans résistance. Ceux qui, parmi les

anabaptistes, avaient encore conservé le sentiment de la pudeur et de la sainteté du mariage, ne purent voir de sang-froid leurs foyers souillés par d'infâmes ravisseurs. Ils s'armèrent et investirent les demeures des principaux chefs, en s'écriant qu'il était temps de mettre un terme à la domination d'un insolent étranger. Mais la stupide multitude accourut au secours de ses idoles. Les défenseurs de la morale chrétienne furent saisis, désarmés et livrés à la rage de Knipper-Dolling, qui se réjouit d'exercer sur eux son office de bourreau. Il décapita les uns après les avoir mutilés, et tua les autres à coups d'arquebuse. Le poétique Jean de Leyde lui-même, le prophète inspiré, sentit la soif du sang s'éveiller dans son âme ; il s'arracha aux bras de ses concubines pour venir fendre le ventre à quelques-uns des malheureux prisonniers. Les prophètes inférieurs ne restèrent pas en arrière, et se disputèrent l'honneur de participer aux massacres.

Quant aux femmes et aux jeunes filles qui refusèrent de se soumettre au nouveau régime, elles eurent à souffrir tous les excès de la brutalité et de la barbarie.

Le triomphe de Jean de Leyde était complet. Il avait réussi à détruire la famille, et à réaliser ainsi, dans ses conséquences les plus radicales, le principe communiste. Il est permis de croire que, dans cette circonstance, il n'avait pas été seulement inspiré par la soif des impudiques voluptés, mais qu'une pensée politique présida aussi à sa détermination. Il avait

sans doute compris combien la communauté des
biens est antipathique au maintien de la famille, qui
stimule si puissamment chez l'homme le sentiment de
la propriété personnelle et héréditaire. Cette considération fut peut-être celle qui le détermina à généraliser la polygamie et le divorce, qu'il lui eût été
facile d'obtenir pour lui seul, comme un privilége
propre à l'éminence de son rang. L'habileté et la
profondeur perverse qui se montrent dans tous les
actes du prophète autorisent cette interprétation de
sa conduite.

Il ne restait plus à Jean de Leyde qu'à poser sur
son front la couronne royale. Il y parvint par ses
voies ordinaires, la ruse et l'imposture. Il feignit,
pendant quelques jours, une grande tristesse, et se
tint renfermé dans son sérail. L'esprit de Dieu, disait-il, et le don de prophétie l'avaient abandonné,
et sans doute le Seigneur favorisait quelque autre
fidèle de sa présence. Le nouvel organe de la Divinité ne se fit point attendre. Un orfèvre de Warmdorp, nommé Tuiscosurer, annonça que Dieu lui
avait révélé de grandes choses, qu'il ne pouvait di-
vulguer que devant la réunion des fidèles. Aussitôt
on s'assemble pour l'entendre, et Bocold se confond
dans la foule. Tuiscosurer monte sur l'estrade, imite
les contorsions et les extases des prophètes, puis,
d'un air inspiré, il annonce que le Seigneur l'a choisi
pour établir un nouveau pouvoir sur Israël. S'adressant alors à Jean de Leyde : « C'est vous, s'écrie-t-il,
« que le Seigneur m'ordonne de reconnaître pour

« mon souverain ; c'est par ma bouche que le ciel
« vous déclare roi de Sion. Prenez donc le glaive
« que je vous présente en son nom. » Il termine en
exhortant le peuple à l'obéissance, et le monarque à
la justice et à la piété.

Jean de Leyde feignit de n'accepter qu'à regret le
pesant fardeau de la royauté. Il se jeta la face contre
terre en gémissant, et protesta de son insuffisance.
C'était lui, pourtant, qui avait arrangé la scène, et
dressé secrètement l'orfèvre de Warmdorp à l'art
des prophéties. Telle est la comédie que jouent, avec
le même succès, les ambitieux de tous les temps.

Le nouveau roi de Sion monta, aux acclamations
du peuple, sur un trône élevé au milieu de la principale place de la ville. Il s'empressa de nommer les
grands officiers de la couronne, et l'on vit ceux qui,
naguère, étaient les plus fougueux partisans de l'égalité absolue, s'affubler des titres pompeux de la nouvelle cour. Rothman fut créé grand chancelier et
orateur d'Israël, Knipper-Dolling, gouverneur de la
ville. Il y eut un grand trésorier, dépositaire de tous
les biens de la communauté, considérés comme étant
la propriété du prince, un grand maître de la maison du roi, un grand écuyer, un grand pannetier,
et des conseillers d'État. Des pages, des gardes-du-
corps et des estafiers complétèrent la suite du souverain.

Le roi de Sion déploya la plus grande magnificence ; les étoffes les plus précieuses, l'or et les
pierreries furent prodigués pour ses vêtements et

ceux de ses nombreuses épouses. Parmi elles brillait au premier rang la veuve de Mathias, éblouissante de parure et de beauté. Les équipages du prince, les habits des officiers de sa maison, étalaient le même luxe. Pour y subvenir, Jean de Leyde avait fait apporter dans son palais l'or, l'argent, les pierreries et tous les objets précieux qui se trouvaient dans la ville, ainsi que les provisions de bouche destinées à subvenir aux besoins des habitants. La plus grande simplicité fut prescrite, sous des peines sévères, à tous ceux qui n'appartenaient pas à la cour.

Chaque semaine, le roi se rendait en grande pompe sur la place publique, et s'asseyait sur un trône élevé, qu'entouraient les reines et les grands dignitaires; là, il jugeait les affaires relatives aux mariages qui, par suite de l'établissement du divorce et de la polygamie, donnaient lieu aux plus scandaleux débats. Les séances se terminaient par des danses religieuses que Bocold conduisait avec ses femmes, à l'imitation de David dansant devant l'arche du Seigneur. Les procès criminels étaient jugés en conseil d'État, et lorsqu'une sentence capitale était prononcée, le monarque ne dédaignait pas de la mettre lui-même à exécution. En versant le sang humain, il sentait mieux sa toute-puissance.

Voilà où avaient abouti les dogmes de la liberté illimitée, de l'égalité absolue, de l'impeccabilité des rebaptisés, de l'abolition des lois pénales, et de la suppression des magistratures!

Ce n'était point assez pour Bocold de concentrer

en sa personne la souveraineté politique, le pouvoir de juger et la propriété de tous les biens. Pour compléter son despotisme, il voulut réunir sur sa tête la tiare du pontife à la couronne du monarque. Il se fit donc proclamer par Tuiscosurer, son prophète de confiance, chef de la religion et suprême ministre du culte. Dans un repas public, auquel assistèrent tous les munstériens, il administra la cène à ses sujets remplis d'une religieuse ferveur ; puis, il choisit vingt-huit apôtres qu'il fit immédiatement sortir de la ville, pour aller annoncer l'Évangile par toute la terre. Tuiscosurer fut de ce nombre. Son influence et les secrets dont il était dépositaire rendaient sa présence odieuse au monarque.

Cependant l'évêque de Munster avait reçu de nouveaux renforts et repris les travaux du siége. Un nouvel assaut fut tenté ; mais les anabaptistes, animés par le fanatisme, résistèrent à tous les efforts des assiégeants. Pendant quatre jours consécutifs, on se battit sur la brèche ; les cadavres de quatre mille épiscopaux jonchèrent les fossés de la place. L'évêque dut renoncer à prendre la ville de vive force, et construisit autour d'elle une ligne de redoutes pour la faire succomber par la famine.

Bientôt les vivres commencèrent à devenir rares dans Munster ; les anabaptistes ne perdirent cependant pas courage. Jean le Juste (c'était le surnom que Bocold avait pris) attendait le secours d'une armée que ses émissaires s'efforçaient de rassembler en Hollande. Il s'entretenait avec ses officiers des

plus flatteuses espérances; à sa cour on ne parlait
que de la conquête de l'Europe, et l'on se partageait
d'avance les provinces et les royaumes.

Mais, l'armée qui devait arriver de Hollande pour
débloquer Munster, ne parut pas. Jean de Gélen,
habile capitaine que le roi de Sion avait chargé de la
recruter dans la Frise, vit ses premières bandes ex-
terminées par le gouverneur de la province, et ne
parvint lui-même qu'avec peine à se réfugier dans
Amsterdam, où il fut recueilli par ses coreligionnaires.

Ce fut un échec terrible pour les munstériens, qui
ne pouvaient attendre leur délivrance que d'une di-
version extérieure. Jean de Leyde parvint à communiquer avec Gélen, caché en Hollande, et l'exhorta à
tenter un coup désespéré. Celui-ci trama aussitôt,
pour s'emparer d'Amsterdam, une conspiration dans
laquelle il déploya toute l'astuce et la violence qui
distinguent le parti communiste du xvie siècle.
Elle semble être le premier modèle de ces émeutes
sanglantes par lesquelles des minorités factieuses ont
tenté, dans d'autres cités, de conquérir la domination.

Gélen se rendit à la cour de Marie, reine de Hongrie, gouvernante des Pays-Bas pour Charles-Quint.
Là, il avoua le crime qu'il avait commis en réunissant des bandes armées, feignit de renoncer à l'anabaptisme, et sollicita un pardon qui lui fut accordé.
Il proposa aux ministres de la reine de soumettre
Munster à l'empereur, et eut l'adresse d'obtenir l'au-

torisation de lever des troupes pour cette expédition.
Aussitôt il retourna à Amsterdam, où il parut le front
levé, et put faire au grand jour ses préparatifs militaires. Sa prétendue entreprise contre Munster n'é-
tait qu'un odieux mensonge, destiné à masquer le
complot qu'il tramait pour s'emparer de la capitale
de la Hollande, d'où il comptait marcher avec une
armée au secours de Bocold.

Les anabaptistes étaient nombreux à Amsterdam
et dans les environs. Les théories du communisme
avaient séduit beaucoup d'artisans, et quelques bourgeois ruinés ou animés d'un esprit turbulent et fanatique. Les succès de Bocold à Munster faisaient fer-
menter les têtes des sectaires, qui brûlaient d'assurer
le triomphe de leur héros. Gélen n'eut pas de peine
à les faire entrer dans la conspiration. Voici quel en
était le plan : au milieu de la nuit, un certain nombre
de conjurés devaient s'emparer de l'hôtel de ville et
y sonner le tocsin. A ce signal, tous les anabaptistes
répandus dans la ville devaient descendre en armes
dans les rues, massacrer les principaux habitants,
s'emparer des barrières et introduire, à la pointe du
jour, leurs coreligionnaires des campagnes. On aurait établi aussitôt un gouvernement semblable à celui
de Munster. Le complot avait des ramifications dans
Wesel et Deventer, deux des plus importantes villes
de la Hollande à cette époque.

Le 10 mai 1535, par une nuit obscure, les conjurés, rassemblés dans la maison d'un de leurs chefs,
se précipitent sur la place publique, forcent l'hôtel

de ville, et en égorgent les gardes. L'un de ceux-ci s'enfuit dans le clocher, fait remonter la corde de la cloche, et se barricade dans cet asile. Cet incident sauva la ville. Les conjurés ne purent sonner le tocsin, et leurs complices, n'entendant point le signal, ne sortirent pas des maisons où ils s'étaient réunis pour l'attendre. Les bourgmestres convoquèrent à la hâte la milice bourgeoise, et firent occuper les rues qui aboutissaient à la place de l'hôtel de ville, sur laquelle les insurgés avaient élevé des barricades. On tenta vainement de les y forcer pendant la nuit.

Au point du jour, l'attaque recommença. Chassés de leurs barricades, les rebelles se réfugièrent dans l'hôtel de ville. Le canon ouvrit la brèche dans ce magnique monument. Enfin, les anabaptistes, poursuivis de poste en poste, furent tous tués ou faits prisonniers.

Jean de Gélen tenta de se sauver en grimpant dans un campanille qui surmontait le clocher ; mais ce campanille était ouvert de toutes parts. Le fugitif fut aperçu de la place, et un coup d'arquebuse l'abattit.

Telle fut l'émeute que le communisme excita dans Amsterdam. Elle présente, sur une petite échelle, une certaine analogie avec celle qui vient d'ensanglanter la capitale de la France. La guerre des rues est moins nouvelle qu'on ne le pense ; au xvie siècle, comme au xixe, les mêmes erreurs et les mêmes passions ont mis en œuvre les mêmes moyens.

Le gouvernement des Pays-Bas résolut d'écraser une secte obstinée qui, par la perfidie et la violence, poursuivait la destruction de l'ordre social. Les anabaptistes furent recherchés avec une grande rigueur et livrés aux plus affreux supplices. Tout en regrettant l'atrocité des peines qui leur furent infligées, on ne saurait méconnaître que des mesures sévères ne fussent nécessaires pour extirper cette lèpre du communisme, qui menaçait de dévorer en Europe la civilisation à peine renaissante.

La destruction des anabaptistes de Hollande renversait la dernière espérance de leurs frères de Munster. Cette ville éprouva bientôt toutes les horreurs de la famine. Jean de Leyde et sa cour seuls continuaient à vivre dans l'abondance, au moyen des provisions rassemblées dans le palais, dont ils s'attribuaient la meilleure part. Une espèce de gendarmerie organisée par le despote, et privilégiée dans la distribution des vivres, fut chargée de réprimer les plaintes des affamés et de rechercher les conspirateurs. Bocold s'efforçait de soutenir l'enthousiasme par des discours et des prophéties. Après avoir repoussé insolemment les ouvertures conciliantes que lui fit le landgrave de Hesse, il répondit par de ridicules bravades aux sommations que l'évêque de Munster lui adressa de rendre la ville par capitulation. En vain, le parlementaire le conjura-t-il d'épargner le sang des malheureux habitants; Jean de Leyde fut inflexible, et détermina les plus fanatiques et les moins éclairés de ses sujets à prolonger

une résistance inutile. Alors se passa une scène effroyable.

La belle veuve de Mathias, devenue l'épouse favorite du roi de Sion, avait plus d'une fois arraché des
malheureux à sa férocité. Elle ne put contempler sans
pitié les souffrances d'une population affamée, et
eut l'imprudence de manifester ces sentiments. Bocold résolut de l'en punir. Il se rend sur la place
publique, entouré de sa cour. Là, il ordonne à la
reine de fléchir les genoux, lui reproche des crimes
imaginaires, et s'armant du glaive de justice, il tran-
che la tête de celle qu'il avait aimée. Après cette
horrible exécution, il se met à conduire autour du
cadavre le chœur de la danse sacrée.

Il semble que Jean de Leyde fût saisi de ce vertige
qui atteint souvent les hommes investis de la toute-
puissance. Semblable à Néron par la jeunesse, la
beauté et le don de la poésie, il tomba comme lui
dans la frénésie de la débauche et de la cruauté.

Tant d'horreurs ne devaient pas rester longtemps
impunies. Après avoir souffert tout ce que la famine
a de plus épouvantable, la ville fut livrée par un
transfuge aux troupes de l'évêque. Quatre cents
hommes d'élite y pénétrèrent la nuit par escalade et
ouvrirent, au jour, les portes au reste de l'armée. Le
massacre fut horrible. Rothman trouva dans la mê-
lée la mort qu'il y cherchait. Jean de Leyde fut pris
vivant, en combattant devant la porte de son palais.

Amené devant Waldeck, il ne perdit rien de son
arrogance. On le promena de ville en ville pour

l'exposer à la curiosité du peuple, comme il l'avait lui-même ironiquement proposé à son vainqueur. Enfin, il fut conduit sur un échafaud dressé dans la place de Munster, au lieu même où son trône avait été érigé, et périt par le glaive, après avoir subi de cruelles tortures. Il avait régné pendant les deux années 1534 et 1535, et n'avait que vingt-six ans. Son corps, renfermé dans une cage de fer, fut élevé sur le clocher de la cathédrale de Saint-Lambert, où ses ossements restèrent pendant les siècles suivants, comme un horrible monument de cette effroyable histoire.

Tels sont les événements auxquels donna naissance le développement de la secte anabaptiste. Pendant les quatorze années qui s'écoulèrent de 1521 à 1535, cette secte a formulé tous les principes professés par le communisme et le socialisme modernes. Réhabilitation de la chair et des passions; destruction de la famille; abolition de la propriété; communauté des biens; liberté illimitée; égalité absolue; suppression de toute autorité répressive; proscription des lettres, des arts et des sciences : toutes ces doctrines se trouvent consignées dans les prédications des Stork, des Carlostadt et des Münzer, dans la profession de foi de Zolicone et le livre *du Rétablissement*. Il a été donné aux anabaptistes de les appliquer à Mulhausen, en Moravie et à Munster; et partout leurs tentatives ont abouti à des avortements, ou à des abominations sans exemple et à un despotisme monstrueux. Il semble qu'au moment où l'Europe allait s'engager dans les voies de la civilisation moderne, la Providence ait voulu lui faire expérimenter les doctrines anarchiques qui nient les conditions essentielles de cette civilisation. L'épreuve a été décisive, et désormais on ne peut plus professer ces déplorables erreurs, sans méconnaître les enseignements de l'histoire.

En vain essaierait-on de rejeter les folies et les horreurs commises par les anabaptistes sur le fanatisme religieux qui les animait. Ce sentiment était, au contraire, de nature à atténuer les funestes effets de leurs doctrines sociales et politiques. Les anabaptistes respectaient du moins la notion de la Divinité et de l'immortalité de l'âme; ils croyaient aux peines et aux récompenses futures; ils admettaient la révélation chrétienne et se rattachaient à l'Évangile. Ils n'avaient donc pas rejeté tout frein moral; mais de nos jours, les restaurateurs de leurs opinions ajoutent à leurs erreurs la négation de la Divinité et de la vie future; ils éteignent dans l'homme les sentiments religieux pour le plonger dans un grossier matéralisme. Si les idées spiritualistes et religieuses ont été impuissantes pour arrêter les anabaptistes sur la pente fatale où leurs faux principes sociaux les ont entraînés, que devrait-on attendre de la réalisation des utopies modernes? Les saturnales de Munster seraient sans doute dépassées [1].

---

[1] Les catastrophes d'Amsterdam et de Munster n'éteignirent point complètement la secte anabaptiste. Elle continua de subsister en Moravie, en Suisse, et surtout dans les Pays-Bas. Elle fut divisée

par de nombreux schismes. La fraction la plus considérable, connue sous le titre de mennonites, du nom de Menno, son premier pasteur, renonça complétement à l'espoir de la domination temporelle, et ne professa que des dogmes purement religieux. D'autres, beaucoup moins nombreuses, conservèrent toutes les illusions des fanatiques munstériens, et subirent de longues persécutions. Quelques-uns de ces derniers sectaires passèrent de Hollande en Angleterre, où ils firent des prosélytes et se maintinrent malgré les édits des Tudor. Leurs successeurs jouèrent un rôle dans la révolution anglaise de 1648, et constituèrent la portion la plus exaltée du parti républicain. Ils rêvaient le renversement de toutes les institutions civiles, la liberté illimitée, le règne du Christ. Outre leur véritable nom d'anabaptistes, on leur donnait, par allusion à leurs hallucinations apocalyptiques, celui d'hommes de la cinquième monarchie. Ils eurent pour chefs Harrison, Hewson, Overton et un grand nombre d'autres officiers de l'armée parlementaire. (Hallam, *Histoire constitutionnelle d'Angleterre*, t. III, p. 137.) Cette faction fanatique fut l'un des instruments de l'élévation de Cromwell. Cependant, les craintes qu'elle lui inspira lorsqu'il fut parvenu au protectorat, contribuèrent à l'empêcher de poser sur son front la couronne royale. Les anabaptistes avaient conservé leurs opinions anti-royalistes, et, sous le despotisme de Cromwell, ils avaient encore la naïveté de croire à l'existence de la république. Après la restauration, les anabaptistes furent enveloppés dans la commune persécution des sectes dissidentes. Ils se sont perpétués, quoique en petit nombre, sous des noms divers, dans les colonies anglaises de l'Amérique du nord, en Hollande et même en Angleterre ; mais ils ont cessé d'aspirer à jouer un rôle politique. Quelques auteurs considèrent la secte des quakers comme issue de l'anabaptisme. On peut voir de curieux détails sur ces diverses sectes et leurs nombreuses subdivisions, dans le savant ouvrage de l'abbé Grégoire, intitulé : *Histoire des sectes religieuses.*

CHAPITRE XI.

L'UTOPIE DE THOMAS MORUS.

Critique de l'état de l'Angleterre. — Attaques contre la propriété. — Les socialistes modernes ne font que les reproduire. — Plan d'une société communiste. — Objection fondamentale contre la communauté. — Impuissance de Morus à y répondre. — Doutes sur sa foi au communisme. — Politique extérieure des Utopiens.

Six années avant le commencement du drame terrible auquel donna lieu la tentative des anabaptistes pour établir le communisme combiné avec de nouveaux dogmes religieux, un livre avait paru, dans lequel la théorie de la communauté se trouvait exposée sous une forme purement philosophique. C'était l'*Utopie* de Thomas Morus.

Ce livre fameux fut imprimé à Louvain en 1516, dans l'année qui précéda celle où Luther allait briser en Europe l'antique faisceau de l'unité catholique. Écrite en latin avec une remarquable pureté, empruntant à Platon le fond de sa doctrine et la forme dialoguée, l'œuvre de Thomas Morus fut accueillie avec enthousiasme par ces érudits, admirateurs passionnés de l'antiquité, qui étaient alors répandus dans les divers États européens, et se considéraient comme membres d'une même république.

Ce qui rendait l'*Utopie* remarquable, ce n'était pas seulement l'éclat de la forme et l'hypothèse hardie d'une société fondée sur le principe de la communauté; c'étaient encore les critiques justes et ingénieuses que Morus faisait des abus de son temps, les idées profondes et nouvelles qu'il émettait sur la religion et la politique. Par ce côté, son œuvre se rattachait au monde réel. Ce fut là, sans doute, la principale cause du succès qu'elle obtint. Aux yeux de ses premiers lecteurs, et peut-être aux yeux de l'auteur lui-même, le tableau d'une société soumise au régime de la communauté ne fut qu'une fiction, un rêve impossible à réaliser, un simple cadre destiné à enchâsser de piquantes observations sur les choses contemporaines.

Mais cette partie romanesque du livre de Morus ne tarda pas à être prise au sérieux, et considérée comme l'expression sincère des convictions de son auteur. Elle a servi de point de départ à tous ces projets de réorganisation sociale qu'ont vus éclore les siècles suivants, et qui ont reçu, comme dénomination générique, le titre même de l'œuvre du chancelier d'Angleterre.

Jamais usage ne fut mieux fondé que celui qui confond ainsi toute une classe d'écrits sous le nom d'un seul. L'identité du fond répond en général à celle du titre. Presque toutes les républiques imaginaires qui ont paru depuis le XVIᵉ siècle ne sont que la reproduction de celle de Morus. Critiques de l'ordre social, déclamations contre la propriété, tableaux des misères des prolétaires, éloges de la vie commune, moyens d'organisation : tout est puisé là ; il est impossible de pousser plus loin la servilité du plagiat. Morus est donc le véritable père du communisme moderne ; à ce titre son livre est un ouvrage capital, et mérite d'être sérieusement analysé.

On y remarque quatre ordres d'idées parfaitement distincts :

1º Critique de l'état de l'Angleterre et de la politique des princes contemporains ;

2º Critique du principe de la propriété individuelle ;

3º Plan d'organisation d'une société fondée sur la communauté ;

4º Exposition d'un système de politique extérieure, applicable à l'Angleterre, désignée sous le nom transparent d'île d'Utopie. Cette dernière partie n'est pas la moins curieuse, car la politique utopienne est précisément celle qui, depuis Henri VIII, règne dans les conseils de l'Angleterre.

Morus débute en traçant le tableau du triste état de son pays. Il montre le peuple écrasé d'impôts, la multitude des nobles oisifs, entretenant une armée de valets fainéants et d'insolents coupe-jarrets ; les campagnes infestées par une foule de vagabonds, de voleurs, de mendiants, de soldats sans asile ; l'agriculture ruinée ; les pâturages remplaçant partout les céréales, et les paysans cédant la place aux bêtes à laine, multipliées comme plus productives par l'avidité des seigneurs et des prélats grands propriétaires. On croirait entendre Pline déplorant le même système appliqué à l'Italie par l'aristocratie romaine, et s'écriant : « *latifundia perdidére Italiam.* »

Puis, il attaque l'abus de la peine de mort prodiguée contre les voleurs, et, devançant les encyclopédistes français et Beccaria, il démontre l'impuissance de l'atrocité des supplices.

Il déclame éloquemment contre la fureur des guerres et des conquêtes, les perfidies de la politique, les ambages de la diplomatie, et préconise les avantages de la paix. En bon Anglais, c'est la France qu'il choisit pour type d'ambition et de ruse, et c'est dans les conseils de son roi, alors en butte aux trahisons de Ferdinand le Catholique et d'Henri VIII, aux ligues des Vénitiens, du pape et de l'empereur, qu'il va chercher ses sujets de satire.

Enfin, il représente un prince entouré de ses ministres, occupés à préparer des édits bursaux et à imaginer les meilleurs moyens de soutirer au peuple son dernier écu.

Mais c'est en vain, dit-il, que l'on tenterait d'obtenir des princes et des puissants de la terre la réforme de ces abus. Ils seraient sourds à la voix de la raison ; mieux vaut suivre le conseil de Platon, et se tenir en dehors des affaires publiques. C'est alors qu'apparaît l'idée de la communauté.

Raphaël Hythlodée, l'un des interlocuteurs du dialogue, le hardi navigateur qui a découvert l'île d'Utopie, ouvre son âme à Morus, et lui déclare qu'à son

avis, « dans tous les Etats où la possession est indivi-
« duelle, où tout se mesure par l'argent, on ne
« pourra jamais faire régner la justice ni assurer la
« prospérité publique [1]. Pour rétablir un juste équi-
« libre dans les affaires humaines, il faudrait néces-
« sairement abolir le droit de propriété. Tant que ce
« droit subsistera, la classe la plus nombreuse et la
« plus estimable n'aura en partage qu'un inévitable
« fardeau d'inquiétude, de misère et de chagrin. »

Hythlodée loue donc Platon « d'avoir préconisé
« l'égalité, qui ne peut être observée là où règne la
« propriété individuelle, car alors chacun veut se
« prévaloir de divers titres, pour attirer à soi tant
« qu'il peut; et la richesse publique, si grande
« qu'elle soit, finit par tomber au pouvoir d'un petit
« nombre d'individus qui ne laissent aux autres que
« l'indigence.

« Je sais, ajoute-t-il, qu'il y a des remèdes qui
« peuvent soulager le mal; mais ces remèdes sont
« impuissants pour le guérir radicalement. On peut
« décréter, par exemple, un maximum de posses-
« sions individuelles en terres ou en argent, ou bien
« se prémunir par des lois fortes contre le despo-
« tisme et l'anarchie. On peut flétrir et châtier l'in-
« trigue, empêcher la vente des magistratures, sup-
« primer le faste et la représentation dans les emplois
« élevés, afin qu'on ne soit pas obligé de donner aux
« plus riches les charges qu'on devrait donner aux

---

[1] Liv. I, p. 82.

« plus capables. Ces moyens sont des palliatifs qui
« peuvent endormir la douleur; mais n'espérez pas
« voir se rétablir la force et la santé, tant que chacun
« aura une propriété individuelle. Il y a dans la so-
« ciété actuelle un enchaînement si bizarre que,
« si vous voulez guérir l'une des parties malades,
« le mal de l'autre s'aigrit et empire, car on ne sau-
« rait accroître l'avoir d'un particulier que quel-
« qu'un n'en souffre et n'y perde quelque chose. »

Ailleurs, Morus gourmande les riches et déplore la
condition des ouvriers.

« La principale cause de la misère publique, dit-
« il, c'est le nombre des nobles, des frelons oisifs
« qui se nourrissent de la sueur et du travail d'au-
« trui,..... et qui font cultiver leurs terres en ton-
« dant leurs fermiers jusqu'au vif, pour augmenter
« leurs revenus..... N'est-il pas étonnant que l'or
« ait acquis une valeur factice tellement considéra-
« ble, qu'il soit plus estimé que l'homme? qu'un
« riche à intelligence de plomb, stupide comme une
« bûche, non moins immoral que sot, tienne cepen-
« dant sous sa dépendance une foule d'hommes sages
« et vertueux?.....

« Est-il juste qu'un noble, un orfèvre [1], un usu-
« rier, un homme qui ne produit rien, mène une
« vie délicate au sein de l'oisiveté ou d'occupations
« frivoles, tandis que le manœuvre, le charretier,

---

[1] Les orfèvres faisaient alors l'office de banquiers, et accumulaient de grandes richesses.

« l'artisan, le laboureur, vivent dans une sombre
« misère, se procurant à peine la plus chétive nour-
« riture? Ces derniers cependant sont assujettis à
« un travail si long et si assidu, que les bêtes de
« somme le supporteraient à peine, si nécessaire,
« qu'aucune société ne pourrait subsister un an
« sans lui. Vraiment la condition de la bête de
« somme pourrait paraître de beaucoup préférable;
« celle-ci travaille moins longtemps, sa nourriture
« n'est guère inférieure, elle est même plus conforme
« à ses goûts. Enfin, l'animal ne craint point l'a-
« venir.

« Mais quel est le sort de l'ouvrier! Un travail in-
« fructueux, stérile, l'écrase dans le présent, et l'at-
« tente d'une vieillesse misérable le tue. Car son
« salaire journalier est si faible, qu'il suffit à peine
« aux besoins du jour. Comment pourrait-il épar-
« gner un peu de superflu pour les besoins de la
« vieillesse?

« Ce n'est pas tout. Les riches diminuent, chaque
« jour, de quelque chose le salaire des pauvres,
« non-seulement par des menées frauduleuses, mais
« encore en publiant des lois à cet effet. Récompen-
« ser si mal ceux qui méritent le mieux de la répu-
« blique, semble d'abord une injustice évidente;
« mais les riches ont fait une justice de cette mons-
« truosité en la sanctionnant par des lois. Aussi,
« lorsque j'examine et j'approfondis la situation des
« États aujourd'hui les plus florissants, je n'y vois
« qu'une certaine conspiration de riches faisant au

« mieux leurs affaires, sous le nom et le titre de ré-
« publique. Les conjurés cherchent, par toutes les
« ruses et par tous les moyens possibles, à atteindre
« ce double but : premièrement, s'assurer la posses-
« sion certaine et indéfinie d'une fortune plus ou
« moins mal acquise ; secondement, abuser de la
« misère des pauvres, abuser de leurs personnes,
« comme on fait des animaux, et acheter au plus
« bas prix possible leur industrie et leurs labeurs.

« Et ces machinations décrétées par les riches au
« nom de l'État, et, par conséquent, au nom même
« des pauvres, sont devenues des lois [1]..... Mettez
« un frein, dit ailleurs l'auteur de l'*Utopie*, met-
« tez-un frein à l'avare égoïsme des riches ; ôtez
« leur le droit d'accaparement et de monopole :
« qu'il n'y ait plus d'oisifs parmi vous : donnez
« à l'agriculture un plus grand développement,
« créez d'autres branches d'industrie, où vienne
« s'occuper utilement cette foule d'hommes oisifs
« dont la misère a fait jusqu'à présent ou des va-
« gabonds, ou des valets qui finissent par être à
« peu près tous des voleurs.

« Si vous ne portez remède aux maux que je vous
« signale, ne me vantez pas votre justice, elle n'est
« qu'un mensonge spécieux. Vous abandonnez des
« millions d'enfants aux ravages d'une éducation
« vicieuse et immorale. La corruption flétrit sous
« vos yeux ces jeunes plantes qui pourraient fleurir

[1] *Utopie*, trad. de Stouvenel, p. 284 et suiv.

« pour la vertu, et vous les frappez de mort quand,
« devenus des hommes, il commettent les crimes
« qui germaient dès le berceau dans leurs cœurs.
« Que faites-vous donc? des voleurs pour avoir le
« plaisir de les pendre. »

Ces violents passages nous ont paru trop curieux,
pour ne pas être cités en entier. Qui n'y reconnaît
en effet la source et le premier modèle de ces déclamations qui remplissent les ouvrages des communistes et des socialistes des siècles suivants? Tous ces
écrivains n'ont fait que se traîner sur les traces de
Morus, et, dans leurs verbeuses paraphrases, ils n'ont
égalé ni sa vigueur, ni son éclat.

Ce n'est pas ici le lieu de réfuter longuement ces
accusations dirigées contre l'ordre social. Plusieurs
d'entre elles s'appliquaient justement au pays et au
temps où elles furent formulées, et certes ce n'est
pas nous qui reprocherons à Morus l'amère critique
à laquelle il se livre de la constitution de l'Angleterre, fondée alors, comme aujourd'hui, sur le privilége nobiliaire et clérical. Mais à l'égard de notre
société française, basée sur l'égalité des droits civils
et politiques et le partage égal des héritages, ces
critiques n'ont point de portée.

C'est donc seulement l'appréciation des rapports
entre les salariés et les propriétaires qui mériterait
une réponse. C'est là, en effet, le sujet qui défraie
encore les colères de nos modernes réformateurs.
Or, sur ce point, l'erreur de Morus est facile à reconnaître. Si l'immense majorité des hommes était

réduite, de son temps, à une vie misérable, c'est que
la production totale de la société n'était pas assez
abondante. Ce défaut de production d'où provenait-il?
Sans doute la mauvaise constitution politique des
États du xvi⁰ siècle n'y était pas étrangère ; mais la
cause principale, c'était l'insuffisance du capital, des
instruments de travail, fruit d'un labeur antérieur,
qui se trouvaient alors à la disposition de la société.
Or, qu'on le sache bien, ce n'est que par l'épargne
et les combinaisons intelligentes de ceux dont les
revenus dépassent les besoins, que le capital peut
s'augmenter et recevoir le plus utile emploi. Leur
intérêt personnel est le seul stimulant qui détermine
la formation des capitaux, la seule garantie contre
leur infructueuse dissipation. L'accroissement du
capital national élève le niveau du bien-être général.
C'est aux lois successorales d'assurer une équitable
répartition de ce capital, et aux institutions de crédit
d'en mettre l'usage à la portée de tous ceux qui sont
en état de le faire fructifier. Notre système de successions, conciliant l'égalité et les droits sacrés de
la famille, satisfait complétement à la première condition. Sur le second point, la société française a fait
d'immenses progrès, et l'avenir lui en promet encore
de nouveaux.

Sans doute, il y a chez nous des misères, des
souffrances qui doivent profondément émouvoir tous
les cœurs généreux ; mais leur somme va toujours
diminuant, et chaque jour révèle aux esprits attentifs
quelques topiques pour ces plaies. La société entre

11.

à peine en pleine possession d'elle-même, par l'extension des droits politiques; qui peut prévoir où s'arrêteront les améliorations, aujourd'hui que tout intérêt légitime peut exercer sa part d'influence, toute douleur exhaler sa plainte, toute idée utile se faire jour ?

Enfin, parmi les causes de misère signalées par Morus lui-même, n'en est-il pas une qui suffirait, à elle-seule, pour expliquer le malaise de la plupart des nations européennes? nous voulons parler des guerres qui les ont si longtemps désolées, et de la fatale nécessité d'entretenir en pleine paix des armées excessives. Là est la principale source de nos souffrances. Du jour où elle serait tarie, n'est-il pas évident que la société s'élèverait à un degré inconnu de bien-être et de prospérité? Pourquoi donc accuser la propriété de maux qui trouvent dans une politique vicieuse une suffisante explication ?

Mais revenons à l'*Utopie*.

Après avoir exposé ses griefs contre l'ordre social fondé sur la propriété, et posé le principe de la communauté, Morus développe les moyens d'application. Ici commence la partie romanesque et fantastique de son livre.

L'île d'Utopie tire son nom du sage Utopus, qui lui a donné des lois [1]. Elle est séparée du continent par un canal creusé de main d'hommes. Ses côtes forment comme un port continuel. La ville d'Amau-

[1] Le nom d'utopie paraît avoir été formé, par Morus, des deux mots grecs *ou-topos*, littéralement non-lieu, nulle part. L'île d'Utopie signifie donc l'île qui n'est nulle part, le pays imaginaire.

rote, capitale de l'île, est située sur un fleuve, à portée de la mer dont le flux vient baigner ses murs.
Cette description donne lieu de penser que, dans l'esprit de Morus, l'Utopie ne serait autre que l'Angleterre.

L'île renferme, outre la capitale, cinquante-quatre
villes, bâties sur un même plan, à chacune desquelles est assignée une portion du territoire. Aucune
ville ne doit renfermer plus de 6,000 familles.

De plus, un grand nombre d'habitations sont répandues dans les campagnes. Elles sont bien bâties,
commodes et garnies de tous les instruments du la-
bourage.

Chacun de ces établissements agricoles est habité
par une colonie de travailleurs des deux sexes, composée au moins de quarante personnes, et dirigée par
un père et une mère de famille respectables. L'agriculture étant la profession principale de tous les citoyens, chaque année la moitié des membres de la
colonie rentre dans la ville voisine, et est remplacée
par un nombre égal d'habitants de celle-ci.

Outre l'agriculture, chaque Utopien apprend un
autre métier, selon son goût. On n'exerce en Utopie
que les arts les plus simples, ceux qui sont indispensables à l'entretien de la vie; le luxe y est inconnu.
Les vêtements sont uniformes. Le travail agricole ou
industriel est une dette commune à tous : sa durée
journalière est de six heures, divisées en deux séances. Le reste du temps est consacré à l'étude des
belles-lettres et des sciences, qui sont enseignées dans
des collèges publics. Le soir, on se livre aux jeux, à

la danse et à la musique, pour laquelle les Utopiens ont un goût prononcé. Morus, devançant Rousseau, veut que la musique soit avant tout expressive, et reproduise, par des accents pathétiques, les sentiments et les passions de l'homme.

Mais, dira-t-on sans doute, une aussi courte durée de travail ne permettra pas de produire avec assez d'abondance les choses nécessaires à la vie. Morus répond que cette durée est suffisante, parce que, sous le régime de la vie en commun, il n'y a plus d'oisifs. Il fait remarquer le grand nombre de personnes improductives que renfermait la société de son temps. Tels étaient les ministres du culte, cardinaux, archevêques, prélats, abbés, prêtres et moines; les femmes; les riches propriétaires, nobles et seigneurs; leurs estafiers, domestiques et valets armés; les mendiants; ceux qui s'adonnaient aux arts inutiles, destinés seulement à satisfaire le luxe et la vanité.

Si donc tout le monde exerce quelqu'une de ces professions qui produisent les choses nécessaires à la vie, suivant la nature, il y aura une grande abondance avec peu de travail pour chacun.

Sont seuls dispensés des travaux manuels les magistrats, les ministres du culte et les sujets d'élite à qui le peuple permet de consacrer exclusivement leur vie à l'étude des sciences.

Il y a, en Utopie, des marchés pour les subsistances et de grands magasins publics pour les objets manufacturés. Chaque chef de famille y obtient gratuitement ce qui lui est nécessaire. L'abondance étant extrême en toute chose, on ne craint pas que personne demande au delà de ses besoins. En effet, pourquoi celui qui est certain de ne jamais manquer de rien chercherait-il à se procurer du superflu? Ce qui rend en général les hommes cupides et rapaces, c'est la crainte de la pénurie à venir.

Les repas se prennent en commun. Cependant, chacun a la faculté de manger chez soi ; mais personne n'en use, car il serait absurde de prendre la peine de préparer un mauvais dîner, quand on en trouve un excellent à sa portée à la salle commune. La musique, les parfums, les essences odorantes, rien n'est épargné pour le bien-être et la jouissance des convives. Les enfants et les jeunes gens font le service des tables.

Il y a de vastes infirmeries où les malades reçoivent les soins les plus empressés.

Des salles sont disposées pour les nourrices et leurs nourrissons. On y trouve constamment du feu, de l'eau et des berceaux. Les mères allaitent elles-mêmes leurs enfants.

En Utopie, il n'existe point de commerce intérieur. S'il y a surabondance dans quelques localités et pénurie dans quelques autres, on compense le déficit des premières par l'excès des secondes, et cela gratuitement. Ainsi, l'île tout entière est comme une seule famille. Les produits superflus sont exportés à l'extérieur et échangés contre les denrées exotiques.

On ne se sert point de monnaies ; l'or et l'argent sont universellement méprisés; on les consacre aux plus vils usages. Cependant, ils abondent dans l'île, parce qu'on les reçoit des étrangers en échange des produits exportés. Le gouvernement en conserve d'immenses provisions pour les usages de la politique extérieure.

Les Utopiens ne peuvent voyager dans l'intérieur de l'île qu'avec la permission des magistrats. La communauté leur fournit les moyens de transport et les subsistances ; mais le voyageur doit acquitter sa dette de travail partout où il séjourne.

Morus n'est point aussi rationnel que Platon ; il a reculé devant l'abolition de la famille. Le mariage est donc conservé, l'adultère et toute liaison irrégulière sont proscrits. Pour qu'il n'y ait aucune surprise, les fiancés doivent être montrés l'un et l'autre dans un état complet de nudité. Morus ne manque pas de bonnes raisons pour justifier cette coutume. Le divorce est admis pour incompatibilité constatée.

Les familles doivent comprendre à peu près le même nombre de membres. Quand l'une d'elles est trop nombreuse, le magistrat fait passer quelques-uns des enfants dans une autre. Chaque famille est gouvernée par le plus âgé de ses chefs, elle a son habitation distincte ; mais tous les dix ans elle doit en changer. Le sort désigne sa nouvelle demeure.

Si la population devient trop nombreuse, une émigration générale est décrétée. Les émigrants vont fonder une colonie sur quelque continent voisin.

Il y a des esclaves en Utopie. Ils sont de deux sortes. Les uns sont des Utopiens ou des étrangers condamnés à l'esclavage pour leurs crimes; les autres sont des prisonniers de guerre ou des étrangers qui viennent louer volontairement leurs services. Les premiers sont enchaînés et consacrés aux plus rudes travaux.

Telle est l'organisation économique et sociale de l'Utopie; voici son organisation politique.

Chaque trentaine de familles élit annuellement son magistrat, appelé syphogrante ou philarque. On nomme, pour dix philarques, un magistrat supérieur, appelé protophilarque ou tranibore. La réunion de tous les philarques choisit le prince entre quatre candidats proposés par le peuple. Ce prince est à vie; mais il peut être révoqué s'il aspire au despotisme.

La principale fonction des philarques consiste à stimuler l'énergie des travailleurs, à empêcher la paresse de s'introduire parmi eux. L'auteur n'indique point quels sont les moyens de répression et les peines. Nous savons seulement que l'esclavage figure parmi ces dernières.

Chaque ville envoie trois députés à la représentation nationale qui siége dans la capitale. Cette assemblée est investie du pouvoir législatif. Elle dresse, chaque année, une statistique exacte des produits, denrées et marchandises que l'île contient, en opère la répartition, et fixe la durée du travail obligatoire.

On le voit, Morus a tracé, dès 1516, l'exposition la plus complète du système de la communauté, du moins au point de vue économique, car il n'a pas eu le courage d'étendre jusqu'aux relations des personnes le principe qu'il appliquait aux biens. Les communistes subséquents n'ont pas ajouté une seule idée à celles qu'il a émises.

Ce qui n'est pas moins remarquable, c'est que Morus a parfaitement vu les objections qui ruinent par sa base le système de la communauté, et qu'il les a formulées avec une rare précision. Voici en effet ce qu'il dit à Raphaël Hythlodée, interlocuteur imaginaire qui lui vante les avantages de la communauté.

« Bien loin de partager vos convictions, je pense,
« au contraire, que le pays où l'on aurait établi la
« communauté des biens serait le plus misérable de
« tous les pays. En effet, par quel canal y coulerait
« l'abondance? Tout le monde y fuira le travail; per-
« sonne n'étant aiguillonné par l'espérance du gain,
« chacun se reposant sur l'industrie et la diligence
« d'autrui, tous s'engourdiront dans la paresse. Quand
« même la crainte de la misère stimulerait les pares-
« seux, comme la loi ne garantit pas inviolablement à
« chacun le produit de son industrie, l'émeute gron-
« derait sans cesse affamée et menaçante, et le mas-
« sacre ensanglanterait votre république.

« Quelle barrière opposeriez-vous à l'anarchie?
« Vos magistratures consistent dans un nom vide et
« creux, un titre sans autorité. Je ne puis même
« concevoir de gouvernement possible chez ce peuple
« de niveleurs repoussant toute espèce de supério-
« rité [1]. »

___

[1] *Utopie*, p. 114-115.

A cela que répond Hythlodée? — Il ne répond rien. Il se borne à dire : « Que n'avez-vous été en Utopie! »

Nos modernes réformateurs en sont encore à la réponse d'Hythlodée.

C'est qu'en effet, à ces objections la réponse est impossible.

Dire que la loi du devoir est un mobile suffisant de l'activité humaine, c'est se borner à affirmer ce qui en est question, c'est contredire l'assentiment de l'humanité qui, depuis des siècles, proclame l'industrie fille de la seule nécessité.

Que si l'on place entre les mains du gouvernement la puissance de contraindre les individus au travail, on reconnaît par cela même l'insuffisance du principe du devoir, on se borne à substituer à la nécessité résultant de la nature des choses, le despotisme de l'homme. Or, sous le régime de la communauté et de l'égalité absolue, ce despotisme n'est lui-même qu'un pouvoir nominal et sans force ; il n'a ni base ni sanction.

Ces vérités sont confirmées par l'expérience constante des communautés qui ont existé jusqu'ici. Celles chez lesquelles le principe du devoir a été porté au plus haut degré d'exaltation, les communautés chrétiennes, n'ont pu subsister qu'en se soumettant à des supérieurs investis d'un pouvoir illimité. Ce pouvoir lui-même ne s'est maintenu que parce qu'il trouvait un appui et une force coactive en dehors de ces communautés, dans la société fondée sur la propriété, par laquelle elles étaient de toute part enveloppées.

Cette impuissance de Morus à répondre aux objections fondamentales qu'il soulève lui-même contre le principe de la communauté, cette reconnaissance implicite de l'impossibilité d'appliquer ce principe, de la part de l'esprit éminent qui, le premier, l'a complétement formulé, sont la plus éclatante condamnation du système social exposé dans l'*Utopie*. Elles autorisent à penser que Morus lui-même ne considérait pas ses plans de rénovation comme susceptibles d'être jamais réalisés. Les paroles qui terminent l'*Utopie* sont de nature à confirmer cette opinion : « Si, d'un côté, dit Morus, je ne puis admettre tout ce qui a été dit par Hythlodée; d'un autre côté, je confesse aisément qu'il y a chez les Utopiens une foule de choses que je souhaite voir établir dans nos cités. Je le souhaite plus que je ne l'espère. »

Cette interprétation est celle que l'*Utopie* reçut à son apparition. Présenté à Henri VIII et au cardinal Wolsey, cet ouvrage n'offensa pas leur ombrageuse susceptibilité. Les savants de l'Europe les plus dévoués aux principes du pouvoir absolu, manifestèrent pour lui une admiration sans réserve, et ne soupçonnèrent pas un instant qu'il pût recéler un péril.

Ils se trompaient, cependant. Les mauvaises doctrines, même lorsqu'elles revêtent la forme d'une simple hypothèse, d'une fantaisie, d'un rêve, exercent encore une funeste influence. C'est surtout quand il s'agit de l'ordre social et politique, qu'est vrai cet axiôme de morale : qu'il ne faut pas mentir même en plaisantant. Cinq ans après la publication de l'*Utopie* éclata l'anabaptisme, qui ne fut que le communisme élevé à la hauteur d'une religion. Nul doute que l'*Utopie* n'ait exercé une puissante action sur l'esprit des fondateurs de cette secte fameuse, qui, lettrés pour la plupart, connaissaient sans doute un ouvrage dont toute l'Europe avait retenti. Les prédications de Münzer et les livres de ses sectateurs renferment des passages qui paraissent puisés à cette source.

Pour achever de faire connaître l'œuvre de Morus, il ne reste plus qu'à résumer les vues qu'elle renferme sur la morale, la religion et la politique extérieure. Bien que cette exposition ne rentre pas directement dans notre sujet, néanmoins elle offre assez d'intérêt, et jette assez de lumières sur la véritable portée de l'*Utopie*, pour qu'une courte digression sur ce point ne soit pas hors de propos.

Toutes les religions sont également tolérées en Utopie, même l'idolâtrie. La majeure partie des habitants professe le pur déisme, qui est considéré comme la religion de l'Etat. Le culte public est très-simple, et combiné de manière à ne heurter aucune croyance. Il s'adresse à cet Etre suprême, à la fois créateur et providence, dont tous les Utopiens reconnaissent l'existence, mais auquel, dans leurs cultes particuliers, ils donnent des noms et des attributs différents.

Les athées et ceux qui nient l'immortalité de l'âme,

les peines et les récompenses de l'autre vie, sont punis par le mépris et l'incapacité d'exercer aucune magistrature. Mais on ne leur inflige aucune peine matérielle, car, dans l'opinion des Utopiens, la foi ne saurait être contrainte.

L'État exige des diverses religions, les unes à l'égard des autres, la même tolérance qu'il accorde à chacune d'elles. Morus cite l'exemple d'un néophyte chrétien condamné à l'exil pour l'exaltation de son prosélytisme et son esprit exclusif. Entraîné par sa bouillante ferveur, il ne se contentait pas d'élever au premier rang la religion chrétienne; il damnait incontinent toutes les autres, vociférant contre leurs mystères, qu'il traitait de profanes; contre leurs sectateurs, qu'il maudissait comme des impies et des sacriléges dignes de l'enfer. Il fut arrêté et condamné, non pas sous la prévention d'outrage au culte, mais comme ayant excité du tumulte parmi le peuple.

Les raisons que Morus donne en faveur de la tolérance religieuse sont admirables. Les écrivains du XVIIIe et du XIXe siècle n'ont rien dit de plus fort. Et de quel étonnement ne doit-on pas être frappé, si l'on songe que cette éloquente proclamation de la liberté religieuse devançait d'une année l'apparition de Luther. Il a fallu trois siècles de guerres, de persécutions et de massacres, pour faire pénétrer dans la pratique le principe posé par Morus.

La morale des Utopiens est fondée sur cette maxime: Obéis à la nature; elle est également éloignée du matérialisme, qui abaisse l'âme, et de l'ascétisme, qui dégrade le corps. C'est un épicurisme épuré. En Utopie on méprise le préjugé de la noblesse de race, la vanité de la parure et des pierreries ; on ne comprend point le plaisir de l'avarice qui thésaurise, ni celui de la chasse et des jeux de hasard. On se rit des vaines rêveries de l'astrologie judiciaire.

Sur tous ces points, Morus était prodigieusement en avant de son siècle.

Enfin, l'auteur expose la politique extérieure des Utopiens, et c'est ici que nous attendent de nouvelles surprises.

Morus n'est point ce qu'on est convenu d'appeler de nos jours un humanitaire. Il ne songe point à étendre ses réformes au globe entier, à confondre toutes les nations dans une fraternelle unité. Les insulaires utopiens se considèrent comme étant d'une nature supérieure au reste des hommes. Ils ne se font pas scrupule de s'emparer des contrées lointaines qui sont à leur convenance, et d'y établir des colonies, en chassant les indigènes par la force des armes. Tout au plus admettent-ils ceux-ci à subir leurs lois et leur empire.

Cette nation dominatrice ne considère comme amis que les peuples qui lui demandent des chefs, et acceptent son commerce et sa haute direction. Elle protége énergiquement au dehors ses négociants et ceux de ses alliés, et tire des injustices qui leur sont faites les plus terribles vengeances. Dans ses relations commerciales avec les peuples étrangers, elle se met en avance, de manière à se trouver toujours leur créancière, et à les tenir ainsi sous sa dépendance.

Les Utopiens aspirent à dominer les nations du continent voisin. Cependant ils n'ont recours à la guerre qu'à la dernière extrémité. La plus belle gloire à leurs yeux est de vaincre l'ennemi à force d'habileté et d'artifices.

Quand la guerre est déclarée, ils commencent par mettre à prix la tête du prince ennemi, et celles de ses principaux conseillers. Ils paient largement et fidèlement les assassins. Cet usage leur paraît dicté par l'humanité, puisqu'il a pour but d'épargner le sang qui serait répandu à flots sur les champs de bataille.

« Si les moyens précédents restent sans effet, nos
« insulaires sèment et nourrissent la division et la
« discorde, en donnant au frère du prince ou à quel-
« que autre grand personnage l'espoir de s'emparer
« du trône. »

« Quand les factions intérieures languissent amor-
« ties, alors ils excitent les nations voisines de l'en-
« nemi, ils les mettent aux prises avec lui, en exhu-
« mant quelqu'un de ces vieux titres dont jamais ne
« manquent les rois. En même temps, ils promettent
« du secours à ces nouveaux *alliés*, leur versent l'ar-
« gent à flots, mais ne leur font passer que fort peu
« de soldats. »

Les Utopiens sont en effet avares du sang de leurs citoyens. Ils ne s'exposent sur le champ de bataille qu'à la dernière extrémité ; mais ils déploient alors une valeur d'autant plus redoutable qu'elle se concilie avec le calme et le sang-froid. Ils se retranchent, reçoivent la bataille plutôt qu'ils ne la livrent, et ne ne se débandent point, même afin de poursuivre les fuyards.

La guerre finie, ce ne sont pas les *alliés* en faveur desquels cette guerre avait été entreprise qui en supportent les frais, ce sont les vaincus. En vertu de ce principe, les Utopiens exigent de ces derniers d'abord de l'argent, qui leur servira pour les guerres à venir, en second lieu la cession de vastes domaines situés sur le territoire conquis, domaines qui rapportent à la république de très-gros revenus.

Tels sont le caractère national et la politique extérieure des Utopiens. Dans les affreuses maximes que Morus ne craint pas de développer, on reconnaît l'œuvre d'un contemporain de César Borgia et de Machiavel, et l'on trouve en même temps le code le plus ancien et le plus complet de cette politique suivie par l'Angleterre, depuis Henri VIII, avec une indomptable persévérance. Système colonial et mercantile, envahissements systématiques, insolente ambition dissimulée sous de faux dehors de justice et d'humanité, art de fomenter les discordes civiles chez ses voisins, coalitions soldées, tactique prodigue du sang des mercenaires, avare de celui des nationaux ; tout ce que Morus a préconisé, l'Angleterre l'a pratiqué. C'est surtout dans sa dernière lutte contre la France républicaine et impériale, qu'elle a le plus fidèlement suivi la politique utopienne. On sait qu'à cette époque elle n'a pas même reculé devant la pro-

vocation à l'assassinat de l'homme dont le génie menaçait sa puissance [1].

Nous avons fidèlement exposé dans son ensemble
et ses principaux détails l'œuvre de Thomas Morus.
Au milieu de cette foule d'idées si nouvelles, pour le
temps où elles parurent, quelle est l'importance de
l'hypothèse de la communauté? Joue-t-elle un rôle
principal ou accessoire? L'auteur l'a-t-il sérieusement
défendue, ou n'a-t-elle été dans son esprit qu'un instrument de critique, un élément de contraste destiné
à faire plus vivement ressortir les vices des gouvernements et les défauts de la société du xvi° siècle?
Nous avons déjà indiqué notre opinion sur ce point.
A nos yeux, Morus ne doit pas plus être considéré
comme un communiste, pour avoir loué la communauté dans un roman politique, qu'il ne doit être
rangé au nombre des théophilanthropes pour avoir,
dans le même livre, préconisé le déisme. En mourant
sur l'échafaud pour ses croyances catholiques, il nous
semble avoir suffisamment prouvé quelle profonde
différence séparait ses convictions réelles des fantaisies de son imagination.

Cependant, l'opinion contraire, celle qui attribue
à Morus une foi sincère dans l'excellence de la communauté, compte de nombreux partisans. L'analyse
exacte que nous avons donnée de l'*Utopie* permet au

---

[1] On sait qu'en 1803, Drake, agent diplomatique anglais, résidant à Munich, cherchait à organiser un complot ayant pour but
l'assassinat de Bonaparte. L'Angleterre fournit également de l'argent et des moyens d'exécution à Georges Cadoudal.

lecteur de choisir par lui-même entre ces deux interprétations.

Si l'on apprécie en elle-même l'organisation sociale
développée dans l'*Utopie*, on reconnaît qu'elle présente tous les vices inhérents à la communauté :
anéantissement de la liberté, de la spontanéité de
l'homme, asservissement universel. Morus s'est efforcé d'atténuer autant que possible le despotisme
qui se trouve au fond de tout système communiste.
Il rêve un gouvernement patriarcal, fondé plutôt sur
l'influence et l'autorité morales des magistrats que
sur une force coercitive; mais la servitude de la règle n'en pèse pas moins lourdement sur les citoyens
de l'Utopie. Pour eux, les journées s'écoulent dans
une désespérante monotonie; ils n'ont point la liberté d'aller et de venir, de rester, de se reposer à
leurs heures, de se recueillir, s'il leur plaît, dans la
solitude. A l'ordre du magistrat, il faut changer de
demeure et de famille, ou bien, pour éclaircir les
rangs d'une population trop pressée, émigrer vers de
lointaines colonies. L'homme perd ainsi son plus
noble attribut, l'indépendance personnelle. Il n'est
plus qu'un rouage d'une grande mécanique, rouage
qui doit fournir chaque jour une certaine somme de
travail, bon ou mauvais, et que la main du machi-
niste maintient sur son pivot ou déplace à son gré.
Sous un tel régime, toute activité s'éteint en lui; la
paresse et l'indifférence engourdissent son âme; la
révolte naît du dégoût. De là, nécessité d'une force
terrible et toujours menaçante pour le stimuler et le

contenir, comme il faut le fouet et le caveçon pour
gouverner la bête de somme. Mais ce despotisme, où
prendra-t-il son point d'appui? Ce n'est point hors
de la communauté, puisqu'il n'y a rien en dehors
d'elle. Il n'existera donc que s'il plaît à ceux qui de-
vront le subir de le constituer et de s'y soumettre.
La même cause qui le rend nécessaire le rend impossible. Tel est le vice du système de la communauté.
Il fait l'homme esclave, et s'en remet à lui du soin
de choisir son maître; il ne peut subsister que par
le despotisme, et il implique l'anarchie.

CHAPITRE XII.

BODIN. — CAMPANELLA.

LA RÉPUBLIQUE. — Bodin présenté à tort comme partisan du communisme. — Il réfute Platon et Morus.
LA CITÉ DU SOLEIL. — Campanella est un communiste radical. — Il admet le despotisme et l'anéantissement de la famille. — Le dévouement substitué à l'intérêt comme mobile du travail.

À partir de la publication de l'*Utopie*, un siècle s'écoula sans que le communisme trouvât dans le monde littéraire et philosophique un nouveau défenseur. Sans doute le spectacle des applications que les anabaptistes firent du principe de la communauté de 1521 à 1535, des folies et des horreurs auxquelles ils se livrèrent , et de la guerre atroce qui en fut la suite, détourna de cet ordre d'idées les esprits aventureux.

Cependant, durant cette période, plusieurs ouvrages furent publiés sur les lois et le gouvernement. Des écrivains d'un mérite éminent agitèrent au milieu du tumulte de nos guerres religieuses les plus graves questions de la politique. Mais la doctrine de la communauté n'éveilla chez eux aucune sympathie. Loin de là, elle y rencontra un vigoureux adversaire. Ce fut Jean Bodin.

Bodin écrivit vers 1576 son livre de la *République*. La France était alors en proie aux dissensions civiles. Le pouvoir échappait aux débiles mains d'Henri III, qui, par le traité de Loches, venait de consacrer le démembrement du royaume au profit du calvinisme et de la haute noblesse. La ligue se formait, et devenait une arme formidable aux mains ambitieuses des Guise.

A la vue de ces désordres qui mettaient en péril l'unité et la nationalité de la France, Bodin poussa un cri d'effroi. Armé du raisonnement et d'une vaste érudition, il rechercha les règles propres à assurer la prospérité et la stabilité des États. Il passa en revue les diverses formes de gouvernement, et s'efforça de montrer les rapports qui, dans chacune d'elles, rattachent les lois civiles et politiques à un principe commun : dans cette voie, il eut la gloire d'être le précurseur de Montesquieu.

Bodin n'est donc pas un utopiste, il est avant tout l'homme des faits, de la réalité. « Nous ne voulons « pas, dit-il, figurer une république idéale et sans « effet, telle que Platon et Thomas More, chancelier « d'Angleterre, en ont imaginé ; mais nous nous con- « tenterons de suivre les règles politiques au plus « près qu'il sera possible [1]. » Bien qu'il ait intitulé son livre : *De la République*, Bodin n'est pas non plus un républicain dans l'acception moderne du mot. Pour lui, l'expression de république était

---

[1] *La République*, liv. I, chap. 1, p. 3.

synonyme de celle d'État, de société politique. Il accorde la préférence à la monarchie absolue, qui est à ses yeux le gouvernement le plus conforme à la nature, le plus stable, le plus propre à assurer aux hommes le bien-être et la sécurité. Il fait reposer toute société politique sur un double principe : la famille, qui implique la propriété héréditaire ; et la souveraineté, c'est-à-dire l'existence d'un pouvoir dominant toutes les volontés particulières, et les contraignant à suivre les règles prescrites pour le bien général.

On comprend que, placé à ce point de vue, Bodin ait fait une rude guerre aux défenseurs de la communauté. Il prend fréquemment à partie Lycurgue, Platon et Morus. « il est impossible, dit-il, que les « biens soient communs, comme Platon voulait dans « sa première *République*, jusqu'aux femmes et aux « enfants, afin de bannir de la cité ces deux mots, « mien et tien, qui estoient, à son advis, cause de « tous les maux et ruines qui adviennent aux répu- « bliques..... Une telle république serait directe- « ment contraire à la loi de Dieu et de nature, « qui déteste non-seulement les incestes, adultères « et parricides inévitables, si les femmes estoient « communes, ains aussi de ravir ny mesme de con- « voiter rien qui soit d'autruy..... Une telle commu- « nauté de toutes choses est impossible et incompa- « tible avec le droict des familles. Car si la famille et « la cité, le propre et le commun, le public et le « particulier sont confus, il n'y a ni république, ni

12.

« famille. Aussi Platon, excellent en toutes choses,
« après avoir vu les inconvénients et absurdités no-
« tables que tirait après soy telle communauté, s'en
« est sagement départi : renonçant taisiblement à sa
« première *République*, pour donner lieu à la se-
« conde *(Le Livre des Lois)* [1]. »

Puis, Bodin s'attache à établir que chez les peuples
où la communauté a été admise, elle n'a pu jamais
être complétement réalisée ; qu'il a fallu toujours
laisser une certaine place à la propriété individuelle.
Il cite l'exemple des Crétois et des Spartiates. Enfin il
fait remarquer que les seuls anabaptistes ont prétendu
appliquer, dans toute son étendue, le principe de la
communauté, et rappelle les déceptions auxquelles
donna lieu cette tentative insensée. « Ils pensèrent
« mieux entretenir l'amitié et concorde mutuelle
« entre eux ; mais ils se trouvèrent bien loin de
« leur compte. Car, tant s'en faut que ceux-là
« qui veulent que tout soit commun aient osté les
« querelles et inimitiés, que mesmes ils chassent
« l'amour d'entre le mari et la femme, l'affection des
« pères envers les enfants, la révérence des enfants
« envers les pères, et la bienveillance des parents
« entre eux, ostant la proximité de sang qui les unit
« d'un plus estroit lien qui peut estre. Car on sait
« assez qu'il n'y a point d'affection amiable, en ce
« qui est commun à tous : et que la communauté
« tire après soi toujours des haines et querelles,

---

[1] *La République*, de Bodin. liv. 1, ch. 1, p. 11.

« comme dit la loi (romaine). Encore plus s'abusent
« ceux-là qui pensent que par le moyen de la com-
« munauté les personnes et les biens communs se-
« raient plus soigneusement traités. Car on voit or-
« dinairement les choses communes et publiques
« méprisées d'un chacun, si ce n'est pour en tirer
« un profit particulier, d'autant que la nature d'a-
« mour est telle que, plus elle est commune, moins
« elle a de vigueur : et tout ainsi que les gros fleuves
« qui portent les grands fardeaux, estant divisés ne
« portent rien du tout : aussi l'amour espars à toutes
« personnes et à toutes choses perd sa force et sa
« vertu [1]. »

Bodin ne combat pas avec moins d'énergie le partage égal des biens, les abolitions de dettes, les banqueroutes totales ou partielles, ces déplorables expédients de la démagogie : « L'équalité de biens est très-
« pernicieuse aux républiques, lesquelles n'ont
« appui ny fondement plus asseuré que la foy, sans
« laquelle ny la justice ny société quelconque ne
« peut estre durable : or la foy gist aux promesses
« des conventions légitimes. Si donc les obligations
« sont cassées, les contracts annullés, les debtes abo-
« lies, que doit-on attendre autre chose que l'entière
« éversion d'un estat? car il n'y aura fiance quelcon-
« que de l'un à l'autre. D'avantage, telles abolitions
« générales nuisent bien souvent aux pauvres et en
« ruinent beaucoup; car les pauvres veuves, orphe-

---

[1] *La République*, liv. I, chap. 1, p. 11 et 12.

« lins et menu peuple, n'ayant autre bien qu'un peu
« de rentes, sont perdus advenant l'abolition de deb-
« tes [1]. »

Éternelles vérités, qui, pour être exprimées dans le
naïf langage de 1576, n'en ont pas moins un certain à-
propos en 1848!

Enfin, Bodin avait parfaitement vu que l'un des
principaux écueils de la démocratie, c'est la tendance
au communisme, l'affaiblissement du respect de la
propriété, qui peut être la conséquence de l'esprit
d'égalité, s'il est mal dirigé [2]. C'est même là un des
principaux motifs qu'il invoque contre le gouvernement populaire.

On le voit, le communisme n'a point d'adversaire
plus déclaré que Bodin. Cependant, chose étrange, cet
écrivain, peu lu de nos jours, a été rangé au nombre
des partisans de cette doctrine par l'un des hommes
qui ont le plus habilement soutenu la cause de la société contre les rêveries des modernes utopistes. Dans
le remarquable chapitre qu'il a consacré aux sectes
communistes, l'auteur des études sur les réformateurs contemporains, place le livre de Bodin à côté
de l'*Utopie* de Morus, de la *République* de Platon,
de la *Cité du soleil* de Campanella, du *Code de la
nature* de Morelly. M. Reybaud se contente de faire
remarquer que Bodin ne pousse pas les choses aussi
loin que le chancelier d'Angleterre ; mais il ajoute

---

[1] *La République*, liv. v, chap. 2, p. 545.
[2] Id., liv. vi, chap. 4, p. 688.

que, sur bien des points, il y a encore imitation. C'est là une grave erreur qu'il importait de relever. Les citations qui précèdent prouvent que, loin d'avoir imité Morus, Bodin l'a toujours combattu, et qu'il doit être rangé au nombre des plus vigoureux champions de la famille et de la propriété. C'est faire la part trop belle au communisme, que de classer ainsi ses adversaires parmi ses défenseurs.

Ce fut vers 1630 que Thomas Campanella vint renouer, par la publication de sa *Cité du Soleil*, la chaîne des traditions communistes. Né à Stilo en Calabre, élevé dans un couvent et devenu membre de l'ordre des Dominicains, Campanella rêva une rénovation sociale fondée sur l'abolition de la propriété et de la famille. Il s'inspira évidemment de l'*Utopie* de Morus; mais il resta à une immense distance de son modèle. L'œuvre de Morus se rattache par une foule de points au monde réel; elle renferme des idées sensées et pratiques, des vues profondes sur la politique et la religion. Rien de tel dans la *Cité du Soleil*. On sent en la lisant que Campanella n'est pas sorti de l'enceinte du cloître, et qu'il n'a vu les hommes et les choses qu'à travers l'étroite ogive de sa cellule. Le monastère est le type de l'organisation sociale qu'il préconise; le pouvoir pontifical et la hiérarchie ecclésiastique servent de base au gouvernement de sa nouvelle société. Les villes sont chez les Solariens des groupes de vastes couvents, dans lesquels hommes et femmes vivent sous l'autorité d'une règle inflexible. La société tout entière

fait vœu de frugalité et de pauvreté. Quatre heures
de travail par jour pour chacun suffiront pour satisfaire à des besoins aussi restreints. Le reste du temps
est consacré à l'étude des sciences et de la philosophie; car les habitants de la cité du Soleil vivent surtout par l'intelligence. Grâce à un bon système
d'instruction, ils embrassent l'universalité des connaissances humaines. Le magistrat suprême est
l'homme le plus éminent par la science; il prend le
titre de soleil, ou de grand métaphysicien. Il est
nommé par l'élection et à vie; cependant ses fonctions
cessent si un génie supérieur vient à se révéler et
à réunir les suffrages des citoyens. Trois magistrats,
correspondant aux trois facultés essentielles de l'être
métaphysique, administrent les affaires publiques
sous la direction du grand métaphysicien. Ce sont,
puissance, sagesse et amour. Le premier a dans ses
attributions ce qui concerne la guerre, le second préside aux sciences, aux arts et à l'industrie. Le troisième à la génération, à l'amélioration physique de
la race humaine, des animaux domestiques et des
végétaux utiles. Ces trois ministres sont le centre
d'une vaste hiérarchie de fonctionnaires : « Ceux
« qui se sont distingués dans telle ou telle science
« ou dans un art mécanique, sont faits magistrats,
« et chacun les regarde comme des maîtres et des
« juges. Alors ils vont inspecter les champs et les
« pâturages des bestiaux. Celui qui connaît un plus
« grand nombre de métiers et les exerce le mieux,
« est le plus considéré. Ils rient du mépris que nous

« avons pour les artisans, et de l'estime dont jouis-
« sent chez nous ceux qui n'apprennent aucun
« métier, vivent dans l'oisiveté, et entretiennent une
« multitude de valets pour servir leur paresse et
« leur débauche [1]. »

Ces magistrats inférieurs sont choisis par le grand
métaphysicien et ses ministres.

Comme l'a justement fait remarquer M. L. Reybaud, Campanella semble avoir pressenti le saint-
simonisme. Qui ne reconnaîtrait, en effet, dans le
grand métaphysicien le Père suprême, le pape industriel; et, dans ces fonctionnaires classés suivant l'étendue de leurs connaissances, l'application du fameux
principe de la hiérarchie des capacités?

Ces divers magistrats sont investis d'un grand
pouvoir. Ils sont juges de leurs subordonnés, et les
punissent par la mort, l'exil, le fouet, la réprimande,
la privation de la table commune, et l'interdiction
du commerce des femmes. On peut appeler de leurs
jugements aux triumvirs et au grand métaphysicien.
La justice est sommaire et rapide, l'exécution des
sentences immédiate. Au pouvoir exécutif et judiciaire, les magistrats réunissent l'autorité religieuse.
Le grand métaphysicien est en même temps souverain pontife; chaque fonctionnaire est revêtu du
caractère sacerdotal, et reçoit de ceux qui lui sont
subordonnés une confession auriculaire, qu'il trans-

---

[1] *Cité du Soleil*, dans la *Collection des OEuvres choisies de
Campanella*, par Mme Louise Collet, 1 vol. in-12, Paris, Lavigne,
844, p. 173.

met à ses supérieurs, avec l'aveu de ses propres fautes. Campanella comprend admirablement les conditions de la communauté. Pour la maintenir, il combine tous les instruments d'oppression imaginés par le despotisme politique et monacal, et invente un système de tyrannie tel que l'humanité n'en a jamais subi de pareil.

Rien n'arrête ce logicien inflexible. Il ne recule pas, comme Morus, devant la communauté des femmes. Sur ce point, il suit les traces de Platon, et reconnaît l'intime connexité qui existe entre l'abolition de la propriété et celle de la famille. « L'esprit de « propriété, dit-il, ne grandit en nous, que parce que « nous avons une maison, une femme et des enfants « en propre. De là vient l'égoïsme, car pour élever « un fils jusqu'aux dignités et aux richesses, et pour « le faire héritier d'une grande fortune, nous dilapi- « dons le trésor public, si nous pouvons dominer les « autres par notre richesse et notre puissance; ou « bien, si nous sommes faibles, pauvres et d'une « famille obscure, nous devenons avares, perfides et « hypocrites (p. 170). »

La promiscuité des sexes règne donc dans la cité du Soleil. Mais Campanella n'abandonne pas les unions au hasard et au caprice. La génération devient dans son système une haute fonction sociale, dont l'exercice a pour but le perfectionnement progressif de l'espèce humaine. Campanella s'étonne que l'on consacre à l'amélioration des races d'animaux des soins que l'on refuse à celle du genre

humain. Il veut donc que des magistrats président à
l'assortiment des couples, et il s'abandonne sur cet
objet à des dissertations d'un incroyable cynisme.
Ainsi, la liberté se trouve bannie même de l'amour.

Inutile d'ajouter que Campanella, continuant à
s'inspirer de Lycurgue et de Platon, impose aux
femmes l'obligation de se livrer sans voiles aux exercices du corps, et de se rendre propres à partager
avec les hommes les fatigues de la guerre.

De même qu'en Utopie, tout est commun dans la
cité du Soleil, maisons, appartements, repas, lits
et travaux. Tous les six mois, les magistrats dési-
gnent à chacun le cercle, la maison et la chambre
qu'il doit occuper, sans doute afin d'éviter que l'appropriation des logements ne naisse d'un trop long
séjour. Tous les arts mécaniques et spéculatifs sont
communs aux deux sexes. Seulement, les travaux
qui exigent plus de vigueur sont exécutés par les
hommes. Les produits du travail sont répartis par les
magistrats en proportion des besoins de chacun.
Les repas sont pris dans de vastes réfectoires, où
l'on garde le silence comme dans les couvents et l'on
entend des lectures instructives. Les jeunes gens des
deux sexes font le service domestique. Sur les questions économiques et administratives, Campanella
n'ajoute rien aux solutions données par ses devanciers. Ses successeurs ont dû se traîner dans la même
ornière, car le système de la communauté est un
moule inflexible dont toutes les épreuves se res-
semblent.

Campanella n'a pu se dissimuler l'objection fondamentale qui frappe au cœur le communisme. Voici
en quels termes il l'expose et la résout :

L'HOSPITALIER [1].

« Mais, dans un pareil état de choses, personne
« ne voudra travailler, chacun s'en remettant au tra-
« vail d'autrui pour vivre, ainsi qu'Aristote l'objecte
« à Platon.

LE GÉNOIS.

« Je sais mal soutenir une discussion, n'ayant
« jamais appris à argumenter. Je t'assure seulement
« que l'amour de ces gens-là pour leur patrie est
« inimaginable. Ne voyons-nous pas, dans l'histoire,
« que plus les Romains méprisaient la propriété,
« plus ils se dévouaient pour le pays? »

L'embarras, les subterfuges, les précautions oratoires des écrivains communistes en présence de cette
objection formidable sont tout à fait caractéristiques.
Cependant, Campanella a l'honneur d'y avoir le premier opposé un semblant de réponse, en présentant
le sentiment du devoir et du dévouement à la patrie
comme un mobile suffisant de l'activité industrielle.
Cette affirmation, démentie par l'expérience et l'assentiment de l'humanité, a été répétée et développée
par les communistes du XVIIIe et du XIXe siècle avec

---

[1] La *Cité du Soleil* est, comme l'*Utopie*, écrite sous la forme du
dialogue. Les interlocuteurs sont le grand-maître des hospitaliers,
et un capitaine génois qui a découvert dans l'île de Tapobrane
la *Cité du Soleil*. Dans l'*Utopie*, Morus joue le rôle de l'hospitalier,
et Raphaël Hythlodée celui du Génois.

un imperturbable sang-froid. Elle est devenue la pierre angulaire de leur doctrine.

Campanella a mêlé à ses plans de rénovation sociale des dissertations inintelligibles sur l'astrologie judiciaire, dont il était infatué, malgré les railleries de Morus, son devancier et son modèle. Comme le fondateur de l'école phalanstérienne, il attribuait aux conjonctions des astres une influence extraordinaire sur la production des êtres animés. Il faisait de la réalisation de ses théories le point de départ de prodigieuses découvertes scientifiques et industrielles. Dans la république solarienne, on verra des charrues marchant à la voile, des navires fendant les eaux sans mâts et sans rames ; l'homme trouvera l'art de voler à travers les airs ; de discerner dans la profondeur des cieux les étoiles les plus éloignées ; d'entendre le concert harmonieux des sphères célestes. Il atteindra une longévité inconnue dans notre société imparfaite. Sa vie pourra s'étendre jusqu'à deux siècles, grâce au calme et à la régularité de ses habitudes, et surtout aux remèdes merveilleux qu'il puisera dans la connaissance approfondie de l'astrologie. Pour comble de prodige, il découvrira l'art de se rajeunir, après chaque période de soixante-dix années.

Toutes ces rêveries se compliquent encore des formules embrouillées d'une métaphysique abstruse.

Tels sont les réformateurs. Non contents de méconnaître les lois de la nature morale, ils font encore bon marché de celles du monde physique. Dans toutes les voies ouvertes à notre intelligence, ils s'abandonnent aux élans déréglés de leur imagination, au lieu de s'avancer d'un pas calme et sûr, appuyés sur l'expérience et le raisonnement. La même fougue qui les pousse à bouleverser l'ordre politique, les porte à renverser les données de la science, à s'égarer à la poursuite de vaines chimères. De même qu'ils s'efforcent, sans le savoir, de ramener les sociétés à la confusion des âges primitifs, ils tendent à rejeter l'esprit humain dans ces systèmes grandioses, mais hypothétiques, qui ont signalé l'enfance de la philosophie, et retardé si longtemps les progrès de nos connaissances.

Malgré la réputation que Campanella devait à d'autres ouvrages de pure philosophie, et aux longues persécutions qu'il eut à subir pour avoir tenté d'arracher le royaume de Naples à la domination espagnole, sa *Cité du Soleil* passa inaperçue du siècle qui vit les Galilée, les Bacon et les Descartes, et fut ensevelie dans un juste oubli. Elle en a été tirée par les modernes utopistes qui se sont engagés dans la même voie, et certes, en la mettant en lumière, ils ont rendu moins service à leur cause qu'à celle des défenseurs de l'ordre social. La *Cité du Soleil*, en effet, est l'expression la plus complète, la plus radicale, la plus logique du système communiste, et cela précisément parce que son auteur, perdant complètement le sentiment du monde réel, habitué à vivre dans un milieu où régnait la communauté, a pu mieux que tout autre apercevoir et déduire les conséquences de ce principe d'organisation sociale, et reconnaître les conditions de son maintien. La promiscuité des sexes, un despotisme terrible et inquisitorial : tel est le dernier mot du communisme. On doit savoir gré à Campanella de l'avoir dit avec tant de franchise. Personne, du moins, ne pourra plus se tromper sur la portée et le résultat final de la doctrine qu'il a défendue.

CHAPITRE XIII.

LE COMMUNISME ET LE SOCIALISME AU XVIIIᵉ SIÈCLE.

I.

Caractères généraux des écrivains de cette époque.

La doctrine de la communauté ne devait point manquer de défenseurs pendant ce XVIIIᵉ siècle qui agita tous les problèmes philosophiques, politiques et sociaux, et qui épuisa toutes les témérités de l'intelligence. Ce siècle succédait en France à une période pendant laquelle les principes d'autorité en matière de croyances et l'absolutisme politique avaient régné sans contestation, et atteint, dans le bien comme dans le mal, l'apogée de leur développement. Il avait à accomplir une œuvre de destruction gigantesque. Il s'agissait de renverser tout un monde, de préparer l'avénement d'une société nouvelle. Il fallait écraser le fanatisme intolérant, briser la domination oppressive du clergé et de la noblesse, vaincre le despotisme des rois, extirper les monopoles et les priviléges, effacer les inégalités féodales et politiques, déraciner un nombre prodigieux de préjugés et d'abus. Malheureusement, les puissants ouvriers qui exécutèrent cette tâche immense dépassèrent quelquefois le but ; ils enveloppèrent dans leurs anathèmes des principes destinés à survivre à l'ancien ordre de choses, et méconnurent des vérités éternelles, qu'ils avaient seulement à dégager d'un impur alliage. Leurs marteaux démolisseurs, en renversant les murs chancelants de l'ancien édifice, frappèrent trop souvent sur ces imposantes et inébranlables colonnes, qui devaient être réservées comme point d'appui de l'édifice nouveau.

Ce fut ainsi que les philosophes du dernier siècle, qui avaient à faire triompher le principe de la liberté des cultes, de l'inviolabilité de la conscience, méconnurent le sentiment religieux, et préconisèrent l'impiété et l'athéisme ; qu'en combattant les priviléges nobiliaires et cléricaux, ils allèrent jusqu'à proclamer l'égalité absolue ; qu'en flétrissant le despotisme, ils tendirent souvent à l'anarchie ; enfin, qu'en frappant les abus de la féodalité et du monopole, ils portèrent la main sur la propriété.

Parmi les écrivains du XVIIIe siècle qui ont dirigé des attaques contre la propriété et montré des tendances communistes, on peut distinguer deux catégories : les uns adoptant franchement le principe de la communauté, le défendent avec conviction, et manifestent la plus entière confiance dans la possibilité de son application. Tels sont Morelly, auteur de la *Basiliade* et du *Code de la Nature*, et Mably. Les autres, et ce sont les plus nombreux, bien que continuant de se rattacher au principe de la propriété, se livrent à des déclamations contre l'ordre social auquel il sert de base, et posent imprudemment des prémisses qui aboutissent au communisme. J.-J. Rousseau, Helvétius, Diderot, Linguet, Necker, sont les plus éminents de ces écrivains, chez lesquels la justesse de la pensée n'accompagne pas toujours l'éclat du style. Enfin, un homme qui devait jouer un rôle important dans la révolution française, Brissot-Warville, dirigea contre la propriété une attaque forcenée; mais il s'abstint de conclure, et ne proposa aucun principe nouveau pour remplacer celui qu'il s'efforçait de renverser.

II.

MORELLY. — MABLY.

LE CODE DE LA NATURE DE MORELLY. — Projet de législation d'une société communiste. — Mably répond aux physiocrates par ses *Doutes sur l'ordre naturel et essentiel des Sociétés.*— Il professe le communisme. — Il s'inspire de Lycurgue, de Platon et de la constitution des cités antiques.

Ce fut en 1753 que Morelly publia sous ce titre : *Les Iles flottantes de la Basiliade,* un roman allégorique dans lequel il développait le tableau d'une société fondée sur la communauté des biens. Cette composition, que l'auteur appelait modestement « un

poëme aussi nouveau par son sujet que par sa construction, dans lequel la vérité était revêtue de toutes
les grâces de l'épopée [1], » fut vivement attaquée par
les critiques du temps. Morelly répondit en 1755
par la publication du *Code de la Nature*, ouvrage
dans lequel il résuma, sous une forme dogmatique,
les doctrines qu'il avait mêlées dans son premier
écrit au récit d'aventures imaginaires.

Morelly n'a rien ajouté au fond des idées développées par Morus et Campanella; mais ce qui le distingue, ce sont les efforts qu'il a faits pour asseoir le
système de la communauté sur une théorie morale et
philosophique, pour réfuter les objections devant
lesquelles ses devanciers étaient restés muets, enfin
c'est la forme législative sous laquelle il a exposé le
plan de la société régénérée.

C'est une vérité reconnue par les philosophes et les
moralistes de tous les temps, que l'homme naît avec
le sentiment de l'amour de soi, qui n'est autre chose
au fond que l'instinct de conservation sans lequel ni
l'individu, ni l'espèce ne pourrait subsister. Ce sentiment le porte à s'emparer des objets propres à satisfaire ses besoins ou ses désirs, à se faire sur la terre
une place aussi large que possible. L'homme, s'il
obéissait exclusivement à cette impulsion, devien-
drait égoïste et envahisseur; mais la raison intervient
pour en régler et modérer l'influence : elle reconnaît
des lois supérieures aux appétits naturels. De là nais-

[1] *Code la Nature,* page 1.

sent la morale, la science du droit, qui tendent non
pas à détruire l'amour de soi, mais à le contenir dans
de justes limites, à opposer une barrière à ses excès.

D'après ce système, sanctionné par l'assentiment
général, l'homme se trouve sollicité par deux forces
contraires, l'une instinctive et spontanée, l'autre
réfléchie et raisonnée. C'est l'antagonisme des passions et du devoir. Il dépend de notre liberté de
choisir entre ces deux mobiles, et de notre option
résulte le mérite ou le démérite de nos actes.

Du sentiment de l'amour de soi naissent deux tendances opposées. L'une porte l'homme à épargner
sa peine, à éviter la fatigue ; elle engendre l'indolence et la paresse : l'autre le pousse à rechercher la
plus complète satisfaction de ses besoins, la plus
grande somme de jouissance. Celle-là seule peut
mettre en jeu l'activité de ses facultés. Elle ne stimule suffisamment son énergie, que lorsqu'il est assuré de posséder exclusivement le fruit de ses travaux. C'est là une vérité aussi généralement admise
que la première.

Or, ces deux principes sapent également le communisme par sa base. En effet, si l'amour de soi est
l'un des éléments essentiels de la nature de l'homme,
le communisme, qui exige l'abdication de la personnalité, est contraire à cette nature, et ne peut subsister qu'à l'aide d'une compression systématique. Si
les passions individuelles sont en état de lutte contre
le droit et la morale, qui tendent à les régler, mais
non à les détruire, ne réagiront-elles pas avec une

indomptable énergie contre un état social qui prétend les supprimer ?

En supposant que l'on soit parvenu à fonder une société communiste, ne verra-t-on pas la propriété se reconstituer par une tendance irrésistible ? Dès lors, à quoi bon préconiser la communauté, à quoi bon l'établir, si elle est fatalement destinée à périr sous les efforts du sentiment de la personnalité profondément enraciné dans le cœur de l'homme ?

D'un autre côté, si l'aiguillon de la jouissance exclusive, le désir de la propriété peut seul stimuler l'activité productive, le communisme, qui anéantit ce mobile, conduit la société à la paresse, à la torpeur, à la misère. Pour entretenir dans son sein un reste de travail, il faut avoir recours à la contrainte légale, établir d'une part le despotisme, de l'autre la servitude.

Morelly sentit la difficulté. Pour la résoudre, il nia l'antagonisme de la passion et de la raison, il nia l'indolence naturelle de l'homme.

En conséquence, il proclama l'absurdité de notre morale, qui n'est fondée, selon lui, que sur des préjugés invétérés. Il déclara que tous les préceptes des moralistes anciens et modernes sont erronés et pernicieux. « Écoutez-les tous, dit-il, ils vous pose-
« ront pour principe incontestable et pour base de
« tous leurs systèmes, cette importante proposition :
« L'homme naît vicieux et méchant. Non, disent
« quelques-uns, mais la situation où il se trouve
« dans cette vie, la constitution même de son être

« l'exposent inévitablement à devenir pervers. Tous
« prenant ceci à la rigueur, aucun ne s'est imaginé
« qu'il en pouvait être autrement; aucun ne s'est
« avisé qu'on pouvait proposer et résoudre cet excel-
« lent problème : trouver une situation dans la-
« quelle il soit presque impossible que l'homme soit
« dépravé ou méchant, ou du moins *minima de*
« *malis* [1]. »

Morelly pose donc en principe que, l'homme est
bon en sortant des mains du Créateur; que ses passions sont légitimes dans leurs tendances. Ce sont,
suivant lui, nos institutions vicieuses et compressives
qui les exaspèrent et les rendent mauvaises. Notre
triste morale et notre lugubre éducation sont cause
de tout le mal. L'auteur poursuit de ses invectives et
de ses sarcasmes les législateurs et les moralistes,
qui, depuis six à sept mille ans, ont méconnu ces importantes et précieuses vérités. « Ces guides, aussi
« aveugles que ceux qu'ils prétendaient conduire,
« ont éteint tous les motifs d'affection qui devaient
« nécessairement faire le lien des forces de l'huma-
« nité.... Ils ont allumé l'incendie d'une ardente
« cupidité : ils ont excité la faim, la voracité d'une
« avarice insatiable. Leurs folles constitutions ont
« exposé l'homme au risque continuel de manquer
« de tout. Est-il étonnant que, pour repousser ces
« dangers, les passions se soient embrasées jusqu'à
« la fureur? Pouvaient-ils mieux s'y prendre pour

---

[1] *Code de la Nature,* p. 48.

« faire que cet animal dévorât sa propre espèce?...
« Que naît-il de leurs travaux ? De volumineux
« traités de morale et de politique qui, sous le titre
« de remèdes, recèlent des poisons. Beaucoup de ces
« ouvrages peuvent donc s'intituler, les uns : L'art de
« rendre les hommes méchants et pervers sous les
« plus spécieux prétextes, et à l'aide même des plus
« beaux préceptes de probité et de vertu ; l'étiquette
« des autres sera : Moyens de policer les hommes
« par les réglements et les lois les plus propres à les
« rendre féroces et barbares. (Page 63.) »

Quel est donc le principe social qui doit remplacer
l'ancienne organisation, si contraire à la nature ?
C'est celui de l'unité indivisible du fonds de production. Sous l'empire de ce principe, l'homme dévelop-
pera ses sentiments naturels de bienveillance et de
sociabilité, et ne connaîtra point les vices et les crimes
qui naissent de l'égoïsme. « Le seul vice que je con-
« naisse dans l'univers, dit Morelly, est l'avarice ;
« tous les autres, quelque nom qu'on leur donne,
« ne sont que des tons, des degrés de celui-ci ; c'est
« le Protée, le Mercure, la base, le véhicule de tous
« les vices. Analysez la vanité, la fatuité, l'orgueil,
« l'ambition, la fourberie, l'hypocrisie, le scéléra-
« tisme ; décomposez de même la plupart de nos
« vertus sophistiques, tout cela se résout en ce subtil
« et pernicieux élément, le désir d'avoir ; vous le re-
« trouverez au sein même du désintéressement.

« Or, cette peste universelle, l'intérêt particulier,
« cette fièvre lente, cette étisie de toute société, au-

« rait-elle pu prendre où elle n'eût jamais trouvé
« non-seulement d'aliment, mais le moindre ferment
« dangereux?

« Je crois qu'on ne contestera pas l'évidence de cette
« proposition : *Que là où il n'existerait aucune pro-*
« *priété, il ne pourrait exister aucune de ses perni-*
« *cieuses conséquences.* »

Abordant l'objection tirée de la nécessité du sentiment de l'intérêt personnel comme stimulant de
l'énergie humaine, Morelly soutient que l'homme est
naturellement actif; qu'un travail monotone et pro-
longé rebute seul son ardeur. « La paresse n'est en-
« gendrée que par les institutions arbitraires, qui
« prétendent fixer pour quelques hommes seule-
« ment, un état permanent de repos que l'on nomme
« prospérité, fortune, et laisser aux autres le travail
« et la peine. Ces distinctions ont jeté les uns dans
« l'oisiveté et la mollesse, et inspiré aux autres de
« l'aversion et du dégoût pour des devoirs forcés.
« (Page 79.) »

Les théories de Morelley ont cela de remarquable,
qu'elles contiennent les principales idées invoquées
depuis par le fondateur de l'école phalanstérienne.
On y retrouve la réhabilitation des passions, qui
n'est au fond que le fameux dogme de l'impeccabilité
soutenu par les anabaptistes, le principe du travail
attrayant, la condamnation des doctrines morales
admises depuis l'origine des siècles par l'humanité.
Les déclamations de Morelly contre la morale et l'état
social fondé sur la propriété sont le type de ces gro-

tesques emportements, de ces anathèmes excentriques auxquels se livre Fourier contre les préceptes de la tempérance et de la résignation, le système d'exploitation morcelée, et la civilisation perfectible et perfectibilisante, comme il l'appelle.

La quatrième partie du livre est intitulée : « Modèle « de législation conforme aux intentions de la na- « ture. » Elle contient les décrets organiques de la société communiste. Le premier, est ainsi désigné : « Lois fondamentales et sacrées qui couperaient ra- « cine aux vices et à tous les maux d'une société. » Il ne se compose que de trois articles; mais ces articles renferment tout le communisme. Les voici :

« 1° Rien dans la société n'appartiendra singu- « lièrement ni en propriété à personne, que les choses « dont il fera un usage actuel, soit pour ses besoins, « ses plaisirs ou son travail journalier. »

« 2° Tout citoyen sera homme public, sustenté et « entretenu aux dépens du public. »

« 3°. Tout citoyen contribuera pour sa part à « l'utilité publique, selon ses forces ses talents et « son âge; c'est sur cela que seront réglés ses de- « voirs, conformément aux lois distributives. »

Voilà le principe de M. Louis Blanc : les droits sont proportionnels aux besoins, les devoirs aux facultés.

Les lois distributives ou économiques établissent un mode de répartition des produits semblable à celui de l'*Utopie*. Elles divisent la nation en familles, tribus, cités et provinces. Afin d'éviter l'accumulation, elles interdisent aux citoyens la vente et l'échange, ces contrats que la législation romaine, si fortement empreinte d'un caractère national et exceptionnel, considérait cependant comme les liens essentiels du genre humain, et protégeait même en faveur de l'étranger, de l'ennemi.

La loi agraire établit une espèce de conscription agricole : Tout citoyen, sans exception, depuis vingt ans jusqu'à vingt-cinq, est obligé d'exercer l'agriculture.

La loi édile règle le plan des cités communistes, la disposition des quartiers, des bâtiments d'habitation et d'exploitation, l'établissement des hôpitaux, des asiles pour la vieillesse, et des prisons pour les malfaiteurs, car il y a des prisons sous le règne de la nature.

D'autres décrets organisent le travail et la hiérarchie des fonctions industrielles, établissent l'uniformité et la simplicité des vêtements (Lois de police, lois somptuaires).

Morelly, par la même inconséquence que Morus, admet le mariage et la famille. Aux termes des « lois « conjugales qui préviendront toute débauche, » tout citoyen devra se marier, sitôt l'âge nubile accompli. Le célibat ne sera permis à personne qu'après l'âge de quarante ans. Le divorce pourra être autorisé après dix ans de mariage. Des lois d'éducation préviennent les suites de l'aveugle indulgence des pères pour leur progéniture. Les mères doivent allaiter elles-mêmes leurs enfants et ne peu-

vent s'en dispenser que pour cause de santé dûment
prouvée. A l'âge de cinq ans, tous les enfants de l'un
et l'autre sexe sont soumis à une éducation commune,
dans un vaste gymnase. Les pères et les mères de
famille remplissent à tour de rôle les fonctions d'ins-
tituteurs; ils sont relevés tous les cinq jours. A dix
ans, les enfants passent dans les ateliers où ils reçoivent l'instruction professionnelle.

« Les maîtres et maîtresses, ainsi que les chefs de
« profession, joindront aux exercices mécaniques les
« instructions morales. On attendra que l'idée de la
« Divinité naisse spontanément chez les enfants, par
« suite du développement naturel de la raison. On
« se gardera bien de leur donner de cet être ineffa-
« ble aucune idée vague, et de prétendre leur en
« expliquer la nature par des termes vides de sens.
« On leur dira tout nuement que l'auteur de l'uni-
« vers ne peut être connu que par ses ouvrages, qui
« ne l'annoncent que comme un être infiniment bon
« et sage, mais qu'on ne peut comparer à rien de
« mortel. On fera connaître aux jeunes gens que
« les sentiments de sociabilité qui sont dans l'homme,
« sont les seuls oracles des intentions de la Divinité.
« (Page 171.)

« Tous les préceptes, toutes les maximes, toutes
« les réflexions morales seront déduits des lois fon-
« damentales et sacrées, et toujours relativement à
« l'union et à la tendresse sociale.

« Les magistrats veilleront avec soin à ce que les
« lois et réglements pour l'éducation des enfants

« soient partout exactement observés, et surtout à ce
« que les défauts de l'enfance qui pourraient tendre
« à l'esprit de propriété soient sagement corrigés et
« prévenus. Ils empêcheront aussi que l'esprit ne
« soit imbu dans le bas âge d'aucune fable, conte ou
« fiction ridicule. (Page 172.) »

Un fait qui mérite d'être signalé, c'est que le plan
d'éducation proposé par Morelly, renferme les principales idées que Rousseau développa dans l'*Emile*.
L'allaitement des enfants par leurs mères; le silence
gardé à l'égard du jeune âge sur la notion de la Divinité; la religion réduite à un étroit déisme; la
proscription de ces fictions ingénieuses qui font les
délices de l'enfance sont, en effet, les bases du système
soutenu avec tant d'éclat par Jean-Jacques, sept ans
après la publication du *Code de la Nature* [1].

Comme presque tous les communistes, Morelly a
horreur des hautes spéculations philosophiques. Il
trace donc des « lois des études qui empêcheront
« les égarements de l'esprit humain et toute rêverie
« transcendante [2]. » Voici à quoi se réduisent, sous
le règne de la communauté, la morale et la métaphysique.

« Il n'y aura absolument point d'autre philoso-
« phie morale, que sur le plan et le système des
« lois; les observations et les préceptes de cette
« science n'appuieront que sur l'utilité et la sagesse
« de ces lois...

---

[1] Le *Code de la Nature* parut en 1755; l'*Émile* en 1762.
[2] (Sic.) Id., 4e partie, p. 173.

« Toute métaphysique se réduira à ce qui a été
« précédemment dit de la Divinité. A l'égard de
« l'homme, on ajoutera qu'il est doué d'une raison
« destinée à le rendre sociable; que la nature de ses
« facultés, ainsi que les principes naturels de leurs
« opérations, nous sont inconnus; qu'il n'y a que
« les procédés de cette raison qui puissent être suivis
« et observés par une attention réfléchie de cette
« même faculté; que nous ignorons ce qui est en
« nous la base et le soutien de cette faculté, comme
« nous ignorons ce que devient ce principe au trépas :
« on dira que, peut-être ce principe intelligent sub-
« siste-t-il encore après la vie, mais qu'il est inutile de
« chercher à connaître un état sur lequel l'auteur de la
« nature ne nous instruit par aucun phénomène :
« telles seront les limites prescrites à ces spéculations.

« Il y aura une espèce de code public de toutes
« les sciences, dans lequel on n'ajoutera rien à la
« métaphysique ni à la morale, au delà des bornes
« prescrites par les lois : on y joindra seulement les
« découvertes physiques, mathématiques ou méca-
« niques, confirmées par l'expérience et le raison-
« nement. »

Ainsi, le législateur du communisme relègue l'idée
de Dieu dans les profondeurs de l'inconnu, et réduit
l'immortalité de l'âme à une simple possibilité, dont
il est inutile de se préoccuper. Il interdit à l'homme
les plus nobles études, et enchaîne son intelligence
aux choses de la terre. Tous les despotismes se res-
semblent : la communauté, comme l'empire du

sabre, supprime l'académie des sciences morales et politiques.

Morelly règle par un décret spécial la forme du gouvernement de la société communiste. Elle repose sur un système de roulement qui investit chacun à son tour des fonctions publiques. Chaque famille donne alternativement un chef à la tribu dont elle fait partie. Ce chef est à vie. Les cités sont gouvernées par un sénat composé de tous les pères de famille âgés de plus de cinquante ans, et par un magistrat annuel investi du pouvoir exécutif. Les chefs de tribu sont revêtus successivement de cette magistrature. Chaque cité donne à son tour un chef annuel à sa province, et chaque province donne de même un chef à vie à tout l'État.

Il y a un sénat suprême de la nation, annuellement composé de deux ou de plusieurs députés du sénat de chaque cité; chaque membre de ces derniers sénats est député à son tour.

A côté des sénats municipaux, il y a un conseil composé des chefs de famille n'ayant pas atteint l'âge sénatorial. Un conseil suprême, recruté parmi les conseils particuliers, par le même mode que le sénat national, siége auprès de celui-ci. Ces conseils n'ont que voix consultative.

Le pouvoir des sénats est borné à la confection des réglements relatifs à l'exécution des lois. Ces lois, étant le nec plus ultra de la perfection, enchaînent à tout jamais les générations futures. Il est défendu, sous les peines les plus sévères, de les changer. On voit que le législateur met de côté toute fausse modestie.

Telle est cette bizarre constitution qui livre le pouvoir au hasard de la longévité, et place le despotisme de la loi sous la sauve-garde d'une anarchie organisée.

Morelly couronne son œuvre par des lois pénales « aussi peu nombreuses que les prévarications, aussi « douces qu'efficaces. » Les fautes graves sont punies par la réclusion dans des prisons cellulaires, bâties au milieu d'affreuses solitudes et hérissées de grilles impénétrables. Le meurtrier et tout citoyen, quel que soit son rang, qui aurait tenté par cabale ou autrement « d'abolir les lois sacrées pour introduire « la détestable propriété, » après avoir été convaincu et jugé par le sénat suprême, « sera enfermé pour « toute sa vie, comme fou, furieux et ennemi de l'hu-« manité, dans une caverne bâtie, comme il a été dit, « Loi Édile XI [1], dans le lieu des sépultures publi-« ques. Son nom sera pour toujours effacé du dé-« nombrement des citoyens ; ses enfants et toute sa « famille quitteront ce nom, et seront séparément « incorporés dans d'autres tribus, cités ou pro-« vinces. »

---

[1] Loi Edile XI. — Près de la prison sera le champ de la sépulture, environné de murailles, dans lequel seront séparément bâties, de très-forte maçonnerie, des espèces de cavernes assez spacieuses et fortement grillées, pour y renfermer à perpétuité, et servir ensuite de tombeaux aux citoyens qui auront mérité de mourir civilement, c'est-à-dire d'être pour toujours séparés de la société.

Les condamnés n'ont point de rémission à attendre. Le droit de grâce et de commutation est proscrit.

Le lecteur aura sans doute été frappé des prodigieuses inconséquences de Morelly. Dans la partie dogmatique de son livre, il pose en principe la bonté naturelle de l'homme, la légitimité de ses passions. Il attribue tous les crimes, tous les vices, à l'infâme propriété qui sert de base à nos institutions sociales. Un tel principe aboutit logiquement, sous l'empire de la communauté, qui doit tarir la source du mal moral, à l'abolition de toute contrainte, de toute loi pénale, à l'impeccabilité et à l'anarchie des anabaptistes, à l'irresponsabilité humaine proclamée par Owen. Et voilà que Morelly inflige des châtiments, bâtit des cachots comme sous le règne de notre détestable civilisation! Ce n'est pas tout. Il déclare que la communauté est l'état le plus conforme à la nature, la source de toute béatitude. Ce régime doit donc se maintenir de lui-même, au bruit des chants d'allégresse de ses bienheureux adeptes. Cependant son législateur invente, pour assurer sa durée, des supplices sans nom!

C'est que la vérité, en vain méconnue, se fait jour au travers des sophismes ; le raisonnement ne peut complétement étouffer la raison. Quand ils approchent de la pratique, les communistes sont forcés, pour peu qu'ils aient conservé le sentiment de la réalité, de donner des démentis à leurs propres théories, de reconnaître la nécessité de la répression, et l'impuissance de la communauté à se défendre contre le sentiment de la personnalité humaine. Ils inscrivent sur le fronton de leur édifice la maxime que Rabelais met sur la porte de l'abbaye de Thélème :

FAY CE QUE VOULDRAS.

Mais ils placent, dans ses profondeurs, des sépulcres pour y enterrer vivants ceux qui ne goûtent pas le bonheur tel qu'ils le comprennent.

Malgré ces contradictions, Morelly n'en est pas moins convaincu de l'excellence de ses lois et de sa doctrine. Dans une préface sentencieuse, il déploie toute l'outrecuidance propre aux réformateurs communistes et socialistes. Voici ce curieux morceau :

« *Non est mora longa.....* (Horace). Qu'on lise ce
« livre ou non, peu m'importe ; mais, si on le lit, il
« faut achever avant toute contestation. Je ne veux
« point d'audience à demi ni de juge prévenu ; il
« faut, pour m'entendre, quitter ses plus chers pré-
« jugés ; laissez un instant tomber ce voile, vous
« apercevrez avec horreur la source de tous maux,
« de tous crimes, là même où vous prétendez puiser
« la sagesse. Vous verrez avec évidence les plus sim-
« ples et les plus belles leçons de la nature perpé-
« tuellement contredites par la morale et la politique
« vulgaire. Si, le cœur et l'esprit fascinés de leurs
« dogmes, vous ne voulez ni ne pouvez en sentir les
« absurdités, je vous laisse au torrent de l'erreur ·
« *Qui vult decipi, decipiatur.* »

Le digne pendant de cette préface, c'est cet hymne de triomphe par lequel M. Proudhon clôt son premier *Mémoire*, et s'applaudit d'avoir porté le coup mortel à la propriété.

Nous avons exposé avec détail le *Code de la Nature*. C'est que ce livre est un écrit capital et la source d'où découlent immédiatement le communisme et le socialisme du siècle présent. C'est de lui que s'inspirèrent Babeuf et ses complices; c'est à lui que M. Louis Blanc rattache cette prétendue école de la fraternité [1] qui, pendant le xviiie siècle et la révolution française, aurait lutté, selon cet écrivain, contre les tendances égoïstes de la bourgeoisie ; c'est par lui que l'*Organisation du travail* et le *Voyage en Icarie* se relient à l'*Utopie* de Morus.

Mably, plus connu par ses travaux historiques que par ses élucubrations socialistes, est, après Morelly, celui des écrivains du xviiie siècle qui a le plus nettement formulé les principes du communisme. C'est dans l'ouvrage intitulé *Doutes sur l'ordre naturel et essentiel des sociétés*, publié en 1768, que cet écrivain invoque pour la première fois l'hypothèse de la communauté. Il répondait au livre fameux dans lequel Mercier de la Rivière développait, sous le titre d'*Ordre naturel et essentiel des sociétés*, les théories de l'école économique de Quesnay. Mercier professait, avec la plupart des physiocrates, les maximes du

---

[1] Voir M. Louis Blanc, *Histoire de la Révolution française*, t. I, page 533.

despotisme. « Il est physiquement impossible, disait-
« il, qu'il puisse subsister un autre gouvernement
« que celui d'un seul. Qui est-ce qui ne voit pas, qui
« est-ce qui ne sent pas que l'homme est formé pour
« être gouverné par une autorité despotique? Par
« cela seul que l'homme est destiné à vivre en société,
« il est destiné à vivre sous le despotisme. — Cette
« forme de gouvernement est la seule qui puisse pro-
« curer à la société son meilleur état possible [1]. »
Mercier proposait donc comme type d'une société
parfaite l'empire de la Chine, où la propriété foncière
se perpétue, et l'agriculture fleurit à l'ombre du pouvoir absolu [2].

A une exagération, Mably oppose une autre exagération ; à une fausse conséquence tirée du principe
de la propriété, il réplique par la négation de ce
principe. Pour établir que la propriété n'est pas le
fondement nécessaire de la société, il cite l'exemple
de Sparte, où la république donnait à chaque citoyen une certaine quantité de terre dont il n'était
qu'usufruitier ; celui du Paraguay, où les jésuites ont
formé une société dont tous les biens sont communs.
« Là, dit-il, chaque habitant est destiné, suivant
« ses talents, ses forces et son âge, à une fonction
« utile, et l'État propriétaire de tout, distribue aux
« particuliers les choses dont ils ont besoin..... On
« dit, il est vrai, que les jésuites ont tourné à leur

---

[1] *Ordre naturel et essentiel des sociétés*, t. I, p. 199, 280 et 281.
[2] *Ephémérides du Citoyen*. Année 1767, t. III, IV, V et VI.

« avantage tous les profits de la république, et
« qu'ils n'ont songé qu'à se faire des esclaves qu'ils
« abrutissent sous le joug d'une dévotion super-
« stitieuse. Mais si, se bornant à être missionnai-
« res, et à donner des mœurs aux Indiens, ils leur
« eussent appris à se gouverner eux-mêmes, et à se
« faire des magistrats qui seraient les économes de
« la république, qui ne désirerait de vivre dans
« cette société platonicienne [1]? »

Les deux exemples de Mably sont également malheureux. Le premier repose sur une fausse appréciation des institutions de Lycurgue : Mably perd de vue
que tout le système spartiate avait pour base l'esclavage des Ilotes [2]. Le second montre la communauté
compagne de l'abrutissement et de la servitude, et
se réduit à une hypothèse qui est justement le point
en litige. Mably n'est pas mieux fondé quand il invoque, à l'appui de son opinion, l'existence des
communautés religieuses.

Cet écrivain reproduit les arguments développés
contre la propriété par Morus, Campanella et Morelly. « Dès que nous avons eu le malheur d'imagi-
« ner des propriétés foncières et des conditions
« différentes, dit-il, l'avarice, l'ambition, la vanité,
« l'envie et la jalousie devaient se placer dans nos
« cœurs pour les déchirer, et s'emparer du gouver-
« nement des États, pour les tyranniser. Etablissez

[1] *Doutes sur l'ordre naturel et essentiel des Sociétés*, lettre 1re,
pages 8 et 9 ; édition de La Haye, 1768.

[2] Voir le chapitre 2 de cet ouvrage, sur le communisme à Sparte.

« la communauté des biens, et rien n'est ensuite
« plus aisé que d'établir l'égalité des conditions, et
« d'affermir sur ce double fondement le bonheur
« des hommes [1]. Peut-on douter sérieusement que
« dans une société où l'avarice, la vanité et l'ambi-
« tion seraient inconnues, le dernier des citoyens
« ne fût plus heureux que ne le sont aujourd'hui
« nos propriétaires les plus riches? (Page 16.) »

Mais la question est précisément de savoir si la
propriété est la cause des passions humaines, ou si,
au contraire, ces passions ne préexistent pas à la propriété, ne sont pas inhérentes à notre organisation.

« Que je crains, dit ailleurs Mably, que votre
« ordre naturel ne soit contre nature! Dès que je
« vois la propriété foncière établie, je vois des for-
« tunes inégales, et de ces fortunes disproportion-
« nées, ne doit-il pas résulter des intérêts différents
« et opposés, tous les vices de la richesse, tous les
« vices de la pauvreté, l'abrutissement des esprits,
« la corruption des mœurs civiles?.... Ouvrez toutes
« les histoires, vous verrez que tous les peuples ont
« été tourmentés par cette inégalité de fortune. Des
« citoyens, fiers de leurs richesses, ont dédaigné de
« regarder comme leurs égaux des hommes con-
« damnés au travail pour vivre; sur-le-champ, vous
« voyez naître des gouvernements injustes et tyran-
« niques, des lois partiales et oppressives, et, pour
« tout dire en un mot, cette foule de calamités sous

---

[1] *Doutes sur l'ordre naturel*, lettre 1re, p. 21 et 22.

« lesquelles les peuples gémissent. Voilà le tableau
« que présente l'histoire de toutes les nations; je
« vous défie de remonter jusqu'à la première source
« de ce désordre, et de ne la pas trouver dans la
« propriété foncière (p. 12 et 13)...... Je ne puis
« donc consentir que la propriété foncière soit d'une
« nécessité physique. La nature, au lieu d'être
« notre mère, serait notre marâtre si elle nous
« eût condamnés à faire cet établissement perni-
« cieux (Page 32). »

Dans le premier livre de son *Traité de la législa-*
tion, publié en 1776, et dans celui *des droits et des*
devoirs du citoyen, Mably consacre de nouveau
l'excellence de la communauté.

A l'objection qui présente l'intérêt personnel
comme le stimulant nécessaire de la production, il
répond, comme Campanella et Morelly, par les doctrines du dévouement et du travail attrayant. « Je
« sais, dit-il, tout ce que la propriété inspire d'ar-
« deur et de goût pour le travail; mais si, dans notre
« corruption, nous ne connaissons plus que ce res-
« sort capable de nous mouvoir, ne nous trompons
« pas jusqu'au point de croire que rien n'y puisse
« suppléer. Les hommes n'ont-ils qu'une passion ?
« L'amour de la gloire et de la considération, si je
« savais le remuer, ne deviendrait-il pas aussi actif
« que l'avarice dont il n'aurait aucun des inconvé-
« nients ? Ne voyez-vous pas l'espèce humaine s'en-
« noblir sous cette législation, et trouver sans peine
« un bonheur que notre cupidité, notre orgueil et

« notre mollesse recherchée nous promettent inuti-
« lement? Il n'a tenu qu'aux hommes de réaliser
« cette chimère de l'âge d'or [1].

«..... Le travail qui accable les laboureurs ne
« serait qu'un amusement délicieux si tous les
« hommes le partageaient [2]. »

Mably continue à invoquer, dans ses ouvrages,
l'exemple de Sparte, qui prouve, selon lui, que nous
ne pouvons trouver le bonheur que dans la communauté des biens, et qu'il faut voir dans la propriété, la première cause de l'inégalité des conditions, et, par conséquent, de tous nos maux [3].

Cependant, comme Platon, Mably n'ose pas proposer l'application immédiate et complète de l'égalité absolue et de la communauté. Faut-il rétablir l'égalité des conditions? avait dit Mercier de la
Rivière? — Non. — « C'est aussi mon sentiment,
« répond de son côté Mably. Le mal est aujourd'hui
« trop invétéré pour espérer de le guérir [4]. » Mais,
en s'exprimant ainsi, Mably n'entend nullement
renoncer à ses théories communistes, il en maintient
toujours l'excellence, et n'attribue les obstacles qui
s'opposent à leur réalisation, qu'aux préjugés en-
racinés de notre éducation, à l'orgueil et à l'avarice
des grands et des riches. Désespérant de vaincre la
propriété de vive force, de l'écraser d'un seul coup,

[1] *Traité des Droits et des Devoirs,* chap. 4.
[2] *Traité de la législation* ou *Principes des lois,* liv. I, chap. 1.
[3] Id., liv. I.
[4] *Doutes sur l'ordre naturel et essentiel des Sociétés,* p. 24.

il affecte pour elle certains ménagements. La propriété, dit-il, étant devenue un fait général, il faut la
respecter et se borner à l'épurer. Mably recherche
donc une organisation sociale qui, sans détruire
complétement la propriété individuelle, « préparera
« les citoyens d'un État corrompu à se rapprocher
« des lois de la nature [1]. » Il consacre à cette recherche les trois derniers livres de son *Traité de la
législation*. Ce prétendu respect pour la propriété
n'est, comme on va le voir, qu'une ruse pour la
frapper plus sûrement. Le communisme, personnifié
dans Mably, la prend en traître. On peut lui appliquer ce vers célèbre :

« J'embrasse mon rival, mais c'est pour l'étouffer. »

Mably s'attache à retracer le « caractère des lois
nécessaires pour réprimer l'avarice, ou prévenir du
moins une partie des maux qu'elle produit, dans les
Etats où la propriété est connue [2]. » Il fait un éloge
emphatique de la pauvreté, de la frugalité des républiques anciennes, et se livre à de fastidieuses ampli-
fications sur le thème de la prosopopée de Fabricius.
Ce sont les institutions de Sparte qui excitent surtout
son enthousiasme. Faut-il citer une autorité sans réplique? Il invoque le grand nom de Lycurgue, partout et toujours Lycurgue. La *République* et le *Traité
des Lois de Platon* sont aussi l'une des sources où il

[1] *Traité de la législation*, liv. III.
[2] Id., liv. II, chap. 2.

puise ses inspirations. A vrai dire, son livre n'est qu'un commentaire ampoulé de la constitution de Lacédémone et des ouvrages politiques du philosophe de l'académie.

Ainsi que son devancier athénien, Mably proclame la nécessité de limiter les fortunes. On devra faire des lois agraires, pour fixer le maximum des terres que chaque citoyen pourra posséder; des lois sur les successions, pour empêcher les biens de passer d'une famille dans une autre. On supprimera le droit de tester; on proscrira le commerce et la finance. Des lois somptuaires imposeront une rigoureuse simplicité. Mably ne laisse point échapper cette occasion de débiter, contre le luxe et les arts, ces déclamations si familières à son siècle. Il n'est point partisan des grands Etats modernes; il voudrait revenir au système des cités antiques, plus favorable, selon lui, à la liberté et à la vertu.

Tous les enfants recevront une éducation égale et commune. Quant aux femmes, il faudra en faire des hommes, comme à Sparte, ou les condamner à la retraite. Mably reproche à Platon d'avoir voulu les rendre communes. Il ne comprend point la nécessité logique par laquelle ce philosophe a été conduit à ce résultat.

La république ne souffrira point d'athées. Elle imposera à tous la croyance à l'Etre suprême. Mably fait l'éloge du catholicisme et préconise l'alliance de la religion et de la philosophie.

Les trois derniers livres du *Traité de la législa-*

tion de Mably, dont nous venons de tracer une rapide analyse, sont inspirés par la même pensée qui porta Platon à écrire le *Livre des Lois*. Pour Mably, comme pour Platon, la limitation des fortunes, la prohibition des arts, de l'industrie et du commerce, ne constituent qu'un état social imparfait et transitoire. La communauté seule réalise, à leurs yeux, l'idéal de la perfection ; seule elle permet d'établir cette égalité absolue des conditions qui est l'objet de leurs vœux. Ainsi, le système du *Livre des Lois*, reproduit par Mably et par d'autres écrivains de la même école, n'est qu'un acheminement vers la communauté, un moyen d'affaiblir le principe de la propriété, pour arriver à sa suppression définitive. Les socialistes égalitaires, qui réclament des lois restrictives de la propriété et de l'hérédité, la limitation des fortunes, la suppression du droit de tester, les impôts progressifs et somptuaires, se rattachent tous au second Traité politique de Platon, de même que les communistes sont issus du *Livre de la République*. Mais parmi ces partisans de l'égalité, il en est beaucoup qui, tout en suivant la grand'route du communisme, se flattent de n'y point aboutir. Cette prétention ne prouve que le peu d'étendue de leur esprit. Les grands maîtres du socialisme, qu'ils copient servilement, ont eu plus de longueur de vue et plus de franchise. Ils n'ont pas hésité à montrer dans le communisme le terme et la conclusion inévitable des institutions qu'ils proposaient pour restreindre la propriété. Nous verrons que cette conséquence des théories égalitaires n'a pas échappé à la logique des partis qui, dans la pratique, ne s'arrêtent point aux capitulations de conscience de quelques rêveurs inconséquents.

III.

ROUSSEAU.

Il condamne et justifie tour à tour la civilisation. — Il ne conçoit pas la société sans la propriété. — Il se rattache aux théories égalitaires du *Livre des Lois*. — Erreurs où l'entraîne son admiration pour les républiques anciennes.— La plupart de ses contemporains les partagent.—Imprudentes déclamations de Necker et de Linguet.

Parmi les écrivains du XVIIIᵉ siècle, J.-J. Rousseau est celui qui a donné la plus puissante impulsion à ce mouvement intellectuel d'où est issue la révolution française, et qui nous agite encore aujourd'hui. Ses ouvrages, singulier mélange de brillantes vérités et de graves erreurs, de nobles inspirations et de déplorables paradoxes, sont un arsenal dans lequel les doctrines les plus fausses et les plus funestes, comme les plus pures et les plus utiles, trouvent également des armes. L'une des questions sur lesquelles Rousseau a été le plus souvent invoqué est celle de la propriété. Les communistes modernes, cherchant partout des autorités à l'appui de leur système, se sont efforcés de l'enrôler sous leur bannière [1]. Ce-

---

[1] MM. Cabet, *Voyage en Icarie*. — Villegardelle, *Histoire des idées sociales avant la Révolution française*.

pendant, l'étude attentive de ses écrits prouve que,
loin d'être partisan de la communauté, Rousseau ne
comprend point la société sans la propriété, que société et propriété sont, dans son esprit, deux termes
pour ainsi dire identiques.

Les ouvrages de Rousseau présentent deux ordres
d'idées distincts et contradictoires. Tantôt il prononce anathème contre la société, il préconise un
prétendu état de nature dans lequel l'homme, livré
au seul instinct, aurait mené une existence purement
bestiale; il maudit le jour où l'espèce humaine sortit
des forêts pour former le premier établissement fixe,
et où sa curiosité, aidée par l'invention des langues,
donna naissance aux arts et aux sciences, sources de
malheurs et de corruption. Tantôt, au contraire,
Rousseau accepte la société comme un fait inévitable,
et rapporte à son institution le développement des
plus nobles attributs de l'humanité; il recherche les
conditions du pacte fondamental sur lequel elle repose suivant lui et les règles légitimes de son administration; il trace les préceptes qui doivent diriger
l'éducation de l'homme destiné à vivre sous l'empire
des lois sociales, et former l'âme du citoyen.

C'est surtout dans le discours sur l'origine de
l'inégalité que Rousseau a exhalé ses colères contre
la société. Écoutons-le :

« Le premier qui, ayant enclos un terrain, s'avisa
« de dire : Ceci est à moi, et trouva des gens assez
« simples pour le croire, fut le vrai fondateur de la
« société civile. Que de crimes, de guerres, de meur-

« tres, que de misères et d'horreurs n'eût point épar-
« gnés au genre humain celui qui, arrachant les
« pieux ou comblant le fossé, eût crié à ses sem-
« blables : Gardez-vous d'écouter cet imposteur ; vous
« êtes perdus si vous oubliez que *les fruits sont à*
« *tous, et que la terre n'est à personne* [1]. »

Dans ce passage célèbre, Rousseau établit le rapport intime qui existe entre la propriété et la société
elle-même. Il résume en une phrase énergique le
principe de la communauté; mais il ne veut parler
que de cette communauté primitive et sans règles qui
règne entre des sauvages errants au sein des forêts.
Pour lui, la communauté n'est que la négation de
toute société.

Ce n'est donc point la propriété seulement que
Rousseau poursuit de ses attaques, c'est la société,
c'est la civilisation elle-même, dont la propriété est
à ses yeux la base nécessaire. Il n'isole point cês deux
idées l'une de l'autre ; il ne prétend point que l'on
puisse détruire la propriété et constituer un nouvel
ordre social fondé sur l'indivisibilité du fonds de production, ce qui est le caractère distinctif de la doctrine communiste. Il se borne à gémir sur les maux
inévitables qu'entraîne, pour l'humanité, le passage
du prétendu état de nature à l'état civil, sur les misères au prix desquelles l'homme achète le développement de son intelligence et la connaissance du
bien et du mal moral.

---

[1] *Discours sur l'origine de l'inégalité*, 2ᵉ partie, au commencement.

Là est l'originalité de Rousseau ; il ne fait point une théorie ; il ne conclut point à un changement radical des bases de la société. Il pousse un cri de désespoir, il adresse une plainte amère à cette puissance inexorable qui a fait de si dures conditions d'existence à notre espèce. Alors il trace le sombre tableau de la destinée humaine ; il développe, dans des pages pleines d'éloquence, ses griefs contre cette civilisation que nous impose une irrésistible fatalité. C'est par là qu'il se rapproche des socialistes modernes, bien que ses critiques soient inspirées par une pensée toute différente.

Qu'on relise la deuxième partie du discours sur l'origine de l'inégalité et surtout la note neuvième à la suite de ce discours, et l'on y trouvera, formulés dans un admirable style, la plupart des reproches que nous entendons journellement adresser à l'ordre social. Rousseau impute à la civilisation la dépravation de l'homme, créé bon par la nature. C'est, suivant lui, la société qui fait naître entre les individus des intérêts opposés et des haines réciproques. « Il n'y a « peut-être pas, dit-il, un homme aisé à qui des hé- « ritiers avides, et souvent ses propres enfants, ne « souhaitent la mort en secret ; pas un vaisseau en « mer dont le naufrage ne fût une bonne nouvelle « pour quelque négociant ; pas une maison qu'un dé- « biteur ne voulût voir brûler avec tous les papiers « qu'elle contient ; pas un peuple qui ne se réjouisse « des désastres de ses voisins... Les calamités pu- « bliques font l'attente et l'espoir d'une multitude de

« particuliers. Les uns veulent des maladies, d'autres
« la mortalité, d'autres la guerre, d'autres la fa-
« mine [1]. » Il expose ensuite les effets désastreux du
travail excessif des pauvres et de la mollesse des
riches, des fraudes et des falsifications commerciales.
Il met sur le compte de la propriété établie, et par
conséquent de la société, les assassinats, les vols, les
empoisonnements et la cruelle nécessité des peines.
Enfin, il semble deviner Malthus, et combat par
avance les doctrines qui cherchent, dans la contrainte
morale, un préservatif contre l'excès de la population. « Combien de moyens honteux, s'écrie-t-il,
« d'empêcher la naissance des hommes et de tromper
« la nature!..... Que serait-ce si j'entreprenais de
« montrer l'espèce humaine attaquée dans sa source
« même, et jusque dans le plus saint de tous les liens,
« où l'on n'ose plus écouter la nature qu'après avoir
« consulté la fortune, et où le désordre civil, confon-
« dant les vertus et les vices, la continence devient
« une précaution criminelle, et le refus de donner
« la vie à son semblable, un acte d'humanité? »
M. Proudhon, attaquant, dans son premier *Mémoire
sur la propriété*, les théories du célèbre économiste
anglais, a-t-il fait autre chose que répéter, en termes indécents, ces idées que Rousseau a su du moins

---

[1] *Discours sur l'origine de l'inégalité,* note 9, page 120, édition
de Rey, Amsterdam, 1772. — On peut comparer ce morceau à un
passage de Fourier, cité par M. L. Reybaud, *Etudes sur les réformateurs,* t. I, p. 340 ; édition Charpentier. Fourier n'a fait que
reproduire, en la développant, l'idée de Rousseau.

rendre tolérables par l'élégance et la chasteté de l'expression.

Après ces amères critiques de la société et de la propriété, identifiées l'une avec l'autre, frappées des mêmes coups, quelle va donc être la conclusion de Rousseau ? La voici :

« Quoi donc ! faut-il détruire la société, anéantir
« le tien et le mien, et retourner vivre dans les forêts
« avec les ours ? Conséquence à la manière de mes
« adversaires, que j'aime autant prévenir que de
« leur laisser la honte de la tirer. O vous à qui la
« voix céleste ne s'est pas fait entendre, et qui ne re-
« connaissez pour votre esprit d'autre destination
« que d'achever en paix cette courte vie ; vous qui
« pouvez laisser au milieu des villes vos funestes ac-
« quisitions, vos esprits inquiets, vos cœurs cor-
« rompus et vos désirs effrénés, reprenez, puisqu'il
« dépend de vous, votre antique et première inno-
« cence, allez dans les bois perdre la vue et la mémoire
« des crimes de vos contemporains, et ne craignez
« point d'avilir votre espèce en renonçant à ses vices.
« Quant aux hommes semblables à moi, dont les
« passions ont détruit pour toujours l'originelle sim-
« plicité, qui ne peuvent plus se nourrir d'herbe et
« de gland ni se passer de lois et de chefs ; ceux qui
« furent honorés dans leur premier père de leçons
« surnaturelles ; ceux qui verront dans l'intention de
« donner d'abord aux actions humaines une mora-
« lité qu'elles n'eussent de longtemps acquise, la
« raison d'un précepte indifférent par lui-même et

« inexplicable dans tout autre système ; ceux en un
« mot qui sont convaincus que la voix divine appela
« tout le genre humain aux lumières et au bonheur
« des célestes intelligences : tous ceux-là tâcheront,
« par l'exercice des vertus qu'ils s'obligent à pra-
« tiquer en apprenant à les connaître, de mériter le
« prix éternel qu'ils en doivent attendre. Ils respecte-
« ront les sacrés liens des sociétés dont ils sont les
« membres ; ils aimeront leurs semblables et les ser-
« viront de tout leur pouvoir ; ils obéiront scrupu-
« leusement aux lois et aux hommes qui en sont les
« auteurs et les ministres ; ils honoreront surtout les
« bons et sages princes qui sauront prévenir, guérir
« ou pallier cette foule d'abus et de maux toujours
« prêts à nous accabler. Ils animeront le zèle de ces
« dignes chefs, en leur montrant sans crainte et sans
« flatterie la grandeur de leur tâche et la rigueur de
« leurs devoirs [1]... »

Ainsi, Rousseau, après avoir maudit la société et
la propriété, déclare que l'on ne peut songer à les
abolir ; il leur attribue une divine origine ; il voit en
elles la source de la moralité des actions humaines,
l'indice et la condition de destinées supérieures à
cette vie terrestre. A vous, matérialistes, à vous, hommes sans croyances, de retourner, si bon vous semble, à la primitive barbarie, de travailler à la destruction de la société. Aux hommes vraiment dignes de ce
nom, à ceux qui croient à une autre vie, à un Dieu

[1] *Origine de l'inégalité*, note 9, p. 126 et 127.

juste dispensateur des peines et des récompenses, il appartient d'élever la dignité de leur nature par le culte des vertus sociales. Voilà le langage de Rousseau [1].

Dès lors, ces mordantes satires de la société, que sont-elles, sinon le cri d'une âme blessée, l'expression hyperbolique de l'indignation qu'inspire à une haute intelligence le spectacle de la corruption humaine, un effort violent tenté pour ramener les hommes à ces principes de morale sans lesquels aucune société, quel qu'en soit le mode d'organisation, ne saurait subsister? Pourrait-on oublier d'ailleurs à quel siècle s'adressait Rousseau? C'était au milieu des honteuses saturnales du despotisme, de la dépravation des classes supérieures, des déclamations d'une philosophie matérialiste et sensuelle, qu'il venait faire entendre les aspirations du spiritualisme et proclamer la loi du devoir. Il fallait frapper les esprits par un étonnant paradoxe, faire honte aux hommes de leur corruption. C'est pour cela que Rousseau en vint à proclamer la supériorité de l'état sauvage et bestial sur une civilisation déshonorée par une immoralité si profonde.

Rousseau n'est donc point un communiste, du

---

[1] Dans le chapitre 8 du *Contrat social*, intitulé de l'État civil, Rousseau fait de nouveau justice de ses déclamations contre l'établissement de la société. C'est à lui qu'il rapporte la naissance de la notion du devoir, la liberté morale et le développement des sentiments et des facultés de l'âme qui, d'un animal stupide et borné, font un être intelligent et un homme.

moins sciemment et de propos délibéré. Ceux qui, invoquant quelques phrases isolées extraites de ses ouvrages, ont prétendu le ranger au nombre des partisans de la communauté, ont complétement méconnu sa pensée. Loin de là, dans ses écrits les plus importants, Rousseau se montre l'éloquent défenseur de la propriété et de la famille. C'est ainsi que, dans les chapitres 8 et 9 du premier livre du *Contrat social*, il range la propriété au nombre des droits primitifs et fondamentaux dont la société assure la jouissance à l'individu, et qu'il s'attache à en légitimer l'origine. Ailleurs, il indique les moyens d'enseigner à l'enfance la nature et la sainteté du droit de propriété, qu'il fait reposer sur ses véritables bases, l'occupation et le travail [1]. Il résume dans un exemple ingénieux et charmant les idées les plus profondes et les plus justes qui aient été émises sur ce sujet. Rousseau ne se sépare pas moins profondément des doctrines communistes, quand il traite les grandes questions morales et philosophiques qui dominent tous les problèmes de la politique et de l'économie sociale. Tandis que le communisme aboutit, par une pente fatale, à l'abolition de la famille, proclame la légitimité des passions, surexcite les appétits physiques, et n'assigne à l'homme d'autre fin que le bonheur terrestre, Rousseau défend la sainteté du lien conjugal, célèbre le triomphe du sentiment du devoir sur les impulsions du désir, exalte les inspirations de

---

[1] *Emile*, t. I, p. 140.

la conscience, le mépris des jouissances matérielles,
et montre, dans la perspective d'une autre vie, le plus
noble mobile de nos actions et l'explication des souffrances et des douleurs qui nous assiégent ici-bas.

Cependant, Rousseau n'est pas sans reproche. S'il
défendit souvent les saines doctrines de la famille et
de la propriété, d'un autre côté il posa des principes
incompatibles avec le maintien de ces grandes institutions. Il fit reposer l'existence de la société sur un
prétendu contrat qui laissait l'indépendance individuelle sans garantie contre le despotisme des masses.
Il soutint que la propriété, inconnue dans l'état de
nature tel qu'il l'entendait, n'était qu'une création
sociale. Il attribua donc à la société, représentée par
le pouvoir politique, un droit souverain sur les biens
de ses membres. C'était autoriser toutes les violations
de la propriété, pourvu qu'elles fussent couvertes du
manteau de la légalité ; c'était frayer la voie au communisme, qui n'est autre chose que l'absorption de
la propriété individuelle par la société, le plein et
entier exercice du droit que l'auteur du *Contrat
social* accordait à l'Etat.

Enfin, Rousseau fut l'un des principaux fauteurs
de cet enthousiasme classique pour les républiques de
l'antiquité, qui entraîna la plupart des écrivains du
XVIIIe siècle dans les plus déplorables erreurs. Dominé
par le souvenir des institutions de Lycurgue et des
lois agraires de Rome, dont le véritable caractère lui
échappait, il rêva une égalité de fortunes inconciliable avec la liberté du travail et le développement de

l'industrie [1]. Pour la faire régner, il proposa d'enlever à tous les citoyens les moyens d'accumuler ; d'établir l'impôt progressif, et d'en aggraver la rigueur au point d'absorber tout le superflu ; de frapper le luxe d'impôts somptuaires [2]. Il est certain qu'avec de pareils moyens, l'égalité absolue ne tarderait pas à régner ; mais ce serait l'égalité dans la misère. Qu'on se figure une société dont les lois feraient systématiquement obstacle à l'accumulation, à la formation des capitaux, ôteraient aux citoyens l'espoir de jouir du fruit de leur travail et d'améliorer leur situation, enfin auraient pour but avoué la spoliation de quiconque dépasserait la moyenne de la pauvreté commune : une telle société ne tarderait pas à être envahie par l'insouciance et la paresse ; elle retournerait rapidement à la barbarie. La poursuite de l'égalité absolue des fortunes pouvait encore se concevoir dans les cités antiques, où il ne s'agissait que de répartir, entre les membres d'une aristocratie guerrière, le produit du travail des esclaves et le butin fait sur l'ennemi. C'était l'égalité des brigands partageant les dépouilles. Mais, dans une société fondée sur la liberté du travail, prétendre établir une telle égalité, c'est commettre un monstrueux anachronisme, c'est détruire le mobile de l'activité, l'aiguillon de l'industrie. Si vous supprimez le fouet et les chaînes

---

[1] *Contrat social*, liv. I, chap. 9, note
[2] *Discours sur l'économie politique*, p. 30, 55 et 61 ; édition Rey, Amsterdam, 1772.

de l'esclave, il ne reste plus qu'un stimulant capable d'éveiller et d'entretenir l'énergie productive : c'est, pour chaque homme, le légitime espoir de jouir des fruits de son travail, de transmettre à ses enfants le produit de ses épargnes. Je ne parle point de l'ascétisme qui a pu, dans quelques communautés monastiques, suppléer, jusqu'à un certain point, l'intérêt personnel et de famille. C'est un sentiment qui n'est accessible qu'à un petit nombre de natures exceptionnelles.

Le système préconisé par Rousseau n'est autre que celui dont Platon a posé les bases dans le *Livre des Lois*, ce résumé des utopies égalitaires de l'antiquité. C'est une transaction entre deux principes inconciliables, la propriété individuelle et l'égalité absolue, transaction qui doit se résoudre ou dans la communauté, qui seule assure l'égalité, ou dans la propriété franchement acceptée. Platon avait présenté ce système bâtard sous son véritable jour, quand il le déclarait inférieur à la communauté et destiné à y aboutir. Morus, Campanella et Morelly en avaient constaté l'impuissance ; ils avaient montré dans l'abolition de la propriété la conséquence nécessaire du principe de l'égalité absolue. Rousseau, esprit moins philosophique, logicien moins profond, n'a pas aperçu le résultat final de ses théories ; il a cru de bonne foi à la possibilité de faire passer sur toutes les existences un inflexible niveau, sans sacrifier la propriété. Pour lui, les lois agraires et limitatives ont été le dernier terme dans la voie de l'égalité, tandis qu'elles ne sont qu'une étape sur celle du communisme. Mably, qui s'inspira des écrits du philosophe de Genève, qui puisa, comme lui, aux sources de l'antiquité, a vu plus loin et plus juste, lorsqu'il a conclu à la communauté.

Enfin, dans l'ordre politique, Rousseau, dominé par ses préoccupations classiques, commit d'autres erreurs non moins graves que celles qu'il avait professées en matière d'organisation sociale. Il méconnut la valeur du gouvernement républicain représentatif ; il ne comprit d'autre liberté que celle qui convie le peuple à délibérer éternellement sur la place publique, et restreint la société politique aux étroites limites d'une ville. Il poussa l'anachronisme jusqu'à regretter l'esclavage, qui lui semblait être la condition de la liberté des citoyens, et à proposer de substituer le fédéralisme qui perdit la Grèce antique à la puissante unité des nations modernes [1].

Cet engouement pour les républiques de l'antiquité, si remarquable chez Rousseau et Mably, fut un caractère commun à un grand nombre d'écrivains du XVIIIe siècle, habitués à contempler la Grèce et Rome à travers le prisme trompeur de l'éducation classique. C'est ainsi qu'Helvétius préconisa la loi agraire, l'abolition des monnaies, l'éducation commune et la division de la France en petites républiques confédérées, et que Montesquieu lui-même, malgré l'étendue de son génie, paya son tribut d'élo-

---

[1] *Contrat social*, liv. III, chap. 15.

ges à l'austérité spartiate. Les lois de Lycurgue se retrouvent au fond de la plupart des projets de réforme proposés à cette époque, et dont la réalisation, vainement tentée pendant la révolution française par les partis les plus exaltés, eût fait rétrograder l'humanité de vingt siècles et tari la source de la civilisation.

Mais Rousseau et ses contemporains s'inspirèrent de modèles plus étranges encore que les institutions d'un petit peuple du Péloponèse. Les découvertes faites par Cook et Bougainville dans la mer du Sud, les récits des mœurs des sauvages du Canada, exercèrent sur les esprits les plus éminents de cette époque une influence extraordinaire. Les Otaïtiens et les Hurons partagèrent avec les Spartiates le privilége d'influer sur les doctrines sociales du siècle dernier. On connaît l'enthousiasme du philosophe de Genève pour la vie sauvage. Diderot écrivit un *Supplément au Voyage de Bougainville* dans lequel il professa sur l'amour libre les plus extravagantes théories. Selon lui, la nature nous invite à la plus complète promiscuité. Nos idées sur le mariage et la chasteté ne sont que de ridicules préjugés. Les habitants d'Otaïti, ces hommes primitifs, nous enseignent que la seule loi des rapports des sexes doit être l'impulsion du désir. Beaucoup d'autres s'engagèrent dans la même voie, et déclamèrent, au nom de la nature manifestée par la sauvagerie, contre les institutions les plus respectables. Étrange aberration, que celle qui portait ces intelligences développées par la civilisation, à chercher le type de la perfection humaine chez des peuplades plongées dans les ténèbres de la barbarie !

Il serait trop long d'énumérer tous les écrivains du siècle dernier qui, en poursuivant avec trop d'ardeur le redressement des abus, le perfectionnement de la société, ont dépassé les limites d'une sage critique et prêté, par d'imprudentes paroles, des armes aux adversaires de la propriété. Ce ne fut pas seulement parmi les admirateurs des cités antiques que se produisirent ces exagérations. On vit un panégyriste du despotisme et un partisan de la monarchie représentative s'abandonner aussi à cette fâcheuse tendance, qui pousse les promoteurs d'idées nouvelles à frapper fort plutôt qu'à frapper juste. Tels furent Linguet et Necker. Animés d'une généreuse sympathie pour les classes vouées aux plus humbles travaux, ils répétèrent les plaintes que Morus avait le premier fait entendre sur leur sort. Ils tracèrent de la condition des prolétaires des tableaux chargés des plus sombres couleurs, et proférèrent de ces paroles amères qui, recueillies par les masses, se traduisent en épouvantables excès.

Dans sa *Théorie des lois civiles*, publiée en 1767, Linguet reproduit les déclamations paradoxales de Rousseau contre la société, et déplore l'inévitable inégalité des conditions. Ils présente les pauvres comme soumis par les riches à une exploitation systématique et à un odieux despotisme. Il compare la situation du prolétaire moderne à celle de l'esclave antique, et n'hésite pas à donner la préférence à celle-ci [1]. L'idée de Linguet a été reproduite et développée de nos jours par les écrivains ultrà démocratiques.

Necker fit entendre des récriminations analogues, dans son célèbre livre sur le commerce des grains. Comme Mably, il cherchait à réfuter les doctrines de l'école de Quesnay, qui tendaient à constituer au profit de la propriété foncière un monopole dangereux, et à compromettre, par la liberté illimitée de l'exportation des céréales, la sécurité de l'approvisionnement national. Necker protesta éloquemment, au nom de l'intérêt des masses, contre cette application excessive du principe de la liberté commerciale; mais il se laissa entraîner à présenter sous l'aspect d'une épouvantable tyrannie les droits résultant de la propriété, qu'il proclamait cependant la seule base possible de l'ordre social. Il devança la fameuse théorie de l'exploitation de l'homme par l'homme, et il contribua ainsi à soulever des haines et des passions terribles, devant lesquelles devait éclater toute l'impuissance de ses bonnes intentions.

Les communistes et les socialistes modernes se sont emparés des imprudentes déclamations de Necker, de Linguet, et de quelques autres écrivains de cette époque, qui se sont engagés dans la même voie. Ils en ont cité les passages les plus véhéments, en les isolant de ceux qui pouvaient leur servir de

---

[1] Voir Linguet, *Théorie des lois civiles*, liv. I, et liv. v, chap. 30.

correctif, heureux de trouver des arguments contre la propriété dans les ouvrages mêmes de ses défenseurs. Cet exemple doit faire comprendre aux hommes véritablement dévoués aux principes d'ordre et de liberté, combien il faut apporter de prudence et de réserve dans la critique des institutions sociales et politiques. Trop souvent il arrive qu'en combattant l'abus d'un principe bon en soi, l'on compromet ce principe lui-même par une ardeur irréfléchie. Alors, au lieu de travailler à l'amélioration de la société, on prête involontairement appui aux passions subversives, aux doctrines anarchiques. Tel a été le sort des écrits que nous venons de signaler. Dirigés seulement contre les abus de la propriété, ils sont devenus une arme redoutable entre les mains de ceux qui aspirent, non à perfectionner, à épurer le principe de la propriété, mais à le détruire.

IV.

BRISSOT DE WARVILLE. — RECHERCHES PHILOSOPHIQUES SUR LE DROIT DE PROPRIÉTÉ ET LE VOL.

Brissot résume toutes les mauvaises doctrines du XVIIIᵉ siècle. — Il nie la propriété et développe les théories professées depuis par M. Proudhon. — Il nie la famille. — Il préconise le retour à la barbarie. — Il conclut par l'excitation au pillage et au meurtre. — Il renonce à ses erreurs.

Nous avons vu Morelly et Mably proclamer le communisme, Rousseau proférer sur la civilisation des anathèmes contradictoires et sans portée, faire le pa-

négyrique de la sauvagerie, préconiser l'égalité absolue et poursuivre la restauration des républiques
de l'antiquité. Nous avons vu plusieurs de ses contemporains professer des doctrines analogues ; Diderot se
livrer sur le mariage et la famille aux débauches de
l'imagination ; enfin des partisans de la propriété, cédant à un vain amour du paradoxe, parler d'elle
comme ses ennemis.

Il devait se trouver un homme qui prît à tâche de
recueillir et de résumer toutes ces erreurs, de les
combiner avec le grossier matérialisme des d'Holbach
et des Lamettrie, et de concentrer ces poisons dans un
pamphlet, où la violence n'est égalée que par le cynisme. Cet homme fut Brissot de Warville, depuis si
fameux dans la révolution française ; ce livre, ce sont
les *Recherches philosophiques sur le droit de propriété
et le vol.*

C'est en 1780 que parut pour la première fois ce
déplorable écrit. Son auteur en développa le texte
primitif dans une édition subséquente, la seule que
nous ayons pu consulter [1]. La rareté de cet ouvrage,
l'analogie qu'il présente avec certaines déclamations
modernes auxquelles il semble avoir servi de modèle,
donnent de l'intérêt à son analyse ; aussi n'hésitons-
nous pas à le citer avec quelque étendue.

La sévérité excessive des lois contre le vol et la

---

[1] Cette deuxième édition a été réimprimée dans la collection intitulée *Bibliothèque philosophique des Législateurs*, Berlin, 1782,
t. VI, p. 266.

nécessité de les adoucir sont le prétexte qu'invoque
Brissot pour diriger les plus virulentes attaques contre la propriété, le mariage et tous les principes de
morale sur lesquels repose l'ordre social. « Les er-
« reurs enseignées par nos anciens jurisconsultes et
« publicistes, dit-il dans son introduction, celles dé-
« bitées par une secte moderne qui a beaucoup écrit
« sur la politique [1], m'avaient engagé à rechercher
« l'origine de la propriété. Je me suis convaincu par
« mes recherches que, jusqu'à présent, on avait eu
« de fausses idées sur la propriété naturelle ; que la
« propriété civile lui était contraire ; que le vol, qui
« attaque cette dernière, ne doit point être puni lors-
« qu'il est conseillé par le besoin naturel ; que nos
« lois sur ce crime doivent être plus humaines.
« Peut-être m'accusera-t-on de vouloir détruire ces
« lois. Ma réponse est simple : on ne les rendra res-
« pectables et solides, que quand elles seront justes ;
« elles seront justes lorsqu'elles ne passeront pas les
« bornes de la nature. Je montre ces bornes ; pour-
« rais-je être coupable ? Si mes opinions sont extra-
« ordinaires, est-ce ma faute ? n'est-ce pas plutôt
« celle de ceux qui se sont écartés de la nature ?... »

Brissot se pose donc d'abord cette question :
Qu'est-ce que la propriété dans la nature ?

Il distingue la propriété naturelle et la propriété
telle qu'elle existe dans la société. Celle-ci n'est, selon

---

[1] Brissot veut parler des économistes de l'école de Quesnay, que
l'on a caractérisés par le nom de physiocrates.

lui, fondée que sur le caprice des premiers législateurs ; elle est mobile et changeante. La propriété primitive, au contraire, est un droit immuable, inaliénable, dont l'existence des êtres est le titre et le but. Il faut remonter à l'origine de ce droit par l'observation et le raisonnement, au lieu de s'égarer dans les routes tortueuses tracées par les jurisconsultes.

Pour remonter à cette origine, Brissot se livre à une dissertation abstraite sur le mouvement essentiel et accidentel à la matière, et le mouvement spontané qui constitue la vie. Il arrive à cette conclusion « que « la propriété est la faculté qu'a l'animal de se servir « de toute matière pour conserver son mouvement « vital. (page 274). » Il voit dans cette formule l'expression d'une loi générale de la nature, qui fait de la destruction des corps les uns par les autres, la condition du mouvement.

Brissot se place donc, dès le début, sur le terrain du plus grossier matérialisme. Il assimile l'espèce humaine aux animaux ; il méconnaît la vraie source de la propriété, qui réside dans la liberté et la raison de l'homme, dans le respect dû au travail par lequel se manifeste la puissance créatrice de son intelligence. La propriété est essentiellement spiritualiste, elle a ses racines dans les profondeurs de l'âme humaine. On comprend que les matérialistes soient fatalement entraînés à sa négation.

Après avoir donné de la propriété cette définition, l'auteur se demande pourquoi l'on est propriétaire? Quels sont les propriétaires? Sur quoi le droit de propriété peut être exercé? Quel est le terme de la propriété naturelle?

On est propriétaire, dit-il, parce qu'on a des besoins. Mais il y a diverses espèces de besoins : les besoins naturels, et les besoins factices, de caprice. Quels sont les besoins naturels? — La nutrition, — l'exercice des membres, — l'union des sexes. Brissot, se faisant l'écho de Diderot, critique amèrement les entraves que la société apporte à la satisfaction de ce dernier besoin. « Homme de la nature, s'écrie-t-il, « suis donc son vœu, écoute ton besoin; c'est ton « seul maître, ton seul guide. Sens-tu s'allumer dans « tes veines un feu secret à l'aspect d'un objet char- « mant? Sens-tu dans ton être un frémissement, un « trouble? Sens-tu s'élever dans ton cœur des mou- « vements impétueux [1]?... La nature a parlé; cet « objet est à toi; jouis. Tes caresses sont innocentes, « tes baisers sont purs. L'amour est le seul titre de « la jouissance, comme la faim l'est de la pro- « priété. [2] » A l'appui de ces révoltantes doctrines, Brissot invoque l'exemple concluant des sauvages nouvellement découverts dans la mer du Sud.

Après quelques phrases consacrées à établir que les choses nécessaires à la vie varient suivant les cli- mats, l'auteur aborde ce qu'il appelle les besoins du luxe.

« Ce n'est point, dit-il, pour satisfaire ces besoins

---

[1] Je supprime un passage par trop cynique.

[2] *Bibliothèque philosophique du Législateur*, t. VI, p. 284

« créés par le caprice ou le luxe, que la nature nous
« a conféré le droit de propriété concentré dans les
« seuls besoins naturels. C'est violer ce privilége,
« c'est en outre-passer les bornes que de l'étendre
« plus loin.

« Homme superbe, à ta porte des malheureux
« meurent de faim, et tu te crois propriétaire! tu te
« trompes; les vins qui sont dans tes caves, les pro-
« visions qui sont dans ta maison, tes meubles, ton
« or, tout est à eux, ils sont maîtres de tout. Voilà la
« loi de la nature.

« En pourrait-on douter lorsqu'on jette les yeux
« soit sur les animaux, soit sur les mœurs de ces
« sauvages qui n'ont pas le malheur d'être civilisés...
« Chez la plupart de ces petites peuplades de sau-
« vages errantes dans l'Amérique, les provisions de
« chasse, de pêche, sont en communauté. Un Ota-
« hitien pressé par le besoin de l'amour, jouit au-
« jourd'hui d'une Otahitienne, et le lendemain la
« voit passer avec indifférence dans les bras d'un
« autre. Ces peuples, jetés dans une île à l'extrémité
« du monde, ont conservé les notions primitives du
« droit de propriété, entièrement effacées en Europe.
« Persuadés que ce droit finit où le besoin cesse, ils
« se regarderaient comme indignes d'exister, s'ils
« dérobaient à leurs semblables des choses dont ils
« n'ont pas besoin. Voilà pourquoi ils offrirent avec
« tant de bonne foi leurs femmes à nos Français qui
« débarquèrent dans leur île. En Europe ces mœurs
« paraissent bizarres. Les femmes ne sont pas tou-

« jours à ceux qui en ont besoin, mais à ceux qui les
« achètent. Ils veulent jouir seuls ; comme si un ruis-
« seau n'était pas destiné à désaltérer le loup et
« l'agneau, comme si les arbres ne produisaient pas
« leurs fruits pour tous les hommes. »

Pour confirmer cette théorie, l'auteur invoque
encore l'exemple des Spartiates, et celui de quelques
peuples sauvages des Indes Orientales, qu'il ne
nomme pas.

« Cependant, continue Brissot, ce serait tomber
« dans l'erreur que de croire que, dans la nature,
« il doit y avoir égalité parfaite entre les propriétés.
« Tous les animaux n'ont pas une égale quantité de
« besoins, les uns sont plus forts, les autres plus
« faibles. Ceux-ci digèrent plus promptement, ceux-
« là ont plusieurs estomacs et les ont fort larges. La
« nourriture étant proportionnée aux besoins, il en
« résulte que le droit de propriété est plus grand,
« plus étendu dans certains animaux. Le système
« de l'égalité des propriétés est donc sous ce rap-
« port une chimère que l'on voudrait en vain
« réaliser parmi les hommes. Quoiqu'ils soient sem-
« blables par leur organisation, elle diffère sous beau-
« coup d'aspects. Leurs besoins ne sont pas les
« mêmes. Puis donc que les besoins des hommes
« diffèrent soit en qualité, soit en quantité, ils ne
« peuvent pas être également propriétaires. Ainsi, ce
« système de l'égalité des fortunes que certains phi-
« losophes ont voulu établir est faux dans la nature.

« Cependant on peut dire qu'il est vrai sous d'au-

« tres rapports. Il est par exemple des financiers
« enrichis par le pillage de l'État, qui possèdent des
« fortunes immenses. Il est aussi des citoyens qui
« n'ont pas un sou en propriété. Ces derniers ont
« pourtant des besoins, et les autres n'en ont sûre-
« ment pas proportionnément à leurs richesses.
« Double abus conséquemment. La mesure de nos
« besoins doit être celle de notre fortune; et si
« 40 écus sont suffisants pour conserver notre exis-
« tence, posséder 200,000 écus est un vol évident,
« une injustice. On a crié contre la petite brochure
« de l'homme aux 40 écus [1]. L'auteur y prêchait
« de grandes vérités. Il y prêchait l'égalité des fortu-
« nes, il y prêchait contre la propriété exclusive, car
« *la propriété exclusive est un vol dans la nature.*

« On a rompu l'équilibre que la nature a mis en-
« tre tous les êtres. L'égalité bannie, on a vu pa-
« raître ces distinctions odieuses de riches et de pau-
« vres. La société a été partagée en deux classes : la
« première de citoyens propriétaires, la deuxième,
« plus nombreuse, composée du peuple, et, pour af-
« fermir le droit cruel de propriété, on a prononcé
« des peines cruelles. L'atteinte portée à ce droit s'ap-
« pelle vol, et pourtant *le voleur dans l'état naturel*
« *est le riche,* celui qui a du superflu. Dans la so-
« ciété le voleur est celui qui dérobe ce riche. Quel
« bouleversement d'idées !

---

[1] *L'homme aux quarante écus* est un conte satirique de Voltaire,
dirigé contre le système exclusif des économistes.

Qui ne reconnaît dans ce passage deux formules données de nos jours comme nouvelles, et devenues tristement célèbres : celle de la proportionalité des droits aux besoins professée par M. Louis Blanc ; et cette définition de M. Proudhon : LA PROPRIÉTÉ C'EST LE VOL ?

Mais ce n'est point là le seul emprunt que M. Proudhon ait fait à son devancier. Tous les paradoxes qu'il a développés dans ses *Mémoires sur la propriété*, Brissot les avait soutenus avant lui. La négation de la légitimité de l'occupation primitive, la proscription du loyer et du fermage, la possession substituée à la propriété : toutes ces prétendues nouveautés se trouvent exposées dans les *Recherches philosophiques sur le droit de propriété et le vol*. Pour s'en convaincre, il suffit de rapprocher les passages suivants de l'analyse que nous donnons plus loin des doctrines proudhoniennes.

« Jacques se dit propriétaire d'un jardin. Y a-t-il « plus de droit que Pierre? Non, certainement. Les « parents de Jacques lui ont, à la vérité, transmis « cet héritage ; mais en vertu de quel titre le possé- « daient-ils eux-mêmes? Remontez si haut que vous « voudrez, vous trouverez toujours que le premier « qui s'est dit propriétaire n'avait aucun titre.

« Tous les jurisconsultes partent de la règle « *primo occupanti*. Quelques-uns l'ont adoptée; peu « l'ont l'ont trouvée satisfaisante. Où est écrite cette « règle ? Qu'on nous montre un endroit de la nature « où elle l'ait consacrée. Si le possesseur n'a aucun

« besoin, si j'en ai, voilà mon titre qui détruit la
« possession. Si tous deux nous sommes sans besoin,
« aucun de nous n'y a droit. Dans le cas contraire,
« c'est une question de statique.

« Le besoin est donc le seul titre de notre pro-
« priété. Il résulte de ce principe que, lorsqu'il est
« satisfait, l'homme n'est plus propriétaire. Il ré-
« sulte que le droit de propriété est si intimement
« lié avec l'usage de cette propriété, qu'on ne peut
« les supposer séparés. Car supposer un homme
« propriétaire sans exercer la propriété, c'est sup-
« poser que ses besoins sont satisfaits... Or, à ce
« point finit son titre de propriété.

« D'un autre côté, comment supposer un homme
« se servant de la matière sans en être propriétaire?
« Ce serait une contradiction dans les termes. Si
« l'homme n'est propriétaire que lorsqu'il fait servir
« la matière à ses besoins, c'est supposer l'absurdité
« la plus révoltante que de le supposer se servant de
« la matière sans en être propriétaire.

« Ces observations démontrent palpablement com-
« bien les principes reçus sur la propriété civile sont
« antinaturels. Car, le moyen de concevoir dans la
« nature un être qu'on appelle fermier? Le moyen
« de concevoir l'existence d'un individu à deux cents
« lieues de ses terres, qui s'annonce le propriétaire
« de trois cents arpents, dont il ne connaît pas même
« la situation?...

« D'après les principes que nous avons posés, que
« pensera-t-on d'un pareil droit de propriété, invo-

« qué par tous les hommes dans la société, prôné par
« tous les écrivains de nos jours ; de ce droit précaire
« auquel les rois ne peuvent porter la main sans ex-
« poser leur tête ? On croit qu'il découle de la nature,
« tous les politiques le crient aux oreilles du vul-
« gaire. Hommes justes, comparez et jugez.

« Le droit de propriété que la nature accorde aux
« hommes, n'est restreint par aucune borne que
« celle du besoin satisfait ; il s'étend sur tout et à tous
« les êtres. Ce droit n'est point exclusif ; il est uni-
« versel. Un Français a dans la nature autant de
« droits sur le palais du Mogol, sur le sérail du sul-
« tan, que le mogol et le sultan même. Point de
« propriété exclusive dans la nature. Ce mot est rayé
« de son code. Elle n'autorise pas plus l'homme à
« jouir exclusivement de la terre que de l'air, du
« feu et de l'eau. Voilà la vraie propriété, la pro-
« priété sacrée, la propriété que les rois doivent res-
« pecter, qu'ils ne doivent jamais violer impunément.
« C'est en vertu de cette propriété que ce malheu-
« reux affamé peut emporter, dévorer ce pain, qui
« est à lui, puisqu'il a faim. La faim, voilà son titre.
« Citoyens dépravés, montrez un titre plus puissant.
« Vous l'avez acheté, payé ; malheureux ! il n'est ni
« à vous ni à vos vendeurs, puisque ni l'un ni l'autre
« vous n'aviez besoin.

« Quelle est cette autre propriété sociale, qui a
« emprunté les traits de cette propriété naturelle, et
« qui, sous ce masque imposant, a su s'attirer une
« vénération, qu'elle ne mérite pas, des défenseurs

« aveuglés par le désir de la jouissance exclusive?
« C'est cette propriété que réclame ce riche financier
« qui a bâti de superbes palais sur les ruines de la for-
« tune publique ; ce prélat avide qui nage dans l'o-
« pulence ; ce bourgeois oisif, qui jouit paisiblement
« tandis que le journalier malheureux souffre. C'est
« cette propriété que réclame ce seigneur jaloux de
« ses droits, qui ferme de murs ses parcs, ses jardins.
« C'est cette propriété qui a créé les serrures, les
« portes et mille autres inventions qui cantonnent
« l'homme, l'isolent, protègent les jouissances exclu-
« sives, fléau du droit naturel. Le caractère, en effet,
« de la propriété naturelle, c'est d'être universelle.
« Les propriétés sociales sont individuelles, particu-
« lières; ces deux droits sont donc absolument con-
« traires : et on leur donne la même origine, les mê-
« mes attributs !

« Si le besoin est le seul titre de propriété de
« l'homme, si la satisfaction en est l'unique terme,
« ne doit-on pas rejeter les systèmes de ces écri-
« vains qui l'ont fait reposer dans la force ou dans
« l'antériorité de possession? (P. 322-24) »

Quelle organisation sociale Brissot va-t-il donc
préconiser? Qui reconnaîtra les besoins de chacun?
Si le besoin de plusieurs hommes concourt sur le
même objet, qui jugera celui dont les appétits doivent être satisfaits de préférence? Ne faut-il pas une
loi de répartition, une règle, une autorité destinée à
maintenir le bon ordre, à assurer le respect du droit
résultant des besoins de chacun? Dès lors reparaît

l'attribution exclusive et personnelle de certains objets à chaque individu, et la propriété se reconstitue par la garantie accordée à la possession [1]. Pour échapper à cette nécessité, il faut nier la sociabilité de l'homme, le ramener à la vie sauvage, le faire descendre au niveau de la brute. Brissot n'hésite pas. Il proclame que, pour l'homme, la vie sauvage est seule légitime, seule conforme à la nature. Plus raisonnable et plus logique, dans ses aberrations, que les modernes partisans des mêmes doctrines, il reconnaît que la conséquence de ses principes, c'est la destruction de la civilisation, le retour à la barbarie.

[1] On a objecté avec raison aux communistes que la suppression absolue de la propriété ne saurait même se concevoir. Sous le régime de la communauté la plus complète, l'individu est au moins propriétaire des objets qui lui sont distribués, dans l'intervalle qui s'écoule entre le moment où il les reçoit et celui où il les consomme. C'est la bizarre question des moines cordeliers et des franciscains du XIVᵉ siècle. Les cordeliers renonçaient, par leurs vœux, à toute espèce de propriété. Le cordelier qui recevait son pain de chaque jour, en était-il propriétaire? Oui, disaient les franciscains. Donc, le cordelier qui mange, viole la constitution de son ordre; il est infidèle à ses vœux; donc il est en état de péché mortel par cela seul qu'il existe. Les cordeliers répondaient de leur mieux, et de part et d'autre on entassait des montagnes de syllogismes.— « L'empe- « reur et les gibelins se déclarèrent pour les cordeliers, le pape et « les guelfes contre les cordeliers. De là, une guerre de cent ans; « et le comte du Mans, qui fut depuis Philippe de Valois, passa les « Alpes pour défendre l'Église contre les Visconti et les corde- « liers. » — Châteaubriand, *Analyse raisonnée de l'histoire de France.*

« L'homme, s'écrie-t-il, a droit sur tout ce qui
« peut satisfaire ses besoins. Leur extinction, voilà
« leur borne..... L'homme est de tous les pays,
« maître de toute la terre, maître d'en asservir tous
« les êtres à son besoin. Il commande à l'univers en-
« tier. Les airs, la terre, les eaux, le feu, tous les
« éléments s'empressent d'exécuter ses ordres, de sa-
« tisfaire ses goûts. Rien n'arrête sa marche puis-
« sante, rien ne s'oppose à ses droits. Ils s'étendent
« sur tout..... Tel est l'homme dans l'état de nature.
« Celui des sociétés, abâtardi par nos institutions,
« dégradé de sa pureté primitive, ne respire plus
« que l'esclavage. Plongé dans les horreurs de la
« faim, il demande l'aumône humblement, et il est
« aussi propriétaire que celui qui la lui donne.

« Mais, si nous voulons voir l'homme vraiment
« grand, vraiment propriétaire, considérons ce sau-
« vage né dans les forêts du Canada. »

L'auteur trace alors un brillant tableau des charmes de la vie sauvage. Il montre le chasseur poursuivant le gibier dans la profondeur des forêts, et promenant dans de vastes solitudes sa fière indépendance. « Là, point de murailles, de parc, de garde-
« chasse, de seigneurs jaloux. Tout est à lui, il est
« maître de tout.

« La nature allume dans son cœur le feu de l'a-
« mour. S'il se présente à ses yeux un de ces objets
« charmants qui l'embellissent, si le même feu l'em-
« brase, ils sont époux ; ils ne se font point de ser-
« ment, ils s'aiment parce qu'ils ont besoin de

« s'aimer. Ce besoin satisfait, le titre d'époux dis-
« paraît. »

Nous ne réfuterons pas longuement les sophismes
et les erreurs que Brissot accumule sur le rôle de
l'homme dans la nature et les conditions de la vie sauvage. Jeté nu sur la terre nue [1], l'homme n'est point ce
dominateur superbe qu'il nous représente comme
exerçant sur les éléments un empire souverain. La
nature ne se courbe point devant lui docile et obéis-
sante, elle se montre rebelle et hostile, et ne se manifeste d'abord à lui que par l'aiguillon de la douleur
et du besoin. Ce n'est que par une lutte acharnée, à
force de travail et de persévérance, que l'homme parvient à la soumettre en partie à son empire. La matière brute ne devient susceptible de satisfaire ses
besoins, n'acquiert de valeur utile, qu'autant que sa
main l'a recueillie, façonnée, humanisée pour ainsi
dire. En l'absence du travail de l'homme, il n'y a
point de biens dans la nature. Donc, soutenir que la
nature a prodigué tous les biens à l'homme, c'est
proclamer une contre-vérité, un non-sens. L'homme
ne reçoit rien gratuitement d'elle ; il ne possède, il
ne consomme que ce qu'il a conquis, ce qu'il a créé.
De là naît la propriété. L'homme qui, saisissant un
fragment de matière, a mis en lui une utilité qui n'y

---

[1] Natura..... hominem nudum, et in nudâ humo, natali die abjicit
ad vagitus statim et ploratum... (Plinii, *Natural. histor.*, lib. VII.)
— Pline avait bien jugé la condition de l'homme : « La nature,
« dit-il, vend bien cher à l'homme les grands dons qu'elle lui fait ;
« peut-être même est elle pour lui moins mère que marâtre. *Ibid.* »

était pas, a sur lui un droit exclusif et souverain ; celui qui, arrachant les broussailles et les ronces, déchirant péniblement le sein de la terre, a fait succéder la fécondité à sa stérilité primitive, celui-là doit jouir seul d'une fertilité conquise au prix de ses sueurs.

Ce faux principe de la libéralité de la nature envers l'homme, est la source première de l'erreur des communistes et des adversaires de la propriété. Tous partent de ce principe formulé par Babeuf dans le premier article du manifeste des égaux : La nature a donné à tous les hommes un droit égal à tous les biens. Principe dont la fausseté devient manifeste, dès que l'on substitue au mot biens son équivalent. Les biens, c'est-à-dire les choses susceptibles de servir à nos besoins, n'étant que le produit du travail individuel, l'argument des communistes se traduit ainsi :

La nature a donné à tous les hommes un droit égal sur le produit du travail de quelques-uns.

Proposition dont l'absurdité n'a pas besoin de démonstration.

Quant aux déclamations de Brissot sur la vie sauvage, qui ne sont qu'une amplification et une exagération de celles de Rousseau, elles ne méritent point qu'on s'y arrête. Qui ne voit que ces prétendus hommes de la nature ne sont que des êtres de fantaisie, le rêve d'imaginations malades. Le sauvage lui-même est propriétaire ; il l'est de ses terrains de chasse, de ses armes, de son chétif mobilier et de ses troupeaux.

Le sauvage ne s'unit pas au hasard à sa femelle, comme les brutes. Il est époux, il remplit les devoirs de la paternité, il a une famille et conserve religieusement le souvenir de ses ancêtres; dans ses émigrations lointaines il emporte leurs os. Ainsi, l'homme plongé dans la barbarie reste encore fidèle à ces deux grandes lois de la propriété et de la famille qui, suivant la belle expression de Cicéron, forment partout et toujours le lien, le traité d'alliance du genre humain [1].

Pour épuiser les conséquences de son principe matérialiste, Brissot devait aller jusqu'à placer l'homme au niveau de la brute. Il n'a point reculé devant cet excès de folie.

« Les animaux, dit-il, sont propriétaires ainsi que
« l'homme. Organisation, besoins, plaisirs, sensa-
« tions, tout dans eux ressemble à notre être; et nous
« voudrions les priver du droit que la nature leur a
« donné sur toute la matière ! Homme injuste, cesse
« d'être tyran ! L'animal est ton semblable, oui, ton
« semblable; c'est une vérité dure; peut-être même
« est-il ton supérieur. Il l'est s'il est vrai que les
« heureux soient les sages. Il n'éprouve point les
« maux cruels que tu te crées dans la société. »

Quelle conclusion Brissot tirera-t-il de ces odieuses théories? Vers la fin de son livre, il semble renoncer aux principes subversifs qu'il a préconisés, et faire amende honorable à la propriété. On peut

---

[1] Fœdera generis humani.

croire un moment que ses déclamations n'étaient,
dans l'intention de leur auteur, qu'un jeu d'esprit,
une hyperbole dont le correctif se serait trouvé dans
son exagération même.

« Ce n'est pas, dit en effet Brissot, que je prétende
« conclure de là qu'il faille autoriser le vol, et ne
« pas respecter les lois sur la propriété civile, ces
« lois sont établies, ces propriétés circulent sous
« leurs auspices. Si le propriétaire n'était pas certain
« de retirer ses avances, si le cultivateur n'était pas
« sûr de recueillir, toutes les terres resteraient en
« friche ; et que de maux résulteraient de là! Sans
« doute, il faut que celui qui a travaillé jouisse du
« fruit de son travail. Sans cette faveur attachée à la
« culture, point de denrées, point de richesses, point
« de commerce. Défendons, protégeons donc la pro-
« priété civile, mais ne disons pas qu'elle ait son
« fondement dans le droit naturel ; mais sous le faux
« prétexte que c'est un droit sacré, n'outrageons pas
« la nature, en martyrisant ceux qui violent ce droit
« de propriété. (Page 333.) »

Mais cette explication, qui n'excuserait point d'ailleurs tout ce qu'un jeu d'esprit aussi dangereux eût
présenté d'imprudent et de coupable, ne saurait être
admise. Le pamphlet de Brissot ne se réduit point
aux proportions d'une protestation contre l'atrocité
des supplices infligés aux voleurs. Les pages qui suivent prouvent que ces quelques phrases en faveur de
la propriété civile ne sont qu'une précaution oratoire,
un passe-port destiné à mettre à l'abri des rigueurs de

la censure un ouvrage qui n'est inspiré en réalité que par cette haine furieuse, qui germe dans certaines âmes que dévorent la soif des jouissances et l'amer ressentiment de l'orgueil et de l'ambition déçue. Brissot renouvelle, dans son dernier chapitre, l'anathème qu'il a prononcé sur la propriété, et il termine par une provocation au pillage et à l'assassinat.

« Si l'homme, dans la société même, s'écrie-t-il,
« conserve toujours le privilége ineffaçable de la
« propriété que la nature lui a donnée, »(Et par cette
expression dérisoire, il entend le prétendu droit
qu'aurait chacun de s'emparer de ce qu'il juge nécessaire à la satisfaction de ses besoins.) « rien ne
« peut le lui ôter, rien ne peut l'empêcher de l'exercer.
« Si les autres membres de cette société concentrent
« dans eux seuls la propriété de tous les fonds de
« terre; si, dans cette spoliation, ceux qui en sont
« privés, forcés de recourir au travail, ne peuvent,
« par son moyen, se procurer leur entière subsi-
« stance, alors ils sont les maîtres d'exiger des autres
« propriétaires de quoi remplir ces besoins; ils ont
« droit sur leurs richesses; ils sont maîtres d'en dis-
« poser en proportion de leurs besoins. La force qui
« s'y oppose est violence. Ce n'est pas le malheureux
« affamé qui mérite d'être puni; c'est le riche assez
« barbare pour se refuser au besoin de son sembla-
« ble, qui est digne de supplice. Ce riche est le seul
« voleur; il devrait seul être suspendu à ces infâmes
« gibets, qui ne semblent élevés que pour punir
« l'homme né dans la misère d'avoir des besoins;

« que pour le forcer d'étouffer la voix de la nature,
« le cri de la liberté; que pour le contraindre à se
« jeter dans un dur esclavage, pour éviter une mort
« ignominieuse. »

Le livre de Brissot se résume dans ce cri de haine
contre tout ce qui possède, dans cette excitation forcenée à la spoliation et au supplice des coupables du
crime de propriété. Quant à tracer le plan d'un nouvel ordre social, Brissot n'y songe point. Ne lui demandez pas s'il est partisan de la communauté, ou
de l'association, ou de la loi agraire, ou du droit au
travail. Il ne songe qu'à détruire, il conclut à l'anéantissement de la civilisation, à la restauration de la
barbarie.

Les affreuses maximes résumées dans les *Recherches philosophiques sur le droit de propriété et le vol*,
dernier mot du matérialisme du XVIIIe siècle, devaient
trouver un écho dans la révolution française. Le pillage en permanence, une brutalité impudente introduite dans les relations des sexes, l'athéisme et la
proscription du dogme de l'immortalité de l'âme devinrent le programme de ce parti, dont le Père
Duchesne fut le cynique organe, et les filles-mères
les impudiques divinités. Que le livre de Brissot ait
exercé une influence directe sur ce parti, on ne saurait en administrer la preuve; mais il est évident
qu'il concourut puissamment, avec d'autres publications incendiaires, qui lui étaient en général inférieures sous le rapport du talent, à enflammer les passions cruelles et cupides de ces hommes pervers, sur

lesquels retombe en grande partie la responsabilité des atrocités commises pendant la terreur.

Cependant, il faut rendre cette justice à Brissot, qu'il ne persista point dans les déplorables erreurs et les dispositions haineuses qu'il avait contribué à répandre. Lorsque l'âge eut donné de la maturité à sa pensée et qu'il se mêla au mouvement politique, lorsqu'il lui fut donné de parler du haut de la tribune de la convention, il ne proféra plus d'invectives contre la propriété et la morale. Loin de là ; devenu l'un des chefs du parti girondin, il fut du nombre de ces éloquents, mais impuissants défenseurs de l'ordre social, qui s'efforcèrent d'opposer une digue au débordement des passions subversives. Il donna la main à cet illustre Vergniaud, qui devait réfuter en termes impérissables les fausses doctrines des niveleurs et des communistes de 93. En mourant pour cette noble cause, Brissot expia ses premiers égarements.

C'est que Brissot subit l'influence qu'exerce inévitablement sur les esprits que le fanatisme n'a pas complétement aveuglés, la différence des points de vue où ils se trouvent placés. Autre chose est d'étudier la société du sein de la foule, et des bas-fonds de la médiocrité et de l'inexpérience, ou d'en contempler le vaste ensemble des hauteurs du pouvoir, et avec la perspicacité que donne l'habitude des affaires. Aussi, la plupart des hommes qui, après avoir professé des doctrines hostiles aux principes d'ordre et d'autorité, sont arrivés à participer au gouvernement, ont-ils ou renoncé à ces idées ou reculé devant leur réalisation.

Que de fois encore n'a-t-on pas vu des théoriciens intrépides s'efforcer de retenir leurs disciples dans la voie des applications, et reconnaître, mais trop tard, le danger des prédications exagérées et des principes absolus? Le XVIIIe siècle nous présente un remarquable exemple de ce dernier phénomène moral. Raynal, l'un des patriarches de la philosophie de cette époque, l'un des plus fougueux adversaires du pouvoir absolu, ne put voir sans effroi les restrictions imposées par l'assemblée nationale à l'autorité royale. Il crut devoir adresser à cette assemblée, une lettre contenant sur ce point des représentations et des conseils. Ce sont là des enseignements qui devraient rendre plus circonspects les esprits aventureux qui, sans s'être jamais trouvés aux prises avec les difficultés de la pratique, prétendent jeter la société dans un moule nouveau.

CHAPITRE XIV.

LA RÉVOLUTION FRANÇAISE.

I.

L'assemblée constituante et la législative consacrent l'inviolabilité
de la propriété.—Doctrines sociales professées par le parti exalté
jusqu'au 10 août.

Au moment où éclata la révolution française,
toutes les doctrines antisociales, toutes les utopies
subversives avaient été hautement professées. Le
communisme avait trouvé d'habiles interprètes dans
Morelly et Mably; la négation de la propriété avait
été hardiment proclamée par Brissot; Rousseau avait
tour à tour nié et affirmé la légitimité de la société
elle-même; quelques encyclopédistes, devançant les
disciples de Fourier, avaient proposé des plans d'association domestique et agricole, et développé le
petit nombre d'idées raisonnables qui se trouvent au
fond des excentricités phalanstériennes. Enfin, on
avait vu les Necker et les Linguet diriger contre la
propriété, la libre concurrence, l'inégalité des conditions, ces critiques vagues, ces déclamations sans
conclusion et sans justesse qui caractérisent le socialisme de nos jours. Ainsi, toutes les idées fausses et

dangereuses auxquelles il est donné d'occuper l'attention publique, les hommes de 89 les avaient connues ;
et ce n'est pas un de leurs moindres titres de gloire
que de les avoir méprisées. Parmi ces matériaux mé-
langés que leur léguaient les écrivains du XVIIIe siècle,
ils surent faire un choix judicieux ; ils séparèrent l'or
pur du vil alliage, et repoussèrent avec dédain ces
doctrines exagérées et impuissantes, dont l'importance
actuelle sera la honte de la génération présente aux
yeux de l'avenir. Ce ne furent pas seulement les
hommes d'élite dont était composée l'assemblée constituante qui discernèrent ainsi les vrais principes sur
lesquels devait reposer la société nouvelle ; ce fut la nation elle-même : non pas il est vrai cette minorité qui,
coiffée du bonnet rouge et la pique à la main, alla
plus tard étaler son patriotisme dans les sections en
permanence et au pied de la guillotine ; mais cette
immense majorité qui fertilisait le sol par ses sueurs,
fécondait par son intelligente activité le commerce et
l'industrie, et par sa moralité, ses lumières et ses talents, faisait la vraie force de la France. Les cahiers
des états généraux, tout en réclamant l'abolition des
priviléges et des monopoles, l'affranchissement du
travail, maintinrent le principe du respect de la propriété. Les électeurs de Paris furent ceux qui le for-
mulèrent avec le plus d'énergie et de précision. [1] On
peut croire qu'étant mieux à portée d'apprécier les
attaques dont la propriété avait été l'objet dans la

---

[1] *Histoire parlementaire de la Révolution*, t. I, p. 329-346.

capitale du mouvement intellectuel, ils voulurent ainsi protester contre elles.

La nuit du 4 août consomma la destruction des priviléges. Droits féodaux, servitudes personnelles, justices seigneuriales ; vénalité des charges de magistrature, immunités pécuniaires, inégalités des impôts ; dîmes, annates, bénéfices ; jurandes et maîtrises, entraves de l'industrie et du commerce : tous les abus furent supprimés d'un seul coup. Mais, en même temps qu'elle déblayait le sol de la France des vieux débris du moyen âge, l'assemblée constituante posait d'une main ferme les fondements de l'ordre nouveau. Elle consacra la propriété, le droit semblable pour tous de jouir et de disposer à son gré du fruit de son travail, de l'héritage de ses pères ; la liberté : non cette liberté turbulente, rebelle à toute autorité, qui ne se plaît qu'aux tumultueuses émotions de la place publique ; mais cette liberté calme, régulière et pacifique, qui assure à chacun le complet développement de ses facultés et sa légitime part d'influence. Elle établit la véritable égalité, l'égalité devant la loi, qui permet à l'homme de faire sa place dans le monde suivant son mérite et ses œuvres, et non cette égalité envieuse qui veut rabaisser tout ce qui s'élève, enchaîner sur le lit de Procuste les individualités vigoureuses qui forment l'élite de l'humanité. Enfin, en consacrant le principe du partage égal des héritages, elle consolida la famille, et tarit la source des jalousies, des divisions, qui naissaient trop souvent de l'institution aristocratique du droit d'aînesse.

Cependant, si l'assemblée constituante ne se trompa jamais sur le fond des choses; si elle proclama avec une admirable sûreté de raison les grandes vérités sur lesquelles repose la société, ses membres les plus célèbres errèrent quelquefois dans le choix des raisons qu'ils invoquèrent pour les établir. C'est ainsi que Mirabeau, dans le discours sur l'égalité des successions en ligne directe, qui fut le dernier monument de son éloquence, soutint une cause juste par de détestables arguments. Imbu de la doctrine de Rousseau, qui suppose un état antérieur à la société, et fait reposer celle-ci sur une convention, Mirabeau soutint que la propriété n'est point la manifestation d'une loi primitive de la nature, mais une création sociale.

« Si nous considérons l'homme dans son état ori-
« ginaire, et sans société réglée avec ses semblables,
« disait-il, il paraît qu'il ne peut avoir de droit ex-
« clusif sur aucun objet de la nature; car ce qui ap-
« partient également à tous n'appartient réellement
« à personne. Il n'est aucune partie du sol, aucune
« production spontanée de la terre qu'un homme ait
« pu s'approprier à l'exclusion d'un autre homme.
« Ce n'est que sur son propre individu, ce n'est que
« sur le travail de ses mains, sur la cabane qu'il a
« construite, sur l'animal qu'il a abattu, sur le ter-
« rain qu'il a cultivé, ou plutôt sur le produit même
« de sa culture, que l'homme de la nature peut avoir
« un vrai privilége; dès le moment qu'il a recueilli
« le fruit de son travail, le fonds sur lequel il a dé-

« ployé son industrie retourne au domaine général,
« et redevient commun à tous les hommes.

« Voilà ce que nous enseignent les premiers prin-
« cipes des choses. C'est le partage des terres fait et
« consenti par les hommes rapprochés entre eux, qui
« peut être regardé comme l'origine de la vraie pro-
« priété ; et ce partage suppose, comme on voit, une
« société naissante, une convention première, une
« loi réelle....

« Nous pouvons donc regarder le droit de propriété
« tel que nous l'exerçons, comme une création so-
« ciale. Les lois ne protégent pas, ne maintiennent
« pas seulement la propriété, elles la font naître en
« quelque sorte, elles la déterminent, elles lui don-
« nent le rang et l'étendue qu'elle occupe dans les
« droits du citoyen. »

De ces principes, Mirabeau tirait la conséquence,
que la société qui avait créé le droit de propriété,
pouvait à son gré en limiter l'exercice et en régler la
transmission. Tronchet développa les mêmes idées.
Cazalès, seul, se rapprocha de la vérité. « La pro-
« priété, s'écria-t-il, est fondée sur le travail. » Mais,
dominé par ses préjugés aristocratiques, il prétendit
déduire de cette proposition l'exclusion des filles de
la succession paternelle, les enfants mâles étant, disait-il, seuls associés aux travaux de leur père.

Accepter sans examen les doctrines du discours sur
l'inégalité, faire de la propriété une création sociale,
attribuer à la société le droit absolu de disposer des
biens à la mort du possesseur, c'était poser un prin-

cipe plein de dangers. Dans ce système, en effet, la propriété et l'hérédité n'étaient plus des conséquences nécessaires de la nature de l'homme, mais le résultat d'une convention hypothétique et susceptible d'être annulée par une convention nouvelle. Elles cessaient de reposer sur la base inébranlable du droit absolu, pour s'appuyer sur le terrain mobile de l'utilité sociale. Dès lors, la société, le pouvoir politique qui la représente, pouvaient à leur gré les modifier, les restreindre ou les détruire. Leur maintien ou leur abolition n'était plus qu'une question de convenance, d'opportunité. Le communisme de Morelly et de Mably était la dernière conséquence d'une pareille doctrine. Les logiciens ne devaient pas manquer pour la déduire, ni les fanatiques pour l'appliquer.

Dans la même discussion, Robespierre, invoquant le droit souverain de la société, proposa l'abolition absolue du droit de tester. Sa proposition n'eut pas de suite; mais elle révèle l'esprit qui dès lors l'animait, et devait l'entraîner plus tard à nier la propriété, à la réduire à un simple usufruit réglementé par la volonté arbitraire du législateur.

Dès le commencement de 1791, la presse révolutionnaire avait commencé à attaquer la propriété, à déclamer contre les riches, à professer hautement les maximes de la spoliation. « Les pauvres, disait l'au-« teur des *Révolutions de Paris*, ces honorables in-« digents qui ont fait pousser le fruit révolutionnaire, « rentreront un jour et peut-être bientôt dans le do-« maine de la nature dont ils sont les enfants bien-

« aimés [1]. » Ce thème était fréquemment développé
par les journalistes du parti ultrà démocratique. Les
constitutionnels, les modérés, leur adressaient au
sujet de ces déclamations de justes reproches ; ils les
accusaient, non sans raison, de tendre à la loi agraire
et au communisme. Robespierre crut devoir laver son
parti de ces imputations qui n'étaient que trop fondées, et dans le quatrième numéro du *Défenseur de
la Constitution* (juin 1792), il protesta contre elles
dans ces termes :

« Nos ennemis, les oppresseurs de l'humanité...
« veulent persuader que la liberté est le bouleverse-
« ment de la société entière. Ne les a-t-on pas vus,
« dès le commencement de cette révolution, cher-
« cher à effrayer tous les riches par l'idée d'une loi
« agraire ; absurde épouvantail, présenté à des hom-
« mes stupides par des hommes pervers ? Plus l'ex-
« périence a démontré cette extravagante imposture,
« plus ils se sont obstinés à la reproduire, comme si
« les défenseurs de la liberté étaient des insensés,
« capables de concevoir un projet également dange-
« reux, injuste et impraticable ; comme s'ils igno-
« raient que l'égalité des biens est essentiellement
« impossible dans la société civile, qu'elle suppose
« nécessairement la communauté, qui est encore
« plus visiblement chimérique parmi nous ; comme
« s'il était un seul homme doué de quelque industrie,
« dont l'intérêt personnel ne fût pas choqué par ce

[1] *Histoire parlementaire*, t. VIII, p. 422.

« projet extravagant. Nous voulons l'égalité des
« droits, parce que sans elle il n'est ni liberté ni
« bonheur social : quant à la fortune, *dès qu'une*
« *fois la société a rempli l'obligation d'assurer à*
« *ses membres le nécessaire et la subsistance par le*
« *travail*, ce ne sont pas des citoyens que l'opulence
« n'a pas déjà corrompus, ce ne sont pas les amis de
« la liberté qui la désirent. Aristide n'aurait pas en-
« vié les trésors de Crassus..... »

Ainsi, en juin 1792, Robespierre protestait contre
la loi agraire, l'égalité absolue et le communisme. Il
signalait la relation inévitable qui fait naître la communauté du système égalitaire. Mais tandis qu'il
semblait ainsi, d'une main, consolider le principe
de la propriété, de l'autre, il le sapait dans sa base.
Robespierre, en effet, proclamait la doctrine du
droit au travail; il imposait à la société le devoir
d'assurer à ses membres le nécessaire et la subsistance. Pour la mettre à même de remplir cette effrayante obligation, il fallait de toute nécessité lui
attribuer soit la disposition des instruments de travail, des terres et des capitaux, soit la faculté de pré-
lever sur les produits du travail des uns, pour entretenir celui des autres. L'une et l'autre voie aboutissent à la destruction de la propriété, à l'absorption
complète par l'État du fonds de production ou du revenu social. On conçoit que les propriétaires n'eussent pas grande confiance dans de pareils défenseurs.

Le retour des biens du clergé à l'État et les dispositions adoptées à l'égard des émigrés, qui formaient

des corps armés sur les frontières, pouvaient paraître, aux yeux des partis extrêmes, des précédents favorables à leurs projets de spoliation. Ces mesures n'étaient cependant, ni par le principe qui les avait inspirées, ni par leur mode d'application, des atteintes au droit de propriété. En effet, les biens du clergé ne lui étaient attribués qu'à titre d'usufruit et comme rémunération d'un service public. La société, assurant par d'autres moyens l'exercice des fonctions du sacerdoce, était en droit de rentrer dans la possession des propriétés cléricales. Quant aux émigrés, en formant sur les frontières des rassemblements armés, en forçant la France à entretenir des corps d'observation pour repousser leurs attaques, ils causaient à la nation un préjudice qu'ils devaient réparer. Aussi, les triples impositions, le séquestre mis sur leurs biens, l'indemnité qui leur fut imposée envers la nation par l'assemblée législative, n'eurent-ils pas le caractère d'une peine, d'une confiscation, mais celui de la réparation d'un dommage. Ce fut seulement sous la convention, que les lois portées contre l'émigration devinrent spoliatrices, et d'autant plus injustes que l'expatriation trouvait alors son excuse dans les pillages, les assassinats, les massacres par lesquels un parti sanguinaire souillait le sol de la France au nom de la liberté [1]. Les mesures adoptées

---

[1] Il faut distinguer deux classes d'émigrés : Ceux qui, animés de passions hostiles, formèrent des rassemblements armés sur les frontières, et participèrent à la guerre contre la France; et ceux

à l'égard des biens du clergé et des émigrés, avant
1793, n'étaient donc pas attentatoires à la propriété,
parce qu'elles étaient légitimées par des circonstances exceptionnelles. Mais le parti jacobin, en proposant d'appliquer ces mesures à ceux dont la richesse
était le seul crime, faisait un premier pas vers la
violation du respect des propriétés consacré par l'assemblée constituante et la législative.

II.

Période du 10 août au 9 thermidor. — La guerre aux riches. —
Imitations de l'antiquité. — Déclaration des droits de l'homme, par
Robespierre. — Vergniaud défend la propriété. — 31 mai. — Doctri-
nes de Robespierre et de Saint-Just. — La convention résiste à leurs
tendances. — Caractère des mesures violentes qu'elle adopta. —
Constitution de l'an III.

Le 10 août, en renversant le trône et les dernières
barrières de la légalité, ouvrit un libre champ aux
doctrines extrêmes et aux passions exaltées. Dans la
lutte qui allait s'engager entre la Montagne et la
Gironde, entre les jacobins et les partisans de la
république modérée, ce n'étaient point seulement
des questions politiques qui devaient s'agiter : les
bases de l'économie sociale elles-mêmes allaient se

qui, poussés par la crainte seule à chercher un refuge à l'étranger,
s'abstinrent de tout acte d'agression contre leur pays. Les premiers
étaient d'autant moins excusables qu'ils avaient émigré, pour la
plupart, avant le 10 août, à une époque où leur sécurité n'était pas
sérieusement menacée. Les seconds, dont la fuite est en général
postérieure au 10 août, ne méritaient aucune peine.

trouver en jeu. Pendant la fin de 1792 et le commencement de 1793, la guerre aux riches fut pous-
sée avec vigueur par le parti jacobin. Ses journaux,
les tribunes de ses clubs retentissaient de déclamations contre la bourgeoisie, que Robespierre signalait comme une aristocratie vaniteuse, despotique et
hostile. On demandait que les patriotes pauvres qui
délibéraient en permanence dans les sections fussent soldés aux dépens des riches. On proposait des
emprunts forcés, des taxes de guerre sur les riches.
On proclamait la nécessité de rétablir l'égalité par
la puissance absorbante et arbitraire de l'impôt progressif. Chaque jour voyait éclore des plans de législation inspirés par les institutions de Sparte et
les lois agraires de Rome, dont le caractère était,
en général, complétement méconnu. Le girondin
Rabaut lui-même écrivait dans la *Chronique de
Paris* des articles en faveur de l'égalité des fortunes.

« On ne peut pas obtenir, disait-il, cette égalité par
« la force, il faut donc tâcher de l'obtenir des lois et
« les charger de deux choses : 1° de faire le partage
« le plus égal des fortunes, 2° de créer des lois
« pour le maintenir et pour prévenir les inégalités
« futures.

« Le législateur devra marcher à son but par des
« institutions morales et par des lois précises sur la
« quantité de richesses que les citoyens peuvent pos-
« séder, ou par des lois qui en règlent l'usage de
« manière, 1° à rendre le superflu inutile à celui qui
« le possède; 2° à le faire tourner à l'avantage de

17.

« celui qui en manque ; 3° à le faire tourner au
« profit de la société.

« Le législateur peut encore établir des lois pré-
« cises sur le maximum de fortune qu'un homme
« peut posséder, et au delà duquel la société prend sa
« place et jouit de son droit [1]. »

C'est la pure doctrine du livre des *Lois de Platon.*
Rœderer la combattit dans le *Journal de Paris.* Il
s'éleva contre la limitation des fortunes, dont l'effet
ne serait pas, dit-il, « l'égalité dans l'abondance,
« dans la richesse, dans la prospérité générale, mais
« l'égalité dans la misère, l'égalité dans la famine,
« l'égalité dans la ruine universelle. » Mais ces sages paroles se perdaient au milieu de la tourmente.

Bientôt les tendances à la violation de la propriété
prirent un caractère plus tranché. Les sections les
plus exaltées, Marat à leur tête, réclamèrent le maximum ; les jacobins proposèrent de contraindre à recevoir les assignats au pair sous peine de mort. Le
25 février 1793 au matin, Marat demanda « le pil-
« lage de quelques magasins, à la porte desquels on
« pendrait les accapareurs. » L'effet suivit de près ces
excitations. Le soir même, les boutiques des épiciers
furent pillées. Le 9 mars, la convention, intimidée
par les vociférations des tribunes, dut décréter, en
même temps que l'établissement du tribunal révolutionnaire, celui d'une taxe de guerre sur les riches,
et la suppression de la contrainte par corps. Le droit

---

[1] Article des *Révolutions de Paris*, n° 19, janvier 1793, *Histoire
parlementaire*, t. XXIII, p. 467.

de tester avait été aboli, quelques jours auparavant.

Le 21 avril, Robespierre vint lire à la tribune des Jacobins son projet de déclaration des Droits de l'homme. Il y définissait la propriété : « le droit qu'a chaque
citoyen de jouir et de disposer de la portion de biens
qui lui est garantie par la loi, (art. 7). » C'était réduire
la propriété à un droit précaire de possession, poser
une pierre d'attente pour les systèmes de répartition
les plus arbitraires. Robespierre ajoutait que la propriété ne peut préjudicier ni à la sûreté, ni à la liberté,
ni à l'existence, ni à la propriété de nos semblables,
(art. 9) : principe par lequel on pouvait justifier toute
espèce de spoliation, opérée sous le prétexte d'assurer
l'existence et la propriété de ceux qui ne possèdent
point. Enfin, il posait les principes du droit au travail et à l'assistance :

« La société, disait-il, est obligée de pourvoir à
« la subsistance de tous ses membres, soit en leur
« procurant du travail, soit en assurant des moyens
« d'exister à ceux qui sont hors d'état de travailler.
« (Art. 11).

« Les secours nécessaires à l'indigence sont une
« dette du riche envers le pauvre; il appartient à la
« loi de déterminer la manière dont cette dette doit
« être acquittée. (Art. 12). »

Robespierre ouvrait ainsi un double abîme, dans
lequel la propriété devait s'engloutir. Enfin, pour
en hâter la destruction, il ajoutait :

« Les citoyens dont le revenu n'excède pas ce qui
« est nécessaire à leur subsistance, sont dispensés de

« contribuer aux dépenses publiques. Les autres
« doivent les supporter progressivement, selon l'é-
« tendue de leur fortune. »

Robespierre adoptait ainsi toutes les mesures qui,
dans l'esprit de leurs inventeurs, comme dans la réalité, constituent la transition de la propriété au communisme. Par l'application du traité des *Lois de Platon*, il s'acheminait, sans le savoir, vers la réalisation
de l'état social décrit dans le *Livre de la République*.

Sa déclaration des droits fut accueillie par les ap-
plaudissements unanimes des jacobins [1]. Bientôt

---

[1] Cependant, le projet proposé par Robespierre ne satisfit pas
complétement les sans-culottes. Le 22 avril, le citoyen Boissel,
jacobin et sans-culotte, monta à la tribune des jacobins, et s'exprima ainsi : « Robespierre vous a lu hier la déclaration des droits
« de l'homme, et moi je vais vous lire la déclaration des droits
« des sans-culottes : Les sans-culottes de la république française
« reconnaissent que tous leurs droits dérivent de la nature, et que
« toutes les lois qui la contrarient, ne sont pas obligatoires. Les
« droits des sans-culottes consistent dans la faculté de se repro-
« duire.... (bruit et éclats de rire). L'orateur continue : de s'ha-
« biller et de se nourrir ; — dans la jouissance et l'usufruit des
« biens de la terre, notre mère commune ; — dans la résistance
« à l'oppression ; — dans la résolution immuable de ne recon-
« naître de dépendance que celle de la nature et de l'Être su-
« prême [*]. »

Il faut rendre aux jacobins cette justice, qu'ils ne manifestèrent
aucune approbation. Mais cette cynique déclaration des droits des
sans-culottes était le terme logique où devaient aboutir les concep-
tions du vertueux Robespierre. Elle posait en principe la destruction de la propriété, remplacée par la jouissance et l'usufruit des
biens de la nature ; proclamait la promiscuité, et affranchissait les

---

[*] *Histoire parlementaire*, t. XXVI, p. 107.

Marat proposa de réduire MM. les riches à la condition des sans-culottes, *en ne leur laissant pas de quoi
se couvrir le derrière*. Danton développa le projet de
former deux armées de sans-culottes entretenues au
moyen d'emprunts forcés sur les riches, et de solder
aux dépens des mêmes riches les patriotes des sections.

Au milieu de ce débordement de propositions spoliatrices, d'idées fausses et de maximes subversives,
de ces imitations inintelligentes de l'antiquité, un
homme conserva la lucidité de sa pensée, le sentiment de la vérité, et proclama avec une admirable
éloquence les principes sur lesquels doit reposer
la société moderne. Cet homme fut Vergniaud, plus
grand encore par la justesse et l'élévation de ses vues,
que par les merveilles de sa diction. Au milieu des
agitations par lesquelles le parti exalté préludait à
l'immolation des girondins, ce grand orateur se
recueillit dans le calme et la sérénité de sa raison,
et développa devant la convention, à la séance du
8 mai 1793, des considérations pleines de profondeur et d'éclat, sur les divers projets de constitution
proposés à cette assemblée.

Il insista d'abord sur la nécessité de faire cesser

passions brutales de toute entrave. Elle renfermait la pure substance des doctrines matérialistes du xviiie siècle, résumées dans
les *Recherches philosophiques sur le droit de propriété et le vol*, de
Brissot. Enfin, cette déclaration n'était que le manifeste anticipé
du parti des Hébert, des Chaumette et des Jacques Roux, qui n'eurent
d'autre tort que de poursuivre avec une logique trop rigoureuse
les dernières conséquences pratiques des principes posés par les
adversaires de la propriété.

l'interrègne des lois, et ce gouvernement exceptionnel et de circonstance qui, sous le nom de liberté,
pouvait bientôt fonder la tyrannie.

« La constitution, ajouta-t-il, dissipera les alarmes
« que des discours insensés jettent dans l'âme de tous
« les propriétaires.... Elle fera cesser l'émigration des
« capitaux..... Chaque déclamation contre les pro-
« priétés voue quelque terre à la stérilité, quelque
« famille à la misère..... »

Il protesta contre l'erreur de ces hommes qui cherchaient dans les républiques anciennes le modèle
des institutions à donner à la France, et préconisaient
une frugalité inconciliable avec le développement des
facultés humaines et de la civilisation.

« Rousseau, Montesquieu, et tous les hommes qui
« ont écrit sur les gouvernements nous disent que
« l'égalité de la démocratie s'évanouit là où le luxe
« s'introduit; que les républiques ne peuvent se
« soutenir que par la vertu, et que la vertu se cor-
« rompt par les richesses.

« Pensez-vous que ces maximes appliquées seu-
« lement par leurs auteurs à des États circonscrits,
« comme les républiques de la Grèce, dans d'étroi-
« tes limites, doivent l'être rigoureusement et sans
« modification à la république française? Voulez-
« vous lui créer un gouvernement austère, pauvre
« et guerrier comme celui de Sparte?

« Dans ce cas, soyez conséquents comme Lycur-
« gue; comme lui partagez les terres entre tous les
« citoyens; proscrivez à jamais les métaux que la

« cupidité humaine arracha aux entrailles de la
« terre ; brûlez même les assignats, dont le luxe
« pourrait aussi s'aider, et que la lutte soit le seul
« travail de tous les Français. Etouffez leur industrie,
« ne mettez entre leurs mains que la scie et la hache.
« Flétrissez par l'infamie l'exercice de tous les mé-
« tiers utiles ; déshonorez les arts, et surtout l'agri-
« culture. Que les hommes auxquels vous aurez
« accordé le titre de citoyens ne paient plus d'im-
« pôts ; que d'autres hommes auxquels vous refu-
« serez ce titre soient tributaires et fournissent à
« leurs dépenses. Ayez des étrangers pour faire votre
« commerce, des ilotes pour cultiver vos terres, et
« faites dépendre votre subsistance de vos esclaves.

« Il est vrai que de pareilles lois, qui établissent
« l'égalité entre les citoyens, consacrent l'inégalité
« entre les hommes ; que si elles ont fait fleurir pen-
« dant plusieurs siècles la liberté de Sparte, elles ont
« maintenu pendant plusieurs siècles l'oppression des
« villes de la Laconie et la servitude d'Hélos ; il est
« vrai que les institutions de Lycurgue, qui prou-
« vent son génie en ce qu'il n'entreprit de les fonder
« que sur un territoire d'une très-médiocre étendue,
« et pour un si petit nombre de citoyens, que le plus
« fort recensement ne le porte pas au delà de dix
« mille, prouveraient la folie du législateur qui vou-
« drait les faire adopter à vingt-quatre millions
« d'hommes ; il est vrai qu'un partage des terres et le
« nivellement des fortunes sont aussi impossibles en
« France que la destruction des arts et de l'industrie,

« dont la culture et l'exercice tiennent au génie actif
« que ses habitants ont reçu de la nature ; il est vrai
« que l'entreprise seule d'une pareille révolution exci-
« terait un soulèvement général, que la guerre civile
« parcourrait toutes les parties de la république ; que
« tous nos moyens de défense contre d'insolents étran-
« gers seraient bientôt évanouis ; que le plus terrible
« des niveleurs, la mort, planerait sur les villes et les
« campagnes. Je conçois que la ligue des tyrans
« puisse nous faire proposer, au moins indirecte-
« ment, par les agents qu'elle soudoie, un système
« d'où résulterait pour tous les Français la seule
« égalité du désespoir et des tombeaux, et la des-
« truction totale de la république. »

Enfin, Vergniaud insista de nouveau sur la nécessité de raffermir la propriété ébranlée, sur les déplorables effets de sa violation.

« Si la constitution doit maintenir le corps social
« dans tous les avantages dont la nature l'a mis en
« possession, elle doit aussi, pour être durable, pré-
« venir par des réglements sages la corruption qui
« résulterait infailliblement de la trop grande inéga-
« lité des fortunes ; mais en même temps, sous peine
« de dissoudre le corps social lui-même, elle doit
« la protection la plus entière aux propriétés. Ce fut
« pour qu'ils lui aidassent à conserver le champ
« qu'il avait cultivé, que l'homme se réunit d'a-
« bord à d'autres hommes auxquels il promit l'assi-
« stance de ses forces pour défendre aussi leurs
« champs. Le maintien des propriétés est le premier

« objet de l'union sociale; qu'elles ne soient pas
« respectées, la liberté elle-même disparaît. Vous ren-
« dez l'industrie tributaire de la sottise, l'activité de la
« paresse, l'économie de la dissipation; vous éta-
« blissez sur l'homme laborieux, intelligent et éco-
« nome, la triple tyrannie de l'ignorance, de l'oisi-
« veté et de la débauche. »

Mais ces paroles si vraies et si belles se perdirent
au milieu du tumulte des passions. C'était presque le
chant du cygne. A vingt jours de distance, le 31 mai
et le 2 juin étouffèrent cette voix éloquente, qui venait
de faire entendre pour la dernière fois, sur ces
grandes questions de l'organisation sociale et politique, les accents de la justice et de la vérité. Désormais le champ allait rester libre aux théories de
Robespierre, aux systèmes de Saint-Just, et aux
frénétiques excitations de Marat.

S'il est un curieux sujet d'étude, c'est assurément
de rechercher quelle organisation sociale prétendaient
imposer à la France les hommes auxquels la défaite
de la Gironde donna la dictature; de constater leurs
principes, leur but et leurs moyens d'application.
Mais, si cette recherche est pleine d'intérêt, elle est
hérissée de difficultés presque insurmontables. Rien
de plus confus, en effet, de plus nébuleux, de plus
contradictoire que les discours et les écrits de ces
hommes qui sacrifièrent tant d'holocaustes sanglants
aux idoles de leur pensée.

Nous avons vu Robespierre repousser, en 1792, le
reproche d'attenter à la propriété; condamner le

principe de l'égalité absolue et la chimère de la communauté; mais en même temps imposer à la société l'obligation d'assurer par le travail la subsistance de tous ses membres. C'était poser en face l'un de l'autre deux principes contradictoires : celui de la propriété individuelle et celui du domaine éminent de l'État sur les biens des citoyens. Robespierre fit un pas de plus dans sa déclaration des droits. Il n'y maintint la propriété que de nom ; il en subordonna complétement l'étendue et même l'existence à la volonté législative, et battit encore en brèche cette possession individuelle, précaire et mutilée, par le triple bélier du droit au travail, de la taxe des pauvres et de l'impôt progressif. Il avait ainsi posé la base du communisme, et tracé les moyens transitoires dont l'emploi devait, au bout d'un certain temps, assurer l'absorption complète par l'État des capitaux et des revenus privés.

Cependant, Robespierre ne se rendit pas compte des conséquences de ses doctrines. Comme Rousseau, dont il adoptait avec enthousiasme les théories, il se flatta de concilier deux principes opposés, et il continua de protester contre la communauté et l'égalité absolue, vers lesquelles il marchait. En même temps, il manifestait pour les riches et les richesses un mépris souverain, et repoussait la loi agraire moins par sentiment de justice, que par un dédain affecté pour les dons de la fortune, et par enthousiasme pour la frugalité antique.

« Ames de boue! qui n'estimez que l'or, s'écriait-il

« en proposant à la convention son projet de déclara-
« tion des droits, je ne veux point toucher à vos
« trésors, quelque impure qu'en soit la source. Vous
« devez savoir que cette loi agraire, dont vous avez
« tant parlé, n'est qu'un fantôme créé par les fripons
« pour épouvanter les imbéciles; il ne fallait pas une
« révolution, sans doute, pour apprendre à l'univers
« que l'extrême disproportion des fortunes est la
« source de bien des maux et de bien des crimes;
« mais nous n'en sommes pas moins convaincus que
« l'égalité des biens est une chimère. Pour moi, je la
« crois moins nécessaire encore au bonheur privé
« qu'à la félicité publique. Il s'agit bien plus de
« rendre la pauvreté honorable que de proscrire
« l'opulence. La chaumière de Fabricius n'a rien à
« envier au palais de Crassus. »

Ainsi, Robespierre faisait le plus étrange amalgame
d'idées contraires. Il préconisait la pauvreté, et il déclarait l'égalité des biens chimérique; il injuriait
l'opulence, et il se défendait de porter la main sur ses
trésors; il frappait au cœur la propriété, et il protestait de son respect pour elle.

Pour atténuer, jusqu'à un certain point, ces contradictions, du moins aurait-il fallu tracer certaines
limites aux droits redoutables que Robespierre posait en face de la propriété, comme une chimère à la
gueule béante prête à l'engloutir, si toutefois de pareils droits étaient susceptibles d'être contenus par
des restrictions. En proclamant l'assistance illimitée,
l'impôt progressif, le droit au travail, il fallait préciser

les conditions et l'étendue des secours, la limite de l'impôt, le mode d'exécution des engagements de la société envers le travailleur inoccupé. Il ne suffit point, en effet, d'inscrire de magnifiques promesses au frontispice d'une constitution, de faire contracter à la société d'onéreux engagements : l'important et le difficile, c'est de trouver les moyens de les accomplir, de combiner les éléments d'une organisation nouvelle, qui puisse résister à l'examen de la théorie et à l'épreuve de la pratique. Avant tout, Robespierre aurait dû faire connaître comment il empêcherait l'assistance de devenir une prime à la paresse; l'impôt progressif de nuire à la formation des capitaux, et d'en provoquer l'émigration; le droit au travail, d'engloutir les richesses du pays, et de ruiner l'industrie particulière. Où trouver les ressources nécessaires pour fournir des instruments de travail à ceux qui en manquent, pour payer les salaires de ceux qui réclament de l'emploi, sans aggraver incessamment les charges de l'emprunt et de l'impôt? Comment donner à chacun de ceux qu'atteint le chômage une occupation en rapport avec ses forces et ses connaissances? En supposant ces difficultés résolues, comment utiliser les produits du travail fourni par l'État? Comment éviter que ces produits jetés dans la circulation ne créent sur d'autres points un nouveau manque de travail, et que le chômage toujours renaissant ne s'aggrave par les moyens mêmes employés pour y remédier? Voilà les questions dont la solution devait précéder la proclamation du droit au travail. Ces questions, Robespierre n'en soupçonna même pas l'existence. En vain chercherait-on dans ses longues et prétentieuses déclamations une idée pratique, un moyen d'application. Il crut qu'il suffisait de proférer de belles maximes, de se livrer à de froides antithèses sur la fraternité et la vertu. Cette vertu, dont il se faisait l'apôtre, qui formait dans sa bouche l'un des éléments d'une alternative dont l'autre terme était l'échafaud, qui pourrait se flatter de la comprendre? Quoi de plus vague, de plus creux que les phrases de rhéteur par lesquelles il prétendait la définir!

« Nous voulons, disait-il, un ordre de choses où « toutes les passions basses et cruelles soient enchaî- « nées, toutes les passions bienfaisantes et généreu- « ses éveillées par les lois; où l'ambition soit le « désir de mériter la gloire et de servir la patrie; où « les distinctions ne naissent que de l'égalité même; « où le citoyen soit soumis au magistrat, le magis- « trat au peuple, et le peuple à la justice; où la pa- « trie assure le bien-être de chaque individu, et où « chaque individu jouisse avec orgueil de la prospé- « rité et de la gloire de la patrie; où toutes les âmes « s'agrandissent par la communication continuelle « des sentiments républicains et par le besoin de « mériter l'estime d'un grand peuple; où les arts « soient les décorations de la liberté, qui les enno- « blit; le commerce la source de la richesse publi- « que, et non pas seulement de l'opulence mons- « trueuse de quelques maisons.

« Nous voulons substituer dans notre pays la
« morale à l'égoïsme, la probité à l'honneur, les
« principes aux usages, les devoirs aux bienséances,
« l'empire de la raison à la tyrannie de la mode,
« le mépris du vice au mépris du malheur, la fierté
« à l'insolence, la grandeur d'âme à la vanité, l'a-
« mour de la gloire à l'amour de l'argent, les bon-
« nes gens à la bonne compagnie, le mérite à l'in-
« trigue, le génie au bel-esprit, la vérité à l'éclat,
« le charme du bonheur aux ennuis de la volupté,
« la grandeur de l'homme à la petitesse des grands,
« un peuple magnanime, puissant, heureux, à un
« peuple aimable, frivole et misérable, c'est-à-dire
« tous les miracles de la république à tous les vices
« et à tous les crimes de la monarchie [1]. »

Dans ces oppositions recherchées d'expressions
symétriques, on ne reconnaît point le sens pratique,
la netteté de pensée qui doivent caractériser le fondateur d'un nouvel ordre social. Robespierre aspirait
moins à donner à la France des institutions fixes et
praticables, qu'à lui imposer un code de morale ; et
cette morale elle-même n'était qu'un idéal vapo-
reux, un rêve aux formes indécises. Il ne posa
d'une main ferme aucun principe nouveau; il ne
se rattacha franchement à aucun de ceux qui avaient

[1] Rapport sur les principes de morale politique qui doivent gui-
der la convention nationale dans l'administration intérieure de la
république, fait par Robespierre au nom du comité de salut public,
à la séance du 5 février (17 pluviose) 1794. *Histoire parlementaire*,
t. XXXI. p. 269.

été proclamés avant lui ; mais il se perdit dans une espèce de syncrétisme mystique et sans portée. Si, par ses protestations en faveur de l'humanité et de la fraternité, il se rattacha au dogme de la charité chrétienne, il s'en éloigna, dans la pratique, par les sanglants sacrifices qu'il provoqua et qu'il toléra. Tantôt il se rapprocha des doctrines ascétiques par ses éloges de la pauvreté et de la frugalité antiques ; tantôt, au contraire, il déclara qu'il ne prétendait point jeter la république française dans le moule de celle de Sparte, qu'il ne voulait lui donner ni l'austérité, ni la corruption des cloîtres. Ses idées politiques et sociales, morales et religieuses furent toujours enveloppées de nuages, ou plutôt il n'eut pas d'idées, car on ne saurait donner ce nom à des sentiments vagues, à des utopies sans précision. Robespierre n'est si incompréhensible pour la postérité, que parce qu'il ne se comprenait pas lui-même.

Disciple et admirateur de Robespierre, Saint-Just reproduisit, en les exagérant, les doctrines de son maître. C'était l'Ali du nouveau Mahomet [1]. Les aspirations de Robespierre revêtaient, sous la plume de

---

[1] On sait qu'au début de ses prédications, Mahomet réunit quarante Hashémites, et leur demanda lequel d'entre eux l'aiderait à porter son fardeau, voudrait être son compagnon et son vizir. Tous gardaient le silence. Ali, jeune homme de quatorze ans, plein d'ardeur et de fanatisme, se leva seul et s'écria : « Prophète, je suis cet homme ; si quelqu'un ose s'élever contre toi, je lui briserai les dents, je lui arracherai les yeux, je lui casserai les jambes, et je lui ouvrirai le ventre. Prophète, je serai ton vizir. » Gibbon, t. X, p. 81.

son adepte fanatique, un caractère plus absolu, plus
sententieux, plus systématique. Cependant, à n'apprécier Saint-Just que sur ses discours et ses rapports
officiels, il serait difficile de se former une idée précise du but qu'il poursuivait; mais ses *Fragments sur
les institutions républicaines* trouvés dans ses papiers,
et publiés en 1831 par Ch. Nodier, nous ont initiés
aux secrets de sa pensée. Ces fragments renferment-
ils les éléments d'un système commun à Robespierre
et à Saint-Just, ou ne sont-ils que l'expression des
rêves politiques de ce dernier? C'est une question
qu'on ne saurait complétement résoudre. Cependant,
si les détails appartiennent à l'élève, il est probable
que l'inspiration supérieure venait du maître auquel
il avait voué un culte passionné.

Ce qui domine dans les Fragments de Saint-Just,
c'est encore la prétention de changer violemment les
mœurs d'une nation, et de réformer le cœur humain.
« S'il y avait des mœurs, s'écriait-il, tout irait bien ;
« il faut des institutions pour les épurer. Il faut ten-
« dre là, tout le reste s'ensuivra.....

« Le stoïcisme, qui est la vertu de l'esprit et de
« l'âme, peut seul empêcher la corruption d'une ré-
« publique marchande, ou qui manque de mœurs...
« — Un gouvernement républicain a la vertu pour
« principe, sinon la terreur.....

« Le jour où je me serai convaincu qu'il est im-
« possible de donner au peuple français des mœurs
« douces, sensibles et inexorables pour la tyrannie
« et l'injustice, je me poignarderai. »

Cette prétendue réforme morale, Saint-Just la poursuivait avec toute l'obstination d'une intelligence étroite, toute la fureur du fanatisme et de l'orgueil. Dès le mois de juillet 1792, ces sentiments fermentaient dans son âme avec une incroyable violence. Retenu loin de Paris, où le parti républicain ne l'avait pas estimé à la valeur qu'il s'attribuait lui-même, il écrivait : « Il est malheureux que je ne puisse rester « à Paris. Je me sens de quoi surnager dans le siècle... « O Dieu ! faut-il que Brutus languisse oublié, loin « de Rome ! Mon parti est pris, cependant : si Brutus « ne tue point les autres, il se tuera lui-même..... — « Je suis au-dessus du malheur..... — Vous êtes tous « des lâches qui ne m'avez point apprécié. Ma palme « s'élèvera pourtant, et vous obscurcira peut-être. « Infâmes... arrachez-moi le cœur, et mangez-le ; «·vous deviendrez ce que vous n'êtes point : « grands ! [1] » Cette expression du délire d'un orgueil féroce explique l'homme de 93.

Par quelle voie Saint-Just prétendait-il réaliser cette grande rénovation des mœurs ? Quelles institutions sociales proposait-il pour l'assurer ? Quelles étaient ses vues pratiques, ses moyens d'exécution ? Respectait-il la propriété, ou tendait-il au communisme ? voilà ce qu'il importe d'examiner.

Saint-Just se rattachait plus franchement que Robespierre au système platonicien de l'égalité, de

---

[1] Lettre de Saint-Just à Daubigny, *Histoire parlementaire*, t. XXXV, p. 271.

la limitation des fortunes, à la doctrine de la loi agraire.

« Pour réformer les mœurs, disait-il, il faut com-
« mencer par contenter le besoin et l'intérêt; il faut
« donner quelques terres à tout le monde; ...je défie
« que la liberté s'établisse, s'il est possible que l'on
« puisse soulever les malheureux contre le nouvel
« ordre de choses; je défie qu'il n'y ait plus de mal-
« heureux, si l'on ne fait en sorte que chacun ait
« des terres. Il ne peut exister de peuple vertueux et
« libre qu'un peuple agriculteur..... Un métier s'ac-
« corde mal avec le véritable citoyen; la main de
« l'homme n'est faite que pour la terre ou pour les
« armes.

« Là où il y a de très-gros propriétaires, on ne voit
« que des pauvres; rien ne se consomme dans les
« pays de grande culture.

« Un homme n'est fait ni pour les métiers, ni pour
« l'hôpital, ni pour des hospices. Tout cela est af-
« freux. Il faut que l'homme vive indépendant, que
« tout homme ait une femme propre et des enfants
« sains et robustes. Il ne faut ni riches ni pauvres.

« Un malheureux est au-dessus du gouvernement
« et des puissances de la terre; il doit leur parler
« en maître.... Il faut une doctrine qui mette en
« pratique ces principes, et assure l'aisance au peuple
« tout entier.

« L'opulence est une infamie; elle consiste à
« nourrir moins d'enfants naturels ou adoptifs qu'on
« n'a de mille livres de revenu.

« Il faut détruire la mendicité par la distribution
« des biens nationaux aux pauvres. »

Le travail devait être obligatoire pour tous. « Il faut,
« écrivait Saint-Just, que tout le monde travaille et se
« respecte... Tout propriétaire qui n'exerce point de
« métier, qui n'est point magistrat, qui a plus de
« vingt-cinq ans, est tenu de cultiver la terre jusqu'à
« cinquante ans. »

Saint-Just voulait en outre un vaste domaine public
et des revenus en nature. Les produits de ce domaine
devaient être consacrés à réparer l'infortune des membres du corps social, et à soulager le peuple du poids
des tributs dans les temps difficiles. Il n'admettait que
l'hérédité en ligne directe et celle entre frères et
sœurs, les autres successions collatérales étant abolies
au profit de la république. La faculté de déshériter et
de tester devait être supprimée.

Voici comment Saint-Just définissait le mariage :
« L'homme et la femme qui s'aiment sont époux.
« S'ils n'ont point d'enfants, ils peuvent tenir leur
« engagement secret ; mais si l'épouse devient grosse,
« ils sont tenus de déclarer au magistrat qu'ils sont
« époux. Nul ne peut troubler l'inclination de son
« enfant, quelle que soit sa fortune. » C'était consacrer le déréglement, sous bénéfice de stérilité.

Le divorce devait être toujours admis, et même
obligatoire, lorsque les sept premières années de
l'union n'avaient point été fécondes.

L'éducation commune est déclarée nécessaire. Les
enfants appartiennent à leur mère jusqu'à cinq ans,

si elle les a nourris, et à la république ensuite jusqu'à la mort. Ils sont soumis à une discipline plus que spartiate.

« Les enfants sont vêtus de toile dans toutes les sai-
« sons, ils couchent sur des nattes et dorment huit
« heures. Ils sont nourris en commun, et ne vivent
« que de racines, de fruits, de légumes, de laitage,
« de pain et d'eau. — Ils ne peuvent goûter de chair
« qu'après l'âge de seize ans. » Voilà, certes, un régime éminemment propre à former des populations
saines et vigoureuses.

Saint-Just ne s'en tient pas là dans ses imitations de l'antiquité. Il renchérit sur elle. Il accorde aux vieil-lards un droit de censure; il établit des censeurs, délateurs soldés à six mille francs par an, pour sur-veiller les fonctionnaires, les magistrats et les dé-noncer au peuple. Le peuple lui-même ne peut-être censuré, car suivant les doctrines de Robespierre et des jacobins, il est incorruptible, de même que les anabaptistes se proclamaient impeccables. Les hom-mes âgés de 25 ans seront tenus de déclarer tous les ans dans le temple les noms de leurs amis; celui qui abandonne son ami sans raison suffisante sera banni. Le premier jour de chaque mois sera une fête consa-crée à quelque vertu ou à quelque abstraction mo-rale, etc.

A ces projets de législation, Saint-Just mêle des considérations économiques sur les impôts, les finan-ces et les monnaies, où se montre le peu d'étendue de ses connaissances. Il prend le numéraire et les assignats

pour la richesse, et s'écrie : « Combien ne doit-il pas
« exister de riches, puisqu'il y a en circulation
« quatre fois plus de signes qu'autrefois! » Et pourtant, à cette époque, les Law, les Quesnay, les Tur-
got, les Adam-Smith avaient tracé les véritables théories des monnaies et du crédit.

Les Fragments de Saint-Just sont pleins d'incohérences et d'affirmations inconciliables. Par exemple,
après avoir posé en principe que l'agriculture est la
seule occupation digne d'un peuple libre, il veut que
l'industrie soit protégée, que la république honore
les arts et le génie. Il déclare que l'opulence est une
infamie, qu'il ne doit y avoir ni pauvres ni riches;
et plus loin il invite les citoyens à consacrer leurs richesses au bien public. Il établit que tous les ans,
dans chaque commune, un jeune homme riche et
vertueux, désigné par le peuple, épousera une vierge
pauvre en mémoire de l'égalité humaine. Il semble
admettre ainsi cette inégalité des fortunes qu'il vient
de proscrire. Ces détails ne font que manifester les
inconséquences radicales qui se cachent au fond des
utopies de ce révolutionnaire.

Saint-Just fait un bizarre mélange des principes
les plus opposés. Il croit maintenir la propriété, et il la
détruit par la loi agraire et par ses tendances à l'égalité
absolue. Il consacre nominalement le mariage et la famille, et il les annule en autorisant le concubinage
secret et le divorce, en restreignant l'hérédité, en
supprimant, dans le droit de tester et d'intervenir au
mariage des enfants, les deux appuis de l'autorité pa-

ternelle. Il pose en face des individus réduits à un droit précaire de possession, l'Etat propriétaire, envahissant le sol et les capitaux par la dévolution des successions collatérales, et entretenant par la distribution de ses revenus à l'indigence la plaie d'un paupérisme dévorant. Il inaugure ainsi l'établissement partiel du communisme. Enfin, tout en proclamant la liberté, en jurant haine à la tyrannie, il propose de soumettre les actes les plus spontanés de l'homme au despotisme de la loi, au contrôle de la censure publique. Chez lui tout est donc contradiction, manque de logique, absence du sentiment de la réalité.

On a dit que Robespierre et Saint-Just se proposaient, une fois qu'ils auraient eu triomphé de leurs ennemis, de détendre la terreur, de rétablir l'ordre, d'organiser la démocratie, de constituer la société de l'avenir. Sans doute, si ces hommes étaient parvenus à obtenir une dictature incontestée, ils se seraient efforcés de réaliser leurs vagues utopies; mais, en présence des résistances qu'eût soulevées cette entreprise impossible, ils auraient fait encore couler des flots de sang. C'est le propre de l'orgueil et du fanatisme, de s'irriter contre les obstacles, d'attribuer à la haine et au mauvais vouloir la cause de difficultés qui ont leur source dans la nature même des choses, et de demander à la violence les moyens de les trancher. Tels s'étaient montrés Robespierre, Saint-Just et leur école. Leurs tentatives d'organisation n'eussent donc été qu'une torture infligée à la société, et leur clé-

mence qu'une accélération des supplices. S'il leur eût
été donné d'épuiser la série de leurs inconséquences,
de manifester à leurs propres yeux leurs contradictions par des applications pratiques, ils auraient fini
par se mettre d'accord avec eux-mêmes; ils auraient
conclu, ils auraient trouvé et dit leur dernier mot,
qu'ils ignoraient encore. Heureusement, la France
échappa à cette cruelle expérience. Cependant, comme
il faut que toute doctrine aboutisse à une conclusion,
que tout principe porte ses conséquences, le parti de
Robespierre et de Saint-Just, vaincu et forcé de se re-
plier sur lui-même, accomplit ce travail logique dans
le silence des prisons, qu'il dut peupler à son tour, et
le mystère de secrets conciliabules. Il chercha l'organisation qui répondait complétement à son idéal et résol-
vait toutes ses contradictions. Il dit son dernier mot; il
fit sa dernière tentative : cette tentative fut la conjuration de Babeuf, ce dernier mot fut le communisme.

C'était aussi au communisme que devait aboutir ce
parti impur et forcené d'Hébert et de Chaumette qui,
sous prétexte d'écraser les ennemis de la révolution,
réclamait la spoliation générale et de nouveaux massacres; et qui, au nom de la liberté et de la raison,
préconisait une licence de mœurs effrénée et un grossier naturalisme. Au fond, ce parti ne voulait qu'as-
souvir ses haines, sa rapacité et ses passions brutales.
Il n'avait aucune idée, aucun plan d'organisation.
Mais, après qu'il aurait eu détruit la propriété par
le pillage, la famille par la débauche et la promiscuité,
la société devait revenir forcément à cette commu-

nauté bestiale et sans règles que l'on suppose avoir
précédé sa formation. Tandis que Robespierre, Saint-
Just et leur école tendaient à une espèce de communisme mystique et théocratique, les hébertistes se pré-
cipitaient vers un communisme anarchique et athée.
Ils s'inspiraient des prédications matérialistes du
XVIIIe siècle, et poursuivaient la destruction de toute
société, plutôt que l'édification d'une société nouvelle.
Ces deux partis, qui s'étaient réciproquement décimés
en mars 1794 et au 9 thermidor [1], arrivaient au
même abîme par des voies différentes. Ils devaient se
rencontrer et expirer l'un et l'autre dans le babouvisme.

S'il est un spectacle douloureux, un enseignement
terrible, c'est celui que nous présentent ces hommes promenant la hache à travers une génération, sans
but déterminé, sans projet de réorganisation sérieusement élaboré. Parmi les victimes qu'ils livrèrent aux
massacres et aux supplices, on peut prétendre qu'un
certain nombre furent immolées de bonne foi au salut
de la patrie menacée de l'invasion étrangère; mais il
est certain qu'un plus grand nombre encore furent sacrifiées à des haines de sectaires, à des rivalités de
doctrines, au fanatisme des idées. Or, ces doctrines
n'avaient rien de précis, ces idées rien d'arrêté ni de

[1] C'est en mars 1794 que Robespierre et Saint-Just envoyèrent
les hébertistes à l'échafaud. Les membres des comités qui firent le
9 thermidor se rattachaient en majeure partie aux impures doctrines des hébertistes. Ils furent eux-mêmes renversés ensuite par
la réaction modérée et girondine.

positif. C'était aux fantômes de l'imagination qu'on sacrifiait des hécatombes humaines. Cependant, si jamais il pouvait être permis, ce qu'à Dieu ne plaise! de poursuivre une rénovation sociale par de si cruels moyens, du moins faudrait-il qu'elle fût clairement définie, rendue intelligible pour tous. Quand on marche les pieds dans le sang, on ne doit pas perdre son front dans les nuages. Quand on périt à l'œuvre, on ne doit pas emporter son secret dans la mort, et léguer une énigme à la postérité. Le sacrifice de soi-même n'est alors qu'un stérile et coupable suicide. On a cru excuser les vaincus de thermidor, en faisant remarquer qu'il n'ont pas dit leur dernier mot. Étrange excuse, en vérité! comme si, lorsque des hommes aspirent à présider aux destinées d'une société, leur dernier mot n'était pas le premier qu'ils dussent prononcer!

La convention, tant qu'elle fut libre, s'opposa énergiquement aux doctrines attentatoires à la propriété. Le 18 mars 1793, elle avait décrété la peine de mort contre quiconque proposerait la loi agraire. Après le 31 mai, bien que décimée et asservie, elle n'accepta point les théories de Robespierre et de Saint-Just. Dans la déclaration des Droits de l'homme placée en tête de la constitution de 1793, elle définit la propriété : « le droit qui appartient à tout citoyen de jouir et de disposer de ses biens, de ses revenus, du fruit de son travail et de son industrie. » Elle fit justice des théories de l'égalité absolue et du droit au travail; elle ne proclama que

l'égalité devant la loi. Les mesures violentes et spoliatrices que prit cette assemblée, lui furent ou imposées par la force, ou inspirées par les terribles nécessités de la défense nationale. Elle viola les grands principes sur lesquels repose la société, mais du moins
elle ne les nia point. Lorsque la réaction thermi-
dorienne l'eut soustraite à la domination du parti
jacobin, elle s'empressa de les proclamer de nouveau, en inscrivant dans la constitution de l'an III
ces remarquables paroles : « C'est sur le maintien
« des propriétés que reposent la culture des terres,
« toutes les productions, tout moyen de travail, et
« tout l'ordre social. » Ainsi cette assemblée posa
d'une main ferme la véritable base de la démocratie.
Son décret sur la loi agraire, la netteté de ses défini-
tions du droit de propriété, le soin qu'elle mit à le
consolider dans son dernier acte constitutif, prouvent
qu'elle avait compris que la négation de ce droit était
le terme fatal auquel devait aboutir la faction fanatique dont elle avait trop longtemps subi la tyrannie.
Les faits subséquents montrèrent qu'elle ne s'était
pas trompée.

III.

CONJURATION DE BABEUF.

Origine de la secte des égaux. — Babeuf et Antonelle. — La conjuration s'organise. — Les anciens montagnards de la convention s'allient aux communistes. — Plans et système social des conjurés.— Réflexions sur l'ensemble de la révolution française.

Le parti de la république sanglante avait inutilement tenté de reconquérir la domination dans les journées de prairial. Ses derniers chefs avaient péri à la suite de ce mouvement; la plupart de ses meneurs secondaires, jetés dans les prisons, n'en sortirent qu'au moment où la convention crut devoir chercher dans les restes des terroristes un point d'appui contre la réaction royaliste de vendémiaire. Ce fut là que se forma le premier noyau de cette conspiration fameuse, à laquelle Babeuf donna son nom. Les jacobins incarcérés se mirent à rechercher l'organisation sociale qui pourrait réaliser définitivement leurs théories d'égalité et de bonheur commun, et leur permettre de renverser sans retour ce qu'ils appelaient la domination des riches et des enrichis. C'était s'y prendre un peu tard pour procéder à cette recherche. Jusqu'alors leurs vues ne s'étaient pas étendues au delà du papier-monnaie, du maximum, des emprunts forcés, des réquisitions et des taxes révolutionnaires. Amar, l'ancien

conventionnel, l'ancien membre du comité de sûreté
générale, vantait encore cette manière d'enlever le superflu qui encombrait, disait-il, les canaux trop remplis, pour le rendre à ceux qui n'étaient pas suffisamment alimentés. Mais les fortes têtes du parti avaient
fini par s'apercevoir que le papier-monnaie était un
instrument de spoliation dont la puissance s'épuisait
par son usage même; que le maximum venait échouer
contre l'inertie du producteur et du marchand, pré-
férant fermer ateliers et magasins, plutôt que de produire et de vendre à perte; que les emprunts forcés,
les taxes de guerre, les réquisitions frappées sur les
riches n'avaient qu'un temps, parce que le moment
devait arriver où l'on ne pourrait plus rien prendre
à qui n'aurait plus rien; qu'ainsi tous ces expédients
étaient semblables à celui des sauvages qui coupent
l'arbre par le pied pour en cueillir le fruit. D'autres
organisateurs proposaient le partage des terres, des
lois somptuaires, l'impôt progressif; mais, après examen, les meilleurs logiciens reconnurent que c'étaient
là de simples palliatifs; qu'admettre, même avec des
restrictions, l'inégalité des fortunes, c'était laisser
aux riches la faculté d'éluder les lois, et de continuer
à machiner l'asservissement et l'exploitation du
peuple. *Détruire l'inégalité est la tâche de tout législateur vertueux*, tel fut donc le principe admis
par une secte dont les membres s'appelèrent entre
eux les égaux. Ils recherchèrent les moyens de réaliser cette égalité.

Il y avait parmi les prisonniers un certain Bodson,

jacobin forcené, qui s'était nourri de la lecture du *Code de la nature* de Morelly, ouvrage que l'on attribuait alors à Diderot [1]. Bodson avait adopté complétement les idées développées dans ce livre. Il les exposa à Babeuf, comme lui ancien jacobin, et à quelques autres membres du parti qui se décernait à lui-même le titre exclusif de patriote. Il n'eut pas de peine à leur démontrer qu'elles étaient les conséquences nécessaires du principe de l'égalité absolue. Ceux-ci acceptèrent cette doctrine avec enthousiasme, et n'hésitèrent point à reconnaître dans la communauté des biens et des travaux, le terme de la perfection de l'état social, le seul moyen d'assurer le *bonheur commun*. Cependant, un certain nombre d'initiés, tout en admettant l'excellence théorique de la communauté, pensèrent que son établissement soulèverait d'insurmontables résistances, et qu'il fallait se borner, pour le moment, à créer des institutions propres à ramener progressivement la société à l'égalité parfaite.

Les patriotes furent compris dans le bénéfice de la loi d'amnistie du 3 brumaire an IV, et mis en liberté. Les égaux s'empressèrent d'en profiter pour essayer de réaliser leur doctrine. Ils établirent un centre de direction, dont les principaux membres furent Babeuf, Ph. Buonarotti, originaire de Toscane, ancien

---

[1] Ce livre, dont plusieurs éditions furent publiées sans nom d'auteur, fut pendant longtemps attribué à Diderot. Laharpe, qui crut devoir le réfuter, partagea cette erreur.

jacobin et familier de Robespierre, Antonelle, ancien membre de l'assemblée législative et juré du tribunal révolutionnaire, Sylvain Maréchal, l'auteur du *Dictionnaire des Athées*. On s'occupa d'abord de former une société publique, destinée à devenir la pépinière d'une société secrète, à agiter l'opinion des masses, et à couvrir les menées clandestines des conjurés. Cette société fut établie au Panthéon. Les anciens jacobins y accoururent plus nombreux que jamais. Aux termes de la constitution de l'an III, alors en vigueur, ils ne pouvaient avoir ni bureau, ni tribune; ils formaient donc des groupes tumultueux, vociférant tous à la fois jusqu'à une heure fort avancée de la nuit. A la fin de leurs séances, ils chantaient en chœur des complaintes sur la mort de Robespierre. Insensiblement, ils reprirent les caractères d'un club, et se donnèrent un président, une tribune, des signes de reconnaissance, dépassant ainsi les limites constitutionnelles du droit de réunion. Là, dit M. Thiers, ils déclamaient contre les émigrés et les prêtres, les agioteurs, les sangsues du peuple, les projets de banque, la suppression des rations, l'abolition des assignats, et les procédures instruites contre les patriotes.

En même temps Babeuf répandait ses doctrines par son journal *le Tribun du peuple*. Il y développait, dans un style aussi dépourvu de modération que d'élégance, les principes du *Code de la nature*; il déclaraitque la propriété individuelle est la cause de l'esclavage; que la société doit être une communauté de biens et de travaux, et avoir pour but l'égalité absolue des conditions et des jouissances. Dans la signature qu'il apposait au bas de ces feuilles incendiaires, il prenait le surnom de Caïus Gracchus.

Alors fut mis de nouveau en lumière le véritable rôle des théories qui, sans détruire complétement la propriété, prétendent la mutiler au profit de l'égalité. La division qui avait existé dès l'origine dans la secte des égaux, dont les uns avaient adopté le principe de la communauté, et les autres le système des lois restrictives, se manifesta au grand jour. En face de Babeuf, soutenant le système dont la *République* de Platon est le premier modèle, se posa Antonelle, défendant celui qui est formulé dans le *Livre des Lois*. Une curieuse polémique s'engagea entre ces deux chefs de secte. Antonelle développa son opinion dans deux lettres insérées, l'une au numéro 9 *de l'Orateur Plébéien*, l'autre au numéro 144 du *Journal des hommes libres*. Gracchus Babeuf répondit dans son *Tribun du peuple*.

Antonelle convenait avec Babeuf que le droit de propriété était la plus déplorable création de nos fantaisies. Il admettait en théorie l'excellence de la communauté, mais il ne croyait point à la possibilité de son application.

« Babeuf et moi, disait-il, nous parûmes un peu
« tard au monde l'un et l'autre, si nous y vînmes
« avec la mission de désabuser les hommes sur le
« droit de propriété. Les racines de cette fatale institu-
« tion sont trop profondes et tiennent à tout : elles

« sont désormais inextirpables chez les grands et
« vieux peuples.

« Tout ce qu'on peut espérer d'atteindre, c'est un
« degré supportable d'inégalité entre les fortunes, et
« des lois contre l'ambition et l'avarice. »

Après avoir fait l'éloge de la communauté théorique, Antonelle ajoutait : « Cela ne veut pas dire
« assurément qu'il faille aujourd'hui voter l'abo-
« lition effective de la propriété et la conquête de la
« communauté des biens : car, évidemment, on ne
« pourrait y marcher que par le brigandage et les
« horreurs de la guerre civile, qui seraient d'abord
« d'affreux moyens, uniquement propres, d'ailleurs
« à détruire la première, sans pouvoir jamais nous
« donner l'autre. Où retrouver, en effet, ces vertus
« et cette simplicité nécessaires pour rentrer et se
« maintenir dans un ordre de choses naturel et pur,
« dont il ne nous serait plus donné d'apprécier les
« douceurs[1] ? »

Ainsi, Antonelle, bien que professant pour la communauté un amour platonique, reculait devant l'impossibilité de violenter les mœurs d'une nation, et la
perspective de la guerre civile. Ce dernier motif l'honore, et a lieu de surprendre de la part d'un homme
qui, élu concurremment avec Pache candidat à la
mairie de Paris, avait préféré à cette magistrature une
place de juré au tribunal révolutionnaire.

Babeuf fit à Antonelle une réponse étendue. Il sou-

---

[1] Antonelle, n° 144 du *Journal des hommes libres.*

tint qu'il n'était point trop tard pour désabuser les
hommes de leurs erreurs sur le droit de propriété. Ne
fallait-il pas, dit-il, que le temps eût rendu manifestes
tous les maux qui découlent de cette détestable institution, pour que l'on en vînt à l'abolir? Ne fallait-il
pas que le peuple, le grand nombre, fût dépouillé,
rançonné par les propriétaires, pour sentir toute la
portée de cette parole de Rousseau : « Les fruits sont
« à tous, la terre n'est à personne? » On prétend que
la propriété ne saurait être déracinée chez les grandes nations qui la subissent depuis une longue suite
de siècles. Quoi donc! la révolution n'a-t-elle pas
prouvé que le peuple français, pour être un grand et
vieux peuple, n'en est pas moins capable de modifier
profondément son organisation sociale? N'a-t-il
pas tout changé, depuis 89, excepté cette seule
institution de la propriété? Pourquoi cette unique exception, si l'on reconnaît qu'elle porte sur le
plus odieux des abus, sur la plus déplorable création
de nos fantaisies? On ne pourrait, suivant Antonelle,
marcher à la conquête de l'égalité réelle que par le
brigandage et la guerre civile. Mais qu'est-ce donc
que le brigandage, sinon les mille moyens par lesquels nos lois ouvrent la porte à l'inégalité et autorisent la spoliation du grand nombre par quelques-
uns? Est-il une guerre civile plus horrible que celle
qui règne dans la société actuelle, où la propriété fait
de chaque famille une république à part, que la
crainte d'être dépouillée et l'inquiétude de manquer
du nécessaire incitent à conspirer sans cesse pour dé-

pouiller les autres? Babeuf invoque sur ce point l'autorité du *Code de la nature*, qu'il attribue toujours à Diderot. Sur la foi de cet oracle, il déclare qu'il n'y a point à craindre, en marchant à la conquête de l'égalité, de guerre civile comparable aux luttes d'homme à homme et de peuple à peuple qu'entretient l'état présent. Puisqu'on n'a pas hésité devant des guerres sans nombre pour maintenir la violation des lois de la nature, comment pourrait-on balancer devant la guerre *sainte* et *vénérable* qui aurait pour objet leur rétablissement? L'inauguration de la communauté n'est pas hérissée de difficultés insurmontables. Il ne faut point une vertu extraordinaire pour adopter un ordre de choses qui assure le *nec plus ultrà* du bonheur. Babeuf reproche à Antonelle de ne vouloir que des palliatifs, des demi-moyens, quand la communauté offre un remède radical pour tous les maux qui affligent la société; il le conjure de s'unir aux vingt-quatre millions d'Erostrates qui vont incendier le temple infâme où l'on sacrifie au démon de la misère, par l'assassinat de presque tous les hommes. Enfin, il annonce qu'il travaille lui-même à un plan d'exécution qui résoudra toutes les difficultés que peut présenter l'application des principes de la communauté et de l'égalité absolue.

Il paraît que cette pièce d'éloquence porta la conviction dans l'esprit d'Antonelle. Il cessa toute opposition et s'associa aux projets des conjurés.

Cependant un comité secret de salut public avait été

formé pour élaborer la nouvelle organisation sociale
et le plan de l'insurrection. Il ne fut pas toujours
composé des mêmes personnages: quelques-uns de
ses membres ne purent consentir à délibérer ensemble, par suite de haines personnelles, car le parti terroriste, vaincu et décimé, avait conservé dans sa défaite toutes ses divisions intestines, toutes ses vanités,
toutes ses rancunes; d'autres se retirèrent, parce
qu'ils ne pouvaient tomber d'accord sur les principes.
Enfin, on s'arrêta à la constitution de 93 comme point
de ralliement pour les anciens révolutionnaires. On
adopta pour base du nouvel état social les principes du *Code de la nature* commentés par Babeuf,
et l'on s'occupa de rédiger le manifeste de l'insurrection ainsi que les décrets organiques de la communauté. Babeuf, Sylvain Maréchal, Antonelle,
Buonarotti, Darthé et quelques autres composaient à
cette époque le comité insurrecteur.

On sait que le directoire, alarmé de l'importance
que prenait la société du Panthéon, en ordonna la
clôture, et que Bonaparte, alors général de l'armée
de l'intérieur, procéda à sa dispersion et fit sceller
les portes du lieu des séances. Le comité babouviste
résolut de frapper un grand coup, pour opérer ce
qu'il appelait la délivrance. Il fit publier l'analyse
de la doctrine de Babeuf, et accéléra ses préparatifs.
Les historiens de la révolution française ont décrit
la formidable organisation du complot. Agents
chargés de préparer l'insurrection dans les divers
quartiers et de pousser les troupes à la révolte;

agitateurs parcourant les cafés et les lieux publics, provoquant des attroupements et haranguant la foule ; feuilles à la main et brochures répandues dans le public ; journaux à bon marché et en style cynique, propageant la doctrine dans les classes pauvres : tous les moyens qui forment l'arsenal des conspirateurs furent mis en usage. On y joignit les raffinements de mystère inventés par les sociétés secrètes [1]. Enfin le complot eut des ramifications dans les principales villes de France, pour éclater partout à la fois.

Le comité secret entra en relations avec les anciens conventionnels montagnards non réélus, qui, de leur côté, voulaient préparer un mouvement. Après quelques difficultés, on s'entendit. Pour satisfaire les plus timorés des montagnards, les égaux insérèrent dans leur manifeste insurrectionnel un article qui mettait les propriétés publiques et privées sous la sauvegarde du peuple. Mais ce n'était que pour la forme : ils avaient l'intention de ne point exécuter cette partie du programme, après le succès. Le nombre des anciens conventionnels montagnards qui s'unirent ainsi à la conspiration s'élevait à plus de soixante. Parmi eux on remarquait Amar, ancien membre du comité de sûreté générale, Robert Lin-

---

[1] *Histoire parlementaire*, t. 37 p. 155. — Ph. Buonarotti. *Conspiration de l'égalité dite de Babeuf, suivie du procès auquel elle donna lieu et des pièces à l'appui.* — Bruxelles 1828, 2 vol. in-8°. — Ce livre est l'histoire de la conjuration, racontée par l'un de ses principaux acteurs. Buonarotti, qui mourut dans un âge fort avancé, conserva jusqu'à la fin ses croyances communistes.

det, Javogues, Ricord, Laignelot, Choudieu, Félix Lepelletier et Drouet [1]; ce dernier venait d'être élu au conseil des Cinq-Cents. Il paraît que Barrère et Vadier n'ignoraient rien du complot. Parmi les chefs militaires, figurait Rossignol, ancien général de l'armée de l'Ouest; cinq cents officiers destitués, ayant presque tous appartenu à l'armée révolutionnaire de Ronsin, devaient agir sous ses ordres. Ainsi, tous les éléments de l'ancienne faction terroriste se trouvaient réunis dans la conjuration.

Voilà donc où en était arrivé le parti de la Montagne et des Jacobins. Parmi ses membres, les uns n'avaient trouvé que dans le communisme la conclusion de leurs vagues théories; les autres, toujours aussi dépourvus d'idées et de logique, venaient, dans le vain espoir de ressaisir la domination, s'associer aux communistes, qui ne voyaient en eux que des niais politiques, des instruments, qu'ils briseraient après la victoire. Il est vrai que cette dernière fraction des montagnards nourrissait aussi la pensée de se débarrasser de ses alliés et de profiter seule du succès. Elle oubliait que tout parti qui s'unit

---

[1] Félix Lepelletier était le frère cadet de Lepelletier-Saint-Fargeau, qui avait été assassiné par Pâris, en janvier 1793. Drouet était l'homme qui avait arrêté Louis XVI dans la fuite à Varennes. Nommé représentant du peuple à la convention, et envoyé en mission à l'armée du nord, il fut fait prisonnier par les Autrichiens. Après une longue et cruelle captivité, il fut échangé, ainsi que les autres conventionnels prisonniers, contre la fille de Louis XVI, depuis duchesse d'Angoulême.

à une faction plus exaltée que lui-même, abdique au profit de celle-ci. Tel sera toujours le sort du parti ultrà-démocratique. Il doit ou aboutir au communisme, ou lui servir de marche-pied.

Les moyens d'action des conjurés étaient formidables : 4,000 anciens sans-culottes des plus solides, 1,500 membres des anciennes autorités révolutionnaires, 1,000 canonniers, 500 officiers destitués, 1,000 révolutionnaires des départements accourus à Paris, 1,500 grenadiers du corps législatif, 500 militaires détenus, 1,000 invalides, enfin 6,000 hommes formant la légion de police, composée d'anciens sans-culottes, gendarmes révolutionnaires et gardes-françaises, en tout 17,000 hommes habitués aux armes, formaient le noyau auquel devait se joindre la population des faubourgs. Des combinaisons habiles et terribles devaient présider à l'emploi de ces forces. Elles sont consignées dans un *acte d'insurrection* qui se trouve au nombre des pièces du procès de Babeuf. Au signal donné par le tocsin et le son des trompettes, les citoyens et les *citoyennes* en armes devaient se précipiter en désordre de tous les points à la fois, et se rallier sous la conduite des *généraux du peuple* distingués par les rubans tricolores flottants autour de leurs chapeaux. Les insurgés devaient s'emparer des mairies, de la trésorerie nationale, de la poste aux lettres, des ministères et de tout magasin public ou privé contenant des vivres ou des munitions de guerre, garder les barrières et le cours de la Seine, ne laisser sortir personne, et n'admettre à l'entrée que les courriers et les voitures de comestibles. Les deux conseils et le directoire, usurpateurs de l'autorité populaire, seraient dissous, et leurs membres immédiatement jugés par le peuple. L'acte d'insurrection portait :

Art. 12. « Toute opposition sera vaincue sur-le-« champ par la force. Les opposants seront extermi-« nés. » En conséquence, ceux qui auraient battu ou fait battre la générale, tous directeurs, fonctionnaires ou députés qui auraient donné des ordres contre l'insurrection devaient être immédiatement mis à mort.

Art. 14. « Des vivres de toute espèce seront por-« tés gratuitement au peuple sur les places publiques.

Art. 17. « Tous les biens des émigrés, des con-« spirateurs et de tous les ennemis du peuple seront « distribués sans délai aux défenseurs de la patrie. « — Les effets appartenant au peuple, déposés au « Mont-de-Piété, seront sur-le-champ gratuitement « rendus.—Les malheureux de la république seront « immédiatement meublés et logés dans les maisons « des conspirateurs [1]. » Les conspirateurs étaient ceux qui ne conspiraient pas.

---

[1] Un autre projet de décret porte : « Le directoire insurrecteur, « considérant que le peuple a été bercé de vaines promesses et « qu'il est temps de pourvoir à son bonheur, arrête ce qui suit : « Art. 1er à la fin de l'insurrection, les citoyens pauvres qui sont « actuellement mal logés ne rentreront pas dans leurs demeures « ordinaires ; ils seront immédiatement installés dans les maisons « des conspirateurs.— Art. 2. On prendra chez les riches ci-dessus « les meubles nécessaires pour meubler avec aisance les sans-« culottes.

ART. 19. « Le soin de terminer la révolution sera
« confié à une assemblée nationale composée d'un dé-
« mocrate par département, nommé par le peuple in-
« surgé sur la présentation du comité insurrecteur. »

C'est ainsi que les babouvistes entendaient la fraternité et la liberté électorale.

On sait comment leurs projets furent déjoués.
Grisel, officier de l'armée de l'intérieur, qu'ils avaient
tenté de s'associer, les dénonça au directoire. Arrêtés le 21 floréal, les chefs de la conjuration furent
renvoyés devant la haute cour siégeant à Vendôme.
Babeuf et Darthé, condamnés à mort, tentèrent inutilement de se soustraire au supplice par le suicide.
Ils moururent avec le courage du fanatisme. Cinq
de leurs complices furent condamnés à la déporta-
tion, les autres acquittés faute de preuves. Les pièces
saisies chez les conjurés et publiées pendant le procès
ont révélé les détails de l'organisation sociale qu'ils
prétendaient imposer à la France. Parmi elles, on
remarque le manifeste des égaux, déclamation furieuse écrite par Sylvain Maréchal en faveur de
l'égalité absolue et de la communauté. « Nous vou-
« lons l'égalité réelle ou la mort, s'écrie Maréchal....
« Malheur à qui ferait résistance à un vœu aussi
« prononcé ! — La révolution française n'est que
« l'avant-courrière d'une autre révolution bien plus
« grande, bien plus solennelle, et qui sera la der-
« nière.... Périssent, s'il le faut, tous les arts, pourvu
« qu'il nous reste l'égalité réelle. » L'auteur repousse
avec indignation le reproche de tendre à la loi agraire,

reproche que la plupart des historiens ont répété depuis. « La loi agraire ou partage des campagnes fut
« le vœu instantané de quelques sodats sans princi-
« pes, de quelques peuplades mues par leur instinct
« plutôt que par la raison. Nous tendons à quelque
« chose de plus sublime et de plus équitable : le bien
« commun ou la communauté de biens. Plus de pro-
« priété individuelle des terres ; *la terre n'est à per-*
« *sonne.* Nous réclamons, nous voulons la jouissance
« communale des fruits de la terre : *les fruits sont*
« *à tout le monde.* »

L'analyse de la doctrine de Babeuf, publiée par le comité insurrectionnel, est la déclaration des droits des égaux, la profession de foi du communisme. Chaque article est suivi de preuves qui résument la discussion à laquelle se livra le comité. On y retrouve tous les arguments par lesquels Platon, Morus, Morelly, Mably et les autres écrivains communistes ont attaqué le principe de la propriété individuelle. Cette pièce est pour ainsi dire le canal par lequel ces arguments se sont transmis aux socialistes actuels. Ceux-ci n'ont fait que reproduire et paraphraser les propositions et les démonstrations de Babeuf. L'art. 1er pose en principe que : « La nature a donné à chaque
« homme un droit égal à la jouissance de tous les
« biens. » Nous avons déjà montré, en analysant les doctrines de Brissot, la fausseté de cette formule, qui renferme l'erreur radicale du communisme. Les autres articles ne sont que le développement de cette erreur.

Des décrets économiques, préparés par le comité in-surrecteur, devaient régler l'organisation du nouveau régime. Le premier établissait une grande commu-nauté nationale, comprenant tous les biens de l'État, des communes et des hospices, et ceux à provenir des confiscations; abolissait le droit de succession ab in-testat ou par testament; prescrivait la formation d'a-teliers communaux, dirigés par des chefs électifs sous la surveillance des municipalités, et autorisait l'admi-nistration suprême à déplacer les travailleurs d'un lieu à l'autre. De vastes magasins devaient recevoir les produits de l'agriculture et de l'industrie, et des magistrats spéciaux en opérer la répartition. La com-munauté nationale assurait à chacun de ses membres une médiocre et frugale aisance. Des repas communs devaient être établis, comme en Crète et à Lacédé-mone. D'après les mêmes décrets, le commerce inté-rieur et extérieur est supprimé. Le territoire est divisé en régions, et l'administration est chargée de combler le déficit des unes par l'excédant des autres. Elle procure à la communauté les denrées et mar-chandises exotiques, au moyen d'échanges en nature faits avec les peuples étrangers. — Des magistrats spéciaux sont chargés de diriger les transports. Tout le monde n'est pas de plein droit membre de la com-munauté nationale. Ceux qui restent en dehors de-meurent seuls soumis à l'impôt. Les contributions sont doublées; elles doivent être acquittées en nature au profit de la communauté nationale. De plus, les contribuables peuvent être requis, en cas de besoin, de livrer tout leur superflu en denrées et objets manufacturés. L'abolition des dettes publiques et privées, la suppression des monnaies, la prohibition de l'importation de l'or et de l'argent complètent la série des mesures économiques. Enfin les bons citoyens sont invités à entrer dans la grande communauté nationale, et à lui faire l'abandon de leurs biens. On va voir comment sont traités ceux qui n'accèdent pas à cette touchante invitation.

Un décret de police prive de tous droits politiques quiconque ne sert point la patrie par un travail utile[1]; cette exclusion s'applique à tous ceux qui vivent de leurs revenus. « Ce sont, dit le décret, des étrangers « auxquels la république accorde l'hospitalité. » Or, voici en quoi consiste cette hospitalité : « Les étran- « gers sont sous la surveillance directe de l'adminis- « tration suprême, qui peut les reléguer hors de leur « domicile et les envoyer dans des lieux de correc- « tion. — Ils déposeront, sous peine de mort, les « armes dont ils sont possesseurs entre les mains des « comités révolutionnaires. — L'administration su- « prême astreint à des travaux forcés les individus « des deux sexes dont l'incivisme, l'oisiveté, le luxe et « les déréglements donnent à la société des exemples « pernicieux. Leurs biens sont acquis à la commu-

---

[1] « Art. 3. La loi considère comme travaux utiles : ceux de l'agriculture, de la vie pastorale, de la pêche et de la navigation. — Ceux des arts mécaniques et manuels. — De la vente en détail. — Du transport.—De la guerre. — De l'enseignement et des sciences. » La littérature et les beaux-arts sont exclus de cette liste.

« nauté nationale. — Les îles Marguerite et Honoré,
« d'Hyères, d'Oléron et de Rhé, seront converties
« en lieux de correction où seront envoyés, pour
« être astreints à des travaux communs, les étran-
« gers suspects et les individus arrêtés. — Ces îles
« seront rendues inaccessibles. »

Ainsi, surveillance de la police, désarmement, travaux forcés, relégation dans des îles solitaires, confiscation, tel est le sort réservé aux propriétaires qui
ne s'empresseront pas de se soumettre au régime
communiste. Il eût été bien plus simple de décréter
immédiatement l'expropriation générale ; mais les
égaux voulaient sans doute que l'accession à la communauté parût volontaire ; ils pensaient, avec les
plus subtils des jurisconsultes romains, que la contrainte n'annulait pas le consentement ; ils faisaient
des prosélytes, comme l'inquisition des convertis.

Tels étaient les plans de Babœuf et de ses complices. Leurs projets d'organisation sociale reproduisent fidèlement les utopies communistes de Morus,
de Mably et surtout de Morelly, dans le livre duquel
ils puisèrent leurs doctrines. Leurs sentiments semblent inspirés par *les Recherches philosophiques sur
la propriété et le vol*, ce résumé des passions anti-
propriétaires ; leurs moyens d'action sont ceux des
anabaptistes, dont ils auraient sans doute renouvelé
les horreurs. Leur succès eût été le signal de la plus
effroyable guerre civile, de l'invasion étrangère et de
l'anéantissement de notre nationalité. La France ac-
cueillit avec stupeur la révélation de cet horrible com-

plot. Elle en conserva un long et profond souvenir. Il
y eut de cette impression dans le sentiment qui la
porta, quatre années plus tard, à se jeter entre les
bras de Bonaparte, et à sacrifier la liberté à la sécurité de l'ordre social. Dans le vainqueur de Rivoli et
des Pyramides elle voyait aussi l'homme qui avait
fermé les portes du club du Panthéon.

L'histoire de la révolution française déroule à nos
yeux, dans un cadre gigantesque, le tableau des redoutables conséquences qui dérivent, dans l'ordre
social et politique, de l'admission d'un faux principe. Mirabeau et Tronchet avaient proclamé à la
tribune de l'assemblée constituante, que la propriété
est une pure création sociale, sans racines dans la
nature; ils avaient attribué à la société sur les biens
de ses membres un droit souverain et illimité. Mais,
guidés par leur bon sens, ils avaient restreint à l'é-
galité dans les partages et à l'établissement d'une
réserve au profit des héritiers du sang, les applications de cette dangereuse doctrine [1]. Robespierre en
déduisit d'abord la suppression absolue du droit de
tester, et plus tard la restriction de la propriété à
une possession précaire écrite dans sa déclaration
des droits de l'homme. Il proclama l'impôt progressif, la taxe des pauvres et le droit au travail. Saint-

---

[1] Mirabeau et Tronchet se trompaient en faisant reposer l'égalité
des partages et la réserve au profit des héritiers du sang sur le
droit absolu de la société. Ce sont là des conséquences du principe
de la famille. A l'égard de la réserve, le droit romain nous en fait
comprendre l'esprit et l'origine.

Just, prenant le même point de départ, rêva l'abolition des successions collatérales, la proscription de l'opulence, l'établissement d'un vaste domaine commun. Enfin, Babeuf, et à sa suite les restes des jacobins, tirèrent la dernière conséquence du faux principe posé par Mirabeau, en proclamant le communisme. La conjuration qu'ils tramèrent forme le nœud et la péripétie de l'existence du parti ultrà-démocratique ; elle nous montre le terme de la pente fatale sur laquelle il est entraîné. Puisse cet éclatant exemple servir de leçon, et porter la lumière dans l'esprit des hommes de bonne foi qui partagent les illusions dont ce parti se berça à son origine. En politique, tout dépend d'une première erreur. Quand on commence à s'écarter de la ligne de la vérité, la déviation paraît d'abord insensible. Mais elle s'accroît à chaque pas et finit par conduire à l'abîme. Vainement les timides voudraient-ils s'arrêter sur le bord ; les plus hardis se précipitent et les entraînent à leur suite. Trop souvent c'est la prospérité, c'est l'existence d'une grande nation qui s'engloutit avec eux.

CHAPITRE XV.

M. OWEN. — SAINT-SIMON. — CHARLES FOURIER.

Caractère général des doctrines de ces réformateurs — Leurs rapports avec le communisme. — L'idée du phalanstère n'est pas
nouvelle. — Influence de ces utopies.

Le communisme violent et révolutionnaire venait
d'être vaincu dans la conjuration de Babeuf ; le parti
ultra-démocratique, abattu par cette défaite et par
l'échauffourée du camp de Grenelle, avait vu ses derniers chefs livrés aux exécutions militaires ou dépor-
tés dans de lointaines colonies. Le sentiment unanime d'horreur inspiré par les projets des démocrates
communistes, la vigueur déployée par le gouvernement dans leur répression, devaient pendant longtemps détourner les esprits audacieux de nouvelles
tentatives de ce genre. Alors on vit se reproduire le
même phénomène qui s'était manifesté après la première explosion de l'anabaptisme. L'utopie, chassée
de l'ordre politique, se réfugia dans la religion et la
science. Elle prit des allures pacifiques, des formes
pastorales et innocentes. Elle engendra le système

rationnel de M. Owen, les théories sociétaires de Charles Fourier et la religion saint-simonienne.

Nous ne prétendons pas retracer ici les plans et la vie de ces réformateurs. Cette tâche a été remplie avec talent par un écrivain contemporain. Qu'il nous soit seulement permis de montrer les rapports qui existent entre ces doctrines et le communisme, cette utopie mère d'où dérivent toutes les autres utopies.

En ce qui concerne les théories de M. Owen, ce rapport est celui d'une parfaite identité. Les sociétés coopératives du fondateur de New-Harmony, ne sont que la reproduction des cités communistes dont Morus, Campanella, Morelly et Mably ont tracé les plans. De part et d'autre on voit poser en principe l'abolition de la propriété individuelle, l'égalité absolue, la communauté des biens, des travaux et des jouissances, la suppression des monnaies, l'uniformité d'éducation. M. Owen emprunte encore à Morelly la hiérarchie des fonctions par ordre d'âge, la suppression de tout culte extérieur. Le dogme de la nécessité des actions humaines et de l'irresponsabilité, sur lequel il fait reposer la bienveillance universelle, se rattache à cette théorie, si chère aux communistes, qui attribue à la société la perversion de l'homme créé bon par la nature. C'est, au fond, la même doctrine que celle qui fut proclamée par les anabaptistes sous le nom d'Impeccabilité. Ainsi, le système rationnel, cette prétendue découverte qui, suivant son auteur devait généraliser le bonheur ici-bas dans le présent et dans l'avenir, n'est que la reproduction de ces vieilles erreurs de l'égalité absolue et du communisme, qui furent professées par les rêveurs de tous les temps. Les prétentions de M. Owen à la nouveauté sont d'autant plus singulières, que les combinaisons économiques de son système rationnel sont précisément celles dont Babeuf et ses complices venaient de poursuivre la réalisation. Seize ans à peine séparent la tentative des égaux du moment où M. Owen éleva à la hauteur d'un système social l'heureuse exception de New-Lanark. De part et d'autre le but était le même, les moyens seuls différaient.

Les doctrines saint-simoniennes semblent, au premier abord, se séparer nettement du communisme. En effet, elles repoussent le principe de l'égalité absolue, qui en est le point de départ, et lui substituent la célèbre formule : A chacun suivant sa capacité, à chaque capacité suivant ses œuvres. La réalisation de cette formule implique la possession individuelle des instruments de travail et des produits. Mais, quand on va jusqu'au fond du système, on ne tarde pas à reconnaître qu'il n'est qu'une modification du communisme. Il débute en effet par un grand acte d'expropriation, il abolit l'hérédité et la famille. Il attribue à un pouvoir réputé infaillible et irresponsable le droit souverain de disposer des choses et des personnes, ce qui est l'essence du communisme. Il ne diffère de celui-ci que par sa loi de répartition des capitaux et des produits entre les in-

dividus. Le communisme adopte la loi la plus simple,
celle de l'égalité; le saint-simonisme n'en adopte en
réalité aucune : il s'en remet à l'arbitraire d'un
homme, à la volonté d'un pape industriel. Ainsi, il
descend encore un degré plus bas dans la progres-
sion du despotisme. Enfin, par ses théories sur la
femme libre, reproduction des dogmes impurs des
carpocratiens et des anabaptistes, le saint-simonisme ouvre la porte à la promiscuité des sexes qui,
dans tous les temps, a été la conséquence naturelle
du principe de la communauté. Ainsi, la doctrine
saint-simonienne qui, par l'adoption purement nominale de la proportionnalité des rémunérations aux
capacités et aux œuvres, semblait se rattacher aux
principes sur lesquels repose la propriété, n'est au
fond qu'une espèce de communisme.

De tous les novateurs qui forment la transition
entre le babouvisme et le socialisme actuel, Charles
Fourier est celui qui présente, au premier aspect, le
caractère le plus original. Cependant, cette originalité est plus apparente que réelle, et réside dans la
forme plutôt que dans le fond. Sur la plupart des
points capitaux de sa doctrine, Fourier trouve des
devanciers parmi les défenseurs du communisme.

On connaît les bases de son système : il propose de
former des phalanges, ou réunions d'environ deux
mille personnes de tout âge et de tout sexe, vivant
dans un vaste bâtiment appelé phalanstère, et se livrant en commun à l'exploitation agricole et aux professions industrielles. A la loi du devoir, que les

philosophes et les moralistes avaient présentée jusqu'ici comme la règle suprême de l'humanité, Fourier prétend substituer celle de l'attraction passionnée; il identifie la vertu avec la jouissance, le mal moral avec la douleur. Selon lui, ce que nous appelons immoralité et crime n'est que l'effet des obstacles qu'un ordre social radicalement vicieux oppose à l'essor naturel et légitime de nos passions. Qu'on leur rende la liberté, la spontanéité de leur développement, et l'équilibre naîtra de lui-même, l'homme jouira sur la terre d'une félicité sans nuages. Fourier trouve dans cette théorie des passions la solution du problème industriel. Selon lui, le travail n'est pénible, répugnant, qu'à cause de sa monotonie, et du défaut d'accord entre les fonctions et les aptitudes. Dans le nouvel ordre social, toutes les vocations pourront se faire jour; le travail, divisé en courtes séances, deviendra, par la variété des occupations, par les rivalités et les intrigues des travailleurs luttant d'adresse et de rapidité, le plus grand plaisir de la vie. Quant aux relations des sexes qui sont, dans notre société civilisée, une cause si fréquente de troubles et de désordres, elles seront affranchies dans le nouveau monde harmonien de toutes les entraves qui les faussent et les dénaturent. Le mariage et la famille continueront de subsister; mais le mariage sera tempéré par la polygamie et la polyandrie. Les enfants, nourris et élevés par le phalanstère, trouvant dans son sein un avenir assuré, cesseront d'être une charge et un sujet d'inquiétude pour les parents. Ceux-ci n'auront plus que les plaisirs de la paternité. Et que l'on ne craigne point que, sous un tel régime, la misère et la pénurie ne naissent de l'excès de la population. La nourriture succulente des harmoniens, chez lesquels la gourmandise s'élèvera, sous le nom de gastrosophie, à la hauteur d'une science, le développement des facultés gastriques et l'obésité générale qui en sera la conséquence, enfin la polyandrie et la polygamie auront pour effet, suivant Fourier, de réduire singulièrement la fécondité des femmes, exagérée par nos habitudes frugales et monogames.

Jusqu'ici, le système phalanstérien n'a fait que reproduire les données du communisme. La communauté d'habitation, d'existence, de travaux et de plaisirs ; l'exploitation en commun des terres et des ateliers industriels ; l'éducation commune des enfants, qui constituent, aux yeux de Fourier, les principaux avantages du phalanstère, se retrouvent dans l'*Utopie* la *Cité du soleil* et le *Code de la nature*. La doctrine qui rejette tous les vices et les crimes des individus sur le compte de la société, est essentiellement communiste. La réhabilitation des passions a été professée par Morelly. La théorie du travail attrayant est formulée dans le *Code de la nature* et dans le *Traité de législation* de Mably. La suppression de toute loi répressive, la négation du mal moral reproduisent l'impeccabilité des anabaptistes ; la sanctification de la jouissance n'est que l'exagération de l'épicurisme utopien. Enfin, le régime phanérogame n'est qu'un mot honnête pour désigner la communauté des femmes.

Comme les saint-simoniens, Fourier ne se sépare du communisme proprement dit que sur la question de la répartition des produits. Il reconnaît les droits du capital et du talent, il repousse le principe de l'é-quivalence des fonctions et des travaux, il rejette le dogme de l'égalité absolue. Dans le phalanstère, cha-cun est rémunéré en proportion de la nature et de la qualité de son travail, du talent qu'il a déployé, des capitaux qu'il a apportés à l'association. Fourier se rapproche ainsi du système de la propriété indivi-duelle, il tourne l'écueil contre lequel sont venus se briser les saint-simoniens : le despotisme. Mais, en consacrant la liberté illimitée, l'anarchie, Fourier méconnaît les véritables conditions de la vie com-mune, que les disciples de Saint-Simon avaient bien comprises, lorsqu'ils cherchaient à se rattacher au mo-bile religieux, et qu'ils consacraient le pouvoir souve-rain d'un homme sur la pensée, sur la volonté de tous. Le phalanstère, avec son principe d'émancipation des instincts et des passions, ses dignitaires sans pouvoir réel, sans force coërcitive; le phalanstère d'où doivent être bannies les notions de bien et de mal moral, d'autorité et d'obéissance ; où nul n'observe d'autre loi que son bon plaisir, ne poursuit d'autre but que son amusement et ses jouissances; le phalanstère ne saurait subsister un seul instant. Si jamais un essai complet de réalisation venait à être tenté, si dans une réunion de deux ou trois mille individus, toutes les passions étaient abandonnées à elles-mêmes sans règles et sans frein, on verrait, au lieu de l'harmonie, les plus effroyables discordes, au lieu de l'activité et de la richesse, la paresse et la misère, rendues plus hideuses par un cortége de vices sans nom.

L'utopie phalanstérienne a été jugée en général avec une indulgence que ne justifie guère sa profonde immoralité. On a accordé à Fourier le mérite d'avoir le premier proclamé la formule de l'association domestique et agricole, dans laquelle beaucoup d'esprits sérieux voient l'espérance de l'avenir. Rien de moins fondé que cette opinion. L'association domestique est une vieille idée, non-seulement dans la théorie, mais encore dans la pratique. Les frères moraves, qui conservent la propriété individuelle, se rapprochent bien plus du régime de l'association que de celui de la communauté. Pendant de longues années, il a existé en Auvergne des familles de laboureurs qui vivaient en société et cultivaient leurs terres en commun. Dans le XVIIIe siècle, plusieurs écrivains proposèrent de fonder, sur le modèle de ces réunions et des congrégations moraves restaurées par Zinzendorf, des associations laïques, composées de familles exerçant toutes les professions agricoles, industrielles et artistiques. Tel est, entre autres, le projet présenté par Faiguet, dans l'Encyclopédie, à propos des moraves[1]. D'après ce projet, chaque associé devait avoir un pécule distinct et partager les produits de son tra-

---

[1] *Encyclopédie*, t. 22 p. 245, édition de Genève 1779.

vail avec la société, suivant une proportion déterminée. Les membres de l'association demeuraient toujours libres de se retirer en emportant leur pécule.
Des dispositions sagement combinées devaient entretenir le bon ordre dans ces réunions. Ni Faiguet, ni
les auteurs d'autres projets analogues ne prétendaient que les règles de la morale dussent être abro-
gées, les passions sanctifiées, les jouissances sensuelles préconisées, les lois répressives et l'autorité
politique supprimées. Ils ne sollicitaient pas de la
générosité des particuliers des capitaux destinés à
s'engloutir dans de coûteuses tentatives ; ils n'aspiraient point à disposer de la fortune publique pour
la propagation et la réalisation de leurs idées. A leurs
yeux, il suffisait de l'union libre et spontanée de personnes laborieuses et convaincues. Les membres de
ces associations devaient rester soumis aux principes
de la religion et de la morale, aux lois civiles et politiques, et ne demander qu'à leurs propres ressources
et à leur travail les moyens de fonder et de développer leurs établissements. Renfermés dans ces limites,
ces projets n'avaient rien que de légitime. Cependant,
ils ne déterminèrent aucune tentative de réalisation.
L'homme éprouve pour la vie en commun une répu-
gnance que le sentiment religieux, l'exaltation d'un
ascétisme mystique peuvent seuls surmonter.

M. Owen, Saint-Simon, Charles Fourier et leurs
premiers disciples, se sont distingués par le caractère
pacifique de leurs prédications. Les uns et les autres
auraient rougi de demander à la force le succès de

leurs doctrines; ils n'aspiraient qu'à régner par la
conviction. Cependant, l'influence de ces novateurs
n'en a pas été moins funeste. Ils ont puissamment
contribué à répandre dans les âmes une fâcheuse disposition à critiquer les bases de l'ordre social; à en
contester la légitimité, à en provoquer la destruction.
Ils ont ébranlé les fondements de la morale, altéré la
notion du devoir, le respect de l'autorité, le sentiment
de l'obéissance. Ils ont fourni des arguments spécieux
et des prétextes commodes à toutes les faiblesses, à
tous les vices, à tous les crimes. Leurs doctrines ont
agi sur la société comme un dissolvant d'autant plus
redoutable, que son action était lente et inaperçue. Le
jour devait arriver où les sourdes haines, les espérances impossibles qu'ils contribuaient à entretenir
s'allumeraient au souffle ardent du communisme révolutionnaire, et s'associeraient à ses violentes tentatives de destruction. C'est une disposition malheureusement commune à presque toute les minorités en
France, que la tendance à poursuivre par la force le
triomphe de leurs opinions. Chez nous, les adeptes
d'une doctrine en deviennent aussitôt les soldats.

CHAPITRE XVI.

M. CABET. — LE COMMUNISME ICARIEN.

Comment M. Cabet a été conduit au communisme.—Il semble maintenir la famille.— Schisme sur ce point.— Organisation sociale et politique de l'Icarie. — Suppression de la liberté de la presse. — Théophilanthropie. — Révolution d'Icarie. — Ses rapports avec celle de février 1848. — État transitoire entre le régime de la propriété et la communauté.

Nous avons montré le communisme se cachant au fond des utopies de Fourier et de Saint-Simon, ces systèmes équivoques dont les auteurs ont tenté d'établir une alliance monstrueuse entre des principes opposés. Il était réservé à M. Cabet de le ramener à sa simplicité et à sa pureté primitives, et de renouer la chaîne des traditions des Morelly, des Mably et des Babeuf. Il n'est pas sans intérêt de constater quelle voie a suivie ce chef de secte pour venir se perdre ainsi dans la grande aberration du communisme.

Pendant les dix années qui s'écoulèrent de 1830 à 1840, M. Cabet appartint à la fraction la plus exaltée du parti républicain, à celle dont l'idéal a reçu de nos jours le nom de république rouge. La violence de ses attaques contre l'ordre de choses établi lui

attira des condamnations qui eussent fait de lui
l'un des coryphées de la révolution de 1848, s'il n'a-
vait eu plus tard le tort ou le mérite de se montrer
trop bon logicien, de sortir des nuages dans lesquels
se complaisent les ultra-démocrates, et de formuler
nettement les conséquences communistes auxquelles
ceux-ci s'efforcent vainement d'échapper.

M. Cabet consacra les loisirs que lui avaient faits ses
infortunes judiciaires à écrire une histoire populaire
de la révolution française, ouvrage qui n'est qu'un
panégyrique en quatre gros volumes des jacobins,
des sans-culottes, de la Montagne et surtout des Cou-
thon, des Robespierre et des Saint-Just, ces héros
incompris de la terreur. Cependant, M. Cabet ne
pouvait se dissimuler que ces sanglants réformateurs ne s'étaient jamais nettement expliqués sur
le but qu'ils poursuivaient. Il sentait tout le vide
des banalités classiques si pompeusement débitées
par les hommes de 93; et, tout en admirant
leurs déclamations, il ne pouvait se dissimuler
qu'elles n'exprimaient que des passions ardentes, des sentiments vagues, sans formuler aucune
théorie sociale. M. Cabet est en effet un esprit
exact et rigoureux; si, comme écrivain, il n'est
pas doué de l'éclat de la forme; s'il ne possède pas
l'art d'élever ces entassements de mots à l'aide
desquels on dissimule aux yeux éblouis du lecteur
de grossières équivoques et de monstrueux sophismes; du moins ne se fait-il point d'illusions à lui-
même, et appelle-t-il les choses par leur nom.

M. Cabet se mit donc à la recherche de ce plan
d'organisation sociale à la réalisation duquel les
grands révolutionnaires de la Montagne avaient
sacrifié tant de victimes; il s'efforça de retrouver
cette panacée, dont le mystérieux Robespierre
avait emporté avec lui le secret, et de dégager les
conséquences des principes enveloppés dans la nébuleuse phraséologie du pontife de l'Être suprême. Il
était dans ces dispositions, lorsqu'il prit lecture de
l'*Utopie* de Thomas Morus [1]. Ce fut pour lui un
trait de lumière; il y vit la solution du problème qui
fatiguait son intelligence, le but final des tendances
des héros de l'histoire qu'il avait tracée. Dès lors
M. Cabet fut communiste, et il eut le courage de se
proclamer tel.

Sachons-lui gré de sa franchise, que beaucoup d'autres se sont gardés d'imiter. Par sa conversion au communisme, M. Cabet est venu prouver une fois de plus
quelle intime liaison existe, pour quiconque sait raisonner, entre cette doctrine sociale et les principes
de la république ultrà-démocratique. Tandis que
d'autres écrivains plus brillants et meilleurs tacti-
ciens s'engageaient dans la même voie, sans avouer
leur véritable but, il a mis à nu l'écueil caché vers lequel ces dangereux déclamateurs poussaient la société, et rendu plus facile la tâche des hommes qui
s'efforcent de la préserver du naufrage.

Comme Morus, son modèle, et la plupart des utopis-

---

[1] *Voyage en Icarie*, p. 547.

tes qui ont marché sur les traces de celui-ci, M. Cabet
a adopté la forme du roman. Elle lui a semblé plus
propre que toute autre à populariser ses idées, et à
lui attirer les sympathies des femmes, qui seraient,
dit-il, des apôtres bien persuasifs, si leur âme généreuse était convaincue des véritables intérêts de l'humanité. Il s'agit, dans le livre de M. Cabet, comme
dans celui du chancelier d'Angleterre, d'un voyage
à travers un pays imaginaire où la communauté
brille de tout son éclat. Seulement, tandis que le
voyageur de Morus est un marin philosophe, vieilli
au milieu des tempêtes, l'explorateur de M. Cabet
est un lord anglais, jeune, beau et amoureux, qualités de nature à lui concilier la bienveillance des
lectrices. Le moderne apôtre du communisme a cru
devoir ainsi

> Mêler le grave au doux, le plaisant au sévère.

Nous n'avons pas à nous occuper des épisodes ro-
manesques du *Voyage en Icarie*, ni à juger la valeur
littéraire de cet ouvrage ; les idées sérieuses qu'il
renferme attireront seules notre attention.

La première partie du livre est consacrée à la description détaillée de la société icarienne. « Nous ra-
« contons, dit M. Cabet dans sa préface, nous décri-
« vons, nous montrons une grande nation organi-
« sée en communauté ; nous la faisons voir en action
« dans toutes ses situations diverses ; nous condui-
« sons nos lecteurs dans ses villes, ses campagnes,
« ses villages, ses fermes ; sur ses routes, ses che-

« mins de fer, ses canaux, ses rivières; dans ses di-
« ligences et ses omnibus, dans ses ateliers, ses
« écoles, ses hospices, ses musées, ses monuments
« publics, ses théâtres, ses jeux, ses fêtes, ses plai-
« sirs, ses assemblées politiques; nous exposons
« l'organisation de la nourriture, du vêtement, du
« logement, de l'ameublement, du mariage, de la
« famille, de l'éducation, de la médecine, du travail,
« de l'industrie, de l'agriculture, des beaux-arts,
« des colonies; nous racontons l'abondance et la ri-
« chesse, l'élégance et la magnificence, l'ordre et
« l'union, la concorde et la fraternité, la vertu et le
« bonheur qui sont l'infaillible résultat de la com-
« munauté. »

Nous ne suivrons pas M. Cabet dans les wagons,
les omnibus et les cuisines icariennes. Il est facile de
donner carrière à son imagination pour décrire toutes les merveilles d'une société idéale. C'est là une
vieille tactique à l'usage des novateurs, qui se sont
toujours efforcés de se concilier les sympathies du
vulgaire par la séduisante perspective d'une félicité
matérielle sans bornes. M. Cabet a su du moins s'arrêter, dans le tableau qu'il trace du bonheur des Icariens, aux limites du confortable et de la gastro-
nomie; il n'a pas suivi l'exemple de ces rêveurs
qui ont cru devoir joindre aux délices du Paradis
terrestre toutes celles du Paradis de Mahomet.
Cette réserve, plus morale que logique, ne manque
pas d'une certaine habileté. Il y a des sentiments que
l'on ne saurait impunément méconnaître. On peut

bien, à force de sophismes, fausser cet instinct d'é-
quité naturelle qui porte l'homme le plus grossier à
respecter dans autrui le droit de propriété ; mais il
n'y a heureusement qu'un bien petit nombre d'êtres
corrompus, qui ne soient pas révoltés par la violation
des lois de la pudeur.

L'organisation de la communauté icarienne est
fidèlement calquée sur celle de l'*Utopie*, du manifeste des égaux et du *Code de la Nature* ; M. Cabet déclare que la communauté est, comme la
monarchie, comme la république, susceptible
d'une foule d'organisations différentes. On peut,
dit-il, l'organiser avec des villes ou sans villes, etc...
Il n'a pas la prétention d'avoir trouvé le système le
plus parfait ; une fois la communauté appliquée sur
une grande échelle, les générations suivantes sauront
bien la modifier et la perfectionner [1]. M. Cabet
préfère, comme Morus, Campanella et Morelly, la
communauté avec des villes.

Autour de la splendide Icara, capitale du pays,
remarquable par ses rues à chemin de fer, ses trot-
toirs couverts, ses tunnels, ses fontaines, etc., se
groupent cent villes provinciales, dont chacune est
entourée de dix villes communales, placées au centre
de territoires égaux. Ces cités sont construites sur des
plans modèles, et réalisent, sous le rapport de la propreté, de la commodité et de l'élégance, les rêves
du plus difficile des architectes-voyers. Des établisse-

---

[1] Préface, p. 4.

ments agricoles non moins parfaits dans leur genre ornent et fécondent les campagnes. Dans ces magnifiques demeures, les Icariens vivent en communauté de biens et de travaux, de droits et de devoirs, de bénéfices et de charges. « Ils ne connaissent ni pro-
« priété, ni monnaie, ni ventes, ni achats; ils sont
« égaux en tout, à moins d'une impossibilité absolue.
« Tous travaillent également pour la république ou
« la communauté. C'est elle qui recueille les pro-
« duits de la terre et de l'industrie et qui les partage
« également entre les citoyens; c'est elle qui les
« nourrit, les vêtit, les loge, les instruit et leur four-
« nit à tous ce dont ils ont besoin, d'abord le néces-
« saire, ensuite l'utile, et enfin l'agréable, si cela
« est possible (Page 99). »

On voit que M. Cabet ne fait que développer la maxime fondamentale de Morelly. « Tout citoyen est homme public, nourri et sustenté aux dépens du public. »

« C'est la république ou la communauté qui, cha-
« que année, détermine tous les objets qu'il est
« nécessaire de produire ou de fabriquer pour la
« nourriture, le vêtement, le logement et l'ameu-
« blement du peuple. C'est elle, et elle seule, qui les
« fait fabriquer par ses ouvriers, dans ses établisse-
« ments, toutes les industries et toutes les manu-
« factures étant nationales, tous les ouvriers étant
« nationaux; c'est elle qui fait construire ses ateliers,
« choisissant toujours les positions les plus conve-
« nables et les plans les plus parfaits, organisant des

« fabriques immenses, réunissant ensemble toutes
« celles dont la réunion peut être avantageuse, et ne
« reculant jamais devant aucune dépense indispen-
« sable pour obtenir un résultat utile; c'est elle qui
« choisit les procédés, choisissant toujours les meil-
« leurs, et s'empressant toujours de publier toutes les
« découvertes, toutes les inventions et tous les perfec-
« tionnements; c'est elle qui instruit ses nombreux
« ouvriers, qui leur fournit les matières premières et
« les outils, et qui leur distribue le travail, le divisant
« entre eux de la manière la plus productive, et les
« payant en nature au lieu de les payer en argent;
« c'est elle enfin qui reçoit tous les objets manufacturés
« et qui les dépose dans ses immenses magasins, pour
« les partager ensuite entre tous ses travailleurs ou
« plutôt tous ses enfants.

« Et cette république qui veut et dispose ainsi,
« c'est le comité de l'industrie, c'est la représentation
« nationale, c'est le peuple lui-même (Page 100). »

Pour rendre possible au gouvernement l'accomplissement de cette tâche gigantesque, des statistiques cantonales, provinciales et nationales sont dres-
sées chaque année, comme dans l'île d'Utopie. Le
commerce est remplacé par des fonctionnaires publics,
qui recueillent et répartissent tous les produits de
l'agriculture et de l'industrie.

Le travail n'a rien de répugnant en Icarie. Des
machines prodigieusement multipliées y dispensent
l'homme de tout effort pénible. Des dispositions mécaniques ingénieuses permettent de supprimer tous

les métiers malpropres et insalubres. Un ordre et une discipline parfaits règnent dans les ateliers; des chefs électifs les dirigent, d'après des réglements fixes. Parmi ces réglements, ceux qui sont communs à tous les ateliers sont délibérés par l'assemblée nationale et ont force de lois; les autres sont votés par les ouvriers de chaque profession. Dans cette ruche humaine, on ne connaît point l'indolence. Comment y aurait-il des paresseux, quand le travail est si « agréable pour les Icariens, quand l'oisiveté et « la paresse sont aussi infâmes parmi eux que le vol « l'est ailleurs (Page 102)? »

Toutes les professions sont également estimées; chacun choisit la sienne suivant son goût; s'il y a concurrence pour quelques-unes, l'admission a lieu au concours. Ceux qui se distinguent par leur activité, leur talent, leur intelligence, leur génie, ne reçoivent aucune rémunération matérielle supérieure à celle des autres (ibid). « Toutes ces qualités ne sont-« elles pas en effet un don de la nature? Serait-il « juste de punir, en quelque sorte, celui que le sort « a moins bien partagé? La raison et la société ne « doivent-elles pas réparer l'inégalité produite par « un aveugle hasard? Celui que son génie rend plus « utile, n'est-il pas assez récompensé par la satis-« faction qu'il en éprouve?... » Cependant l'Icarien qui, par patriotisme fait plus que son devoir, obtient une estime particulière, des distinctions publiques ou même des honneurs nationaux. D'ailleurs, une éducation commune et bien dirigée inspire à tous le désir de se rendre de plus en plus utiles à la république. On voit que M. Cabet considère le dévouement et l'émulation comme des mobiles suffisants de l'activité productive. Il nie, comme tous les communistes, la nécessité de l'aiguillon de l'intérêt individuel. Dans cet ordre d'idées, l'attrait du travail doit suffire pour déterminer chacun à s'y livrer, et il est inutile et contradictoire d'en faire une obligation rigoureuse. Pourtant, M. Cabet annonce qu'une fois la communauté complétement établie, le travail sera obligatoire pour tous. Il est vrai qu'il glisse légèrement sur cette idée, qu'il se borne à l'indiquer d'un mot; mais c'est le dernier mot du système de la communauté, au fond duquel se trouvent toujours la contrainte et le despotisme. Après avoir tracé les plus brillants tableaux du bonheur dont on jouira sous ce merveilleux régime, entonné des hymnes en l'honneur de l'égalité, de la fraternité, et même de la liberté, tous les apôtres du communisme finissent par condamner les populations en masse *aux travaux forcés*.

On le voit, le système économique de M. Cabet reproduit fidèlement les données de ses devanciers. Les termes seuls sont changés et mis en harmonie avec les progrès de la technologie et de l'économie sociale actuelle. Il n'offre pas une analogie moins complète avec la trop célèbre organisation du travail de M. Louis Blanc. Ce rapport est rendu encore plus frappant par l'identité des expressions. De part et d'autre, il s'agit d'ateliers nationaux commandités et réglementés par l'État; on retrouve dans les deux systèmes l'égalité des rémunérations et le dévouement à la chose publique substitué à l'intérêt individuel, comme mobile de l'activité industrielle. Cette analogie doit faire déjà pressentir la véritable portée de l'institution des ateliers nationaux préconisée par l'auteur de l'*Histoire de dix ans*, institution que nous apprécierons plus complétement dans le chapitre suivant.

Si M. Cabet a déclaré une guerre à mort à la propriété, il n'a pas été jusqu'à prononcer anathème contre la famille. La logique inexorable de Platon et de Campanella l'a effrayé, et il a préféré l'inconséquence des auteurs de l'*Utopie* et du *Code de la Nature*. Le mariage est donc admis et respecté en Icarie; le célibat y est flétri de même qu'à Lacédémone. Comme on n'y connaît ni dot ni successions, et que la plus entière liberté est laissée au choix des jeunes gens, les convenances personnelles président seules aux unions. Les Icariens jouissent d'une félicité conjugale sans nuage. Telle est la pureté des mœurs en Icarie, qu'on n'y voit pas un seul exemple d'adultère, de concubinage, ni même de faiblesse. Merveilleuse puissance de la communauté, à laquelle il est donné d'éteindre, dans le cœur de l'homme, la passion la plus capricieuse, la plus ardente, la plus indomptable!

Mais les principes ne se laissent pas ainsi mutiler. Vainement s'efforce-t-on de rompre la chaîne des

conséquences, il se trouve toujours des esprits rigoureux, des raisonneurs inflexibles pour la renouer.
Dès l'origine de la secte icarienne, un schisme éclata
dans son sein. On reprocha à M. Cabet de lâches ménagements pour les préjugés pudibonds d'une civilisation arriérée; on proclama la communauté des
femmes, l'abolition du mariage et de la famille,
comme les conséquences rigoureusement logiques du
principe icarien. *L'Humanitaire*, journal de la fraction dissidente, soutint hautement ces idées, et prétendit qu'un parfait communiste doit voyager et changer
fréquemment de femme, afin d'opérer le mélange le
plus complet des races humaines, et d'éviter les atta-
chements individuels et la formation de la famille, qui
ramèneraient infailliblement la détestable propriété.
C'est la doctrine des anabaptistes qui, dénaturant la
pensée de l'apôtre saint Paul, soutenaient qu'il faut
avoir des femmes, comme si l'on n'en avait point.
M. Cabet se borna d'abord à répondre que les idées
de *l'Humanitaire* étaient peut-être vraies, mais qu'il
les croyait folles, du moins pour le moment. Sommé
de s'expliquer catégoriquement, il fit une réponse
pleine d'aigreur, dans laquelle il ne traita guère que
la question d'opportunité. « Quoi donc, s'écria-t-il,
« est-ce que la communauté ne pourrait d'abord exis-
« ter pendant un nombre d'années plus ou moins
« grand avec le mariage et la famille, sauf à les abo-
« lir quand on le voudrait et quand la nécessité s'en
« ferait impérieusement sentir? Est-ce qu'il n'y a pas

« déjà assez de difficultés pour faire admettre l'idée
« de la communauté? Est-ce que ce n'est pas la plus
« gigantesque des révolutions intellectuelles ? Est-ce
« que l'idée de l'abolition de la famille facilitera l'a-
« doption de la communauté? Est-ce que ce n'est pas
« au contraire l'idée qui effraie le plus les adversaires
« de la communauté? Est-ce que ce n'est pas l'idée
« qui présente le plus l'apparence de la débauche et
« de l'immoralité (*l'apparence* seulement!), et contre
« laquelle s'élève le respectable et redoutable hourra
« des défenseurs de la morale et de la pudeur?
« Est-ce que ce n'est pas l'idée qui a tué les saint-si-
« moniens? Est-ce que ce n'est pas celle que les en-
« nemis de la communauté exploitent le plus pour la
« noircir et pour l'entraver? [1] » Enfin, M. Cabet
exprima la crainte que la proclamation d'une doctrine aussi radicale ne fournît à la police et au par-
quet des armes contre le communisme. Quelque
confiance que nous ayons dans la sincérité du
dévouement de M. Cabet aux principes du mariage et de la famille, il aurait pu, ce nous semble,
trouver en leur faveur de meilleurs arguments que
l'inopportunité des attaques et la peur de la police.

Mais c'est assez nous occuper de ces dissensions par
lesquelles se révèlent de nouveau toutes les odieuses
conséquences qui découlent du principe de la communauté. Arrivons à la constitution politique qui

---

[1] *Réponse à l'Humanitaire*, 1841, p. 6.

couronne l'organisation économique et sociale de l'Icarie.

Cette constitution offre un certain intérêt, parce qu'elle développe l'idéal des plus ardents démocrates. Elle présente la combinaison de celle que les législateurs de 93 voulaient appliquer à la France, et des institutions municipales de l'Amérique du nord.

Une assemblée nationale unique, composée de 2,000 membres élus par le suffrage universel, et divisée en 15 comités, sous-divisés eux-mêmes en un grand nombre de commissions spéciales, est investie de l'autorité législative, pour tout ce qui concerne l'intérêt général. Il n'y a point de sénat ou corps conservateur de la constitution. Chaque province a également son assemblée provinciale, délibérant sur ses intérêts spéciaux. Enfin, dans chaque commune, tous les citoyens se réunissent en assemblées primaires, pour discuter les questions d'intérêt local et celles qui sont renvoyées par l'assemblée nationale à l'examen du peuple.

C'est par centaines que se comptent les lois émanées chaque année de l'assemblée nationale. On ne s'en étonnera point, si l'on songe que cette auguste réunion décide non-seulement les grandes questions politiques, mais règle encore les moindres détails de la vie privée, tels que l'ameublement, le logement, le vêtement, et le menu de la cuisine officielle.

Le pouvoir exécutif est confié à un *exécutoire national* composé de quinze ministres et d'un président du

conseil, car il n'y a point de président de la république icarienne. Ces ministres ou exécuteurs généraux
sont nommés par le peuple, sur une triple liste de
candidats que lui présente l'assemblée nationale. Il
y a de même des exécutoires provinciaux et communaux.

Les fonctionnaires publics sont nommés les uns
par l'assemblée nationale, les autres par l'exécutoire
général. Les directeurs d'ateliers, les collecteurs et les
répartiteurs des produits de l'agriculture et de l'industrie sont élus directement par le peuple, pour une
année seulement, à l'expiration de laquelle ils doivent rendre compte de leur administration. Du
reste, les fonctionnaires, depuis le dernier d'entre
eux jusqu'au plus élevé, n'ont ni gardes, ni liste civile,
ni traitement. Ce sont des ouvriers qui, souvent, ne
sont pas dispensés des travaux de l'atelier. Par exemple, au moment du voyage de lord Carisdal, le Chris-
tophe Colomb de ce nouveau monde, un maçon était
président du conseil des ministres de la république.
On ne saurait pousser plus loin la bassesse de
l'adulation envers les classes adonnées aux travaux
manuels.

Que l'on ne croie point, du reste, que le pouvoir
soit en Icarie chose fort désirable. En effet, si les citoyens doivent obéir sans résistance aux fonctionnaires, ils ont toujours le droit de les traduire à la
barre du peuple.

On se demandera peut-être comment l'ordre
pourra être maintenu par ces magistrats revêtus d'une

autorité dérisoire. La réponse est simple : l'ordre ne
sera jamais troublé, car, par un heureux privilége, il
n'y a, sous l'empire de la communauté, ni partis politiques, ni discordes civiles, ni émeutes, ni conspira-
tions. Là, point de rivalités, de jalousies, de haines
ni de cupidité, point de meurtres, de larcins ni de
violences. Aussi, les juges et les hommes de loi seraient-
ils inconnus en Icarie ; que feraient-ils, puisqu'il
n'y a ni crimes à reprimer ni procès à juger? A peine
a-t-on besoin de recourir quelquefois à des arbitres
amiables pour décider de légères contestations.

Mais c'est en vain que M. Cabet s'efforce d'établir
une alliance contradictoire entre le communisme et
les principes d'une liberté politique illimitée. Le
despotisme et la contrainte ne tardent pas à reparaître
sous leur forme la plus odieuse et la plus raffinée.
C'est l'intelligence elle-même que le législateur d'Icarie s'est proposé d'enchaîner.

La liberté de la presse est supprimée ; il n'y a en
Icarie qu'un seul journal national, un journal pro-
vincial pour chaque province, un journal communal
par commune. Ces journaux ne contiennent que les
procès-verbaux des délibérations des assemblées
législatives, les nouvelles officielles et les tableaux statistiques. Toute discussion leur est interdite, la rédaction en est confiée à des fonctionnaires publics
élus par le peuple ou par ses représentants.

« Certainement, dit un néophyte icarien, la liberté
« de la presse est nécessaire dans les aristocraties et
« les royautés ; c'est un remède à d'intolérables abus ;

« mais quelle liberté menteuse, et quel effroyable
« remède que celui des journaux de certains pays! »

Cette liberté est remplacée par le droit de proposition dans les assemblées populaires.

La censure règne en souveraine dans la meilleure
des républiques. Nul ne peut faire imprimer un
ouvrage sans y être autorisé par une loi. Bien plus,
il y a en Icarie des savants nationaux, des écrivains,
des poëtes, des artistes nationaux, travaillant dans
d'immenses ateliers littéraires et artistiques, lesquels
sont également nationaux. C'est à eux que la république commande les productions qu'elle juge utiles;
ils font des chefs-d'œuvre par ordre.

Il n'y a d'autre histoire que l'histoire officielle
écrite par les historiens nationaux. Un tribunal juge
la mémoire des personnages historiques, et décerne
sans appel la gloire ou l'infamie.

Une langue destinée à devenir universelle a été
créée en Icarie. On a traduit dans cette langue nouvelle les anciens ouvrages jugés utiles. Les autres ont
été supprimés. Tous les grands communistes se ren-
contrent : M. Cabet ne fait que suivre les traces de
Mathias condamnant au feu les bibliothèques de
Munster, et de Morelly proscrivant tous les livres
hostiles à la communauté.

Les disciples actuels de ces grands maîtres ont été
plus loin encore. N'avons-nous pas entendu de modernes Vandales boire, dans un banquet fraternel, à
la destruction des musées comme étant trop aristocratiques ? N'avons-nous pas vu, spectacle doulou-

reux! des chefs-d'œuvre artistiques, honneur de la peinture française, livrés aux flammes par une rage aveugle? « Périssent, s'il le faut tous les arts, « s'écriait l'auteur du manifeste des égaux, pourvu « qu'il nous reste l'égalité réelle! » Ah! si des insensés poursuivent dans l'avenir la réalisation de ces effroyables paroles, qu'ils nous laissent du moins les monuments des arts que nous a légués le passé.

Il ne suffit pas à M. Cabet de refaire les langues, la littérature, les arts et les sciences, il refait encore la religion. Un concile assemblé par Icar, législateur de l'Icarie, a tracé les dogmes nouveaux, qui se résument dans une effrayante négation. Suivant le catéchisme icarien, Dieu existe, mais ses attributs nous sont inconnus; il n'y a point de révélation; la Bible et l'Évangile sont des œuvres purement humaines. Jésus-Christ n'est qu'un homme; mais il mérite le premier rang pour avoir proclamé les principes de l'égalité, de la fraternité et de la communauté. Quelle est la raison du mal moral et physique? On l'ignore; existe-t-il un paradis pour les justes? — On félicite ceux qui y croient; — Un enfer? Comme il n'y a en Icarie ni tyrans, ni criminels, ni méchants, on n'y croit pas à un enfer qui serait parfaitement inutile.

Cependant, il existe des temples et des prêtres; ceux-ci sont de simples prédicateurs de morale, des conseils, des guides, des amis consolateurs. Ils doivent être mariés. Il y a aussi des prêtresses pour les femmes. Les temples sont beaux et commodes, mais dépourvus de tout emblème ; on s'y réunit pour entendre des instructions morales et philosophiques, et adorer en commun le mystérieux auteur des choses. Le culte est éminemment simple. Il ne comporte aucune pratique ni cérémonie qui sente la superstition ou qui confère aux prêtres un pouvoir quelconque. Tout cela n'est guère qu'une reproduction du culte de la raison et de la théophilanthropie, inférieure encore à ces modèles.

Du reste, toutes les religions sont tolérées en Icarie. La république donne des temples à toutes les sectes qui réunissent un nombre suffisant d'adhérents. M. Cabet veut, comme Morelly, que jusqu'à l'âge de 16 ou 17 ans, les enfants n'entendent point parler de religion. La loi défend même aux parents de les entretenir de la Divinité. C'est seulement quand leur raison est formée, qu'un professeur de philosophie, et non un prêtre, leur expose tous les systèmes religieux, pour qu'ils choisissent en connaissance de cause. Voilà qui s'appelle respecter la liberté de conscience.

Telles sont les institutions sociales, politiques et religieuses de l'Icarie. Avant de les posséder, ce pays avait longtemps gémi sous l'affreux régime de la propriété. Par quelle transition la communauté a-t-elle succédé à ce régime ? M. Cabet nous l'apprend, et la partie de son livre dans laquelle il trace le tableau de cette grande transformation, est, sans comparaison, la plus originale et la plus curieuse.

M. Cabet a déclaré fréquemment dans son ouvrage,

et ailleurs, que la communauté ne doit point, ne peut point s'établir par la violence; que son admission ne saurait résulter que d'une propagande pacifique et de convictions librement formées. Cependant, c'est à une révolution violente qu'il rapporte l'établissement de la communauté en Icarie; de sorte que l'on en est réduit à douter si ces protestations pacifiques sont l'expression d'une conviction sincère ou un masque.

Avant de tracer l'histoire de la révolution icarienne, l'auteur expose les vices de l'ancienne organisation sociale; on devine qu'il s'agit encore de ces amères censures de la civilisation moderne, dont les écrivains communistes se transmettent, depuis Morus, le monotone héritage. La propriété, la monnaie, l'inégalité des fortunes sont présentées comme les causes de tous les maux de l'humanité. De cette boîte de Pandore sortent la misère, l'abrutissement des masses, le prolétariat pire que l'esclavage, la concurrence, le désordre industriel, l'influence dévorante des machines, l'injustice, la fraude, l'usure, l'usurpation, la filouterie, le vol, l'assassinat, le parricide, les dissensions, les haines, les procès, le jeu, le concubinage, l'adultère, la prostitution, etc...

Rien ne manque à cette effrayante liste, tracée avec toute l'acrimonie qui distingue les modernes apôtres de la fraternité.

Vient ensuite la critique de l'ancienne organisation politique, c'est-à-dire de la monarchie représentative. La royauté, l'aristocratie, le budget, la corruption, les mœurs parlementaires, la milice bourgeoise, les prêtres, les frères ignorantins et les jésuites offrent une ample carrière aux déclamations de l'auteur.

Enfin, la révolution de 1782 éclate en Icarie. Après une sanglante guerre de rues et de barricades, la reine Cloramide est détrônée; le perfide ministre Lixdox et ses complices sont livrés, selon l'usage, à la justice nationale. Icar, le chef de l'opposition démocratique, le héros de l'insurrection, est nommé dictateur.

Ce grand homme, auquel l'Icarie doit le bienfait de la communauté, était fils d'un charretier et fut longtemps charretier lui-même. Après avoir embrassé, puis abandonné la profession ecclésiastique, il se jeta dans la politique, et fut condamné par les tribunaux de l'aristocratie pour avoir déclaré Jésus-Christ le plus hardi révolutionnaire et le plus grand propagandiste. L'examen réfléchi de tous les plans d'organisation sociale, de profondes méditations sur la doctrine de Jésus-Christ, l'amenèrent à reconnaître l'excellence de la communauté, à laquelle, malgré la persécution, il conquit de nombreux prosélytes.

Tel est le fondateur de la communauté icarienne. Dans les antécédents qu'il lui attribue, M. Cabet reste fidèle à son système de flatterie envers les classes ouvrières. L'exercice des professions manuelles est pour lui la condition du génie politique. Tout à l'heure, un maçon était le président de sa république ; maintenant un charretier en est le législateur.

A peine investi du pouvoir, Icar s'entoure d'un conseil de dictature et publie adresses sur adresses, décrets sur décrets. Chose étrange ! ces décrets semblent être le modèle de ceux que le gouvernement provisoire de la république française a légiférés avec une si foudroyante rapidité. Telle est l'analogie, que si l'on ne savait que le livre de M. Cabet est publié depuis plusieurs années, on croirait que l'histoire de la révolution icarienne n'est qu'une parodie de celle des premiers mois de 1848. Qu'on en juge :

Aussitôt après la révolution, Icar choisit des ministres et des commissaires à envoyer dans toutes les provinces.

Il organise une foule de commissions spéciales dans lesquelles sont distribués les nombreux citoyens qui s'empressent, comme toujours, d'offrir leurs services.

Il publie une adresse qui incorpore tous les citoyens sans exception dans la garde populaire, et leur confie des armes.

Ceux qui manquent de travail sont soldés, armés et vêtus. — (Institution de la garde mobile.)

Un décret destitue en masse tous les fonctionnaires du parti vaincu. — Une adresse exhorte l'aristocratie et la bourgeoisie à la résignation. Le peuple magnanime, qui pouvait leur appliquer la loi du talion, leur a fait grâce. Toute résistance serait inutile de leur part ; à tout prix, le peuple veut marcher au progrès sans résistance.

Le dictateur convoque une assemblée nationale de deux mille membres, élus par le suffrage universel et salariés. Il adresse au peuple une proclamation pour lui faire comprendre ses devoirs électoraux. Ici, tout l'avantage est du côté d'Icar. Il professe pour la liberté des élections un respect que nos modernes dictateurs auraient dû imiter.

Dès le second jour, Icar organise une commission de publication composée de cinq écrivains pris parmi les plus populaires et les plus estimables, pour rédiger un journal officiel qui doit être distribué gratis et en grand nombre : en un mot, un *Bulletin de la République*.

Il passe une grande revue de l'armée et de la garde populaire, qui présentent sous les armes, tant dans la capitale que dans les provinces, deux cent mille soldats et deux millions de citoyens revêtus d'un uniforme démocratique.

Enfin, il soumet à la commission de constitution et au peuple, le projet d'une *république démocratique* destinée à servir de transition à la communauté, l'établissement de ce dernier régime ne devant avoir lieu qu'au bout de cinquante années.

Or, voici en quoi consiste la république démocratique de M. Cabet :

Les fortunes actuelles seront respectées, quelque inégales qu'elles soient ; mais, pour les acquisitions futures, le système de l'inégalité décroissante et de l'égalité progressive servira de transition entre l'ancien système d'inégalité illimitée et le futur système d'égalité parfaite et de communauté.

Donc, toutes les lois auront pour but de diminuer le superflu, d'améliorer le sort des pauvres, et d'établir progressivement l'égalité en tout.

Le budget *pourra n'être pas réduit* (ce mot est charmant) ; mais l'assiette et l'emploi en seront différents.

La pauvreté, les objets de première nécessité et le travail, seront affranchis de tout impôt.

La richesse et le superflu seront imposés *progressivement.*

Le salaire de l'ouvrier sera réglé et le prix des objets de première nécessité taxé, de manière que chacun puisse vivre convenablement avec le produit de son travail et de sa propriété.

Cinq cent millions au moins seront consacrés chaque année à fournir du travail aux ouvriers et des logements aux pauvres.

Le domaine populaire sera transformé en villes, villages ou fermes, et livré aux pauvres.

Cent millions seront consacrés annuellement à l'éducation et à l'instruction des générations nouvelles.

Tout en tarissant les sources du revenu national, le grand Icar prodigue les millions avec cette facilité qui n'appartient qu'aux dictateurs provisoires. C'est sans doute pour subvenir à ces largesses, que les ministres et les opulents prévaricateurs du régime déchu ont été condamnés à un milliard d'indemnité envers le peuple. — Voilà le fameux milliard sur les riches.

Afin de venir au secours des pauvres, on taxe le prix des aliments, des vêtements et des logements; on augmente les salaires en assurant du travail; on fait des distributions publiques de subsistances et d'argent. Une taxe des pauvres, des emprunts et de larges émissions de papier-monnaie mettent à la disposition de la république un énorme capital suffisant pour toutes ses dépenses.

La peine de mort est abolie. Les forçats, les voleurs, tous les détenus, ces infortunées victimes des aristocrates et des riches, sont mis en liberté et admis dans les armées et les ateliers de la république...

Mais c'est trop longtemps s'arrêter à ces tristes rêves de l'imagination. Nous en avons dit assez pour faire apprécier la sincérité des protestations pacifiques du pontife du communisme, et la valeur des moyens qu'il propose pour réaliser chez une grande nation ses détestables doctrines. Rançons frappées sur tout ce qui possède, taxes écrasantes, emprunts forcés, papier-monnaie, maximum; en un mot, la spoliation sous toutes ses formes, la dilapidation dans tous ses excès: telles sont les voies innocentes et bénignes par lesquelles il prétend établir le bonheur commun.

Dans ce tableau de la république démocratique, telle que l'entend M. Cabet, ne reconnaît-on pas cette république démocratique et sociale qui a naguère ensanglanté nos rues, et dont les passions subversives poursuivent encore la réalisation? Qu'on le sache bien, l'auteur du *Voyage en Icarie* a tracé le programme fidèle et complet de cette république, et il l'a présentée sous son véritable caractère. Si jamais, en effet, elle pouvait triompher, elle ne serait que la préparation au communisme.

Jusqu'ici, M. Cabet s'est borné à décrire et à raconter. Il s'est adressé à l'imagination, car il n'ignore pas que, chez la plupart des hommes, c'est elle surtout qu'il faut frapper. Mais il ne s'en tient pas là, et il aspire à convaincre la raison de ceux qui ne seraient point séduits par l'éclat de ses tableaux. Les dernières parties de son livre sont donc consacrées à prouver l'excellence de la communauté par le raisonnement et l'autorité des exemples, par la philosophie et l'histoire, et à réfuter les objections.

C'est entre le philosophe icarien Dinaros et un inquisiteur espagnol, le seigneur Antonio, que s'agite le débat. Les discours que l'auteur met dans la bouche de ces deux athlètes ne manquent pas d'un certain mérite d'ordre et de clarté, qualités rares chez les modernes socialistes. On doit même lui rendre cette justice, qu'il a exposé avec assez de franchise les arguments théoriques invoqués contre la communauté. Parmi ces arguments il en est deux contre lesquels viennent se briser les efforts de Dinaros, savoir : l'incompatibilité du communisme avec la liberté, et la nécessité de l'intérêt personnel comme mobile de l'activité industrielle. Le défenseur de l'organisation icarienne est obligé de convenir que « la communauté impose nécessairement des » gènes et des entraves, car sa principale mission

« est de produire la richesse et le bonheur ; et pour
« qu'elle puisse éviter les doubles emplois et les
« pertes, économiser et décupler la production agri-
« cole et industrielle, il faut, de toute nécessité, que
« la société concentre, dispose et dirige tout ; *il faut*
« *qu'elle soumette toutes les volontés et toutes les*
« *actions à sa règle, à son ordre et à sa discipline.*»
(Page 403.) Que pourrions-nous ajouter à cet aveu ?
Ecoutons encore le sage : « Le besoin de s'enrichir,
« dit-on, le désir de la fortune, l'espérance d'en ac-
« quérir, la concurrence, l'émulation et l'ambition
« même sont l'âme de la production. — Non, non !
« car tout est produit sans eux en Icarie... » Voilà,
certes, un exemple concluant. A la même objection,
Morus répondait aussi : Que n'avez-vous été en Utopie!

Battu sur ce terrain, Dinaros se rejette sur l'éloge
de l'égalité et de la démocratie, qu'il s'efforce de confondre avec la communauté. Il retrace, à ce point de
vue, l'histoire générale des nations, il montre les
progrès de l'industrie et de la production favorisant
le développement des institutions démocratiques;
il oublie seulement de faire remarquer que ces progrès se sont accomplis sous le régime de la propriété,
et qu'ils ont été d'autant plus rapides qu'elle a été
plus respectée. Puis il conclut en présentant l'inauguration de la communauté comme le but final de
la marche progressive de l'humanité.

A l'histoire des faits, Dinaros joint le tableau des
doctrines morales et religieuses. Il présente à sa manière les opinions des législateurs, des philosophes

et des principaux écrivains des temps anciens et modernes, depuis Confucius, Zoroastre, Lycurgue et
Platon, jusqu'à MM. Cousin, Guizot, Villemain, de
Tocqueville, etc... A l'entendre, tous sont communistes. Il suffit d'avoir tracé quelques lignes en faveur de l'égalité et de la démocratie pour être enrôlé
sous la bannière du communisme. M. Cabet n'hésite
même pas à ranger au nombre des partisans de la
communauté des écrivains qui l'ont au contraire formellement combattue [1]. Jésus-Christ et ses apôtres,
les chrétiens des premiers siècles et les pères de l'E-
glise sont enveloppés dans ces étranges assimila-
tions. C'est là un des thèmes favoris de M. Cabet. Il
le développe dans sa préface, dans maint endroit de
son livre, et conclut en proclamant que la communauté, c'est le christianisme.

Le *Voyage en Icarie*, sauf l'inconséquence de l'admission de la famille, présente le résumé complet de
la doctrine communiste. Il réfléchit et résume les
utopies précédentes, accommodées aux progrès actuels de l'industrie et de la politique. Son auteur n'a
donc point le mérite de l'invention. Il n'y prétend
pas, et s'efforce au contraire de se rattacher au passé,
de se présenter comme le continuateur d'une antique
tradition. La seule création originale qu'il revendi-
que, c'est le régime transitoire destiné à faire passer

---

[1] Nous citerons notamment parmi les contemporains, M. de Lamennais qui, dans son livre *Du passé et de l'avenir du Peuple*, a
écrit une admirable réfutation du communisme.

une grande nation de la propriété à la communauté. Ce régime n'est cependant pas nouveau. Il est facile de reconnaître son identité avec l'idéal poursuivi, dès 1793, par la république ultra-démocratique. Mais, à M. Cabet appartient l'honneur d'avoir reconnu et avoué son véritable caractère, ses dernières conséquences.

Quelle a été l'influence du *Voyage en Icarie* sur les classes ouvrières? Nous la croyons considérable. Sans doute, parmi les prosélytes du communisme icarien, il n'en est qu'un petit nombre qui soient assez profondément convaincus pour aller au delà des mers tenter l'application de cette utopie ; mais il en est beaucoup plus qui prendraient volontiers la France pour matière à expérience, et qui songent à réaliser chez elle la révolution d'Icarie. D'autres, reculant de vant la franchise des conclusions de l'auteur, voudraient faire une halte sur la pente du communisme, et s'accommoderaient de l'organisation sociale transitoire, qui leur semble un état définitif fort convenable. Comme tous les livres du même genre, l'ouvrage de M. Cabet a été funeste, moins par le nombre des convictions qu'il a complétement ralliées, que par les sentiments haineux, les idées fausses, les espérances vagues, les sourds désirs de bouleversement qu'il a répandus dans les masses. Cependant, on doit reconnaître que la netteté et la précision de ses doctrines sont moins dangereuses que les vagues déclamations de ces écrivains nébuleux, qui poursuivent le même but, sans le savoir ou sans l'avouer.

CHAPITRE XVII.

M. LOUIS BLANC. — L'ORGANISATION DU TRAVAIL.

M. Louis Blanc est un pur communiste. — Analyse du livre de
l'*Organisation du travail*. — Attaques contre la propriété dissimulée sous le nom d'individualisme. — Distinction entre l'état
social transitoire et l'état social définitif, dans le système de
M. Louis Blanc. — L'état définitif, c'est le règne de la communauté. — M. Louis Blanc s'est, en tout, inspiré de Babeuf. — Il
se rattache à Mably et à Morelly. — Il explique l'atrocité des
guerres allumées par le socialisme. — Sur qui doit en retomber la
responsabilité.

Dans les événements et les doctrines que nous
avons exposés jusqu'ici, nous avons vu le communisme se produire au grand jour. Les hommes qui ont tenté de le réaliser dans le domaine
des faits, ou qui l'ont préconisé par leurs écrits,
marchent à leur but sans détour et bannière déployée. On sait ce qu'ils veulent et où ils vont.
Ces attaques de front contre l'ordre social ont du
moins le mérite de la loyauté. La question étant
clairement posée, les esprits ne sauraient être entraînés par surprise, et la société prévenue du danger
peut le combattre ou le conjurer.

Mais tous n'ont pas eu la même franchise. Repoussé par le bon sens public lorsqu'il s'est présenté ouvertement, le communisme a su revêtir des formes trompeuses, à l'aide desquelles il est parvenu à égarer un certain nombre d'intelligences. C'est un devoir de lui arracher son masque et son nom d'emprunt, et de le montrer à tous les yeux dans sa nudité.

Au premier rang des doctrines au fond desquelles se cache le communisme enveloppé d'expressions nébuleuses, nous signalerons celles de M. Louis Blanc. Pour prouver l'identité des théories de cet écrivain avec le plus pur communisme, il est nécessaire de les résumer rapidement.

L'exposition la plus complète du système de M. Louis Blanc se trouve dans son livre de l'*Organisation du travail*. Ses discours au Luxembourg n'en sont que des commentaires passionnés, et ses autres ouvrages expriment, sous une forme moins précise, les mêmes idées, les mêmes tendances.

Au début de cet écrit, M. Louis Blanc se livre à une amère critique de la société actuelle, qu'il compare à Louis XI mourant et s'étudiant à donner à son visage les trompeuses apparences de la vie. Il se complaît à étaler aux yeux du lecteur le tableau de certaines misères locales, et à dérouler devant lui les détails les plus hideux de la statistique des vices et des crimes. Il s'applique à exagérer, à envenimer les faits dont il compose cette triste mosaïque; puis il se hâte d'en rejeter la responsabilité sur l'ordre social. Ne lui demandez pas si, trop souvent, la misère n'est pas la conséquence de l'imprévoyance et de l'inconduite; ne lui dites point que les vices et les crimes ne sont que les déplorables résultats de l'abus que l'homme fait de sa liberté, abus qu'il n'est donné à aucune société de prévenir. Il vous répondra avec Rousseau que tout est bien en sortant des mains de l'auteur des choses, que l'homme seul pervertit l'œuvre du Créateur; « car, dit-il, que des hommes « naissent nécessairement pervers, nous ne l'ose- « rions prétendre, de peur de blasphémer Dieu; « il nous plaît davantage de croire que l'œuvre de « Dieu est bonne, qu'elle est sainte. Ne soyons pas « impies pour nous absoudre de l'avoir gâtée. » Quant à la liberté morale, il se réfugiera dans le doute de Montaigne : « Si la liberté humaine existe « dans la rigoureuse acception du mot, de grands « philosophes l'ont mis en doute : toujours est-il « que chez le pauvre, elle se trouve étrangement « modifiée et comprimée [1]. »

Ainsi, ce n'est point l'homme qui est responsable de ses fautes, mais la société; M. Louis Blanc insiste sur ce principe : « On accuse, dit-il, de presque tous « nos maux la corruption de la nature humaine : « il faudrait en accuser le vice des institutions so- « ciales [2]. » Cette théorie, dont les hôtes du bagne et les prédestinés de l'échafaud ont plus d'une fois fait retentir le prétoire des cours d'assises, devient

[1] *Organisation du travail*, p. 48.
[2] Id., p. 179.

le point de départ et la base d'opérations de l'auteur, dans sa campagne contre la société.

Tous les vices, tous les crimes n'ont, dit-il, qu'une cause, la misère; la misère elle-même n'est que le résultat de la concurrence. M. Louis Blanc reprend alors contre la concurrence, les machines et les gros capitaux, les arguments développés depuis trente ans dans le *Traité d'Économie politique* de M. de Sismondi, sans tenir compte des réponses péremptoires qui ont réduit ces arguments à leur juste valeur. Suivant sa manière habituelle, l'auteur développe avec complaisance les abus de la concurrence, en taisant ses avantages, et, au lieu de rechercher les moyens de prévenir ou d'extirper ces abus, il se hâte de prononcer l'anathème sur le principe lui-même. Mais la concurrence n'est, suivant lui, que l'une des manifestations d'un fait plus général qu'il appelle l'individualisme. C'est donc l'individualisme qu'il faut frapper. Or, qu'est-ce que cet individualisme, source de tous les maux qui affligent la terre? A cet égard, l'auteur ne s'explique pas clairement; mais de la suite de son livre, il résulte que cette expression obscure ne désigne autre chose que le principe même de la propriété individuelle.

Les cent pages que M. Louis Blanc a consacrées à la critique de la société, ne sont que la paraphrase de ces passages de Babeuf :

« Quoiqu'il y ait des mauvais sujets qui doivent « imputer à leurs propres vices la misère où ils « sont réduits, il s'en faut de beaucoup que tous les

22

« malheureux puissent être rangés dans cette classe.
« Une foule de laboureurs et de manufacturiers que
« l'on ne plaint point vivent au pain et à l'eau, afin
« qu'un infâme libertin jouisse en paix de l'héri-
« tage d'un père inhumain, et qu'un fabricant mil-
« lionnaire envoie à bas prix des étoffes et des
« joujoux dans les pays qui fournissent à ces sy-
« barites fainéants les parfums de l'Arabie et les
« oiseaux du Phase. Les mauvais sujets eux-mêmes,
« le seraient-ils, sans les vices et les folies dans les-
« quels ils sont entraînés par les institutions sociales,
« qui punissent en eux les effets des passions dont
« elles provoquent les développements.... »

« ..... Les malheurs de l'esclavage découlent de
« l'inégalité et celle-ci de la propriété. La propriété
« est donc le plus grand fléau de la société. C'est
« un véritable délit public. »

Toutes les déclamations de M. Louis Blanc contre
l'ordre social se trouvent résumées dans ces lignes,
avec plus d'énergie, de netteté et de franchise. Imputation à la société des vices, des crimes et des misères
particulières ; négation de la responsabilité de
l'homme ; condamnation du régime industriel ; anathème contre la propriété, rien n'y manque. L'auteur
de l'*Organisation du travail* n'a fait qu'orner ce
canevas de théories d'économie politique et de documents statistiques ; il a substitué au mot propriété,
qui a l'avantage d'exprimer clairement la pensée,
celui d'individualisme qui la dissimule. Mais de part
et d'autre le fond est le même.

M. Louis Blanc révèle enfin la panacée destinée à guérir les maux dont il vient de tracer un si effrayant tableau. Les moyens qu'il propose sont puisés à la même source que ses critiques; seulement leur origine et leur tendance sont habilement déguisées sous des termes de nature à faire illusion à l'esprit.

L'auteur annonce d'abord que l'ordre social dont il va indiquer les bases n'est que transitoire. Le point important eût été pourtant de faire connaître l'état social définitif vers lequel il prétend diriger l'humanité; mais il en dit assez pour qu'on puisse aisément suppléer à son silence. Voici en quelques mots les moyens qu'il propose :

« Le gouvernement serait considéré comme le ré-
« gulateur suprême de la production et investi pour
« accomplir sa tâche d'une grande force. » On voit déjà poindre le despotisme; mais continuons :

« Le gouvernement lèverait un emprunt, dont le
« produit serait affecté à la création d'ateliers sociaux
« dans les branches les plus importantes de l'indus-
« trie nationale. Les capitaux seront fournis par
« l'État aux ateliers, gratuitement et sans intérêt.
« L'atelier sera régi par des réglements ayant force
« et puissance de loi. »

Dans chaque branche du travail, l'atelier national aura pour mission spéciale de faire à ceux de l'industrie privée une concurrence écrasante qui les forcera à venir s'absorber dans son sein. De cette manière, la concurrence sera détruite par la concurrence même. C'est de l'homéopathie sociale. Les capitalistes qui verseront leurs fonds à l'atelier national recevront l'intérêt légal, mais ne participeront pas aux bénéfices.

Tous les ateliers nationaux d'une même industrie répandus sur le territoire seront associés entre eux, et rattachés comme succursales à un grand atelier central. Les chefs des travaux seront nommés à l'élection et administreront sous la surveillance de l'État. Les salaires seront égaux; l'évidente économie et l'incontestable excellence de la vie en commun ne tarderont pas à faire naître de l'association des travaux, la volontaire association des besoins et des plaisirs [1].

L'agriculture sera soumise au même régime. « L'abus des successions collatérales, dit l'auteur, « est universellement reconnu. Ces successions se- « raient abolies, et les valeurs dont elles seraient « composées, déclarées propriétés communales et « inaliénables [2]. » Ces propriétés seraient soumises au régime des ateliers nationaux.

De même que tous les ateliers d'une même industrie seront solidaires entre eux, on complétera le système en établissant la solidarité entre les industries diverses.

Tel est le système de M. Louis Blanc. Essayons de nous former une idée exacte du nouvel ordre social transitoire qui en résultera.

D'une part, on verra dans toutes les branches d'industrie un grand atelier national entouré de ses suc-

_____
[1] *Organisation du travail*, p. 104.
[2] Id., p. 115.

cursales, s'appliquant à ruiner par une concurrence méthodique les ateliers privés, pour arriver à les absorber. De l'autre, des terres domaniales s'agrandissant toujours, exploitées par des ateliers nationaux, et faisant à l'agriculture privée la même concurrence. Tous ces ateliers associés entre eux, et soumis au régime de l'égalité des salaires et de la vie en commun, formeront une vaste communauté dirigée dans son ensemble et dans chacune de ses parties par des administrateurs électifs. Au-dessus de tout cela, l'État, le gouvernement, continuera d'administrer les restes mourants de l'ancienne société ; en même temps il sera le législateur et le régulateur suprême des ateliers ou plutôt du grand atelier national, mission pour l'accomplissement de laquelle il sera, suivant l'expression de l'auteur, investi d'une grande force.

Nous ne nous arrêterons pas à faire remarquer tout ce que cette conception renferme d'injuste et d'impraticable. Faire supporter à l'ancienne société le fardeau d'un emprunt destiné à fournir gratuitement des capitaux à quelques *travailleurs*, n'est-ce point constituer au profit de ces derniers un privilége monstrueux, dépouiller la masse au profit de quelques-uns ? La concurrence ruineuse faite à l'industrie privée à l'aide de capitaux gratuits, et la capitulation forcée de cette industrie, aux conditions qu'il plaira au gouvernement de fixer, n'est-ce point la plus odieuse des spoliations ? Ainsi la violence se trouve au fond de tout le système, quelque habilement que l'auteur ait tenté de la dissimuler, quelque douce qu'il se soit efforcé de faire paraître la transition de l'ancien état social au nouveau. Enfin, nous admettrons que les ateliers nationaux remplissent le but qu'il se propose, et qu'au lieu d'être écrasés par l'industrie privée, ils la détruisent et l'absorbent. Sur tout cela, passons, et arrivons enfin à cet état social définitif auquel M. Louis Blanc nous conduit, et sur lequel il n'a point insisté.

Il est facile de se le figurer. Ce nouvel état social ne sera autre chose que l'atelier national généralisé.

L'industrie privée sera anéantie; tous ses instruments de travail, tous ses capitaux auront été absorbés par les ateliers nationaux, à la charge de payer à une partie des anciens possesseurs un certain intérêt, (à moins que le gouvernement, usant de la grande force qui lui est confiée, n'ait fini par supprimer cette redevance). Toutes les terres, devenues propriétés communales, seront exploitées par des ateliers nationaux. Et, comme tous les ateliers nationaux industriels et agricoles sont associés entre eux, sont solidaires, cela revient à dire que toutes les terres, tous les capitaux seront devenus le domaine d'une vaste communauté nationale.

Tous les citoyens ne seront plus que des membres du grand atelier national, soumis comme tels à l'égalité des salaires et à la vie en commun. L'égalité des salaires elle-même sera bientôt remplacée par un principe nouveau, qui nous est révélé comme une des lois destinées à régir la société définitive : chacun travaillera suivant ses forces et sera rémunéré suivant ses besoins. Cette formule signifie sans doute que des distributions en nature seront substituées au salaire en argent. Chacun mangera suivant sa faim à la gamelle commune. Ce sera l'égalité proportionnelle et perfectionnée.

Le gouvernement, l'État, que pourra-t-il être, sinon le pouvoir qui présidera à l'administration de la communauté nationale? L'État peut être conçu en dehors de cette communauté, tant que l'ancienne société subsiste encore à côté des ateliers nationaux, tant que dure la situation transitoire. Mais une fois l'ancienne société détruite et absorbée, il est évident que la communauté résultant de l'association de tous les ateliers nationaux, c'est l'État lui-même, et que l'administration de cette communauté, c'est le gouvernement.

Ainsi, absorption des terres et des capitaux au profit de la communauté;

Assujettissement de toutes les personnes au régime de l'égalité absolue et à la vie commune;

Concentration du pouvoir de diriger souverainement les travaux, de disposer des choses et des personnes, dans les mains des administrateurs suprêmes de la communauté :

Voilà le dernier mot du système.

Or, tout cela, qu'est-ce, sinon le communisme le plus complet et le plus radical, le communisme tel qu'il est développé dans le manifeste des égaux?

Dira-t-on que M. Louis Blanc, se bornant à détruire les successions collatérales, et conservant l'hérédité directe, ne saurait être considéré comme un partisan de la communauté, puisque celle-ci implique l'abolition absolue de l'héritage? L'auteur de l'*Organisation du travail* a levé tous les doutes, si aucun doute pouvait subsister encore. En répondant aux objections élevées contre son livre, il n'a pas hésité à condamner formellement l'hérédité, et à proclamer son abolition dans l'avenir. Seulement, par une inconséquence que nous avons vue se reproduire fréquemment dans les annales du communisme théorique, M. Louis Blanc se flatte de concilier l'existence de la famille avec le nouveau régime. « La famille, dit-il, est un fait « naturel qui, dans quelque hypothèse que ce soit, « ne saurait être détruit; tandis que l'hérédité est « une convention sociale que les progrès de la société « peuvent faire disparaître..... La famille vient de « Dieu, l'hérédité vient des hommes. La famille est, « comme Dieu, sainte et immortelle; l'hérédité est « destinée à suivre la même pente que les sociétés « qui se transforment, et que les hommes qui meu- « rent [1]. »

Enfin, quels sont les écrivains auxquels se rattache M. Louis Blanc, les chefs d'école qu'il reconnaît et qu'il avoue, ceux dont il prétend se faire le continuateur? Ce sont Morelly et Mably, ces deux coryphées du communisme. Il leur prodigue l'éloge; il analyse leurs écrits avec amour; il les oppose à la

---

[1] *Organisation du travail*, p. 202-204.

prétendue école bourgeoise de l'individualisme. Il voit en eux les représentants, au XVIIIe siècle, de cette impérissable tradition de la *fraternité* conservée, selon lui, à travers les âges « par la philosophie pla- « tonicienne, par le christianisme, par les albigeois, « les vaudois, les hussites et les anabaptistes [1]. » Ce sont ces généreux défenseurs du droit social, dit-il, dont les doctrines ont inspiré le second acte de la révolution française. M. Louis Blanc appelle ainsi ce drame sanglant qui commence au 31 mai et finit au 9 thermidor. A l'entendre, c'est à ces doctri- nes qu'appartient l'avenir.

La tendance du système de M. Louis Blanc n'a point échappé aux intelligences supérieures, bien qu'on ait hésité à signaler ce système par son véritable nom, à y reconnaître le pur commu- nisme. « Cette conception, dit M. de Lamartine, « consiste à s'emparer, au nom de l'État, de la pro- « priété et de la souveraineté des industries et du « travail, à supprimer tout libre arbitre dans les « citoyens qui possèdent, qui vendent, qui achètent, « qui consomment, à créer ou à distribuer arbitrai- « rement les produits, à établir des maximum, à « régler les salaires, à substituer en tout l'État pro- « priétaire et industriel aux citoyens dépossé- « dés. »

Plusieurs autres écrivains ont reproduit le même reproche, et M. Louis Blanc a eu la bonne foi de les

---

[1] *Histoire de la Révolution française*, t. I, p. 532-538.

citer. Mais, chose étrange! ce reproche, il le repousse loin de lui avec un imperturbable sang-froid. Il convient volontiers que « l'État devenu entrepre- « neur d'industrie et chargé de pourvoir aux besoins « de la consommation privée, succomberait sous le « poids de cette tâche immense; qu'au bout d'un « pareil système on risquerait de trouver la tyran- « nie, la violence exercée sur l'individu sous le mas- « que du bien public, la perte de toute liberté, une « sorte d'étouffement universel enfin [1]. Mais, quoi de tel dans ce qu'il a proposé? Il s'agit tout simplement de fonder de modestes ateliers nationaux, et il faut voir comme ces ateliers, destinés tout à l'heure à absorber l'industrie individuelle, deviennent, sous la plume de l'écrivain répondant aux objections, quelque chose d'humble, de petit et d'inoffensif. Rien de plus curieux que ces passages où l'auteur nie dans une phrase ce qu'il vient d'affirmer dans l'autre, et s'épuise en subtilités pour établir une différence entre le monopole de l'État et le gouvernement de l'industrie par l'État [2].

Mais le procédé à l'aide duquel M. Louis Blanc s'efforce de donner le change à l'esprit, la clef de ces faux-fuyants est facile à découvrir.

Quand on lui reproche les conséquences dernières de ses principes, quand on dépeint l'état social qui doit être le résultat définitif de l'application de son système,

[1] *Organisation du travail*, p. 148.
[2] Id., p. 149. — Introduction, p. 15.

l'auteur se rejette sur l'état transitoire, dans lequel ce système n'aura encore qu'une existence partielle et rudimentaire, au sein de la vieille société. Il peut alors soutenir, avec quelque apparence de raison, que l'État est parfaitement distinct de l'atelier national, attribuer à cet atelier une vie propre et indépendante. Mais, raisonner dans l'hypothèse de la coexistence de l'ancienne société et des ateliers nationaux, dans l'hypothèse de l'ordre social transitoire, c'est déplacer le véritable point du débat. Quand on doit juger un système, il faut le considérer au moment où il a reçu son entier développement, où il a porté toutes ses conséquences, et non à son point de départ, à son origine. Or, nous l'avons prouvé, l'atelier national, quand il aura, suivant le vœu et la prévision de son inventeur, envahi et absorbé toute propriété, tout capital, toute industrie, se confondra nécessairement avec l'État, ne sera autre chose que la communauté nationale.

Les adversaires de M. Louis Blanc avaient négligé de dégager ce résultat final des ateliers nationaux, cet ordre social définitif, des nuages dans lesquels il s'était complu à l'envelopper. Grâce à cette négligence, il éludait leurs objections. Mais, quand on se place au point de vue de la réalisation complète du système, cette tactique est aussitôt déjouée.

L'identité de la formule de M. Louis Blanc avec celle du communisme devient encore plus manifeste, lorsqu'on rapproche son livre des documents émanés de Babeuf et de ses complices. Les doctrines écono-

miques, les idées philosophiques, les détails d'exécution, les expressions même, tout est manifestement
emprunté de la secte des égaux. Voici, en effet,
quelle est, d'après Babeuf, l'organisation du travail
commun et égalitaire :

« ART. 4. Dans chaque commune, les citoyens
« seront distribués par classes : il y aura autant de
« classes que d'arts utiles ; chaque classe est compo-
« sée de tous ceux qui professent le même art.

« ART. 5. Il y a auprès de chaque classe des ma-
« gistrats nommés par ceux qui la composent. Ces ma-
« gistrats dirigent les travaux, veillent sur leur égale
« répartition, exécutent les ordres de l'administra-
« tion municipale et donnent l'exemple du zèle et de
« l'activité.

« ART. 6. La loi détermine pour chaque saison la
« durée journalière des travaux.

« ART. 8. L'administration appliquera aux travaux
« de la communauté l'usage des machines et procé-
« dés propres à diminuer la peine des hommes.

« ART. 9. L'administration municipale a constam-
« ment sous les yeux l'état des travailleurs de chaque
« classe, et celui de la tâche à laquelle ils sont sou-
« mis. Elle en instruit régulièrement l'administration
« suprême [1]. »

Voilà, trait pour trait, les ateliers nationaux de
M. Louis Blanc.

---

[1] Décret économique sur l'organisation de la communauté, extrait des pièces du procès de Babeuf.

On objecte au système de l'égalité absolue et de la communauté, qu'il a pour effet d'éteindre dans l'homme toute activité, toute énergie productive ; qu'en anéantissant l'intérêt personnel, il détruit le seul stimulant de l'industrie. Babeuf et M. Louis Blanc font les réponses suivantes :

BABEUF.

Que deviendront, objectera-t-on peut-être, les productions de l'industrie, fruits du temps et du génie ? N'est-il pas à craindre que, n'étant pas plus récompensées que les autres, elles ne s'anéantissent au détriment de la société ? Sophisme ! C'est à l'amour de la gloire, et non à la soif des richesses, que furent dus, dans tous les temps, les efforts du génie. Des millions de soldats pauvres se vouent tous les jours à la mort pour l'honneur de servir les caprices d'un maître cruel, et l'on doutera des prodiges que peuvent opérer sur le cœur humain le sentiment du bonheur, l'amour de l'égalité et de la patrie, et les ressorts d'une sage politique ? Aurions-nous d'ailleurs besoin de l'éclat des arts et du clinquant du luxe, si nous avions le bonheur de vivre sous les lois de l'égalité ?

M. Louis BLANC.

Quoi ! est-ce qu'il n'y a pas dans tout intérêt collectif un stimulant très-énergique ? Est-ce que ce n'est pas à un intérêt d'honneur collectif que se rapporte dans l'armée la fidélité au drapeau ? Est-ce que ce n'est pas sous l'influence d'un intérêt collectif de gloire, qu'on a vu des millions d'hommes courir avec empressement au devant de la mort ? Est-ce que ce n'est pas un sentiment collectif qui a enfanté l'omnipotence du catholicisme, fondé toutes les grandes institutions, inspiré toutes les grandes choses, produit tous les actes par lesquels a éclaté dans l'histoire la souveraineté du vouloir de l'homme ? Est-il donc sans puissance cet intérêt qui nous rend si jaloux de la dignité de notre nation, cet intérêt collectif qui s'appelle la patrie ? Et lorsqu'on l'a mis si complétement au service de la destruction et de la guerre, comment nous persuadera-t-on qu'il

23

est à tout jamais impossible de le
mettre au service de la production et de la fraternité humaine[1]?

Avant Babeuf et M. Louis Blanc, Campanella avait
répondu à la même objection par les mêmes arguments; et Mably, défendant la communauté, avait
dit :

« N'y aurait-il donc que l'avarice et la volupté ca-
« pables de remuer le cœur humain? Pourquoi l'a-
« mour des distinctions, de la gloire et de la consi-
« dération, ne produirait-il pas de plus grands effets
« que la propriété même? On ne peut m'empêcher
« de supposer une république dont les lois encoura-
« geront les citoyens au travail, et rendront cher à
« chaque particulier le patrimoine commun de la
« société[2]. »

Il serait facile de multiplier ces citations parallèles.
Mais celles qui précèdent suffisent pour révéler les

---

[1] *Organisation du Travail*, p. 143.— On sait que M. Louis Blanc
prétend résoudre pratiquement la question au moyen d'un poteau
planté dans chaque atelier, sur lequel seront écrits ces mots : *Le
paresseux est un voleur.* Cette formule paraît si belle à son inventeur, qu'il la reproduit partout. Dans le premier volume de son
Histoire de la Révolution française, M. Louis Blanc dit, en parlant
du système de Morelly et de Mably : « On redoutait la paresse !
« Eh bien, qu'on lui donnât le nom qu'elle mérite en effet dans
« toute association libre; qu'on appelât le paresseux un voleur.
« (p. 537). » Singulière inconséquence, que celle qui prend pour
mobile et sauvegarde de la communauté le sentiment naturel de
répulsion qu'inspire la violation de la propriété.

[2] *Doutes sur l'ordre naturel des sociétés politiques*, p. 11.

sources auxquelles M. Louis Blanc a puisé le fond, et jusqu'à la forme de ses trop fameuses théories.

Ainsi, cette organisation du travail si pompeusement annoncée au monde, ces ateliers nationaux, à l'aide desquels la concurrence devait, semblable à la lance d'Achille, guérir les plaies qu'on l'accuse d'avoir faites ; cette substitution du mobile du devoir à celui de l'intérêt personnel ; toutes ces prétendues découvertes destinées à doter l'humanité d'une incomparable félicité, ne sont que la servile reproduction des plus déplorables monuments du communisme, de ces odieux manifestes d'une conspiration vouée au mépris et à l'exécration de l'humanité !

Il est vrai que le fond est habilement dissimulé sous l'éclat de la forme ; que les mêmes idées sont revêtues d'expressions nouvelles, et que certains changements ont été proposés dans la manière d'opérer la spoliation générale. Babeuf appelle les choses par leur nom ; il se proclame franchement communiste ; il veut la destruction actuelle et immédiate de la propriété ; il la poursuit les armes à la main. M. Louis Blanc n'a garde de prononcer le mot de communauté ; il n'attaque la propriété que de biais et sans la nommer ; il affiche pour le capital certains ménagements. Dans son livre, il s'abstient de faire appel à la violence ; il ne veut que ruiner savamment et à loisir propriétaires et capitalistes, faire périr de mort lente l'industrie privée, l'amener, par la seule contrainte morale, à s'absorber dans l'atelier national.

Grâce à ce déguisement, le communisme est parvenu à séduire, surtout dans les classes ouvrières, un grand nombre d'esprits qui l'eussent repoussé, s'il s'était présenté à visage découvert. La critique elle-même s'est laissé donner le change, ou bien, indulgente et bénigne, elle a négligé de signaler les tendances, la filiation et le véritable nom de la nouvelle doctrine. Enfin, la fatale machine de l'organisation du travail a pénétré par surprise et à l'ombre de la République dans les murs de la société; elle n'a pas tardé à révéler toute son effroyable puissance de destruction, et n'a réalisé que trop bien, pour l'anéantissement de l'industrie, du crédit et de l'ordre social, les prévisions de son auteur.

Alors, le communisme triomphant change de langage; il n'a plus ce ton doucereux et pacifique qu'il affectait dans le livre de l'*Organisation du travail*. Il reprend sa véritable allure, et se montre fidèle aux traditions des Münzer, des Jean de Leyde et des Babeuf. Du haut de la tribune du Luxembourg, son organe ne fait plus retentir que des paroles de haine et de violence. M. Louis Blanc déclare que, « dût la société en être ébranlée jusque dans ses fondements, « il poursuivra la réalisation de ses doctrines; » il rappelle qu'il a fait, contre un ordre social infâme, le serment d'Annibal, et après le panégyrique de l'égalité absolue, il laisse tomber ces funestes paroles : « Douloureuse nécessité, nécessité bien comprise de se faire soldat! »

Les soldats, hélas! n'ont pas manqué à la doctrine! Le communisme a ajouté une page nouvelle à ses la-

mentables annales. Babeuf avait dit : « Toute oppo-
« sition sera vaincue sur-le-champ par la force ; les
« opposants seront exterminés. » Il a été donné aux
modernes adeptes de ses doctrines, de nous montrer
à l'œuvre ce plan d'extermination. L'humanité a vu
avec horreur employer des moyens de destruction
proscrits des combats par la loyauté des nations, et
inconnus jusqu'ici aux guerres civiles. Ni la gloire
du guerrier, ni la sainteté du pontife, ni le caractère sacré du parlementaire, ces éternels objets du
respect des hommes, n'ont arrêté les bras des meurtriers.

Ces horreurs, qu'on le sache bien, sont parfaitement logiques de la part de sectaires fanatiques.
Quand on proclame que la société repose sur la violation de tous les droits, sur le plus odieux esclavage ;
qu'au point de vue matériel, comme au point de vue
moral, elle est fondée sur un système infâme, il est
naturel que les hommes égarés par de telles prédications, considèrent comme étant hors la loi de l'humanité les défenseurs d'une société qu'on leur a dé-
peinte sous des couleurs aussi odieuses. Pour les
vaincre, pour renverser cette société, tous les moyens
sont légitimes à leurs yeux : « Quand une religion
« saisit l'homme, dit quelque part M. Louis Blanc,
« elle le veut, elle le saisit tout entier. Que peut-il y
« avoir de commun entre ces deux armées qui vont
« se heurter parce qu'elles ne s'accordent ni sur le
« droit, ni sur le devoir, ni sur les choses que la mort
« termine, ni sur les choses que la mort com-

» mence [1] ! » Ces paroles, par lesquelles M. Louis
Blanc explique les horreurs de la guerre des paysans du XVIe sicle, qui fût bien plus sociale que religieuse, s'appliquent avec autant de vérité aux sanglantes dissensions excitées de nos jours par le
socialisme. Mais, si les atrocités commises en juin
trouvent leur explication dans cette profonde différence de croyances, dans le fanatisme de sectaires
qui se considèrent comme n'ayant plus rien de commun avec les hommes qui ne partagent pas leurs erreurs, la responsabilité en doit surtout retomber sur
les fauteurs de doctrines anarchiques qui ont allumé,
par leurs excitations, les fureurs de ces guerres plus
que civiles.

[1] *Histoire de la Révolution française*, t. I, p. 585.

CHAPITRE XVIII.

M. PROUDHON.

I.

PREMIER MÉMOIRE SUR LA PROPRIÉTÉ. — Son analyse et sa réfutation. — Il renferme la double négation de la propriété et de la communauté. — La possession proposée par M. Proudhon pour remplacer la propriété, est inintelligible. — Principes politiques de M. Proudhon.

AUTRES OUVRAGES DU MÊME AUTEUR. — Deuxième Mémoire sur la propriété. — Avertissement aux propriétaires. — De la création de l'ordre dans l'humanité.

Parmi les modernes écrivains qui ont répandu le désordre dans les intelligences et poussé les classes les moins éclairées à la subversion de la société, il n'en est aucun qui ait exercé une influence plus désastreuse que M. Proudhon. Dans l'opinion générale, il est l'ennemi le plus acharné de la propriété et l'un des principaux fauteurs du communisme, qui est, à bon droit, considéré comme la conclusion inévitable de la négation de la propriété.

C'est à M. Proudhon qu'appartient le triste honneur d'avoir jeté au milieu des populations une maxime brève et tranchante, ramassée dans la fange

du XVIIIᵉ siècle, et devenue la devise, le point de
ralliement de toutes les haines, de toutes les passions
antisociales. Les masses, qui lisent peu et pour lesquelles les ouvrages de cet auteur ne seraient d'ailleurs pas intelligibles, ne connaissent guère de lui que
la funeste formule à laquelle nous faisons allusion.

Ce n'est pas nous qui entreprendrons de combattre
sur ce point le sentiment public. Oui, M. Proudhon
est le plus redoutable promoteur du socialisme et du
communisme; M. Proudhon est un des parrains de
cette république démocratique et sociale baptisée en
juin dans des flots de sang. J'ajoute que de tous les sophistes qui cherchent à égarer la foule, M. Proudhon
est le plus coupable, parce qu'il s'est fait l'allié de
partis qu'il méprise, le fauteur de doctrines auxquelles il ne croit pas. En effet, à l'époque où l'on
pouvait encore ne voir en lui qu'un esprit paradoxal
et imprudent, un économiste posant à la science
des problèmes épineux; lorsqu'il ne s'était pas laissé
enivrer par les fumées d'une popularité de mauvais
aloi, et qu'il se tenait en dehors des partis politiques,
M. Proudhon a bafoué la république et les démocrates, flétri le socialisme, craché au visage des communistes; il a déclaré qu'il préférait à l'impuissance des
républicains, le *statu quo*; aux niaiseries du socialisme, l'économie politique anglaise; aux turpitudes
du communisme.... qui le croirait! la propriété....
Et aujourd'hui, M. Proudhon est républicain-démo-
crate et socialiste; il encense les idoles qu'il a naguère
insultées.

Tout le monde parle de M. Proudhon ; peu de gens ont lu tous ses ouvrages. Nous croyons donc utile de les résumer ici, et de faire connaître sous toutes ses faces cette singulière intelligence. Aussi bien trouverons-nous, dans l'accomplissement de cette tâche, l'occasion de réfuter les doctrines du socialisme, du communisme et celles de M. Proudhon, sans sortir de notre rôle d'historien. Pour répondre à M. Proudhon, en effet, on ne saurait mieux faire que de citer M. Proudhon lui-même.

Le premier ouvrage de cet écrivain, celui auquel il doit sa réputation, c'est le Mémoire qu'il publia en 1840, sous ce titre : *Qu'est-ce que la Propriété?* A cette question il fit la réponse devenue fameuse: LA PROPRIÉTÉ, C'EST LE VOL. M. Proudhon attribue à cette proposition un grand mérite d'originalité ; et le public l'a cru sur parole. Comment douter, en effet, que l'honneur de l'invention n'appartienne à un homme qui s'écrie : « La définition de la pro- « priété est mienne, et toute mon ambition est de « prouver que j'en ai compris le sens et l'étendue. « *La propriété, c'est le vol!* Il ne se dit pas, en mille « ans, deux mots comme celui-là. Je n'ai d'autre « bien sur la terre que cette définition de la pro- « priété, mais je la tiens plus précieuse que les « millions des Rotschild, et j'ose dire qu'elle sera « l'événement le plus considérable du règne de Louis- « Philippe [1] ! »

---

[1] *Système des contradictions économiques,* t. II, p. 329.

Hélas! non, M. Proudhon, cette définition de la propriété n'est pas même à vous. Soixante ans avant vous, Brissot avait dit : LA PROPRIÉTÉ EXCLUSIVE EST UN VOL DANS LA NATURE ; à quoi il ajoutait, par forme de complément, *le propriétaire est un voleur*. Ces belles maximes sont formulées et développées dans les *Recherches philosophiques sur le droit de propriété et le vol*[1].

Les raisons invoquées par M. Proudhon à l'appui de sa proposition sont-elles plus nouvelles que la proposition elle-même? Nullement : ce sont toujours au fond les mêmes arguments qui, depuis Platon, Morus et Münzer, traînent dans les livres des adversaires de la propriété ; M. Proudhon n'ajoute rien de nouveau aux raisonnements des Morelly, des Diderot, des Mably, des Brissot et des Babeuf.

Et d'abord, il faut dépouiller l'argumentation de notre auteur des nombreuses digressions, dissertations, exemples et explications sous lesquelles se trouvent cachés ses artifices de logique. Il faut ramener ses idées à leur expression la plus simple, pour en contrôler la nouveauté et la justesse. M. Proudhon passe pour un grand dialecticien, et, à plusieurs égards, il mérite sa réputation ; mais il est plus logicien dans les détails que dans l'ensemble, dans les déductions que dans les principes. Or, c'est précisément dans les principes que se cache l'origine des dissidences et la source des sophismes. Il en est du

----

[1] Voir ci-dessus, chap. 13, § 4, l'analyse de l'écrit de Brissot.

raisonnement comme de l'algèbre : tout consiste dans la position de la question. Il faut le dire, rien n'est plus confus, plus embrouillé que la manière dont M. Proudhon pose ses problèmes, établit ses prémisses. Il se lance dans des généralités à perte de vue, fait des excursions dans le champ de la métaphysique, de la psychologie, de la théodicée, du droit positif, de la philologie, de l'histoire et même des mathématiques. Puis, quand l'esprit du lecteur est suffisamment ébloui par ce rapide passage d'idées hétérogènes, M. Proudhon formule habilement les questions, de telle sorte que l'énoncé renferme la solution qu'il désire ; il indique rapidement ses principes, les fait miroiter un instant à vos yeux, et vous entraîne tout haletant dans le labyrinthe de sa dialectique.

Par exemple, dans son premier Mémoire sur la propriété, M. Proudhon commence par expliquer sa méthode. De là, dissertation sur les lois générales de l'esprit, les catégories de Kant et d'Aristote, les formes catégoriques entachées d'erreur que l'habitude imprime à notre intelligence. Parmi ces préjugés invétérés, l'auteur cite les opinions de l'antiquité sur la gravitation, et en tire argument pour ébranler l'autorité du sens commun ; puis il passe habilement à l'examen de l'influence de la religion sur la condition actuelle de l'humanité, touche la question du péché originel, se demande en quoi consiste la justice, et s'élance à ce sujet dans l'histoire, afin de prouver par le paganisme, le christianisme et la révolution française, que la notion de justice se détermine progressivement, se perfectionne sans cesse dans l'esprit de l'homme. Cette démonstration se complique d'élucubrations sur la souveraineté, l'égalité civile, le despotisme des rois et des majorités. Ce n'est qu'après ces longs détours que l'auteur arrive à la question de la propriété.

La société moderne, dit-il, repose sur trois principes fondamentaux : souveraineté dans la volonté de l'homme, en un mot despotisme, soit d'un seul, soit de tous ; inégalité des fortunes et des rangs ; propriété. Au-dessus de ces principes plane la justice, loi générale, primitive, catégorique de toute société. Le despotisme, l'inégalité, sont-ils justes en eux-mêmes ? Non, mais ils sont la conséquence nécessaire de la propriété. Donc, la question fondamentale est celle-ci : La propriété est-elle juste ? Non, la propriété n'est pas juste, répond M. Proudhon ; en effet, la justice consiste dans l'égalité ; cela est si vrai, que tous les raisonnements que l'on a imaginés pour défendre la propriété, quels qu'ils soient, concluent toujours et nécessairement à l'égalité, c'est-à-dire à la négation de la propriété.

Les fondements que l'on assigne au droit de propriété sont au nombre de deux : l'occupation et le travail. Ils sont aussi fragiles l'un que l'autre. En effet,

1° Le droit d'occuper est égal pour tous.

La mesure de l'occupation n'étant pas dans la volonté, mais dans les conditions variables de l'espace et du nombre, la propriété ne peut se former.

2° L'homme ne peut vivre qu'en travaillant. Il ne peut travailler qu'au moyen d'instruments de travail. Donc, tous ont un droit égal à la possession des instruments de travail ; donc ces instruments ne peuvent devenir l'objet d'une propriété exclusive.

C'est sans doute à cette théorie que M. Proudhon faisait allusion, quand il disait dans une discussion récente, avec beaucoup de raison : le droit au travail implique la destruction de la propriété.

M. Proudhon ajoute à ces arguments une foule d'affirmations longuement développées, mais qui ne reposent sur aucune base, et ne forment qu'une continuelle pétition de principe. Par exemple, il soutient que le travailleur conserve, même après avoir reçu son salaire, un droit naturel de propriété sur la chose qu'il a produite. Les raisons qu'il invoque à l'appui de cette bizarre proposition sont curieuses. Deux cents ouvriers travaillant pendant une journée produisent, dit-il, par leur ensemble, un résultat que n'aurait pu obtenir un homme travaillant pendant deux cents jours. Cette force immense qui résulte de l'union et de l'harmonie des travailleurs, de la convergence et de la simultanéité de leurs efforts, le capitaliste qui a employé les deux cents ouvriers ne l'a point payée. Or, c'est cette force d'ensemble qui crée les valeurs reproductives ; c'est ce ferment reproducteur, ce germe éternel de vie, cette préparation d'un fonds et d'instruments de production que le capitaliste doit au travailleur et qu'il ne lui rend jamais. C'est

cette dénégation frauduleuse qui fait l'indigence du
travailleur, le luxe de l'oisif et l'inégalité des conditions.

Cette étrange théorie n'est pas, du reste, particulière à M. Proudhon. Elle est professée par la plupart
des socialistes. Mais comment ne voient-ils pas qu'elle
conclut précisément contre eux? Cette force d'ensemble, qu'ils distinguent de la somme des efforts de
chaque travailleur isolé, est-elle autre chose que
la manifestation de la puissance productive du capital,
qui permet de grouper, de réunir dans une action
commune et simultanée, des ouvriers dont le travail
considéré isolément eût été impuissant? Ce capital,
qu'est-il sinon le produit d'un travail antérieur épargné, accumulé par l'économie du propriétaire, comme
la force mécanique est emmagasinée par le volant
d'une machine motrice? Dès lors, en admettant la
distinction fort contestable des socialistes, quoi de
plus rigoureusement juste que d'attribuer le bénéfice
de cette force d'ensemble dont ils font si grand bruit,
au créateur du capital, à qui elle doit son existence?

M Proudhon affirme encore que la rémunération
de tous les travaux de même durée doit être égale.
Les arguments qu'il invoque à l'appui de cette proposition sont pour la plupart inintelligibles. Ils se
résument à peu près en ces termes : Dans une société
dont les membres mettent toutes leurs forces en
commun, la justice exige que l'égalité préside à la
répartition des produits, car la matière exploitable
étant limitée, et aucun associé ne devant être privé

de travail, on ne peut faire autrement que de diviser la somme totale du travail par le nombre des travailleurs. Je demande pardon au lecteur de ne pouvoir rendre plus claire cette formule cabalistique. M. Proudhon ajoute que l'inégalité des facultés est la condition nécessaire de l'égalité des fortunes; l'inégalité des facultés ne révèle en effet que des différences de fonctions, d'aptitudes, de capacités, d'où résulte la loi de la spécialité des vocations. Toutes les fonctions, toutes les vocations sont équivalentes, quoique variées.

C'est par de tels arguments que M. Proudhon prétend résoudre la question au point de vue du droit et de la philosophie. Ils sont assaisonnés de distinctions de légiste sur le *jus ad rem* et le *jus in re*, sur le pétitoire et le possessoire, enjolivés de citations du *Digeste*, et égayés par des épigrammes à l'adresse des propriétaires. En lisant ces paralogismes, qui ne soutiennent pas un instant l'analyse, ces ergotages de scolastique, où les idées ne s'enchaînent qu'en apparence et à l'aide des mots, on comprend difficilement les éloges que plusieurs économistes ont accordés à l'ennemi de la propriété. Sans doute, ces bienveillants adversaires se sont laissé éblouir par le jargon juridique et les subtilités syllogistiques de M. Proudhon. Mais, pour peu qu'on soit légiste et familier avec la philosophie, on ne saurait trop s'étonner que la réputation de grand logicien puisse s'acquérir à si peu de frais.

Tous les raisonnements de M. Proudhon, si l'on

peut appeler ses allégations des raisonnements, reposent sur cette proposition qu'il énonce, qu'il insinue
à chaque page, mais qu'il n'établit point : La justice
distributive consiste dans l'égalité. Cette proposition,
je la nie, et l'humanité tout entière la nie avec moi.
La justice distributive c'est la proportionnalité, et non
l'égalité ; dans l'ordre moral, dans l'ordre matériel,
la justice consiste à rendre à chacun suivant son mérite et ses œuvres. Cette idée est une notion primitive
de notre intelligence, une intuition spontanée de
notre raison, qu'aucun sophisme ne parviendra à
détruire.

M. Proudhon n'est pas moins en contradiction
avec le sens commun de l'humanité, quand il présente
l'idée de propriété comme postérieure et subordonnée à celle de justice. La notion de la propriété est,
dans l'ordre économique et matériel, ou antérieure
ou au moins contemporaine de celle de la justice. Elles sont aussi spontanées, aussi primitives l'une que
l'autre. Cela est si vrai, que l'on ne saurait citer aucune définition de la justice appliquée aux intérêts
matériels, qui n'exprime ou n'implique l'idée de
propriété.

Enfin, quand M. Proudhon soutient que l'occupation ne confère aucun droit privatif parce que tous les
hommes ont un droit égal d'occuper, il fait une confusion entre le droit et l'exercice du droit. Que tous
les hommes aient un droit égal d'occuper, en ce sens
que ce droit existe chez eux en puissance, qu'ils ont
également la faculté de l'exercer quand un objet

libre et vacant se présente à eux, cela est incontestable; mais cela ne veut pas dire qu'un homme ait le droit d'évincer ceux qui ont occupé avant lui, alors surtout que les objets possédés par eux sont le fruit de leur industrie, de leur travail, de leur épargne.

On le voit, les arguments de M. Proudhon ne sont que la reproduction de cette théorie menteuse de l'égalité absolue, de l'égalité de fait, éternel aliment des déclamations des démagogues, rebattue par les sophistes du XVIIIᵉ siècle, et point de départ de toutes les utopies communistes. La forme seule est nouvelle, et certes ce n'est pas à dire qu'elle soit meilleure, car M. Proudhon ne saurait être comparé, pour la méthode philosophique, l'ordre et la clarté des déductions, la vigueur, la simplicité et l'élégance du style, à Diderot, à Mably, à Brissot, encore moins à Rousseau.

Il ne suffit pas à M. Proudhon d'avoir soutenu que la propriété est injuste; il prétend établir qu'elle est impossible. Il se met donc à prouver l'impossibilité de la propriété par l'économie politique, par la physique et la métaphysique, par les logarithmes et l'algèbre. La propriété, dit-il, c'est le droit d'aubaine; la propriété est impossible, parce que de rien elle exige quelque chose; elle est impossible, parce que là où elle est admise, la production coûte plus qu'elle ne vaut; elle est impossible, parce qu'avec elle la société se dévore, etc. Voilà les propositions que l'auteur prétend prouver par axiômes, théorè-

mes, corollaires et scolies. Il entasse donc chiffre sur
chiffre, sophisme sur sophisme, mêle les notions les
plus disparates, de manière à éblouir et à dérouter
l'esprit du lecteur, car M. Proudhon n'ignore pas
que beaucoup de gens admirent d'autant plus qu'ils
comprennent moins.

La seule idée claire qui ressorte de ces prétendues
démonstrations, c'est que M. Proudhon a surtout en
horreur le fermage, le loyer, le prêt à intérêt, qui
constituent à ses yeux le droit d'aubaine, l'usure, le
principe des extorsions et de la rapine. C'est par
l'intérêt, le loyer et le fermage, dit-il, que la propriété exerce sur les travailleurs sa puissance dévorante et qu'elle se ronge elle-même. Là, réside la
cause première du paupérisme, cette lèpre de la
société, qu'il sera impossible d'extirper tant que le
droit d'aubaine, la propriété subsistera. L'objet de
l'animadversion de M. Proudhon, c'est donc le contrat de louage appliqué aux choses.

Nous ne répondrons qu'un mot. Le louage est
un de ces contrats primitifs, fondamentaux, inspirés
par la nature elle-même, qui se retrouvent chez
tous les peuples et dans tous les temps; il est une
manifestation inévitable de la liberté humaine.
Un homme qui détient un objet pourrait le conserver pour lui-même ou l'anéantir; au lieu de cela,
il consent à en céder à un autre l'usage temporaire, à la condition de recevoir une partie du bénéfice que l'emprunteur retirera de cet usage, et chacun
trouve son avantage dans cet arrangement. On aura

beau ajouter les raisonnements aux raisonnements, jamais on ne persuadera qu'une pareille convention soit un acte immoral, coupable, funeste à la société. En vain accumulera-t-on les prohibitions et les peines ; la liberté humaine saura toujours les éluder. Cette tâche a été souvent entreprise, et toujours inutilement. Qu'on se rappelle les dispositions du droit canonique, à l'époque de la toute-puissance de l'Église ; les édits du moyen âge contre les juifs. Tous ces obstacles opposés à l'exercice d'un droit naturel, n'ont fait qu'entraver la production, jeter la perturbation dans toutes les relations sociales, et imposer aux emprunteurs des charges plus onéreuses, sans avantage pour personne. Cette vieille question du prêt à intérêt est depuis longtemps jugée. Mais c'est le propre du socialisme de recueillir et de renouveler toutes les erreurs dont le bon sens général avait fait justice.

A ces élucubrations économiques et mathématiques se mêlent les déclamations obligées sur la concurrence, le paupérisme, Malthus, le principe de la population, la contrainte morale, etc. Cet ensemble est couronné par des invectives et des satires très-réjouissantes sur le propriétaire, « cet animal essen-« tiellement libidineux, sans vertu ni vergogne... « ce vautour qui plane les yeux fixés sur sa proie, et « se tient prêt à fondre sur elle et à la dévorer... « ce lion qui prend toutes les parts. » (p. 147, 157, 160.)

Enfin, après une dissertation en l'honneur de l'égalité absolue, M. Proudhon célèbre par un hymne de triomphe la défaite de la propriété. « J'ai accompli l'œuvre que je m'étais proposée, la propriété est vaincue ; elle ne se relèvera jamais. Partout où sera lu ou communiqué ce discours, là sera déposé un germe de mort pour la propriété ; là, tôt ou tard, disparaîtront le privilége et la servitude. Au despotisme de la volonté succédera le règne de la raison (p. 249). »

Voilà donc qui est entendu. La propriété n'est pas encore défunte ; mais elle n'en vaut guère mieux : elle est frappée à mort : *Hœret lateri lethalis arundo.* Par quoi M. Proudhon la remplacera-t-il ? C'est ici que l'obscurité redouble.

M. Proudhon déclare que l'égalité absolue des conditions est la loi suprême de l'humanité ; elle est de droit social, de droit étroit ; l'estime, l'amitié, la reconnaissance, l'admiration, tombent seules sous le droit équitable ou proportionnel. D'un autre côté, il affirme que nul ne peut s'approprier le fruit de ses épargnes, se créer un capital et s'en attribuer la jouissance exclusive ; car tout capital est propriété sociale. Bien ! direz-vous, il est communiste. Point du tout. La haine de M. Proudhon contre la propriété n'est surpassée que par l'exécration qu'il a vouée au communisme.

« Je ne dois pas dissimuler, dit-il, que, hors de la propriété ou de la communauté, personne n'a conçu de société possible. Cette erreur à jamais déplorable a fait toute la vie de la propriété. Les

« inconvénients de la communauté sont d'une telle
« évidence que les critiques n'ont jamais dû em-
« ployer beaucoup d'éloquence pour en dégoûter les
« hommes. L'irréparabilité de ses injustices, la vio-
« lence qu'elle fait aux sympathies et aux répugnan-
« ces, le joug de fer qu'elle impose à la volonté, la
« torture morale où elle tient la conscience, l'atonie
« où elle plonge la société, et, pour tout dire enfin,
« l'uniformité béate et stupide par laquelle elle en-
« chaîne la personnalité libre, active, raisonneuse,
« insoumise de l'homme, ont soulevé le bon sens
« général, et condamné irrévocablement la commu-
« nauté [1]. »

Quelle sera donc la nouvelle forme sociale, également éloignée de la propriété et de la communauté?

M. Proudhon, qui mêle aux subtilités de la scolastique les nébulosités de la métaphysique allemande, répond : D'après Kant et Hegel, l'esprit humain procède en formulant successivement une idée positive, puis une idée négative contraire à la première. C'est la thèse et l'antithèse. Ni l'une ni l'autre de ces deux idées n'est complétement vraie. La vérité se trouve dans une troisième notion plus élevée, qui concilie les deux autres, en un mot, dans la synthèse. Or, dans l'ordre des idées sociales, la propriété est la thèse, et la communauté, négation de la propriété, l'antithèse. Quant à la synthèse, troisième forme de la société, c'est la liberté.

---

[1] *Qu'est-ce que la propriété,* p. 226.

Sous l'empire de la nouvelle forme sociale, la *possession* est substituée à la propriété. Elle n'a point les inconvénients de la communauté, parce qu'elle est individuelle, ni ceux de la propriété, parce qu'elle exclut le fermage et l'intérêt des capitaux, autrement dit l'usure, source des rapines et des brigandages propriétaires. Enfin, elle assure le règne de l'égalité.

J'entends, direz-vous, M. Proudhon veut le partage égal des biens. Chacun travaillera pour soi au moyen des terres ou des instruments de travail mis à sa disposition. Ces terres, ces instruments ne seront possédés que viagèrement, et retourneront, après la mort du possesseur, à la masse commune, qui aura soin d'entretenir l'égalité de répartition. En un mot, M. Proudhon veut la loi agraire, l'interdiction du fermage, du loyer, du prêt à intérêt, l'abolition de l'hérédité, et l'attribution à l'Etat, devenu seul propriétaire, de la disposition de tous les biens. C'est le communisme, moins l'exploitation commune du fonds de production.

Erreur! M. Proudhon en niant la propriété, admet l'hérédité. « La liberté, dit-il, n'est point con-« traire aux droits de succession et de testament : « elle se contente de veiller à ce que l'égalité n'en « soit point violée. Optez, nous dit-elle, entre deux « héritages, ne cumulez jamais. »

Quant à l'Etat, au gouvernement, dont l'intervention semble nécessaire pour répartir les instruments de travail et maintenir l'égalité, voici comment M. Proudhon le conçoit. « Quelle forme de gouver-

« nement allons-nous préférer? — Eh ! pouvez-vous
« le demander, répond sans doute quelqu'un de mes
« plus jeunes lecteurs : Vous êtes républicain? —
« Républicain, oui, mais ce mot ne précise rien. *Res*
« *publica*, c'est la chose publique; or, quiconque
« veut la chose publique, sous quelque forme de
« gouvernement, peut se dire républicain. Les rois
« aussi sont républicains. — Eh bien! vous êtes dé-
« mocrate?— Non.— Quoi! vous seriez monarchi-
« que? — Non. — Constitutionnel? — Dieu m'en
« garde !—Vous êtes donc aristocrate?— Point du
« tout. —Vous voulez un gouvernement mixte? —
« Encore moins. — Qu'êtes-vous donc? — Je suis
« anarchiste [1].

« Anarchie, absence de maître, de souverain,
« telle est la forme de gouvernement dont nous ap-
« prochons tous les jours, et que l'habitude invétérée
« de prendre l'homme pour règle et sa volonté pour
« loi, nous fait regarder comme le comble du désor-
« dre et l'expression du chaos... Tout ce qui est ma-
« tière de législation et de politique est objet de
« science, non d'opinion; la puissance législative
« n'appartient qu'à la raison, méthodiquement re-
« connue et démontrée... La science du gouverne-
« ment appartient de droit à l'une des sections de
« l'Académie des sciences, dont le secrétaire perpé-
« tuel devient nécessairement premier ministre, et
« puisque tout citoyen peut adresser un mémoire à

---

[1] *Qu'est-ce que la propriété*, p. 237.

« l'Académie, tout citoyen est législateur... Le peu-
« ple est le gardien de la loi, le peuple est le pouvoir
« exécutif [1]. »

Sous l'empire bienfaisant de l'anarchie, « la liberté
« est essentiellement organisatrice : pour assurer
« l'égalité entre les hommes, l'équilibre entre les
« nations, il faut que l'agriculture et l'industrie, les
« centres d'instruction, de commerce et d'entrepôt,
« soient distribués selon les conditions géographi-
« ques et climatériques de chaque pays, l'espèce des
« produits, le caractère et les talents naturels des
« habitants, etc.... dans des proportions si justes,
« si savantes, si bien combinées, qu'aucun lieu ne
« présente jamais ni excès ni défaut de population,
« de consommation et de produit. Là commence la
« science du droit public et du droit privé, la vérita-
« ble économie politique. C'est aux jurisconsultes,
« dégagés désormais du faux principe de la pro-
« priété, de décrire les nouvelles lois et de pacifier
« le monde. La science et le génie ne leur manquent
« pas ; le point d'appui leur est donné. »

Voilà certes une manière commode de se tirer d'af-
faire. M. Proudhon rejette sur les jurisconsultes la
tâche d'organiser la société nouvelle, et, voyez la
flatterie ! il reconnaît de la science et du génie à ces
hommes qu'il accuse ailleurs de n'avoir su que col-
lectionner les rubriques propriétaires et réglementer le vol.

Est-il besoin de répondre à de telles aberrations?

[1] *Qu'est-ce que la propriété?* p. 242.

ne suffit-il pas de les exposer, de les dégager des développements accessoires qui les atténuent et les dissimulent, pour en faire ressortir l'extravagance et le néant? Cette possession, que M. Proudhon préconise, sera-t-elle ou non susceptible d'aliénation? Si elle est aliénable, elle n'est autre chose que la propriété telle qu'elle existe actuellement. M. Proudhon se flatterait en vain de proscrire le prêt à intérêt et le fermage; ils se dissimuleraient sous la forme de la vente. Pour les supprimer, il faut absolument frapper d'inaliénabilité les fonds de terre et les capitaux. Or, cette possession, séparée du droit de disposer, est-elle, je ne dis pas réalisable, mais seulement intelligible? Conçoit-on que la société puisse subsister sous un régime qui parque chacun dans sa cellule, comme l'abeille dans sa ruche, et lui interdit d'en sortir? Où sera la limite de l'inaliénabilité? car, enfin, la société ne peut subsister sans échanges, à moins que chacun ne doive subvenir seul à sa propre consommation, ce qui nous ramène à la sauvagerie. Comment distinguer les capitaux inaliénables des produits échangeables? L'échange étant admis pour ces derniers, l'épargne tolérée, comment conserver l'égalité? comment la concilier surtout avec l'hérédité de la possession? Qui ne voit que cette possession héréditaire n'est autre chose que la propriété mutilée, défigurée, grevée d'une substitution éternelle, enchaînée par l'inaliébilité, ramenée à un état pire que la barbarie féodale, privée de la liberté, de la mobilité, qui la fécondent et la multiplient?

Quant à l'anarchie, cet objet des vœux de M. Proudhon, cet état vers lequel il s'applaudit de nous voir progresser, auquel il nous pousse de toutes ses forces, (car il faut lui rendre cette justice, qu'il pratique ses maximes), ne suffit-il point d'invoquer le sentiment et la pratique constante de l'humanité, l'expérience contemporaine elle-même, pour établir l'impérieuse nécessité d'un pouvoir politique fort et respecté. Oui, sans doute, la meilleure société serait celle où le gouvernement serait inutile, où les passions seraient muettes, et la voix de la raison toujours écoutée. Mais une telle société serait une société d'anges. Or, Pascal l'a dit il y a longtemps : l'homme n'est ni ange ni bête ; et le malheur est que qui veut faire l'ange fait la bête [1].

Du reste, c'est en vain que M. Proudhon se flatte d'être, dans cette question, neuf et original. Sa négation du pouvoir, du gouvernement civil, n'est qu'un plagiat, et le lecteur en a sans doute déjà reconnu l'origine. L'anarchie de M. Proudhon, qu'est-elle sinon la destruction de l'autorité temporelle, la suppression des magistrats civils proclamée par les anabaptistes dès 1525, écrite dans leur profession de foi communiste de Zolicone, réalisée, on sait comment, à Mulhausen et à Munster ? Sur ce point, comme sur tant d'autres, l'erreur n'a plus même le mérite de la nouveauté.

Ainsi, possession, égalité absolue, anarchie : telle est la formule que M. Proudhon oppose à celle de la

[1] Pascal, *Pensées*, art 10, nº 13.

société actuelle, qui est propriété, proportionnalité, souveraineté : telles sont les bases incompréhensibles et contradictoires sur lesquelles devra reposer, selon lui, l'édifice de l'avenir. Il termine son manifeste anti-propriétaire en prophétisant la fin prochaine de l'antique civilisation. Enfin, il adresse au Dieu d'égalité et de liberté une invocation passionnée, il le supplie d'abréger le temps de notre épreuve, et de hâter le jour où grands et petits, savants et ignorants, riches et pauvres s'uniront dans une fraternité ineffable, et relèveront ses autels. Etrange prière dans la bouche de celui qui devait, quelques années plus tard, réduire la notion de la Divinité à une simple hypothèse, proférer les plus effroyables blasphèmes qui soient sortis d'une poitrine humaine, et tourner en dérision la fraternité et la charité !

Malheureusement, le caractère religieux et pacifique de cette péroraison n'est pas celui qui domine dans l'ensemble de l'ouvrage dont nous venons de donner l'analyse. Trop souvent les paroles de l'auteur sont empreintes de haine et de colère, distillent le fiel et le sang. « Que m'importe, à moi prolétaire, s'écrie-« t-il, le repos et la sécurité des riches? Je me « soucie de l'ordre public comme du salut des pro-« priétaires. Je demande à vivre en travaillant, « sinon je mourrai en combattant. » (p. 84). Et ailleurs: « J'ai prouvé le droit du pauvre, j'ai montré « l'usurpation du riche ; je demande justice, l'exé-« cution de l'arrêt ne me regarde pas. Si, pour pro-« longer de quelques années une jouissance illégi-

« time, on alléguait qu'il ne suffit pas de démontrer
« l'égalité, qu'il faut encore l'organiser, qu'il faut
« surtout l'établir sans déchirements, je serais en
« droit de répondre : Le sein de l'opprimé passe
« avant les embarras des ministres; l'égalité des con-
« ditions est une loi primordiale de laquelle l'éco-
« nomie publique et la jurisprudence relèvent. Le
« droit au travail et la participation égale des biens
« ne peuvent fléchir devant les anxiétés du pouvoir...
« (p. 216).

« Pour moi, j'en ai fait le serment, je serai fidèle
« à mon œuvre de démolition, je ne cesserai de
« poursuivre la vérité à travers les ruines et les
« décombres..... »

Vraiment, ne dirait-on pas une page arrachée du
manifeste des égaux ? M. Proudhon, répondant depuis aux critiques bienveillantes, peut-être trop bienveillantes de M. Blanqui, a protesté de ses intentions
pacifiques, et déclaré qu'il n'avait point voulu descendre des hautes et calmes régions de la science. Si
tels étaient ses sentiments, il faut convenir que ses
expressions ont bien mal servi sa pensée.

Le premier Mémoire de M. Proudhon, véritable
manifeste de guerre contre la propriété, a été le point
de départ de nombreuses publications, dans lesquelles cet écrivain a continué à développer les mêmes
doctrines. Dès l'année suivante (1841), il fit paraître
un deuxième Mémoire sur la propriété, intitulé :
Lettre à M. Blanqui, et un *avertissement aux propriétaires*. Dans ce deuxième Mémoire, dont la forme

est beaucoup plus modérée, M. Proudhon appelle
l'histoire au secours de ses théories. Il s'efforce de
prouver que la propriété n'est point une institution
fixe et immuable, mais qu'elle a été dans le passé
essentiellement variable et mobile. Il passe rapidement en revue la législation romaine, les lois des
barbares, les institutions féodales et le droit moderne.
Il montre la propriété violée à Lacédémone et à Athènes par les abolitions de dettes, qui furent le prélude
des réformes de Lycurgue et de Solon ; il rappelle les
banqueroutes et les confiscations qui suivirent les
guerres civiles de Marius et de Sylla, de César et de
Pompée, d'Octave et d'Antoine. Des profondes modi-
fications que le droit de propriété a subies à travers
les âges, de ses fréquentes violations, il conclut à la
certitude de son extinction définitive.

Revenant à la dialectique, l'écrivain anti-propriétaire attaque avec son âpreté accoutumée les théories
de M. Troplong sur la prescription, et en tire de
nouveaux arguments contre la propriété. Il s'attache
ensuite à établir que les doctrines de M. Pierre Le-
roux sur l'organisation sociale, sont conformes aux
siennes. Enfin, il exerce sa verve mordante contre
les doctrines et les partis qui ont le malheur de lui
déplaire. Les journaux, en général, et le *National*, en
particulier, M. Considérant et les fouriéristes, sont
les principaux objets de ses sarcasmes. « Le *National*
« n'est, dit-il, qu'un séminaire d'intrigants et de re-
« négats [1]. Le système de Fourier répugne aux amis

[1] 2e Mémoire. p. 131.

« de l'association libre et de l'égalité, par sa tendance
« à effacer dans l'homme la distinction et le carac-
« tère, en supprimant la possession, la famille, la
« patrie, triple expression de la personnalité hu-
« maine (p. 139)…. Nul ne sait, ajoute-t-il, tout ce
« que renferme de bêtise et d'infamie le système
« phalanstérien. C'est une thèse que je prétends
« soutenir, aussitôt que j'aurai réglé mes comptes
« avec la propriété (p. 145). » Nous ne pouvons
qu'applaudir à ce louable projet. *L'avertissement
aux propriétaires*, lettre à M. Considérant, en est un
commencement d'exécution. Mais M. Proudhon,
après avoir surtout attaqué le disciple de Fourier
comme défenseur de la propriété, se détourne et se
rejette avec fureur sur le *National*. Il reproche aux
rédacteurs de ce journal des tendances *despotiques et
exclusives*. Il les accuse de n'avoir aucun système
politique, d'aspirer à la tyrannie, etc…. M. Proudhon n'avait alors pas plus de sympathies pour les
républicains que pour les propriétaires.

Un des caractères les plus saillants de la manière
de M. Proudhon, c'est, il le reconnaît lui-même,
dans son deuxième Mémoire, « son dogmatisme
« outrecuidant; cette présomption effrénée qui ne
« respecte rien, s'arroge exclusivement le bon sens
« et le bon droit, et prétend attacher au pilori qui-
« conque ose soutenir une opinion contraire. » Il
en donne des raisons qui sont trop curieuses pour
que nous nous abstenions de les reproduire. Les
voici :

« Lorsque je prêche l'égalité des fortunes, je n'a-
« vance pas une opinion plus ou moins probable,
« une utopie plus ou moins ingénieuse, une idée con-
« çue dans mon cerveau par un travail de pure ima-
« gination : je pose une vérité absolue sur laquelle
« toute hésitation est impossible, toute formule de
« modestie superflue, toute expression de doute ri-
« dicule.... — Qui me l'assure? Ce sont les procédés
« logiques et métaphysiques dont je fais usage, et
« dont la certitude m'est à priori démontrée; c'est
« que je possède une méthode d'investigation et de
« probation infaillible, et que mes adversaires n'en
« ont pas; c'est qu'enfin, pour tout ce qui concerne
« la propriété et la justice, j'ai trouvé une formule
« qui rend raison de toutes les variations législatives,
« et donne la clef de tous les problèmes.... »

Tels sont les novateurs. Ils abondent avec pléni-
tude dans leurs opinions, méconnaissent l'autorité du
sens commun de l'humanité, et s'abandonnent au
délire de l'orgueil intellectuel.

Ce n'est pas tout; M. Proudhon nous divulgue un
redoutable secret : c'est qu'il est, lui quatrième, con-
juré à une révolution immense, terrible aux charla-
tans, aux despotes, à tous les exploiteurs de pauvres
gens et d'âmes crédules, etc. Tout le mal du genre
humain vient de la foi à la parole extérieure et de la
soumission à l'autorité. Les conjurés prétendent
achever la défaite du principe d'autorité, et ramener
les hommes au rationalisme le plus radical.

Jusqu'ici, M. Proudhon ne s'est occupé que de nier

tous les principes admis comme vrais par l'assentiment des nations, de détruire les bases de la société. Va-t-il enfin édifier, jeter les fondements d'un nouvel ordre social? On pourrait le croire, à en juger par le titre d'un ouvrage que cet écrivain a publié en 1844, et qui porte cette imposante suscription : *De la création de l'ordre dans l'humanité*. Mais la lecture de ce livre ne vous fait éprouver qu'une déception amère. M. Proudhon continue son œuvre de démolition. Il passe successivement en revue la religion, la philosophie, l'histoire, l'économie politique, et partout il porte le même esprit de dénigrement et de négation. Il s'attache à ébranler toutes les croyances, à obscurcir toutes les vérités, à flétrir tous les sentiments. La notion de la Divinité n'est pour lui qu'un des hochets de l'enfance de l'esprit humain, un fantôme, une hallucination de l'intelligence encore faible et rêveuse. Les idées de cause et de substance, ces deux pivots autour desquels gravitent toutes nos perceptions, ces révélations de la nature intime de l'Être, ne sont que de vaines formules qui ne correspondent à aucune réalité; elles n'expriment que des rapports de postériorité ou de concomitance. Les méthodes découvertes par le génie des plus grands philosophes, l'analyse et la synthèse, l'hypothèse, le raisonnement et l'induction, n'ont aucune valeur ; elles sont fausses ou incomplètes. Abordant l'économie politique , M. Proudhon s'attache à détruire et à dénaturer les notions fondamentales sur lesquelles repose cette science, le principe de l'incommensurabilité des valeurs, la loi de l'offre et de la demande, la liberté du travail; il reprend ses arguments contre la propriété, le prêt à intérêt, le loyer et la rente; mais il ne développe aucun plan d'organisation. Enfin, il porte dans l'histoire ces tendances exagérées à l'abstraction dont Hegel a poussé si loin l'abus, et il transforme le tableau des manifestations de l'activité humaine en une vaine fantasmagorie. Ainsi, cet ouvrage, où l'on s'attendait à rencontrer des idées positives, des principes féconds, ne présente que le triste spectacle du scepticisme, de la confusion, du chaos. Dans le titre qu'il lui a donné, l'auteur ne s'est trompé que d'un mot. Il l'a intitulé : *De la création de l'ordre dans l'humanité.* — C'est du désordre qu'il aurait dû dire.

II.

Système des contradictions économiques. — OEuvre capitale de M. Proudhon. — Il met en lutte l'économie politique et le socialisme. — Il réfute tous les systèmes socialistes et les ramène au communisme. — Il flétrit ce dernier. — Il continue ses attaques contre la propriété. — Méthode de M. Proudhon. — Ses vices. — M. Proudhon n'est, au fond, qu'un communiste,

Ce n'est pas ici le lieu de s'étendre sur les spéculations purement philosophiques de M. Proudhon. J'ai hâte d'arriver à son œuvre capitale, à celle dans laquelle il a traité avec le plus de développement les questions théoriques et pratiques qui s'agitent entre l'économie politique et le socialisme. Je veux parler du *Système des contradictions économiques*, ou *Philo-sophie de la misère*, publié en 1846. C'est ici que le sujet devient palpitant d'intérêt et que M. Proudhon va nous faire marcher de surprise en surprise.

En effet, si dans cet ouvrage il poursuit la guerre qu'il a déclarée à la propriété, il attaque plus violemment encore le socialisme en général, les théories de l'organisation du travail et du droit au travail, le communisme, les fouriéristes, les partisans de l'association, les républicains et les démocrates. Enfin, après avoir réfuté et raillé toutes les opinions, flétri et bafoué tous les partis politiques, il tourne sa fureur contre Dieu lui-même, le met en question, le prend à partie, et le poursuit d'invectives forcenées.

M. Proudhon commence par établir l'éternel antagonisme du fait et du droit, de l'économie politique et du socialisme. « Deux puissances, dit-il, se dispu-
« tent le gouvernement du monde, et s'anathémati-
« sent avec la ferveur de deux cultes hostiles : l'éco-
« nomie politique ou la tradition, et le socialisme ou
« l'utopie [1].

« La société se trouve donc, dès son origine, di-
« visée en deux grands partis, l'un traditionel, essen-
« tiellement hiérarchique, et qui s'appelle tour à tour
« royauté ou démocratie, philosophie ou religion,
« en un mot propriété. L'autre qui, ressuscitant
« à chaque crise de la civilisation, se proclame
« avant tout anarchique et athée, réfractaire à toute

[1] Tome I, p. 5.

« autorité divine et humaine. C'est le socialisme. »

L'économie politique, continue M. Proudhon, simple collection de faits, a le tort d'affirmer la légitimité, la perpétuité de ces faits. Elle se borne à sanctionner ce qui est, tandis que l'objet de la véritable science sociale consiste à reconnaître ce qui sera, à constater la marche progressive de l'humanité. L'économie politique n'est donc pas la science; mais elle en renferme les éléments ; car, toute science repose sur des faits, sur des données expérimentales. Or, l'économie politique a recueilli ces données; elles sont entre ses mains comme les matériaux préparés d'un édifice, qui attendent que la pensée de l'architecte vienne les rassembler en un ensemble harmonieux.

Le socialisme n'a jusqu'à présent de valeur que comme critique de l'économie politique, comme négation. Dès qu'il sort de ce rôle critique, et qu'il prétend édifier, il tombe dans le ridicule et l'absurde, il méconnaît les faits pour se lancer dans le domaine du fantastique et de l'impossible. « Aussi, le socia- « lialisme a été jugé depuis longtemps par Platon et « Morus en un seul mot : utopie, non lieu, chimère. »

Dans tout le cours de son livre, M. Proudhon continue ce parallèle entre l'économie politique et l'utopie. Il les met en lutte et les contrôle l'une par l'autre. Le socialisme ne résiste pas à cette épreuve ; il est écrasé, anéanti.

M. Proudhon pose d'abord en principe, que tout le socialisme vient fatalement se résoudre dans l'uto-

pie communiste. Cette idée se reproduit fréquemment dans son livre, tant est grande la puissance de
la vérité!

Or, M. Proudhon résume son opinion sur l'ensemble du socialisme dans un mot : « Le socialisme
« est une logomachie. » Ailleurs, il écrit à son ami,
M. Villegardelle, communiste : « Quant aux faits et
« gestes du socialisme, je renonce à vous en entre-
« tenir, la tâche serait au-dessus de ma patience, et
« ce serait dévoiler trop de misères, trop de turpi-
« tudes. Comme homme de réalisation et de progrès,
« je répudie de toutes mes forces le socialisme vide
« d'idées, impuissant, immoral, propre seulement à
« faire des dupes et des escrocs. N'est-ce pas ainsi
« qu'il se montre depuis vingt ans, annonçant la
« science et ne résolvant aucune difficulté; promet-
« tant au monde le bonheur et la richesse, et lui-
« même ne subsistant que d'aumônes et dévorant,
« sans rien produire, d'immenses capitaux. »

« Pour moi, le je déclare, en présence de cette pro-
« pagande souterraine qui, au lieu de chercher le
« grand jour et de défier la critique, se cache dans
« l'obscurité des ruelles; en présence de ce sensua-
« lisme éhonté, de cette littérature fangeuse, de
« cette mendicité sans frein, de cette hébétude d'es-
« prit et de cœur qui commence à gagner une partie
« des travailleurs, je suis pur des infamies socia-
« listes [1].... »

---

[1] Tome II, p. 396.

Voilà le jugement que M. Proudhon porte sur le socialisme en général, dont il s'efforce en vain de séparer sa cause. Il ne s'en tient pas là ; il s'attache à renverser les principes sur lesquels le socialisme édifie ses théories ; enfin, il combat successivement ses représentants les plus fameux. Suivons-le dans cette voie.

La donnée fondamentale du socialisme est cette proposition empruntée à Rousseau : L'homme est né bon, mais la société le déprave. M. Louis Blanc n'a fait que traduire cette phrase en d'autres termes, lorsqu'il s'écrie : On accuse de presque tous nos maux la nature humaine ; il faudrait en accuser le vice des institutions sociales : « L'immense majorité « du socialisme (c'est M. Proudhon qui parle), Saint- « Simon, Owen, Fourier et leurs disciples, les com- « munistes, les démocrates, les progressistes de toute « espèce ont solennellement répudié le mythe chré- « tien de la chute, pour y substituer le système de « l'aberration de la société.

« De là, on a déduit que la contrainte est immo- « rale, que nos passions sont saintes ; que la jouis- « sance est sainte, et doit être recherchée comme « la vertu même, parce que Dieu, qui nous la fait « désirer, est saint [1]. »

M. Proudhon fait remarquer que cette idée n'est que le renversement de l'hypothèse antique. Les anciens accusaient l'homme individuel, Rousseau

[1] Tome I; p. 370 et 371.

accuse l'homme collectif. Notre auteur repousse et
flétrit cette doctrine, qui tend à affranchir l'homme
de toute responsabilité, à éteindre en lui tout sens
moral. Il reconnaît, avec la tradition unanime
de l'humanité, la culpabilité native, l'inclination au
mal de notre espèce. Tel est, dit-il, le sens du dogme
de la chute, de la prévarication originelle. Mais
l'homme est raisonnable, libre, susceptible d'éducation et de perfectionnement. Il peut vaincre l'anima-
lité qui l'obsède, la légion infernale toujours prête à
le dévorer. Telle est sa tâche, son travail constant,
travail difficile et douloureux. La destinée sociale, le
mot de l'énigme humaine se trouve donc dans ce
mot : éducation, progrès. Cette éducation sera de
toute notre vie et de toute la vie de l'humanité. Les
contradictions de l'économie politique peuvent être
résolues ; la contradiction intime de notre être ne le
sera jamais.

« Chose monstrueuse ! s'écrie M. Proudhon,
« l'homme qui vit dans la misère, dont l'âme, par
« conséquent, semble plus voisine de la charité et
« de l'honneur, cet homme partage la corruption de
« son maître ; comme lui, il donne tout à l'orgueil et
« à la luxure, et si parfois il se récrie contre l'inégalité
« dont il souffre, c'est moins encore par zèle de jus-
« tice que par rivalité de concupiscence. Le plus grand
« obstacle que l'égalité ait à vaincre n'est point dans
« l'orgueil aristocratique du riche : il est dans l'é-
« goïsme indisciplinable du pauvre. Et vous comptez
« sur sa bonté native, pour réformer tout à la fois

« et la spontanéité et la préméditation de sa ma-
« lice! »

Ainsi, aux socialistes qui disent : le mal est dans
la société, M. Proudhon répond avec M. Guizot : le
mal est en nous!

Il ne s'arrête pas là. Presque toutes les sectes ré-
formatrices, et le communisme proprement dit à
leur tête, prennent pour point de départ la substitution du dévouement à l'intérêt personnel comme
mobile de l'activité productive, comme base de l'organisation sociale. D'un autre côté, elles aspirent à
remplacer l'activité, l'initiative individuelle par l'action collective de la société, à faire de l'État le distri-
buteur du capital et du crédit, le régulateur suprême
de l'industrie. C'est à ces idées que se rattachent les
théories de l'organisation du travail, du droit au
travail, de l'organisation du crédit par l'État, etc...
Or, M. Proudhon réduit à néant ces prétendus
principes régénérateurs.

« Quelques socialistes très-malheureusement ins-
« pirés par des abstractions évangéliques, dit-il, ont
« cru trancher la difficulté par ces belles maximes :
« L'inégalité des capacités est la preuve de l'égalité
« des devoirs; vous avez reçu davantage de la nature,
« donnez davantage à vos frères; et autres phrases
« sonores et touchantes qui ne manquent jamais
« leur effet sur les intelligences vides, mais qui n'en
« sont pas moins tout ce qu'il est possible d'imagi-
« ner de plus innocent. La formule pratique que
« l'on déduit de ces merveilleux adages, c'est que

« chaque travailleur doit tout son temps à la société, et
« que la société doit lui rendre en échange tout ce
« qui est nécessaire à la satisfaction de ses besoins,
« dans la mesure des ressources dont elle dispose.

« Que mes amis communistes me le pardonnent!
« Je serais moins âpre à leurs idées si je n'étais in-
« vinciblement convaincu, dans ma raison et dans
« mon cœur, que la communauté, le républica-
« nisme et toutes les utopies sociales, politiques
« et religieuses, qui dédaignent les faits et la
« critique, sont le plus grand obstacle qu'ait pré-
« sentement à vaincre le progrès..... Comment des
« écrivains à qui la langue économique est familière,
« oublient-ils que supériorité de talents est syno-
« nyme de supériorité de besoins, que bien loin
« d'attendre des personnalités vigoureuses quelque
« chose de plus que du vulgaire, la société doit cons-
« tamment veiller à ce qu'elles ne reçoivent plus
« qu'elles ne rendent?...

« Supposer que le travailleur de haute capacité
« pourra se contenter en faveur des petits, de moitié
« de son salaire, fournir gratuitement ses services, et
« produire, comme dit le peuple, pour le roi de
« Prusse, c'est-à-dire pour cette abstraction qui se
« nomme la société, le souverain, ou mes frères, c'est
« fonder la société sur un sentiment, je ne dis pas
« inaccessible à l'homme, mais qui, érigé systémati-
« quement en principe, n'est qu'une fausse vertu,
« une hypocrisie dangereuse. La charité nous est
« commandée comme réparation des infirmités qui

« affligent par accident nos semblables, et je conçois
« que sous ce point de vue la charité puisse être or-
« ganisée... mais la charité, prise pour instrument
« d'égalité et loi d'équilibre, serait la dissolution de
« la société...

« Pourquoi donc faire intervenir sans cesse dans
« des questions d'économie, la fraternité, la charité,
« le dévouement et Dieu? Ne serait-ce point que les
« utopistes trouvent plus aisé de discourir sur ces
« grands mots que d'étudier sérieusement les mani-
« festations sociales?

« Fraternité! frères tant qu'il vous plaira, pourvu
« que je sois le grand frère et vous le petit; pourvu
« que la société, notre mère commune, honore ma
« primogéniture et mes services en doublant ma
« portion. — Vous pourvoirez à mes besoins, dites-
« vous, dans la mesure de vos ressources. J'entends
« au contraire que ce soit dans la mesure de mon
« travail; sinon je cesse de travailler.

« Charité! Je nie la charité, c'est du mysticisme.
« Vainement vous me parlez de fraternité et d'amour,
« je reste convaincu que vous ne m'aimez guère, et
« je sens très-bien que je ne vous aime pas. Votre
« amitié n'est que feinte, et si vous m'aimez, c'est
« par intérêt. Je demande tout ce qui me revient,
« rien que ce qui me revient; pourquoi me le refu-
« sez-vous?

« Dévouement! Je nie le dévouement, c'est du
« mysticisme. Parlez-moi de *doit* et *d'avoir*, seul
« critérium à mes yeux du juste et de l'injuste, du

« bien et du mal dans la société. *A chacun suivant*
« *ses œuvres d'abord*; et si à l'occasion je suis en-
« traîné à vous secourir, je le ferai de bonne grâce;
« mais je ne veux pas être contraint. Me contraindre
» au dévouement, c'est m'assassiner [1]. »

Mais quoi, disent les socialistes à M. Proudhon,
vous voulez donc la concurrence et tous ses excès?
Ne peut-on pas substituer à la concurrence dévorante
et homicide une autre concurrence utile, louable,
morale, noble et généreuse, en un mot l'émulation?
Et pourquoi cette émulation n'aurait-elle pas pour
objet l'avantage de tous, l'utilité générale, la fraternité, l'amour?

« Non, répond M. Proudhon, l'émulation n'est pas
« autre chose que la concurrence même... L'objet de
« la concurrence industrielle est nécessairement le
« profit... La société elle-même ne travaille qu'en vue
« de la richesse; le bien-être, le bonheur est son objet
« unique... Comment substituer à l'objet immédiat de
« l'émulation qui, dans l'industrie, est le bien-être
« personnel, ce motif éloigné et presque métaphy-
« sique qu'on appelle le bien-être général...[2]

« Oui, il faut le dire en dépit du quiétisme mo-
« derne : la vie de l'homme est une guerre perma-
« nente, guerre avec le besoin, guerre avec la na-
« ture, guerre avec ses semblables, par conséquent
« guerre avec lui-même. La théorie d'une égalité

[1] Tome I, p. 245-248.
[2] Tome I, p. 186-188.

« pacifique fondée sur la fraternité et le dévouement,
« n'est qu'une contrefaçon de la doctrine catholique
« du renoncement aux biens et aux plaisirs de ce
« monde, le principe de la gueuserie, le panégyrique
« de la misère. L'homme peut aimer son semblable
« jusqu'à mourir; il ne l'aime pas jusqu'à travailler
« pour lui [1]. »

Ainsi, bonté native de l'homme, perversion de la
société, doctrine du dévouement, direction suprême
de l'industrie par l'État, en un mot toutes les bases
du socialisme, M. Proudhon les renverse avec une
logique impitoyable. Cela ne lui suffit pas. Il attaque
corps à corps chaque secte, chaque utopie, il la ter-
rasse, il l'accable.

C'est sur M. Louis Blanc et son *Organisation du
travail* que tombe d'abord sa colère.

M. Proudhon reproche à M. Louis Blanc de poursuivre l'abolition de la concurrence, et de méconnaître la possibilité de combiner la concurrence et
l'association. M. Louis Blanc, dit-il, est aussi peu
avancé sur la logique que sur l'économie politique, et
il raisonne de l'une et de l'autre comme un aveugle des
couleurs. « Par le mélange perpétuel qu'il fait dans
« son livre des principes les plus contraires, l'auto-
« rité et le droit, la propriété et le communisme,
« l'aristocratie et l'égalité, le travail et le capital, la
« récompense et le dévouement, la liberté et la dic-
« tature, le libre examen et la foi religieuse, M. Blanc

---

[1] Tome I, p. 198.

« est un véritable hermaphrodite, un publiciste au
« double sexe [1]. »

« Son système se résume en trois points :

« 1° Créer au pouvoir une grande force d'initia-
« tive, c'est-à-dire, en langage français, rendre l'ar-
« bitraire tout-puissant pour réaliser une utopie ;

« 2° Créer et commanditer aux frais de l'État des
« ateliers publics ;

« 3° Eteindre l'industrie privée par la concurrence
« de l'industrie nationale. Et c'est tout. [2] »

M. Proudhon prouve le néant de ces combinaisons, l'impuissance, dans l'industrie, des pouvoirs
délégués, la nécessité du mobile de l'intérêt individuel.

« M. Louis Blanc, dit-il, débute par un coup
« d'Etat, ou plutôt, suivant son expression originale,
« par une application de la force d'initiative qu'il
« crée au pouvoir, et il frappe une contribution extra-
« ordinaire sur les riches, afin de commanditer le
« prolétariat. La logique de M. Blanc est toute sim-
« ple : c'est celle de la république ; le pouvoir peut
« ce que le peuple veut, et ce que le peuple veut est
« vrai. Singulière façon de réformer la société, que
« de comprimer ses tendances les plus spontanées, de
« nier ses manifestations les plus authentiques, et
« au lieu de généraliser le bien-être par le dévelop-
« pement régulier des traditions, de déplacer le tra-

[1] Tome I, p. 226.
[2] Tome I, p. 228.

« vail et le revenu ! Mais, en vérité, à quoi bon ces dé-
« guisements ; pourquoi tant de détours ? N'était-il
« pas plus simple d'adopter tout de suite la loi
« agraire ? Le pouvoir, en vertu de sa force d'initia-
« tive, ne pouvait-il d'emblée déclarer que tous les
« capitaux et instruments de travail étaient propriétés
« de l'État, sauf l'indemnité à accorder aux déten-
« teurs par forme de transition ? Au moyen de cette
« mesure péremptoire, mais loyale et sincère, le
« champ économique était déblayé ; il n'en eût pas
« coûté d'avantage à l'utopie, et M. Blanc pouvait
« alors sans nul empêchement procéder à l'aise à
« l'organisation de la société.

« Mais que dis-je, organiser ! Toute l'œuvre orga-
« nique de M. Louis Blanc consiste dans ce grand
« acte d'expropriation ou de substitution, comme
« on voudra : l'industrie une fois déplacée ou répu-
« blicanisée, le grand monopole constitué, M. Blanc
« ne doute point que la production n'aille à son sou-
« hait ; il ne comprend pas qu'on élève, contre ce
« qu'il appelle son système, une seule difficulté. Et,
« de fait, qu'objecter à une conception aussi radi-
« calement nulle, aussi insaisissable que celle de
« M. Blanc ? [1]. »

Ailleurs, M. Proudhon reproche à l'auteur de
l'Organisation du travail d'abolir l'hérédité, et de
rendre par là inévitable la destruction de la famille[2].
Et à ce sujet il écrit d'admirables pages sur la relation

[1] Tome I, p. 230.
[2] Tome II, p. 256.

qui existe entre l'hérédité et la famille, sur la nécessité de ces deux institutions. M. Proudhon est en effet
un écrivain supérieur quand il est porté par le flot de
la vérité. Pourquoi faut-il qu'il s'abandonne si souvent au sophisme et au paradoxe!

Enfin, après avoir cité le passage où M. Louis
Blanc présage l'adoption de la vie en commun dans
la société nouvelle, notre auteur s'écrie : « M. Blanc
« est-il communiste, oui ou non ? qu'il se prononce
« une fois, au lieu de tenir le large; et si le commu-
« nisme ne le rend pas plus intelligible, du moins
« on saura ce qu'il veut [1]. »

En vérité, M. Proudhon est bien bon d'en douter!
Quoi! M. Louis Blanc fait absorber par l'État terres
et capitaux, abolit l'hérédité, établit l'égalité des salaires, adopte le dévouement comme principe de l'activité industrielle, fait réglementer par l'Etat la production et l'échange, préconise la vie en commun,
et on lui demande s'il est communiste! Certes,
M. Proudhon montre ou bien peu de perspicacité, ou
bien de l'indulgence.

Après avoir condamné les doctrines de M. Louis
Blanc, M. Proudhon juge le parti auquel appartient cet écrivain : « Je rends justice, dit-il, aux in-
« tentions généreuses de M. Blanc ; j'aime et je lis
« ses ouvrages, et je lui rends surtout grâces du ser-
« vice qu'il a rendu en mettant à découvert, dans
« l'*Histoire de dix ans*, l'incurable indigence de

[1] Tome I, p. 232.

« son parti..... Je ne veux ni de l'encensoir de Ro-
« bespierre, ni de la baguette de Marat ; et plutôt
« que de subir votre démocratie androgyne, j'appuie
« le *statu quo*. Depuis seize ans, votre parti résiste
« au progrès et arrête l'opinion ; depuis seize ans,
« il montre son origine despotique en faisant queue
« au pouvoir à l'extrémité du centre gauche ; il est
« temps qu'il abdique ou qu'il se métamorphose.
« Implacables théoriciens de l'autorité, que propo-
« sez-vous donc que le gouvernement auquel vous
« faites la guerre ne puisse réaliser d'une façon plus
« supportable que vous[1] ? »

Les antipathies de M. Proudhon sont persistan-
tes. Il est tout aussi hostile aux républicains en 1846
qu'en 1841. Il ne s'est pas davantage réconcilié
avec les journaux. Il appelle la presse en général la
vieille haquenée de toutes les médiocrités présomp-
tueuses ; elle ne vit le plus souvent que des compositions gratuites de quelques jeunes gens aussi dépourvus de talent que de science acquise. Qui pourrait, s'écrie-t-il, se flatter de jamais rien faire au
gré de la presse[2] ?

Voilà donc l'organisation du travail et la république exécutées. L'auteur, poursuit sa croisade, et
pulvérise le droit au travail, la distribution du crédit
par l'État, l'impôt progressif et l'association.

M. Proudhon ne nie pas absolument que le travail et le salaire ne doivent être garantis ; mais il

[1] Tome I, 228.
[2] Tome, I, p. 330.

subordonne cette garantie à la destruction de la propriété, et à la découverte de la mesure précise de la valeur, cette quadrature du cercle de l'économie politique, dont il a vainement tenté la solution. Mais le droit au travail tel que l'entendent les ultrà-démocrates, M. Proudhon le déclare funeste et absurde. « Je soutiens, dit-il, que la garantie du salaire est
« impossible sans la connaissance exacte de la valeur,
« et que cette valeur ne peut être découverte que par
« la concurrence, nullement par des institutions
« communistes ou par un décret du peuple. Car il y
« a quelque chose de plus puissant ici que la volonté
« du législateur et des citoyens ; c'est l'impossibilité
« pour l'homme de remplir son devoir dès qu'il se
« trouve déchargé de toute responsabilité envers
« lui-même. Or, la responsabilité envers soi, en
« matière de travail, implique nécessairement, vis-à-
« vis des autres, concurrence. Ordonnez qu'à partir
« du 1er janvier 1847 le travail et le salaire seront
« garantis à tout le monde : aussitôt un immense
« relâche va succéder à la tension ardente de l'in-
« dustrie ; la valeur réelle tombera rapidement au-
« dessous de la valeur nominale ; la monnaie métal-
« lique, malgré son effigie et son timbre, éprouvera
« le sort des assignats ; le commerçant demandera
« plus pour livrer moins ; et nous nous retrouverons
« un cercle plus bas dans l'enfer de misère dont
« la concurrence n'est encore que le troisième
« tour [1]. »

[1] Tome, I, p. 189.

Comme la mesure absolue, la fixation de la valeur est encore, malgré les efforts de M. Proudhon, et sera toujours le *desideratum* de la science; comme l'impossibilité de la découvrir est aussi rigoureusement prouvée en économie politique, que l'est en géométrie celle de trouver la commune mesure de la circonférence et du diamètre du cercle, il est certain que les conditions auxquelles M. Proudhon subordonne l'admission du droit au travail ne se réaliseront jamais, et nous tenons son jugement sur ce droit pour définitif et sans appel.

L'auteur du *Système des contradictions économiques* ne condamne pas moins formellement ceux qui prétendent faire de l'État le banquier des pauvres, le commanditaire des ouvriers. Il affirme et il prouve que l'État ne dispose par lui-même d'aucune valeur sur laquelle puisse reposer le crédit. L'État ne possède rien que ce qu'il reçoit de la société, de la collection des individus qui la composent. Stérile et improductif de sa nature, il ne vit que des ressources prélevées sur la production de chacun de ses membres. Donc, par la force des choses, l'État ne peut que recevoir le crédit; il ne saurait le donner.

Quelles effroyables conséquences ne produirait pas, d'ailleurs, l'attribution à l'État du monopole du crédit! « La situation, loin de s'améliorer, empire- « rait, et la société marcherait à une prompte dis- « solution, puisque le monopole du crédit entre les « mains de l'État aurait pour effet inévitable d'anni- « hiler partout le capital privé, en lui déniant son

« droit le plus légitime, celui de porter intérêt. Si
« l'État est déclaré commanditaire, escompteur uni-
« que du commerce, de l'industrie, de l'agriculture,
« il se substitue à ces milliers de capitalistes et de
« rentiers vivant sur leurs capitaux, et forcés, dès
« lors, au lieu de manger le revenu, d'entamer le
« principal. Bien plus, en rendant les capitaux inu-
« tiles, il arrête leur formation : ce qui est rétro-
« grader par delà la deuxième époque de l'évolution
« économique. On peut hardiment défier un gou-
« vernement, une législature, une nation, d'entre-
« prendre rien de pareil : de ce côté, la société est
« arrêtée par un mur de métal qu'aucune puissance
« ne saurait renverser.

« Ce que je dis là est décisif et renverse toutes
« les espérances des socialistes mitigés, qui, sans
« aller jusqu'au communisme, voudraient, par un
« arbitraire perpétuel, créer, au profit des classes
« pauvres, tantôt des subventions, c'est-à-dire une
« participation de fait au bien-être des riches ; tantôt
« des ateliers nationaux et par conséquent privilé-
« giés, c'est-à-dire la ruine de l'industrie libre ; tan-
« tôt une organisation du crédit par l'État, c'est-à-
« dire la suppression du capital privé, la stérilité de
« l'épargne [1]. »

La réponse est écrasante, invincible. Vraiment,
quand la haine contre la propriété ne lui trouble pas
la tête, M. Proudhon est un bien habile économiste !

Ainsi chassée de position en position, quel refuge

---

[1] Tome II, p. 124.

trouvera la république démocratique et sociale ?
Sera-ce l'impôt progressif et somptuaire ? M. Proudhon est implacable ; il la poursuit jusque dans ce
dernier retranchement.

« La conséquence de l'impôt progressif, dit-il,
« sera que les grands capitaux seront dépréciés,
« et la médiocrité mise à l'ordre du jour. Les pro-
« priétaires réaliseront à la hâte, parce qu'il vaudra
« mieux pour eux manger leur propriété que d'en
« retirer une rente insuffisante. Les capitalistes
« rappelleront leurs fonds, ou ne les commettront
« qu'à des taux usuraires ; toute grande exploitation
« sera interdite, toute fortune apparente poursuivie,
« tout capital dépassant le chiffre du nécessaire pro-
« scrit. La richesse refoulée se recueillera sur elle-
« même et ne sortira plus qu'en contrebande ; et
« le travail, comme un homme attaché à un cada-
« vre, embrassera la misère dans un accouplement
« sans fin.

« Après avoir prouvé la contradiction et le men-
« songe de l'impôt progressif, faut-il que j'en prouve
« encore l'iniquité ?....

« L'impôt progressif arrête la formation des capi-
« taux ; de plus il s'oppose à leur circulation... Après
« avoir froissé tous les intérêts, et jeté la perturba-
« tion sur le marché par ses catégories, l'impôt pro-
« gressif arrête le développement de la richesse, et
« réduit la valeur vénale au-dessous de la valeur
« réelle. Il rapetisse, il pétrifie la société. Qu'elle
« tyrannie ! Quelle dérision !

« L'impôt progressif se résout donc, quoi qu'on
« fasse, en un déni de justice, une défense de pro-
« duire, une confiscation. C'est l'arbitraire sans
« limite et sans frein, donné au pouvoir sur tout ce
« qui, par le travail, par l'épargne, par le perfection-
« nement des moyens, contribue à la richesse publi-
« que [1]. »

Quant à l'impôt somptuaire, M. Proudhon en démontre la stérilité, l'impuissance, la tendance rétro-
grade. « Vous voulez, dit-il, frapper les objets de
« luxe, vous prenez la civilisation à rebours. Je sou-
« tiens, moi, que les objets de luxe doivent être
« francs. Quels sont, en langage économique les
« objets de luxe? Ceux dont la proportion dans la
« richesse totale est la plus faible ; ceux qui vien-
« nent les derniers dans la série industrielle, dont
« la création suppose la préexistence de tous les au-
« tres. A ce point de vue, tous les produits du travail
« humain ont été, et tour à tour ont cessé d'être des
« objets de luxe, puisque par le luxe nous n'enten-
« dons autre chose qu'un rapport de postériorité
« soit chronologique, soit commercial, dans les élé-
« ments de la richesse. Luxe, en un mot, est syno-
« nyme de progrès; c'est, à chaque instant de la vie
« sociale, l'expression du maximum de bien-être
« réalisé par le travail, et auquel il est du droit
« comme de la destinée de tous de parvenir [2].

« ..... Mais avez-vous réfléchi que taxer les objets

[1] Tome I, p. 310 et 311.
[2] Tome I, p. 319.

« de luxe, c'est interdire les arts de luxe? Savez-
« vous même si une plus grande cherté des objets
« de luxe ne serait pas un obstacle au meilleur mar-
« ché des choses nécessaires, et si, croyant favoriser
« la classe la plus nombreuse, vous ne rendriez pas
« pire la condition générale? La belle spéculation,
« en vérité! On rendra 20 francs au travailleur sur
« le vin et le sucre, et on lui en prendra 40 sur ses
« plaisirs; il gagnera 75 centimes sur le cuir de ses
« bottes, et pour mener sa famille quatre fois l'an à
« la campagne, il payera 6 francs de plus pour les
« voitures [1].... »

Ainsi, M. Proudhon a renversé l'une après l'autre
toutes les idoles encensées par les socialistes et les
ultrà-démocrates. Mais ce n'est point assez. Il faut
frapper le socialisme dans sa plus haute expression,
dans l'utopie qui résume toutes les autres, en un
mot, dans le communisme. M. Proudhon recueille
donc ses forces, et, par un chapitre foudroyant, il réduit à néant la doctrine de la communauté.

La réfutation de la communauté est écrite sous la
forme d'une lettre adressée à M. Villegardelle, écrivain communiste, et auteur d'une histoire des idées
sociales, que nous avons eu quelquefois l'occasion
de citer. « Le public, avait dit M. Villegardelle,
« rattache toutes les branches du socialisme à l'an-
« tique tronc de la communauté. » M. Proudhon
reconnaît que le public a parfaitement raison. En at-

[1] Tome I, p. 321.

taquant la communauté, il frappe donc tout le socialisme.

M. Proudhon prouve d'abord, par l'étude approfondie des tendances naturelles de l'homme et des
faits extérieurs qui les révèlent, que le sentiment de
la personnalité est profondément enraciné dans le
cœur humain. La qualité que nous admirons dans
les intelligences supérieures, celle que nous cher-
chons à développer chez les jeunes gens soumis à
l'éducation commune dans nos lycées, c'est la spontanéité, l'originalité des idées et de l'expression. A
mesure que l'homme avance dans la vie, ce sentiment
de la personnalité s'accroît en lui, et le pousse à s'in-
dividualiser, à revêtir un caractère plus tranché ; en
même temps que ses relations avec la société s'étendent, se multiplient, il éprouve, par un mouvement
inverse, le besoin de se recueillir plus profondément
en lui-même, de devenir plus libre, plus indépendant. Ainsi, tandis que, pendant la période de son
éducation, il avait pu se soumettre à une sorte de
communisme mitigé, devenu adulte, il produit,
échange et consomme d'une manière exclusivement
privative. L'ambition du jeune homme n'est-elle pas
de se créer un établissement, un chez soi, une famille ? « Par l'effet d'un instinct irrésistible ou d'un
« préjugé fascinateur qui remonte aux temps les
« plus reculés de l'histoire, tout ouvrier aspire à en-
« treprendre, tout compagnon veut passer maître,
« tout journalier rêve de mener train, comme autre-
« fois tout roturier de devenir noble.

« ..... Quant aux femmes, c'est une vérité vulgaire
« qu'elles n'aspirent à se marier que pour devenir
« souveraines d'un petit état qu'elles appellent leur
« ménage. » Personne n'ignore le désavantage du
morcellement, les charges du ménage, l'imperfec-
tion de la petite industrie, les dangers de l'isolement,
l'économie et les avantages de la vie en commun.
La personnalité est plus forte que toutes les considé-
tions. Elle préfère la vie de ménage si chère, si oné-
reuse, les risques de l'isolement à la sujétion de la
communauté. Si tout est rendu commun, travail,
ménage, recette et dépense, la vie devient insipide,
fatigante, odieuse. Ainsi, l'homme est de sa nature
essentiellement anti-communiste [1].

La communauté, poursuit M. Proudhon, ne saurait se comprendre sans l'anéantissement de la liberté individuelle ; aussi, voit-on tous les systèmes
communistes s'efforcer d'étouffer la pensée, proscrire
la liberté de la presse, immobiliser la science. « Le
« communisme, pour subsister, supprime tant de
« mots, tant d'idées, tant de faits, que les sujets for-
« més par ses soins n'auront plus le besoin de par-
« ler, de penser, ni d'agir : ce seront des huîtres
« attachées côte à côte, sans activité ni sentiment,
« sur le rocher.... *de la fraternité*. Quelle philoso-
« phie intelligente et progressive que le commu-
« nisme ! [2].

---

[1] Tome II, p. 334 et suiv.
[2] Tome II, p. 361.

Or, tout système qui attaque la liberté individuelle est condamné à périr sous l'effort d'une réaction iné-vitable. Le communisme porte donc en lui-même un germe de mort.

De plus, il revient fatalement à la propriété ; car le travail étant nécessairement divisé, il faut une loi de répartition des produits ; chacun devient donc proprié-taire de la part qui lui est attribuée ; et, par cela seul, la distinction du tien et du mien reparaît. Le com-munisme est donc impossible et contradictoire. Il ne peut jamais être complet. Le vrai communiste est un être de raison.

Enfin, le communisme abolit inévitablement la famille, il entraîne, comme conséquence forcée, la communauté des femmes, la destruction de l'unité conjugale. De quel droit prétendrait-on limiter le principe, l'appliquer aux choses, non aux personnes, et dire : *omnia communia*, *non omnes communes?* Après avoir développé cette thèse avec une force de raisonnement invincible, M. Proudhon ne peut con-tenir son indignation :

« La communauté des femmes ! s'écrie-t-il, c'est « l'organisation de la peste. LOIN DE MOI, COMMU-« NISTES ! VOTRE PRÉSENCE M'EST UNE PUANTEUR, ET « VOTRE VUE ME DÉGOUTE.

« Passons vite sur les constitutions des saint-« simoniens, fouriéristes et autres prostitués, se « faisant forts d'accorder l'amour libre avec la pu-« deur, la délicatesse, la spiritualité la plus pure.

« Triste illusion d'un socialisme abject, dernier rêve
« de la crapule en délire !....

« Ou point de communauté, ou point de famille,
« partant point d'amour [1]. »

Est-il un honnête homme qui ne s'associe à ces
énergiques paroles par lesquelles M. Proudhon flétrit
les infâmes conséquences du principe communiste,
les turpitudes du socialisme !

Qui pourrait également retenir un sourire, en lisant les railleries qu'il adresse à l'auteur du *Voyage
en Icarie*, s'écriant :

> Mon principe, c'est la fraternité ;
> Ma théorie, c'est la fraternité ;
> Mon système, c'est la fraternité ;
> Ma science, c'est la fraternité ?

Et ce n'est pas sur M. Cabet seul que tombent ces
mordantes critiques, c'est sur le socialisme tout entier.

« A ce mot de fraternité ! qui contient tant de
« choses, dit M. Proudhon, substituez avec Platon
« la république, qui ne dit pas moins ; ou bien avec
« Fourier, l'attraction, qui dit encore plus ; ou bien
« avec M. Michelet, l'amour et l'instinct, qui com-
« prennent tout ; ou bien avec d'autres, la solidarité,
« qui rallie tout ; ou bien, enfin, avec M. Louis
« Blanc, la grande force d'initiative de l'État, syno-
« nyme de la toute-puissance de Dieu : et vous ver-
« rez que toutes ces expressions sont parfaitement

[1] Tome II, p. 354 et suiv.

« équivalentes ; de sorte que M. Cabet , répondant
« du haut de son *Populaire* à la question qui lui
« était posée : Ma science, c'est la fraternité, a parlé
« pour tout le socialisme.

« Toutes les utopies socialistes, sans exception, se
« réduisent, en effet, à l'exposé si court, si catégo-
« rique et si explicite de M. Cabet : Ma science, c'est
« la fraternité. Quiconque oserait y ajouter un seul
« mot de commentaire, tomberait aussitôt dans l'a-
« postasie et l'hérésie [1]. »

M. Proudhon demande ensuite aux socialistes pourquoi ils ne se mettent pas à réaliser leurs théories ;
« car, dit-il, qui empêche les socialistes de s'associer
« entre eux, si la fraternité suffit ? Est-il besoin
« pour cela d'une permission du ministre ou d'une
« loi des chambres ? Un si touchant spectacle édifie-
« rait le monde, et ne compromettrait que l'uto-
« pie [2]. »

Enfin, M. Proudhon n'apprécie pas avec moins de
rigueur la moralité des socialistes que leurs opinions.
Écoutons-le sur ce point :

« Si j'interroge les divers entrepreneurs de ré-
« formes sur les moyens dont ils se proposent de
« faire usage pour la réalisation de leurs utopies,
« tous vont me répondre dans une synthèse una-
« nime : Pour régénérer la société et organiser le
« travail, il faut remettre aux hommes qui possèdent

---

[1] Tome II, p. 345.
[2] Tome II, p. 350.

« la science de cette organisation la fortune et l'au-
« torité publiques. Sur ce dogme essentiel tout le
« monde est d'accord : il y a universalité d'opinions[1].
« ..... Inégalité dans le partage des biens, inéga-
« lité dans le partage des amours ; voilà ce que veu-
« lent ces réformateurs hypocrites à qui la raison,
« la justice, la science, ne sont rien, pourvu qu'ils
« commandent aux autres et qu'ils jouissent : ce
« sont en tout des partisans déguisés de la propriété;
« ils commencent par prêcher le communisme, puis
« ils confisquent la communauté au profit de leur
« ventre[2]. »

L'œuvre est consommée : M. Proudhon en a fini
avec le socialisme sous toutes ses formes, avec le communisme à tous les degrés. De tous les systèmes proposés par nos modernes entrepreneurs de réformes
sociales, M. Proudhon a fait un vaste amas de ruines;
pas un principe, pas une idée n'est restée debout.

Mais quoi! dira-t-on, M. Proudhon s'est donc con-
verti ? D'adversaire fanatique de la propriété, il
en est donc devenu le défenseur; car, combattre à
outrance le communisme et le socialisme, n'est-ce pas
défendre la propriété?

Non, M. Proudhon est toujours le même. Tandis
que d'une main il abat le socialisme, de l'autre il
frappe sur la propriété. La propriété, s'écrie-t-il dans
son *Système des contradictions économiques*, a sa
source dans la violence et la ruse. La propriété est

[1] Tome II, p. 347.
[2] Tome II, p. 354.

la religion de la FORCE [1]. « Le propriétaire, c'est Caïn
« qui tue Abel, le pauvre, le prolétaire, fils comme
« lui d'Adam, l'homme, mais de caste inférieure, de
« condition servile. Le droit de la force est parvenu
« à se dissimuler, à se contrefaire sous une foule de
« déguisements, à tel point que le nom de proprié-
« taire, synonyme dans le principe de brigand et de
« voleur, est devenu à la longue le contraire de ces
» titres. Mais sa nature n'est pas changée. Tandis
« que les anciens héros volaient les armes à la main,
« de nos jours on vole par escroquerie, abus de con-
« fiance, jeux et loterie ; on vole par usure, par con-
« stitution de rente, fermage, loyer, amodiation ; on
« vole par le bénéfice du commerce et de l'indus-
« trie. »

L'auteur, retombant dans les erreurs du socialisme
qu'il vient de bafouer, reprend, comme dans son
premier Mémoire sur la propriété, les vieilles contro-
verses de l'Église relatives à l'usure, et nie de nouveau la légitimité du prêt à intérêt, du loyer et du
fermage, qui constituent selon lui l'aubaine, le moderne droit du seigneur. Toute sa théorie consiste
dans cette négation : L'usage des terres et des capitaux doit, suivant lui, être gratuit ; hors de là, il n'y a
que vol et brigandage.

« La propriété, dit-il, par principe et par essence,
« est donc immorale : cette proposition est désormais
« acquise à la critique. Conséquemment le Code, qui

---

[1] Tome II, p. 309.

« en déterminant les droits du propriétaire n'a point
« réservé ceux de la morale, est un code d'immora-
« lité; la jurisprudence, cette prétendue science du
« droit, qui n'est autre que la collection des rubri-
« ques propriétaires est immorale. Et la justice, ins-
« tituée pour protéger le libre et paisible abus de la
« propriété; la justice, qui ordonne de prêter main-
« forte contre ceux qui voudraient s'opposer à cet
« abus; qui afflige et marque d'infamie quiconque
« est assez osé que de prétendre réparer les outrages
« de la propriété, la justice est infâme! »

Voilà le jugement définitif que M. Proudhon porte
sur la propriété; et pourtant dans le même ouvrage,
il a prouvé la nécessité, la légitimité de la propriété.
Il a fait voir que l'appropriation est la condition indispensable de l'activité productive, de la formation
des capitaux et du progrès social; que la famille, cette
loi primitive, fondamentale de l'existence humaine,
ne saurait se concevoir sans la propriété et l'hérédité.
Toutes ces vérités, il les a établies avec une vigueur
de raisonnement, un éclat d'expression vraiment remarquables.

Comment donc s'expliquer ces étranges contradictions? Sont elles volontaires ou non, calculées
ou irréfléchies?

Ces contradictions sont raisonnées de le part de
M. Proudhon. Elles ne sont que l'application de la
déplorable méthode qu'il a empruntée à cette philosophie allemande qui, depuis un demi-siècle, tourne
dans le cercle du scepticisme et de l'idéalisme. D'après

la théorie sur laquelle repose cette méthode, l'esprit humain ne progresse qu'en découvrant sur chaque question deux solutions opposées, deux lois contradictoires, en un mot une antinomie. Toute contradiction doit se résoudre dans une idée plus élevée, qui constitue la vérité. C'est toujours le mécanisme de la thèse, de l'antithèse et de la synthèse, que nous avons déjà signalé dans le premier Mémoire sur la propriété.

Fidèle à son principe, M. Proudhon se plaît à faire naître les contradictions sous ses pas; sur chaque sujet, il s'efforce de faire jaillir de l'étude des faits et des doctrines deux idées opposées qui se détruisent et s'annulent réciproquement. De là ces affirmations et ces négations successives des mêmes principes, ces critiques également acerbes des doctrines rivales. C'est ainsi que M. Proudhon passe successivement en revue les théories de la division du travail, des machines, de la concurrence, du monopole, de l'impôt, de la balance du commerce, du crédit et de la propriété, et que sur chacune d'elles il soutient alternativement le pour et le contre, et met en lutte l'économie politique et le socialisme. Il montre dans la division du travail, la condition nécessaire du développement de la production, mais aussi la cause de l'abrutissement du travailleur parcellaire; dans les machines, le remède à la division du travail, le principe de la suppression des travaux pénibles et répugnants; mais en même temps la source des chômages, de la prolongation exagérée des journées de travail, de l'asservissement de l'homme réduit au rôle d'accessoire des forces mécaniques. La concurrence, dit-il, est la condition nécessaire du bon marché et du progrès industriel; mais, d'un autre côté, elle produit les crise commerciales, les luttes déloyales, les banqueroutes et l'avilissement des salaires. Le monopole, autrement dit l'attribution exclusive à chaque industriel des produits de son travail, du bénéfice de ses inventions, est le remède naturel de la concurrence; il est la récompense et le but du producteur, le mobile de ses efforts, l'espoir de sa prévoyance, mais il ne s'établit que sur la ruine des rivaux de l'heureux vainqueur, ne s'alimente que de la substance du consommateur impitoyablement rançonné. L'impôt est nécessaire pour assurer le maintien de la société; mais à la longue il l'appauvrit et la dévore. La liberté du commerce peut seule assurer le bon marché des produits; mais le système prohibitif est indispensable pour protéger l'industrie nationale. Le crédit est le moyen le plus énergique de développer la production; mais le crédit, essentiellement réel de sa nature, accordant tout à l'hypothèque, rien à la personne, a pour effet inévitable d'enrichir le riche et d'appauvrir le pauvre : source d'opulence pour quelques-uns, il aggrave la misère du grand nombre.

Au-dessus de toutes ces contradictions plane, suivant M. Proudhon, l'antinomie fondamentale de la valeur utile et de la valeur échangeable, clef de toute l'économie politique. On sait que la valeur échangeable ou vénale des produits ne se mesure point sur leur utilité ni sur la quantité de travail nécessaire à leur création, mais qu'elle est déterminée par la rareté relative de ces produits, par le rapport existant entre l'offre et la demande dont ils sont l'objet; en sorte qu'il arrive parfois que, lorsque la production, la richesse réelle augmente, la valeur échangeable du produit créé diminue: il y a perte pour le producteur. Cette instabilité de la valeur échangeable qui affecte également tous les produits, a inspiré cet axiôme des économistes : qu'il n'y a point de mesure, d'étalon de la valeur.

M. Proudhon prétend résoudre cette question insoluble. Il se livre à des recherches abstruses sur les lois qui président à la détermination de la valeur. De ces obscures élucubrations, il déduit ce prétendu principe: que tous les travaux, quelle qu'en soit la nature, doivent être également rémunérés, et que les produits doivent être soumis à une tarification générale, fixée d'après le nombre d'heures de travail nécessaires à leur création. Les monnaies d'or et d'argent seront supprimées et remplacées par des bons payables en nature, qui seront délivrés aux travailleurs en échange de leurs produits par une banque centrale. Ce système, dont les principes se trouvent posés dans le livre des *Contradictions économiques*, est la base du projet de banque d'échange du même auteur.

Tel est l'esprit qui domine tout le livre des *Contradictions économiques*. Telles sont les données au développement desquelles M. Proudhon consacre tous les artifices d'une logique captieuse et d'un style incisif et brillant. A ces questions économiques, viennent se mêler de déplorables thèses de philosophie, dans lesquelles l'auteur se plaît à ébranler les notions sur lesquelles reposent toute société, toute morale. A l'entendre, l'immortalité de l'âme n'est qu'une décevante espérance ; la croyance aux peines et aux récompenses d'une autre vie, une vaine chimère ; la Providence, une illusion ; Dieu, une hypothèse. Si M. Proudhon reconnaît la nécessité logique de cette hypothèse, la puissance invincible qui nous contraint d'admettre l'existence de l'Être divin, ce n'est que pour adresser à ce Dieu inconnu les plus effroyables imprécations. Jamais l'impiété, jamais l'athéisme en délire ne s'abandonnèrent à de telles fureurs.

Rien de plus affligeant, rien de plus pénible pour l'esprit que la lecture de ces chapitres, où toutes les idées sont tour à tour niées et affirmées, exaltées et combattues ; où le vrai et le faux, le juste et l'injuste, la perversité et la morale se confondent dans un monstrueux mélange. Cela donne le vertige. Pas une pensée féconde, pas une solution pratique ne jaillit de ce chaos. En vain y chercherez-vous la solution des prétendues contradictions soulevées par M. Proudhon, cette vaste synthèse dans laquelle doivent se résoudre les antinomies qu'il a signalées. Au fond de ces discussions compliquées, de ces élucubrations désordonnées, vous ne trouvez que la négation universelle, le néant.

Nous ne saurions, en effet, considérer comme sérieuses cette tarification générale des produits, cette équivalence de tous les travaux, quelle qu'en soit la nature, que M. Proudhon prétend déduire de ses obscures théories sur la mesure de la valeur. Il en est de même de ce projet de banque d'échange à l'aide duquel il se flatte de construire un monde entre la propriété et la communauté. Le maximum, le papier monnaie, quelle que soit la forme de son émission, sont des expédients dès longtemps condamnés par l'expérience. La banque d'échange elle-même n'a rien de nouveau. Divers projets d'établissements de cette nature mieux combinés, et surtout plus clairement expliqués que celui de M. Proudhon, ont été depuis longtemps proposés et essayés en France et en Angleterre. Les tentatives de réalisation dont ils ont été l'objet n'ont jamais abouti qu'à des avortements. Rappelons, entre autres exemples, le *national labour, équitable exchange*, et les magasins coopératifs, fondés en Angleterre, avec le concours de M. Robert Owen. Là, le numéraire était remplacé par un papier monnaie dont l'unité s'appelait heure de travail. Les associés de la banque d'échange recevaient, en représentation de leurs produits, acceptés d'après un tarif déterminé, une certaine somme d'heures de travail, qu'ils pouvaient échanger, dans les dépôts ou magasins coopératifs, contre les objets de consommation fabriqués par les autres membres de la société. C'est tout le système de M. Proudhon. Mais ce système n'a pu se soutenir. Parmi les projets purement théoriques, nous rappellerons encore le livre des *Gemini de Manchester*, qui fit tant de bruit en An-

gleterre, à l'époque du dernier renouvellement du
privilége de la banque. On y retrouve les théories de
M. Proudhon sur la proportionnalité des valeurs, et
le plan d'une banque fonctionnant sans numéraire.

Malgré les prétentions de M. Proudhon à l'originalité, malgré l'hostilité qu'il affiche contre la doctrine de la communauté, le communisme l'enveloppe
de toute part et l'absorbe. La possession qu'il prétend substituer à la propriété, l'égalité absolue des
conditions et des rémunérations qu'il pose comme
loi suprême de la société, impliquent nécessairement
l'attribution à l'État ou aux chefs des associations
ouvrières, du droit de disposer des choses et des personnes. La communauté se trouve au fond de tout
système qui prend pour point de départ l'égalité absolue. Tenter de maintenir cette égalité par un ensemble de lois successorales, c'est recommencer la
tâche impossible tant de fois entreprise par les législateurs de la Grèce. Prétendre concilier l'égalité avec
le droit de possession individuelle, si restreint qu'il
soit, c'est poser en face l'un de l'autre deux principes
exclusifs et contradictoires. En vain, M. Proudhon
veut-il se tenir en équilibre sur la cime d'une abstraction entre la propriété et la communauté; il manque
de point d'appui, et en s'éloignant de la propriété, il
est entraîné sur la pente opposée. Se sentant rouler
sur le penchant du précipice, il veut s'accrocher aux
broussailles de la dialectique, mais une force fatale,
irrésistible, l'entraîne jusqu'au fond.

On ne transige pas en effet avec les lois de la logique.

L'esprit humain ne se laisse pas enchaîner par une formule menteuse; il ne se soumet point à cette prétendue nécessité des contradictions et des antinomies, que veulent lui imposer certaines intelligences jalouses d'élever à la hauteur d'un principe psychologique leur propre infirmité. Si, dans des cas fort rares, il est vrai que la vérité jaillit de la lutte de principes contraires, le plus souvent elle ne se trouve que dans l'un des termes d'une alternative entre lesquels il faut opter. La propriété et la communauté sont une de ces alternatives inévitables. Nier l'une, c'est affirmer l'autre.

Du reste, M. Proudhon a beau vouloir tracer, comme il le dit, sa route entre les deux abîmes, son expression trahit souvent, malgré lui, ses véritables tendances, et rend évidente la nécessité qui l'étreint. Parle-t-il du capital, il dit que tout capital est nécessairement social, ce qui revient à dire que la disposition des capitaux doit appartenir à la communauté. Répond-il à un manifeste communiste, il exprime le regret de contredire des hommes « dont les opinions sont au fond les siennes. » De même que les communistes, il ne voit les beaux arts que d'un œil hostile et défiant; il les croit incompatibles avec l'égalité réelle.

Enfin, en jugeant un écrivain, il faut moins s'attacher au sens secret et mystérieux de son insaisissable pensée, qu'à l'influence qu'exercent les œuvres dans lesquelles il la manifeste. Or, par la violence de ses attaques contre la propriété, par l'âpreté de ses formules, M. Proudhon est un des hommes qui

ont exercé le plus d'influence sur le développement
du communisme. A cet égard, il s'est fait justice à
lui-même : « Si jamais homme a bien mérité du com-
« munisme, dit-il dans son *Système des contradic-*
« *tions économiques,* c'est assurément l'auteur du li-
« vre publié en 1840 sous ce titre : *Qu'est-ce que la*
« *Propriété* [1]. » M. Proudhon a dit vrai. Il n'a fait
qu'une chose , il a bien mérité du communisme.

[1] Tome II. p. 335.

CHAPITRE XIX.

CONCLUSION.

Nous avons retracé l'histoire des principales manifestations du communisme dans l'ordre des faits et dans celui des idées. La Crète, Lacédémone, les ordres monastiques, les congrégations des moraves, les missions du Paraguay, les anabaptistes, nous ont successivement montré des applications du communisme combiné avec le principe du dévouement à la cité, de l'ascétisme, de l'enthousiasme religieux. Nous avons vu Platon développer les germes de la théorie communiste déposés dans les lois de Minos et les institutions de Lycurgue, et léguer aux âges suivants ce funeste héritage qui, recueilli par les premiers gnostiques et les sophistes d'Alexandrie, s'est transmis aux esprits aventureux des temps modernes. Morus, Campanella, Morelly, Mably, Babeuf et ses complices, ont passé devant nos yeux déroulant divers plans d'organisation du régime de la communauté. Enfin, nous nous sommes efforcés de mettre en lumière le lien qui unit les utopies actuelles à l'antique erreur du communisme.

Résumons les graves enseignements qui ressortent du spectacle de ces événements et de ces doctrines.

S'il est un point sur lequel concordent les données du raisonnement et l'autorité des exemples, c'est la relation inévitable qui existe entre l'exagération du principe de l'égalité et le communisme. La communauté est la conclusion à laquelle une logique inexorable a poussé les doctrines philosophiques, les sectes religieuses et les partis politiques qui ont pris pour point de départ l'égalité absolue des conditions et des jouissances, qui ont dépassé les limites de l'égalité des droits, de l'égalité devant la loi. Telle est la voie qu'ont parcourue Lycurgue, Platon, Morus, Campanella, Morelly, Mably, M. Owen et M. Louis Blanc; c'est la pente fatale sur laquelle ont glissé les carpocratiens et les anabaptistes, qui aspiraient à faire passer dans le domaine des faits matériels le dogme de l'égalité religieuse; tel est enfin le terme auquel arriva le parti montagnard de 1793, qui vint expirer dans la conspiration communiste des égaux.

L'erreur capitale de ces doctrines et de ces partis consiste à sacrifier la liberté à l'égalité. Cette erreur a éclaté récemment dans tout son jour, lorsque le parti ultrà-démocratique a supprimé de la devise de la République le mot de liberté, pour le remplacer par celui de solidarité. C'est là méconnaître le lien intime qui rattache l'idée de l'égalité à celle de la liberté; c'est méconnaître la nature humaine. Dans

l'ordre moral, la notion d'égalité n'est point antérieure à celle de liberté; elle en est au contraire la
conséquence, le corollaire. Quand il arrête sa pensée sur son propre être, l'homme reconnaît en lui des
facultés énergiques qui tendent invinciblement à
s'exercer, à se développer. Quand il descend dans les
profondeurs de sa conscience, il s'aperçoit sous l'aspect d'une force spontanée et autonome, d'une volonté indépendante; il se sent et se proclame actif,
libre et responsable. Il comprend que cette activité
ne doit pas être enchaînée, cette liberté refoulée dans
le for intérieur, cette responsabilité anéantie par la
servitude. Il aspire donc à manifester au dehors ces
attributs essentiels de sa nature, il reconnaît dans
leur existence la révélation d'un droit, il se soulève
contre les obstacles arbitrairement opposés à son exercice. Libre aux yeux de la psychologie et de la morale, il veut rester libre dans l'ordre politique. La
liberté, tel est donc le premier de ses droits, celui
dont il réclame avant tout la garantie de la part de la
société. Or, ce droit est semblable pour tous; nul ne
saurait en être dépouillé au profit d'autrui. De là
naît la notion de l'égalité politique, essentiellement
subordonnée à celle de la liberté. Ainsi conçue, l'é-
galité des droits, l'égalité devant la loi, ne fait qu'assurer la liberté de chacun, le plein et entier exercice de ses facultés; elle ne prétend point réparer, corriger les inégalités naturelles que ces
facultés présentent chez les divers individus; loin de
là, elle ne fait qu'en favoriser le développement, per-

mettre à chacun de se classer dans la société suivant
sa valeur.

Or, les plus éclatantes et les plus respectables
manifestations de la liberté, de la volonté de l'homme,
ce sont la propriété et la formation de la famille. La
première, naissant de l'occupation et du travail, constate l'empire de sa force intelligente sur la matière ;
la seconde satisfait les tendances naturelles de son
cœur. De la famille et du droit de disposer, qui constitue l'essence de la propriété, naît l'hérédité. Tout,
dans cet ordre de faits, est conséquent et harmo-
nique. L'activité productive, stimulée par le sentiment de la propriété individuelle et de la famille,
triomphe de la parcimonie de la nature, et la société,
s'élève par un progrès continu, au bien-être et à la
science.

Que si, au contraire, on isole l'idée d'égalité de
celle de liberté; si l'on prend l'égalité pour la fin
de l'ordre social, tandis qu'elle n'en est que le
moyen, alors on est entraîné dans une série de conséquences désastreuses, on se perd dans un dédale
de contradictions. La négation de la liberté, qui se
trouve à l'origine du système, se reproduit plus manifeste et plus odieuse dans tous ses développements,
partout éclate un arbitraire effréné : ce sont d'abord
des limitations, des restrictions opposées à l'accroissement de la richesse; des maximum, des impôts
progresifs et somptuaires qui n'ont aucune règle fixe,
aucune limite; un droit absolu accordé à l'État sur
les biens des individus ; l'obligation imposée à la

société de fournir des capitaux et du travail à tous
ses membres. Bientôt l'impuissance de ces moyens
est reconnue, et la suppression de la propriété individuelle et de la famille apparaît comme la condition
nécessaire de l'égalité. Alors le sacrifice de la liberté
est complet. L'homme appartient, corps et âme, à
cette abstraction qu'on appelle l'État; il devient esclave d'une règle inflexible dont le despotisme se
résout fatalement dans la domination tyrannique
de quelques-uns.

Les partisans de l'égalité absolue ne peuvent pourtant se dissimuler que l'espèce humaine ne présente le
spectacle d'inégalités qui semblent établies par la nature
elle-même : inégalités de vigueur et d'adresse physiques, inégalités d'intelligence, inégalités de courage,
d'énergie, de persévérance. Ils s'efforcent alors de les atténuer, de les contester; ils soutiennent qu'il n'existe
en réalité que des variétés d'aptitudes et de penchants;
que toutes les fonctions sont équivalentes dans la société; que les inégalités apparentes proviennent non de
la nature, mais de l'éducation. Aussi, veulent-ils que
l'État s'empare des enfants dès leur naissance, les
soumette à une éducation semblable pour tous,
façonne leur intelligence et leur cœur sur un type
uniforme. « Le voilà donc, dit M. de Lamennais [1],
« maître absolu de l'être spirituel comme de l'être or-
« ganique. L'intelligence et la conscience, tout dépend
« de lui, tout lui est soumis. Plus de famille, plus de

[1] *Du passé et de l'avenir du peuple*, p. 158.

« paternité, plus de mariage dès lors. Un mâle, une
« femelle, des petits, que l'État manipule, dont il fait
« ce qu'il veut, moralement, physiquement ; une
« servitude universelle et si profonde, que rien n'y
« échappe, qu'elle pénètre jusqu'à l'âme même. »

Ce système d'esclavage intellectuel s'étend à tous
les âges. De même qu'on a des gymnases, des lycées
pour façonner l'enfance, on aura pour l'âge mûr une
science officielle, des livres et une presse exclusivement rédigés par des fonctionnaires publics ; heureux
encore si l'on ne décrète pas un incendie général des
monuments de la science, de la littérature et de l'histoire ! Quant aux beaux-arts, à la poésie, qui ont
entre autres missions celle de glorifier toutes les su-
périorités sociales, vertu, courage, génie, beauté ;
qui exaltent et fortifient le sentiment de l'individualité ; dans lesquels l'homme vaut surtout par l'originalité de son talent ; presque tous les communistes et
les partisans de l'égalité absolue s'accordent pour les
proscrire. Lycurgue les bannissait de Sparte ; Platon
chassait les poëtes de sa république ; Babeuf et ses
complices, faisaient de tous les arts un sacrifice sur
l'autel de l'égalité.

En supprimant l'intérêt individuel, la sollicitude
paternelle, l'espérance pour chaque individu de s'é-
lever par ses efforts à une condition meilleure, d'assurer l'avenir de sa postérité, les utopistes sont forcés
de reconnaître qu'ils détruisent le mobile le plus
énergique de l'activité, qu'ils émoussent l'aiguillon
de l'industrie. Pour y suppléer, ils invoquent des

principes contradictoires; tantôt ils soutiennent que
le travail convenablement organisé présente, par lui-
même, un attrait suffisant pour déterminer l'homme à
s'y livrer avec ardeur; tantôt ils font appel au principe du dévouement, au sentiment de la fraternité, et
reconnaissent par là que le travail, essentiellement
pénible et répugnant, ne saurait être accompli
que sous l'influence d'un mobile pris en dehors de
lui.

L'utopie ne se met pas moins en contradiction avec
elle-même, lorsqu'elle proclame à la fois la perversion
de la société et la bonté native de l'homme, lorsqu'elle déclame contre l'individualisme, et que d'un
autre côté elle réhabilite les passions et préconise les
jouissances matérielles; lorsqu'elle conclut tantôt au
despotisme, tantôt à l'anarchie.

Enfin, si tous les systèmes enfantés par l'imagination des rêveurs s'accordent pour nier la propriété individuelle, proclamer l'excellence de la propriété collective et de la vie commune; pour confier à un pouvoir
arbitraire le soin de distribuer les tâches et les nécessités de la vie; s'ils concluent, soit explicitement, soit
implicitement à l'abolition de la famille; si tous se
résolvent ainsi dans le communisme, ils se divisent
et se combattent sur l'étendue du cercle que doit embrasser chaque communauté, et sur la répartition des
produits du travail collectif. Les uns prétendent soumettre des nations entières à une communauté uni-
taire et centralisée; d'autres veulent restreindre l'association dans les étroites limites d'un phalanstère,

et constituer un grand nombre de petits centres d'exploitation agricole et industrielle, qui seront propriétaires les uns à l'égard des autres de leurs territoires,
de leurs édifices, de leurs capitaux mobiliers. Les
saints-simoniens répartissent les produits selon la
capacité et les œuvres; les phalanstériens, selon le
capital, le travail et le talent; les communistes proprement dits, adoptent la loi de l'égalité; les démocrates communistes, M. Louis Blanc à leur tête, veulent
distribuer les tâches suivant les facultés, les produits
suivant les besoins.

Ainsi, l'anarchie est dans le camp de l'utopie; ses
représentants, d'accord pour détruire, pour proclamer
la communauté, se contredisent et infirment réciproquement leurs conclusions, quand il s'agit de l'organiser, de lui donner des lois. Mais, les divergences
socialistes ne sont que les hérésies de la religion dont
le communisme égalitaire est l'orthodoxie. Cette dernière doctrine est seule logique et facilement per-
ceptible; seule elle se rattache à l'un des grands
principes de morale et de politique conçus par l'esprit
humain, celui de l'égalité; elle le dénature, il est vrai
en l'exagérant; mais elle lui emprunte une immense
puissance.

Tous les socialistes, au contraire, manquent de logique, de simplicité et de clarté. On peut les ramener
tous à deux classes : les uns adoptent le principe
du communisme, à savoir l'égalité réelle, mais n'acceptent point franchement le régime de la communauté, qui en est la conséquence. Ils se bornent à

réclamer des lois restrictives de la propriété et de l'hérédité, l'absorption par l'État de toutes les grandes industries, la consécration du droit au travail, l'établissement d'impôts arbitrairement progressifs. Ce sont les socialistes égalitaires, les ultrà-démocrates, les communistes sans le savoir. Ils sont condamnés à épuiser, comme par le passé, la série des conséquences de leur principe et à aboutir au communisme absolu, ou tout au moins à lui frayer la voie.

Les autres acceptent les conséquences du principe de l'égalité, c'est-à-dire l'abolition de la propriété individuelle et la vie en commun ; mais, par le plus étrange paralogisme, ils repoussent le principe lui-même, et proclament l'inégalité de répartition, réglée par des pouvoirs arbitraires. Tels ont été les saint-simoniens, tels sont encore les fouriéristes, dont la conception est la plus radicalement nulle au point de vue du raisonnement et de la philosophie. Ces derniers doivent sacrifier ou l'inégalité, ou la communauté. Déjà ils subissent cette nécessité, et sont entraînés dans la sphère d'action des communistes et des ultrà-démocrates, ils se rapprochent de jour en jour des théories égalitaires.

Le communisme pur est donc le pivot autour duquel gravitent tous les systèmes de l'utopie, le centre vers lequel une invincible attraction les ramène. Tel est le résultat qui, aperçu par la raison, se trouve confirmé par le tableau des faits historiques et de l'enchaînement des doctrines.

Or, le communisme, résumé, lien et conclusion

de toutes les utopies, est irrévocablement condamné par les odieuses conséquences qu'il entraîne, et dont la·nécessité est rendue manifeste par les théories de ses défenseurs et le spectacle des applications qui en ont été tentées. Anéantissement de la personnalité humaine, suppression de la poésie, des arts et des hautes spéculations, despotisme abrutissant, promiscuité : voilà le développement de la formule du communisme; voilà le dernier mot des utopies.

Enfin, pour achever de juger l'utopie, il faut embrasser d'un coup d'œil le rôle qu'elle a joué dans l'existence de l'humanité, dans le développement de la civilisation.

Le communisme s'est produit à quatre grandes époques de l'histoire : En Grèce, au moment de la naissance des sciences et des arts; dans les premiers siècles du christianisme; au commencement de la réformation du XVIe siècle; enfin, pendant la révolution française. La Crète et Lacédémone, les carpocratiens, les anabaptistes, Babeuf et ses complices en ont été, à ces diverses époques, les représentants. Or, à chacune de ces périodes, le communisme, loin de favoriser le développement de l'intelligence humaine, les progrès de la civilisation, les a toujours compromis, s'est toujours signalé par ses tendances rétrogrades et barbares.

En Grèce, Athènes, la cité propriétaire, développait l'industrie et la navigation, reliait les peuples par son commerce. Ses citoyens cultivaient les sciences, mesuraient le cours des astres, atteignaient

aux plus sublimes spéculations de la philosophie.
Ils élevaient les Propylées et le Parthénon, sculp-
taient le Jupiter et la Vénus, combinaient d'harmo-
nieuses théories.

Sparte, la bourgade communiste, proscrivait les
commodités de la vie, s'isolait du reste des hommes,
n'avait avec eux d'autres rapports que ceux de la
guerre et de la dévastation, asservissait Hélos, détruisait Messène; elle retenait ses citoyens dans les
liens de l'ignorance, de la paresse et de la superstition. Elle dressait des huttes, posait sur des autels
bruts d'informes divinités, et coupait les cordes de
la lyre.

Athènes adoucissait la condition de l'esclave, protégeait sa vie, et faisait ainsi un pas vers le grand
progrès que l'humanité avait alors à accomplir;
Sparte, au contraire, aggravait les rigueurs de la
servitude, transformait ses Ilotes en bêtes de somme
et en gibier humain.

Ainsi, tandis que la patrie de Solon, représentant
le principe de la propriété, frayait les routes de la
pensée, léguait à l'avenir les germes féconds de la
science, les modèles impérissables des arts, l'exemple de la douceur des mœurs, le peuple de Lycurgue, soumis au communisme, s'efforçait de retenir
l'humanité dans les ténèbres, de la ramener à la barbarie.

Plus tard, lorsque le christianisme fut venu révéler au monde les divins principe de la charité et de
la pureté morale, le communisme se reproduisit

avec le même caractère. Alors l'humanité avait à
s'affranchir du joug des passions brutales, à s'arracher à cet abîme de corruption et d'immoralité où
l'avait plongée le paganisme. Aussi, la religion chrétienne proclama-t-elle l'unité du mariage, le mérite
de la virginité, la mortification de la chair. Mais
bientôt l'hérésie communiste des gnostiques et des
carpocratiens vint élever autel contre autel, proclamer la communauté des femmes, et dépasser l'infamie des mœurs païennes. Elle fournit des arguments
aux ennemis du christianisme, des chefs d'accusation
à ses persecuteurs. En vouant un culte à Epiphane,
l'un de ses fondateurs, elle rétrograda vers l'idolâtrie.

Au XVIe siècle, l'Europe défendait contre le mahométisme triomphant à Constantinople le dépôt des
dogmes chrétiens; elle poursuivait la réformation
des abus que le moyen âge avait introduits dans
l'Église; elle recherchait sous la poussière des siècles les débris de l'antiquité, reconstruisait à force
de patience et de génie les sciences, les arts, la littérature de la Grèce et de Rome, pour s'élancer de ce
point de départ à de nouvelles découvertes, enfanter
de nouveaux chefs-d'œuvre. Dans l'ordre politique,
les populations opprimées protestaient contre les
abus du régime féodal, et réclamaient pour tous la
propriété, la liberté, l'égalité devant la loi.

Alors paraît de nouveau l'éternelle utopie, le communisme. En religion, il se jette dans les aberrations du mysticisme et de l'extase; il emprunte au
mahométisme la polygamie, et l'exagère jusqu'à la

promiscuité. En morale, il nie la responsabilité de l'homme et le proclame impeccable, pourvu qu'il ait été lavé dans les eaux du nouveau baptême. En politique, il aboutit à l'absorption complète du droit individuel par l'État, il constitue un despotisme inouï. Par ses excès, il déshonore la belle cause des douze articles, il rejette les populations épouvantées sous le joug de l'absolutisme et de la domination féodale. Dans l'ordre intellectuel, il livre aux flammes les bibliothèques, anéantit les manuscrits, restes précieux de l'antiquité, brise les statues, dévaste les basiliques, exalte l'ignorance et les hallucinations prophétiques.

Pendant la révolution française, l'utopie, d'abord vague et nébuleuse dans le semi-communisme de Robespierre et de Saint-Just, fait couler le sang à flots sans se comprendre elle-même, sans avoir aucune idée pratique. Elle souille et déshonore la cause de la liberté et de la démocratie : elle conclut enfin dans la conjuration de Babeuf, par le communisme radical, et épouvante la France et l'Europe de ses affreux projets. La France fait un pas en arrière ; elle sacrifie la liberté politique à la sécurité de l'ordre social ; elle demande à un despotisme glorieux et organisateur une garantie contre le despotisme odieux et destructeur de l'utopie.

Ainsi, l'utopie, le socialisme, en un mot, le communisme a toujours été un obstacle au progrès, il en a ralenti la marche, il s'est attelé à rebours au char de la civilisation. L'humanité a marché non par lui,

mais malgré lui ; elle s'est développée par l'extension
progressive de la propriété et de la liberté, de l'égalité des droits, de l'égalité devant la loi ; par le perfectionnement et l'épuration successifs des principes
du mariage et de la famille ; par les sciences les lettres et les arts. Le communisme, au contraire, aspirait à supprimer tous ces éléments du progrès, à leur
substituer le despotisme, l'égalité dans l'abrutissement, la promiscuité et l'ignorance. Toutes les grandes révolutions se sont accomplies en dehors de lui :
l'abolition de l'esclavage qui s'est opérée sous l'influence du christianisme et par un mouvement insensible ; l'affranchissement de la pensée humaine,
dû à la réformation, à Galilée, à Bacon et à Descartes ; l'abolition de la féodalité et des inégalités de
droits consommée dans la nuit du 4 août. A ce magnifique spectacle, l'utopie n'oppose que des immorali-
tés, des ruines et du sang.

Que si nous rappelons les moyens mis en usage par
le communisme pour se saisir du pouvoir politique
et réaliser ses plans, ils se résument dans la violence,
la ruse et la perfidie. Lycurgue impose son système
par la peur ; les anabaptistes dissimulent d'abord
leurs tendances, s'insinuent dans Mulhausen et dans
Munster, profitent des divisions des catholiques et
des luthériens pour s'y établir, puis dépouillent, ex-
pulsent, égorgent tout ce qui résiste, violent les femmes et se livrent à toutes les saturnales de la débauche.
Ils trompent les gouvernements par un faux repentir
et ne profitent de leur clémence et de leur confiance

que pour susciter dans Amsterdam une émeute sanglante.

Les jacobins calomnient leurs adversaires, les
poussent à des mesures fausses et périlleuses, mena-
cent et oppriment, et quand on leur résiste, crient
toujours à la tyrannie et à l'oppression. Ils organisent des massacres, ils abattent des têtes, ils encoura-
gent le pillage, ils spolient et confisquent. Ils tombent enfin! En prairial, ils tentent de nouveau de
violer la représentation nationale. Dans les prisons,
ils préparent l'organisation du communisme; à peine
amnistiés, ils ourdissent une conspiration abominable
pour la réaliser.

Se glisser entre les partis, profiter de leurs divisions, s'emparer du pouvoir par des surprises ou des
coups de main; attaquer tous les gouvernements,
monarchie ou république, aristocratie ou démocratie;
se faire également contre eux une arme de leur rigueur ou de leur clémence : tels ont été partout et
toujours les errements du parti de l'utopie, du socialisme, du communisme.

Quant à des idées, il n'en a point, il ne vit que
d'emprunts, il s'empare de celles que fait éclore le
développement de la civilisation fondée sur la propriété, pour les fausser et les dénaturer. Dans l'antiquité, il se rattache au principe de la vertu guerrière, de l'indépendance politique, et il le gâte par
ses exagérations. Au christianisme, il emprunte
le mot de fraternité, et il se livre à des actes de barbarie; à l'économie politique, il prend l'idée de la

réhabilitation du travail et de l'industrie, et il veut faire de tous les hommes des ouvriers et des manœuvres. La philosophie moderne reconnaît la légitimité du goût du bien-être, contenu dans les limites de la morale; il se saisit de cette idée, l'interprète à sa manière, et proclame la réhabilitation de la chair, l'excellence des passions, la sainteté de la jouissance. Il fait de l'homme une bête sensuelle, gourmande et lubrique, traînant son ventre appesanti par de sales voluptés.

Latamque trahens inglorius alvum.

(VIRG.-GÉORG.)

De nos jours, le communisme se montre fidèle à son rôle et à ses habitudes. Qui compromet les progrès de la liberté en Europe, donne des armes à ses ennemis, jette le doute et le découragement dans l'âme de ses anciens défenseurs?—L'utopie, le socialisme, en un mot le communisme. Qui tarit les sources de la richesse, paralyse l'industrie, cette lutte de l'homme contre la nature?— Le communisme. Qui a ensanglanté nos rues et donné à nos ennemis cette joie de nous voir nous déchirer de nos propres mains, immoler nous-mêmes nos plus glorieux généraux, nos plus braves soldats?— Le communisme. Enfin, pourquoi la France inquiète, hésitante, la main sur ses blessures, marche-t-elle timidement, comme un homme entouré d'ennemis au sein des ténèbres?—Parce qu'elle sait qu'un adversaire, vaincu mais non désarmé, l'épie et l'observe pour la prendre en traître et la frapper au cœur.

Ainsi, progrès politique, développement de l'industrie, de la richesse et du bien-être, puissance extérieure du pays, tout est arrêté, compromis par l'existence d'utopies toujours menaçantes.

Mais ce qui est peut-être plus douloureux encore, c'est de voir l'intelligence, le bon sens d'une partie de la population française, courir le risque de se fausser, de s'éteindre, au milieu des déplorables discussions suscitées par l'utopie. L'histoire nous offre l'exemple de ces éclipses de la raison d'un peuple, qui sont le signe précurseur de sa chute et de sa dissolution. Le socialisme menace de devenir pour nous ce que furent pour les Juifs, du temps de Vespasien, les dissensions du sadducéisme et du pharisaïsme; pour les Grecs du Bas-Empire, les disputes sur l'iota des homoiousiens; pour les Athéniens en présence de Philippe, les luttes stériles de l'agora. Serions-nous donc destinés à une telle fin? La France, cette fille aînée du christianisme, cette mère de la civilisation moderne, doit-elle se dissoudre et périr au milieu des logomachies anti-propriétaires, de l'anarchie socialiste, des divagations du communisme? On pourrait le craindre à la vue de l'obstination des fausses doctrines, de la persistance des mauvaises passions, de l'affaiblissement interne de notre puissance, déjà si amoindrie par nos derniers désastres. Il semble que nous soyons livrés en proie à ces faux docteurs dont le prince des apôtres annonçait la venue, et qu'il compare à des fontaines sans eau, à des nuées agitées par le tourbillon, à des esprits de ténèbres à qui l'obscurité est éternellement réservée [1]. Il semble que les jours soient venus où va se réaliser cette antique tradition de l'apostasie des gentils, conservée par plusieurs communions chrétiennes, et suivant laquelle les nations arrachées au paganisme doivent un jour répudier le Christ, et retourner au culte de la matière et de la chair. Quoi de plus contraire, en effet, au principe chrétien de l'abnégation, de la résignation, que ces appels forcenés par lesquels on excite les passions brutales, les appétits matériels ; à la charité, vertu essentiellement libre, spontanée et volontaire, que ces projets de spoliation développés au nom de la fraternité, de la solidarité humaine ; au respect de l'autorité consacré par le Christ, que cet esprit de révolte et d'orgueil qui ne se soumet à aucun pouvoir, pas même à la majesté de la souveraineté nationale, manifestée par le vote universel ?

Les utopistes prétendent, il est vrai, être animés d'un ardent dévouement pour les masses. C'est au nom des souffrances des pauvres, de l'amélioration du sort des classes adonnées aux travaux manuels, qu'ils proposent leurs projets de réformes. Ce sentiment, nous nous plaisons à le croire, est sincère de leur part. Il serait trop pénible de penser que des hommes ne fussent poussés à provoquer le bouleversement de l'ordre social, que par des vues d'ambition personnelle, par la soif d'une vaine renommée. Mais, les modernes représentants de l'utopie ont le

---

[1] 2e Épitre catholique de saint-Pierre, chap. II. — (Voir à la fin du volume note E.)

tort grave de prétendre être les seuls à éprouver ces
sympathies, les seuls à poursuivre ce noble but ; d'accuser d'insensibilité et d'égoïsme les hommes qui repoussent les déplorables moyens à l'aide desquels ils
se flattent de l'atteindre. Grâce au ciel, personne en
France n'a le monopole du dévouement et de la
charité chrétienne. Ces sentiments sont le bien de
tous. Eh! quel est donc l'homme de cœur, l'homme
d'intelligence qui ne reconnaisse qu'il y a des souffrances à soulager, des plaies à cicatriser, des progrès
à accomplir ; que l'amélioration du sort du grand
nombre ne doive être le but constant des efforts de
tous? Quel est celui qui ne consacre point à la solution
de ce grave problème les efforts de sa pensée ; qui ne
contribue à cette œuvre sainte par la pratique de la
bienfaisance et de l'humanité? Mais cette œuvre est
hérissée d'obstacles et de difficultés, dont les moindres ne sont pas celles qui proviennent du fait même
de ceux dont il s'agit de rendre le sort meilleur. Elle
exige de la persévérance et du temps ; disons-le, elle
est éternelle, car c'est la tâche de l'humanité.

Les moyens par lesquels cette œuvre doit s'accomplir ne sont point ceux que proposent l'utopie,
le communisme et ses divers rameaux socialistes.
Ce qui peut hâter le progrès dans cette voie, c'est
le développement pacifique de la vraie démocratie, de celle qui assure la liberté de chacun, respecte le droit individuel, sans sacrifier l'intérêt
social ; c'est l'extension du crédit, de l'esprit d'association, des institutions de prévoyance, l'ardeur au

travail, qui ne peut exister que par la sécurité de la propriété, principe de la confiance, stimulant de l'énergie productive ; c'est la diffusion des lumières, amélioration de notre système d'éducation, accordant désormais plus de place à l'utile qu'au brillant t à l'agréable ; c'est enfin le retour aux idées religieuses, la moralisation générale, la consolidation les sentiments de la famille, source des vertus privées et publiques.

Mais avant tout, il faut que l'immense majorité lévouée à ces grands principes qui forment la base les sociétés, et dont le maintien est l'honneur des nations, en assure le triomphe par son union et sa ermeté. Il faut que toutes les divisions de partis, que es rivalités d'ambitions, qui trop souvent compromettent chez nous l'intérêt général, s'effacent devant e danger commun. Le salut du pays, le salut de la civilisation est à ce prix.

FIN.

NOTES.

NOTE A

(Page 29).

Appréciation de Platon par Jefferson.

Je ne fais que d'arriver de mon autre habitation où j'ai été passer cinq semaines. Comme j'ai là plus de loisir à consacrer à la lecture, je me suis amusé à lire sérieusement la *République de Platon*. J'ai grand tort, à vrai dire, d'appeler cela un amusement, car c'est bien une des plus lourdes tâches que j'aie jamais accomplies. Il m'était arrivé d'ouvrir par occasion quelques-uns de ses autres ouvrages ; mais, j'avais eu bien rarement la patience d'aller jusqu'à la fin d'un dialogue. Tout en surmontant, cette fois, la fatigue que me causaient les bizarreries, les puérilités et l'inintelligible jargon de ce livre, il m'est arrivé souvent de le fermer pour me demander comment il avait pu se faire que le monde se fût si longtemps accordé à soutenir la réputation d'un verbiage aussi dépourvu de sens. Que le monde soi-disant chrétien l'ait admiré, c'est déjà un fait historique fort curieux ; mais, comment le bon sens romain a-t-il pu s'y résoudre ?.....

L'éducation est le plus habituellement confiée à des hommes intéressés à soutenir la réputation et les rêves de Platon. Ils donnent le ton à leurs élèves, dont bien peu ont, par la suite, occasion de réviser leurs opinions du collège ; mais, monde et autorité à part, si l'on soumet Platon au jugement de la raison, et qu'on lui ôte ses sophismes, ses futilités et tout ce qu'il a écrit d'incompréhensible, que restera-t-il ? En vérité, il faut le ranger dans la famille des purs sophistes ; et s'il a échappé à l'oubli qui a fait justice de ses confrères, c'est grâce à l'élégance de sa diction, et surtout à l'adoption, à l'incorporation de ses chimères dans la construction du système du christianisme artificiel. Son esprit nuageux présente les objets comme à travers un brouillard, qui ne les laisse voir qu'à demi, et ne permet de préciser ni leurs dimensions, ni leurs formes ; et cependant, ce qui devait le condamner de bonne heure à l'oubli, est justement ce qui lui a procuré cette immortalité de renommée et de vénération...

Ici, Jefferson prétend que les prêtres ont emprunté à Platon la partie mystique du christianisme.

« Il est heureux pour nous, ajoute-t-il, que le républicanisme de Platon n'ait pas obtenu la même faveur que son christianisme, sans quoi nous vivrions tous aujourd'hui, hommes femmes et enfants, pêle-mêle comme des brutes. — Malgré cela, Platon est un grand philosophe, disait La Fontaine. — Mais, lui répondait Fontenelle, trouvez-vous ses idées bien claires ? — Oh ! non ; il est d'une impénétrable obscurité. — Ne le trouvez-vous pas rempli de contradictions ? — Certainement, répliqua La Fontaine, ce n'est qu'un sophiste. Et cependant, quelques instants après, il s'écriait encore : « Oh ! Platon est un grand philosophe ! » Socrate eut certes bien raison de se plaindre du faux exposé que Platon a fait de ses doctrines ; car, en vérité, ses dialogues sont des libelles contre Socrate [1].

NOTE B

(Page 66).

Les thérapeutes.

Voici des détails sur les thérapeutes, donnés par Philon, auteur juif, qui écrivait quelques années avant l'ère chrétienne :

[1] *Mélanges politiques et philosophiques* de Jefferson, t. II, p. 237.

Les thérapeutes étaient répandus dans quelques provinces de l'Égypte, principalement autour d'Alexandrie. Ils se considéraient comme morts à la société active. Après avoir abandonné tous leurs biens à leurs parents ou à leurs amis, ils se retiraient dans des lieux écartés, nullement par haine du genre humain, mais afin de se livrer en paix à l'adoration de Dieu et à la contemplation de la nature.

Leurs maisons étaient entourées de jardins dans des positions saines, sur le penchant des collines ; on les choisissait assez rapprochées les unes des autres, pour ne pas se priver des secours mutuels. Elles n'offraient aucune autre commodité qu'un abri contre les rigueurs des saisons. À l'intérieur, ces maisons se divisaient en petites cellules ou semnies, dans lesquelles chaque membre ne devait apporter que les livres de la loi, les prophètes, des hymnes, et autres œuvres de ce genre. Les thérapeutes recevaient parmi eux des femmes avancées en âge qui avaient gardé le célibat. Au lever du soleil ils faisaient une prière pour obtenir un jour heureux ; quand le soleil se couchait, ils priaient de nouveau pour que leur âme, déchargée du poids des choses du dehors, devînt beaucoup plus digne de s'élever à la vérité pure. Tout l'intervalle du matin au soir était rempli par la méditation des livres de la loi ; ils la considéraient comme un être vivant auquel les préceptes servent de corps, tandis que le sens allégorique ou intérieur en serait l'âme. Les plus anciens fondateurs de leur secte leur avaient laissé beaucoup de commentaires sur ces allégories. Ils s'efforçaient de les augmenter dans le même esprit. Ils y ajoutaient des chants de leur composition, toujours en l'honneur de Dieu et sur des rythmes très-graves.

Pendant six jours entiers les thérapeutes ne sortaient pas de leurs demeures ; mais le 7e jour, ils se formaient en assemblées publiques pour se communiquer leurs réflexions. Les femmes étaient séparées de la salle commune, suivant l'usage ordinaire des Juifs, par une cloison qui leur permettait de tout entendre sans être vues.

La sobriété des thérapeutes dépassait tout ce qu'on raconte des pythagoriciens. Ils ne faisaient chaque jour, et après le coucher du soleil, qu'un seul repas composé de pain, de quelques racines et de sel. Ils restaient souvent plusieurs jours sans recourir à aucune nourriture. La plus curieuse de leurs fêtes était celle que chaque période de sept semaines ramenait ; le banquet fraternel ne s'écartait pas de la sobriété habituelle ; mais les femmes y prenaient rang, et l'on terminait la solennité par les chœurs de la danse sacrée. Ces chœurs avaient pour but de rappeler les danses accomplies sur les bords de la mer Rouge après la délivrance des Hébreux ; ils formaient en outre une image vivante des chœurs et des harmonies célestes [1].

NOTE C

(Page 92).

Erreurs des albigeois.

(Extrait d'un ancien registre de l'inquisition de Carcassonne, contenant les erreurs imputées aux albigeois par les inquisiteurs.)

« Isti sunt articuli in quibus errant moderni hæretici ;

1° — Dicunt quod corpus Christi in sacramento altaris non est nisi parum panis. — 2° Dicunt quod sacerdos existens in mortali peccato non potest conficere corpus Christi.—3° Dicunt quod anima hominis non est nisi purus sanguis.—4° Dicunt quod simplex fornicatio non est peccatum aliquod.—5° Dicunt quod omnes homines de mundo salvabuntur. — 6° Dicunt quod nulla anima intrabit paradisum usque ad diem judicii. — 7° *Dicunt quod tradere ad usuram, ratione termini, non est peccatum aliquod.* — 8° Quod sententia excommunicationis non est timenda, nec potest nocere. — 9° Dicunt quod tantum prodest confiteri socio laico, quantum sacerdoti seu presbytero. — 10° Dicunt quod lex judæorum melior est quàm lex christianorum. — 11° Dicunt quod non Deus fecit terræ nascentia, sed natura.—12° Quod Dei filius non assumpsit in beatâ et de beatâ virgine carnem veram, sed fantasticam. — 13°

---

[1] Philon, *De la vie contemplative.*

Dicunt quod pascha, pœnitentiæ et confessiones non sunt inventa ab Ecclesiâ, nisi ad habendum pecunias à laicis. — 14° Item dicunt quod existens in peccato mortali, non potest ligare vel absolvere. — 15° Item quod nullus prælatus potest indulgentias dare. — 16° Item dicunt quod omnis qui est à legitimo matrimonio natus, potest sine baptismo salvari [1]. »

Le passage suivant de Reynier achève de prouver que les albigeois (appelés aussi cathares), n'étaient point communistes.

Cathari, eleemosynas paucas aut nullas faciunt, nullas extraneis, nisi forte propter scandalum vicinorum suorum vitandum, et ut honorificentur ab eis, paucas suis pauperibus. Et est triplex ratio. Prima est quia non sperant hinc majorem gloriam in futuro, nec suorum veniam peccatorum; secunda est quia omnes ferè sunt avarissimi et tenaces. Et est causa quia pauperes eorum qui tempore persecutionis non habent victui necessaria, vel ea quibus possint restaurare suis receptoribus res et domos quæ pro eis destruuntur, vix possunt invenire aliquem qui velit eos tunc recipere. Sed divites cathari multos inveniunt; quare quilibet eorum, si potest, divitias sibi congregat et conservat [2].

NOTE D

(Page 108).

Confession de foi des taborites.

Voici le résumé de cette confession de foi, qui fut présentée au synode de Kuttemberg, réuni en 1442, pour apaiser les troubles religieux de la Bohême. Elle ne traite que des questions purement théologiques, et prouve que les doctrines des taborites n'avaient aucun rapport avec le communisme et le socialisme modernes. Le texte des articles les plus importants est conservé.

---

[1] D. Vaissette, *Histoire du Languedoc*, t. III, pièces justificatives, p. 374.

[2] Reynerius, *De ordine fratrum prædicatorum*. — Martène, *Thesaurus anecdotorum*, t. V, p. 1766.

I. — Il faut traduire l'écriture en langue vulgaire et la suivre avec une souveraine vénération.

II. — Il n'y a qu'un seul Dieu en trois personnes.

III. — L'homme est devenu sujet au péché par la chute de son premier père. Il ajoute des péchés actuels à cette faute originelle. Il est soumis à une peine éternelle, dont il ne peut s'affranchir par ses propres forces.

IV. — L'homme qui reconnaît ses fautes, s'en repent et évite d'y retomber, en obtient le pardon par le mérite de J.-C. (Cet article repousse implicitement la confession auriculaire).

V. — La foi est inséparable des bonnes œuvres.

VI. — Cet article insiste sur la nécessité de réunir les bonnes œuvres à la foi pour être sauvé.

VII. — « Partout où s'enseigne cette doctrine, là est l'Eglise chré-
« tienne, dont J.-C. est le chef, hors d'elle il n'y a point de salut. C'est
« à sa doctrine et à sa discipline qu'on doit obéissance, et non à
« l'Antechrist qui, bien qu'il ait toujours l'Eglise dans la bouche, ne
« cesse de la persécuter cruellement (l'Antechrist est le pape); car la
« succession apostolique des ministres de l'Eglise n'est pas attachée à
« certaines personnes et à un certain lieu ; mais elle est fondée sur la
« pureté de la doctrine salutaire enseignée dans l'Ecriture sainte. »

VIII. — La parole de Dieu surpasse en excellence les sacre-ments.

IX. — Il y a deux sacrements, le baptême et la sainte cène.

X. — Le baptême est le signe de l'ablution interne du péché, les enfants y peuvent aussi être initiés, à condition que, parvenus à un âge plus avancé, ils feront une confession publique de leur foi.

XI. — Le sacrement de la sainte cène, qui consiste dans le simple pain et dans le simple vin, sans nul changement, est le signe du corps et du sang de J.-C.

XII. — Cet article réitère la négation de la présence réelle.

XIII. — « Comme le sacrement n'est que du pain et du vin, il faut
« manger l'un et boire l'autre, selon l'institution de J.-C., mais il n'est
« pas permis de l'offrir pour les vivants et pour les morts, ni de l'en-
« fermer dans une châsse, comme s'il était un Dieu, ni de le porter
« de lieu en lieu, et d'en abuser à plusieurs blasphèmes, contre la
« défense expresse de Dieu au premier commandement de la loi. Il

« serait bien à souhaiter que l'Antechrist, au lieu de cette idolâtrie,
« nous eût laissé le véritable sacrement sous les deux espèces, se-
« lon les commandements de J.-C. »

XIV. — Protestation contre l'adoration des images et l'invocation des saints.

XV. — Exhortation aux chrétiens d'adopter cette doctrine, —
négation du purgatoire [1].

Cette confession de foi condamne la présence réelle, la multipli-
cité des sacrements ; fulmine contre le pape et l'église de Rome
désignés sous le nom d'Antechrist. Elle est muette sur le chapitre
de la propriété, cet Antechrist des socialistes modernes.

NOTE E

(Page 483)

Voici les paroles de saint Pierre auxquelles nous faisons allusion.

2e Épître catholique. — Chapitre II.

ÿ 1. Mais, comme il y a eu de faux prophètes parmi le peuple, il
y aura aussi parmi vous de faux docteurs qui introduiront couver-
tement des sectes de perdition, et qui renonceront le Seigneur qui
les a rachetés, attirant sur eux-mêmes une prompte ruine.

ÿ 2. Et plusieurs suivront leurs sectes de perdition ; et, à cause
d'eux, la voix de la vérité sera blasphémée.

ÿ 3. Car, ils feront par avarice trafic de vous avec des paroles
déguisées, mais leur condamnation ne se fait pas longtemps attendre
et leur punition ne s'endort point.

ÿ 4. Car, si Dieu n'a pas épargné les anges qui ont péché, mais

---

[1] Lenfant, *Histoire de la guerre des hussites et du concile de Bâle*, in-4°,
Amsterdam, 1731, t. II, p. 152.

28.

les ayant précipités dans l'abîme, chargés des chaînes d'obscurité, les a livrés pour être réservés au jugement ;

℣ 9. Le Seigneur sait (ainsi) délivrer de la tentation ceux qui l'honorent, et réserver les injustes pour être punis au jour du jugement ;

℣ 10. Principalement ceux qui suivent les mouvements de la chair, dans la passion de l'impureté, et qui méprisent la domination ; gens audacieux, adonnés à leurs sens, et qui ne craignent point de blâmer les dignités.

℣ 11. Au lieu que les anges, quoiqu'ils soient plus grands en force et en puissance, ne prononcent point contre elles de discours injurieux devant le Seigneur.

℣ 12. Mais ceux-ci, semblables à des bêtes brutes, qui suivent leur sensualité, et qui sont faites pour être prises et détruites, blâmant ce qu'ils n'entendent point, périront par leur propre corruption.

℣ 17. Ce sont des fontaines sans eau et des nuées agitées par le tourbillon, et des gens à qui l'obscurité des ténèbres est réservée éternellement.

℣ 18. Car, en prononçant des discours fort enflés de vanité, ils amorcent par les convoitises de la chair et par leurs impudicités ceux qui s'étaient véritablement retirés de ceux qui vivent dans l'erreur.

℣ 19. Leur promettant la liberté, quoiqu'ils soient eux-mêmes esclaves de la corruption ; car on est réduit dans la servitude de celui par qui on est vaincu.

TABLE DES MATIÈRES.

FIN DE LA TABLE.

www.ingramcontent.com/pod-product-compliance
Lightning Source LLC
Chambersburg PA
CBHW050544270326
41926CB00012B/1905